Axel Focke

Regionale Leistungs- und Krankenhausplanung

WIRTSCHAFTSWISSENSCHAFT

Axel Focke

Regionale Leistungs- und Krankenhausplanung

Ein Simulationsmodell auf Basis eines Ameisenalgorithmus

Mit einem Geleitwort von Prof. Dr. Jürgen Wasem

Deutscher Universitäts-Verlag

Bibliografische Information Der Deutschen Nationalbibliothek
Die Deutsche Nationalbibliothek verzeichnet diese Publikation in der
Deutschen Nationalbibliografie; detaillierte bibliografische Daten sind im Internet über
<http://dnb.d-nb.de> abrufbar.

Dissertation Universität Duisburg-Essen, Campus Essen, 2006

1. Auflage Oktober 2006

Lektorat: Brigitte Siegel / Britta Göhrisch-Radmacher

Der Deutsche Universitäts-Verlag ist ein Unternehmen von Springer Science+Business Media.
www.duv.de

Umschlaggestaltung: Regine Zimmer, Dipl.-Designerin, Frankfurt/Main
Druck und Buchbinder: Rosch-Buch, Scheßlitz
Gedruckt auf säurefreiem und chlorfrei gebleichtem Papier
Printed in Germany

ISBN-10 3-8350-0512-X
ISBN-13 978-3-8350-0512-9

Geleitwort

Die Krankenhäuser in Deutschland werden seit dem Jahre 2004 durch Fallpauschalen, die Diagnosis Related Groups (DRGs) vergütet. Gegenwärtig befindet sich das neue Vergütungssystem in der Einführungsphase. Am Ende dieses Prozesses (2009/10) werden die Erlöse der Krankenhäuser erstmals unabhängig von ihren jeweiligen krankenhausindividuellen Kosten sein und sich ausschließlich an den von ihnen erbrachten Leistungen orientieren.

Die Umstellung von an den eigenen Kosten orientierten Erlösen auf leistungsbezogene Einnahmen hat für die einzelnen Krankenhäuser erhebliche Konsequenzen. Entsprechend unterziehen sich zahlreiche Krankenhäuser grundlegenden Umgestaltungen ihrer Organisation und ihrer Abläufe. Aber die Auswirkungen der DRGs reichen weiter: Sie verändern zunehmend auch die gesamte Krankenhauslandschaft.

Auf der Systemebene ist die Krankenhauslandschaft seit mehr als 30 Jahren durch eine Planung von Krankenhauskapazitäten durch die Bundesländer gekennzeichnet. Diese Krankenhausplanung sieht sich nun unter anderem mit Verweildauerverkürzungen und Bettenabbau in Folge des DRG-System konfrontiert. Mehr noch: Krankenhäuser werden die Krankenhausplanung nur noch dann umsetzen wollen, wenn dies für sie erlösseitig im Rahmen des DRG-Systems darstellbar ist.

Die Krankenhausplanung der Bundesländer reagiert auf diese Entwicklung zwar verzögert, jedoch kann auch sie sich dem Einfluss der DRGs nicht entziehen. Schließlich sind durch die Einführung der DRGs auch die Budgetverhandlungen auf eine neue Basis gestellt worden, die es jetzt ermöglichen und erzwingen, Mengengerüste zwischen Krankenhäusern und Krankenkassen zu verhandeln. Statt der bisherigen Abteilungs- und Basispflegesätze als Mischfinanzierung aus sehr inhomogenen Leistungsbündeln stellen die DRGs eine sehr viel detailliertere Basis für die Krankenhausfinanzierung dar. Es steht zu erwarten, dass die Krankenhausplaner Bundesland für Bundesland nachziehen und die Krankenhausplanung ebenfalls auf eine Leistungsplanung auf DRG-Basis umstellen werden. Das in dieser Arbeit vorgestellte Modell unterstützt nun die an diesem Umbruch beteiligten Institutionen, Krankenhausplaner ebenso wie die Krankenhäuser vor Ort, diesen Planungsprozess mit neuen Methoden zu begleiten und damit in seinen Folgen besser abschätzen zu können.

Die Möglichkeiten, die Krankenhausplanung mit Hilfe von Operations Research Modellen zu unterstützen, werden dank leistungsfähigerer EDV-Unterstützung immer einfacher und vielfältiger. Die Praxis braucht solche Modelle, um trotz zunehmender Komplexität im Gesundheitswesen aktiv und zielgerichtet auf unterschiedlichste Einflüsse reagieren zu können. Im ersten der beiden Hauptteile der Arbeit wird daher ein umfangreicher Einblick in die quantitativen Modelle zur internationalen Krankenhausplanung mit ihren Zielen, den verwendeten Daten sowie den verwendeten Methoden gegeben. Ein Überblick über die Situation in der deutschen Krankenhausplanung zeigt, dass viele der vorhandenen Modelle in Deutschland noch nicht einmal ansatzweise zum Einsatz kommen. Der zweite Hauptteil der Arbeit erläutert daher die Vorgehensweise und die Einsatzmöglichkeit von Ameisenalgorithmen, die als sehr flexible und leicht einzusetzende Metaheuristik einen auch von Krankenhäusern vor Ort leicht adaptierbaren Ansatz darstellen, so genannte „Was-wäre-wenn-Szenarien" abzubilden. Die Möglichkeit, mehrere Einflussgrößen gleichzeitig zu variieren und die daraus entstehenden Folgen abzuschätzen, stellt dabei einen großen Nutzen für den Anwender dar.

Das in dieser Arbeit vorgestellte Modell ist leicht nachzuvollziehen und in vielfältige Richtungen erweiterbar. Dass sich zusätzlich weit reichende Auswertungsmöglichkeiten erschließen, ermutigt auch Praktiker zum Einsatz solcher Modelle.

Prof. Dr. Jürgen Wasem

Inhaltsverzeichnis

Abbildungsverzeichnis

Tabellenverzeichnis

Abkürzungsverzeichnis

ACO	Ant Colony Optimization
ACS	Ant Colony System
ADC	Average Daily Census
AEB	Aufstellung der Entgelte und Budgetermittlung
ANTS	Approximate Nondeterministic Tree Search
AR-DRG	Australian Refined Diagnosis Related Groups
AS	Ant System
AS_{rank}	Rank Based Version of Ant System
ATSP	Asymmetric Travelling Salesman Problem
BIP	Bruttoinlandsprodukt
BPflV	Bundespflegesatzverordnung
BQS	Bundesgeschäftsstelle Qualitätssicherung
BVG	Bundesverwaltungsgericht
DKG	Deutsche Krankenhausgesellschaft
DKI	Deutsches Krankenhausinstitut
DMP	Disease Management Programm
DRG	Diagnosis Related Groups
ESP	Economic Stabilization Program
FANT	Fast Ant System
G-DRG	German Refined Diagnosis Related Groups
GIS	Geo-Informationssystem
GKV	Gesetzliche Krankenversicherung
GLB	Gilmore-Lawler Lower Bound
GRG	Gesundheitsreform-Gesetz
GS_bG	Gesellschaft für Systemberatung im Gesundheitswesen
GSG	Gesundheits-Strukturgesetz
HAS	Hybrid Ant System
HLSAP	Hospital Location with Service Allocation Planning Model
HMO	Health Maintenance Organization
IGES	Institut für Gesundheits- und Sozialforschung
IGSF	Institut für Gesundheits-System-Forschung
InEK	Institut für das Entgeltsystem im Krankenhaus
IV	Integrierte Versorgungsform
KHEntgG	Krankenhausentgeltgesetz
KHG	Krankenhausfinanzierungsgesetz
KHNG	Krankenhausneuordnungsgesetz
KHStVO	Bundeskrankenhausstatistikverordnung
KrhsAufnVO	Krankenhausaufnahmeverordnung
KZBV	Kassenzahnärztliche Bundesvereinigung
LKA	Leistungs- und Kalkulationsaufstellung
MMAS	MAX-MIN Ant System
OECD	Organisation for Economic Co-operation and Development
OR	Operations Research
QAP	Quadratic Assignment Problem
SGB	Sozialgesetzbuch V
TSP	Travelling Salesman Problem

VRP	Vehicle Routing Problem
WHO	World Health Organization

Symbolverzeichnis

A	Knoten
B	Knoten
b_x	Wert des x-ten Kriteriums
c	Anzahl der Touren, die für die Berechnung der Durchschnittstour in ANTS herangezogen werden
cl	Anzahl der Knoten in der Kandidatenliste
d_{ij}	Distanz von Knoten i zu Knoten j
e	Menge an „elitist ants"
h	Anzahl der Kolonien
i	Knoten
J_i^k	Liste aller Knoten, die von Knoten i aus in der momentanen Iteration von der Ameise k noch nicht besucht worden sind
j	Nachbarknoten von Knoten i
K	Kosten einer Lösung
k	Nummer einer Ameise (k-te Ameise)
$L(t)$	Länge der Tour t der einzigen Ameise in FANT
$L^k(t)$	Länge der Tour t der Ameise k
L^+	Die Länge der kürzesten Tour
$\overline{L}$	Durchschnittliche Länge der letzten c Touren
LB	Untere Grenze der Tourlänge
l	Knoten
m	Gesamtzahl an Ameisen
n	Anzahl von bestimmten Knoten
$P_{j,z}^i(t)$	Wahrscheinlichkeit, mit der ein Datenpaket oder eine Ameise in AntNet von Knoten i zu Knoten j in der Iteration t wechselt, unter der Voraussetzung, dass Knoten z der Zielknoten ist
$p_{ij}^k(t)$	Wahrscheinlichkeit, mit der die Ameise k vom Knoten i zum Knoten j in der Iteration t übergeht
Q	heuristisch ermittelte, optimale Länge einer Tour
q	Zufallszahl zwischen 0 und 1
q_0	Parameter der Übergangsregel in ACS
r	Parameter, der während des Lösungsprozesses in FANT verändert wird
r^*	Fixer Parameter in FANT
$S_{s\to z}^k$	Tabelle in AntNet, die von der Ameise k vom Startknoten s bis zum Zielknoten z getragen wird und in der alle Knoten und die Zeit vom Startknoten bis zum jeweiligen Knoten enthalten sind
s	Startknoten in AntNet
$T^k(t)$	Tour der Ameise k in der Iteration t
T^+	Die bisher kürzeste Tour
t	Nummer der Tour einer Ameise bzw. Iterationsnummer
t_{max}	Maximale Anzahl an Touren einer Ameise bzw. maximale Anzahl an Iterationen
u	Knoten
w	Gewichtung des x-ten Kriteriums
x	Kriterium
z	Zielknoten eines Datenpaketes oder einer Ameise in AntNet

α	Relative Wichtigkeit der Pheromonspuren
β	Relative Wichtigkeit der lokalen Information
Γ_i	Matrix eines Knoten i, die $\mu_{i\to z}$ und $\sigma^2_{i\to z}$ aller Zielknoten z enthält
γ_i	Faktor, der die Pheromonmenge aller Kanten, die den Knoten i berühren, bei einer Veränderung der Problemstruktur beeinflusst
δ	Parameter in AntNet mit einem Wert > 1
ε	Fixer Wert mit dem Definitionsbereich [0, 1]
η_{ij}	Lokale Information der Kante (i, j); in Mehroptimierungsproblemen bezüglich des ersten Kriteriums
η'_{ij}	Lokale Information der Kante (i, j) bezüglich des zweiten Kriteriums
λ	Relative Wichtigkeit des ersten Kriterium bei Mehrzieloptimierungsproblemen
ψ	Rang einer Ameise
$\mu_{i\to z}$	Geschätzte, durchschnittliche Zeit von Knoten i zu Knoten z
ρ	Verdampfungsfaktor
$\sigma^2_{i\to z}$	Varianz der geschätzten, durchschnittlichen Zeit von Knoten i zu Knoten z
$\tau_{ij}(t)$	Globale Information über die Kante (i, j) bzw. die Menge an Pheromonen der Kante (i, j); in Mehroptimierungsproblemen bezüglich des ersten Kriteriums
$\tau'_{ij}(t)$	Globale Information über die Kante (i, j) bzw. die Menge an Pheromonen der Kante (i, j) bezüglich des zweiten Kriteriums
$\Delta\tau^k_{ij}(t)$	Menge an Pheromonen, um die eine Ameise k die Kante (i, j) ihrer Tour t verstärkt; in Mehroptimierungsproblemen bezüglich des ersten Kriteriums
$\Delta\tau'^k_{ij}(t)$	Menge an Pheromonen, um die eine Ameise k die Kante (i, j) ihrer Tour t bezüglich des zweiten Kriteriums verstärkt
$\Delta\tau_{ij}(t)$	Gesamte Menge an Pheromonen, die in der Iteration t zu der Kante (i, j) hinzugefügt wird
$\Delta\tau^+_{ij}$	Zusätzliche Pheromonmenge, die zu der Kanten (i, j) hinzugefügt wird, wenn diese in der besten Tour T^+ enthalten ist
τ_0	Pheromonmenge, mit der alle Kanten initialisiert werden
τ_{max}	Maximale Menge an Pheromonen pro Kante
τ_{min}	Minimale Menge an Pheromonen pro Kante
Ψ	Knoten
ω	Anzahl der Ameisen, die in der momentanen Iteration berechtigt sind, Pheromonmengen zu aktualisieren

1 Problemstellung

"The time to repair the roof is when the sun is shining."
John F. Kennedy (1917-1963)[1]

Ob im deutschen Gesundheitswesen noch die Sonne scheint, es bereits bedeckt ist oder schon regnet, darüber kann man sicher streiten. Wird man jedoch in der sogenannten dritten Welt gefragt, wie in Deutschland heute sichergestellt wird, dass in den Krankenhäusern immer genügend Betten und dass in den Apotheken immer genügend Medikamente vorhanden sind, so kann man dort auf diese Frage angesichts von Bettenüberkapazitäten, Festpreisregelungen und gedeckelten Budgets eigentlich nicht guten Gewissens wahrheitsgemäß antworten.

1.1 Gesundheitsausgaben

In den letzten vier Jahrzehnten eilten die Ausgaben im Gesundheitssektor der allgemeinen Wirtschaftsentwicklung weit voraus. Von diesem Phänomen sind nicht nur die USA betroffen, sondern auch der Großteil der anderen westlichen Industrienationen. Die USA avancierten jedoch zum Spitzenreiter bei den Ausgaben im Gesundheitswesen in Relation zur Wirtschaftsleistung.[2]

Aus hohen Ausgaben für das Gesundheitswesen lassen sich jedoch keine direkten Aussagen über die Versorgung der Bevölkerung mit Gesundheitsleistungen ableiten. Eine Untersuchung relevanter Kennzahlen erleichtert in diesem Zusammenhang eine erste Orientierung.

Die am häufigsten in der Literatur verwendeten Kennzahlen sind:

- der Anteil der Gesundheitsausgaben am Bruttoinlandsprodukt (BIP)
- die Gesundheitsausgaben pro Kopf
- die Gesundheitsausgaben insgesamt
- die durchschnittliche Lebenserwartung[3]

Diese Kennzahlen werden im Folgenden näher betrachtet.

1.1.1 Anteil der Gesundheitsausgaben am Bruttoinlandsprodukt

Es gibt in der Literatur viele Quellen, die die Anteile der Gesundheitsausgaben am Bruttoinlandsprodukt (BIP) für die unten ausgewählten Länder darstellen.[4] Die OECD gibt für 2002 ausgewählte westliche Länder in Abhängigkeit vom Bruttoinlandsprodukt Werte zwischen

---

[1] vgl. Thompson (2001)
[2] vgl. Haubrock et al. (2000)
[3] vgl. Anell, Willis (2000), OECD (2004)
[4] vgl. Levit, Smith et al. (2002), vgl. Anell, Willis (2000), vgl. Statistik Austria (2001)

7,7 % in Großbritannien und Österreich und 14,6 % in den USA an. Tabelle 1 zeigt die Verläufe dieser Werte seit 1970.[5]

Länder	**1970**	**1980**	**1990**	**2002**
Österreich	5,3	7,6	7,1	7,7
Deutschland	6,2	8,7	8,5	10,9
USA	6,9	8,7	11,9	14,6
Großbritannien	4,5	5,6	6,0	7,7
Frankreich	5,4	7,1	8,6	9,7

Tabelle 1: Gesundheitsausgaben in Prozent des Bruttosozialproduktes
Quelle: OECD Health Data 2004

Anhand Tabelle 1 beziehungsweise Abbildung 1 kann man erkennen, dass in allen betrachteten Ländern ein ähnlicher Verlauf des Anteils der Gesundheitsausgaben am BIP vorliegt. Das bedeutet, dass das Wirtschaftswachstum des jeweiligen Landes geringer ist als das Wachstum der Gesundheitsausgaben, so dass es zu einem Anstieg der Gesundheitsausgaben gemessen am BIP kommt. Unterschiede ergeben sich nur in Bezug auf die Höhe des Anteils der Gesundheitsausgaben am BIP, der in den USA bereits seit den 80-er Jahren deutlich höher als in den anderen betrachteten Ländern ist.

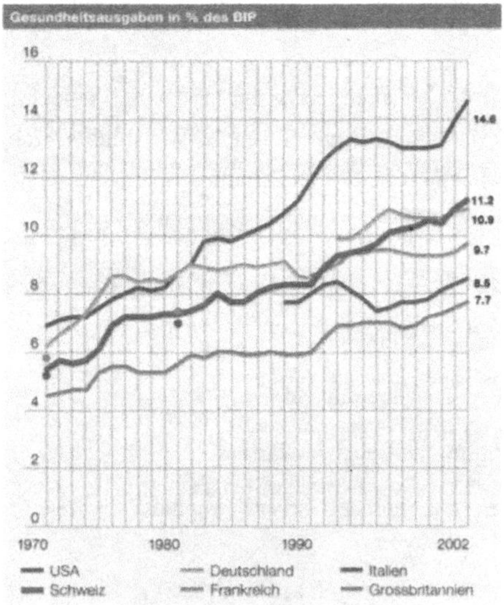

Abbildung 1: Gesundheitsausgaben im internationalen Vergleich
Quelle: www.oecd.org (2005)

[5] vgl. OECD (2004)

1.1.2 Gesundheitsausgaben pro Kopf

Häufig werden auch bei internationalen Vergleichen die Gesundheitsausgaben pro Kopf zu Kaufkraftparitäten oder PPP (Purchasing power parity) herangezogen. Diese entsprachen im Jahr 2000 in den USA einem pro-Kopf-Wert von US$ 4.538. In Deutschland und Österreich lagen die Pro-Kopf-Werte im gleichen Zeitraum deutlich niedriger bei US$ 2.640 beziehungsweise US$ 2.147 pro Jahr.[6] Die Länder USA, Österreich und Deutschland werden hier beispielhaft in den Vordergrund gestellt, da die USA der Spitzenreiter bezüglich der Höhe der Gesundheitsausgaben sind, Deutschland das Land ist, für das diese Arbeit erstellt wurde, und Österreich aufgrund eines ähnlichen Gesundheitssystems für einen Vergleich mit dem deutschen System gut geeignet scheint.

Länder	1970	1980	1990	2000
Österreich	190	762	1344	2147
Deutschland	266	955	1729	2640
USA	347	1055	2738	4538
Ver. Königreich	160	472	977	1839
Frankreich	206	699	1555	2416

Tabelle 2: Gesundheitsausgaben pro Kopf zu Kaufkraftparitäten
Quelle: OECD Health Data 2004, 1st Edition

1.1.3 Gesundheitsausgaben insgesamt

Eine Betrachtung der jährlichen Gesamtausgaben im Gesundheitswesen wird zwar insgesamt seltener zu Vergleichszwecken genannt, dient jedoch u.a. dazu, die finanzielle Bedeutung des Gesundheitswesens insgesamt zu verdeutlichen. Die Gesamtausgaben für das Gesundheitswesen betrugen in den USA im Jahre 1999 ca. € 1.200 Mrd.[7], Deutschland und Österreich gaben 1999 rund € 211 Mrd. beziehungsweise € 16,1 Mrd. für das Gesundheitswesen aus.[8]

1.1.4 Durchschnittliche Lebenserwartung und Gesundheitsausgaben

Der Vergleich der Anteile der Gesundheitsausgaben am BIP in Relation zur durchschnittlichen Lebenserwartung bei der Geburt für die in Tabelle 3 genannten Länder macht jedoch deutlich, dass die oben gezeigten Kennzahlen allein keinen abschließenden Aufschluss über die Qualität oder Leistungsfähigkeit eines Gesundheitssystems liefern. Dies zeigt sich daran, dass einzelne Länder, zum Beispiel Deutschland, eine geringere durchschnittliche Lebenserwartung haben als zum Beispiel Großbritannien, dafür aber einen erheblich höheren Mittelaufwand, gemessen in Anteilen der Gesundheitsausgaben am BIP. Das bedeutet, dass die Höhe der Gesundheitsausgaben allein keine Auskunft über die Leistungsfähigkeit eines

[6] vgl. OECD Health Data 2004, 1st. Edition (2004)
[7] vgl. Bundesministerium für Gesundheit 2001
[8] vgl. Levit et al. (2002)

Gesundheitssystems gibt. Allerdings kann auch die Lebenserwartung lediglich als ein grober Indikator für einen Vergleich der Leistungsfähigkeit von Gesundheitssystemen herangezogen werden, da sie außer vom Gesundheitszustand der Bevölkerung zum Beispiel auch von deren Altersstruktur und Lebensumständen abhängt.[9]

Land	Anteil der Gesundheitsausgaben am Bruttoinlandsprodukt in Prozent	Durchschnittliche Lebenserwartung bei der Geburt in Jahren
Afghanistan	1	42,8
Indonesien	2,7	65,4
Slowakei	5,5	69,2
Großbritannien	7,3	77,0
Finnland	6,7	74,2
Belgien	8,8	74,6
USA	13,1	74,1
Deutschland	10,6	75

Tabelle 3: Verhältnis von Gesundheitsausgaben und Lebenserwartung ausgewählter Länder
Quelle: WHO und OECD, alle Werte bezogen auf das Jahr 2000

Insgesamt kann festgehalten werden, dass die verwendeten Kennzahlen lediglich einen oberflächlichen Einblick in die gesundheitliche Versorgung einer Nation geben. Sie werden aufgrund der leichten Verfügbarkeit der Daten zwar häufig verwendet, da sie einen schnellen Überblick über die Entwicklung des Gesundheitswesens, insbesondere der Gesundheitsausgaben ermöglichen. Die Beobachtung dieser Entwicklung anhand geeigneter Indikatoren ist überdies wichtig, weil durch Umverteilung ein erhebliches Finanzvolumen im Gesundheitswesen „bewegt" wird. Allerdings können die Kennzahlen keinen kausalen Zusammenhang zwischen den Ausgaben und dem Outcome des Gesundheitssystems herstellen.[10] Als Beispiel für die eingeschränkte Aussagekraft einzelner Indikatoren können die Pro-Kopf-Ausgaben gemessen in Kaufkraftparitäten dienen, denn bei diesen ist nicht erkennbar, ob sich die Gesundheitsausgaben oder lediglich das nationale Preisniveau geändert haben.[11] Auch ein Vergleich der beiden – am BIP gemessen – ausgabenstärksten Länder USA und Deutschland in Tabelle 4 bestätigt die eingeschränkte Aussagekraft der Kennzahlen. Dies zeigt sich daran, dass der Vergleich zu sehr heterogenen Ergebnissen innerhalb der Zeilen führt[12] und somit einzelne Kennzahlen offensichtlich nicht genügen, um einen aussagekräftigen Überblick über den Zustand im Gesundheitswesen einer Nation zu geben.[13]

---

[9] vgl. Gold et al. (1996), S. 84
[10] vgl. Anell, Willis (2000)
[11] vgl. Anell, Willis (2000)
[12] Siehe insbesondere den Anteil der 60+ Jährigen, den Anteil der Gesundheitsausgaben am BIP sowie den Anteil der privaten vs. staatlichen Ausgaben am gesamten Gesundheitswesen in Prozent.
[13] vgl. Anell, Willis (2000)

	USA		Deutschland	
Gesamtpopulation 2001	285 925 000		82 006 000	
Jährlicher Zuwachs (%) 1991-2001	1,1		0,3	
Anteil der 60+ Jährigen an Gesamtpopulation (%)	*1991*	*2001*	*1991*	*2001*
	16,6	16,2	20,5	23,7
Lebenserwartung bei der Geburt (in Jahren)	*2000*	*2001*	*2000*	*2001*
	76,8	78,0	78,0	78,2
Anteil der gesamten Gesundheitsausgaben am BIP (%)	*1996*	*2000*	*1996*	*2000*
	13,2	13	10,9	10,6
Anteil der privaten Ausgaben an den gesamten Gesundheitsausgaben (%)	*1996*	*2000*	*1996*	*2000*
	54,5	55,7	23,2	24,9
Anteil der vom Staat getätigten Ausgaben an den gesamten Gesund-heitsausgaben (%)	*1996*	*2000*	*1996*	*2000*
	55,5	44,3	76,8	75,1
Gesamte Gesundheitsaus-gaben pro Einwohner (in US$)	*1996*	*2000*	*1996*	*2000*
	3762	4499	3162	2422
Vom Staat getätigte Gesundheitsausgaben pro Einwohner (in US$)	*1996*	*2000*	*1996*	*2000*
	1714	1992	2430	1819

Tabelle 4: Gesundheitliche Situation
Quelle: WHO (2000)

Im Folgenden ist daher näher zu analysieren, wie es zu so unterschiedlichen Werten kommen kann und wie die Heterogenität der Zeilenwerte in Tabelle 4 zwischen den USA und Deutschland zu begründen ist. Erste Ansätze dafür sind in den Folgen der politischen Ausrichtung eines Landes zu erkennen.

1.2 „Mehr Markt“ versus „mehr Staat“

Zur Erklärung der unterschiedlichen Leistungsfähigkeit der Gesundheitssysteme verschiedener Länder dient insbesondere die gesundheitspolitische Ausrichtung der Länder. Das Gesundheitswesen in der Bundesrepublik ist, wie auch bei einer Reihe anderer westlicher Länder einschließlich der USA, weder im engeren Sinne marktmäßig noch im engeren Sinne staatlich organisiert und die Ausgabenentwicklung in diesem Bereich infolgedessen weder als Ausdruck der aggregierten individuellen Präferenzen bei wettbewerblicher Preisbildung, noch als Ausdruck des demokratisch legitimierten staatlichen Willens interpretierbar.[14]

[14] vgl. Bress (1987), S. 45; McPake, Mills (2000)

Je nach sozialpolitischer Sichtweise werden daher verschiedene Ansatzpunkte zu Kostensenkungen im Gesundheitswesen ausgemacht.[15] Im Zeitverlauf kann es dabei sogar innerhalb eines Landes zu unterschiedlichen Ausrichtungen der Sozialpolitik kommen.[16] Zunächst einmal ist allerdings festzustellen, dass trotz aller Schwierigkeiten in der Vergleichbarkeit verschiedener Gesundheitssysteme[17] weder eine sehr staatlich (wie in England) noch eine sehr marktwirtschaftlich (wie in den USA) ausgerichtete Gesundheitsversorgung bei vergleichbaren Leistungen zu deutlich geringeren Kosten im Gesundheitswesen geführt hätte.[18] Außerdem sind höhere Gesundheitsausgaben-Quoten, wie bereits gezeigt, nicht zwingend mit längerer Lebensdauer oder besserer Gesundheit der Bevölkerung verbunden.[19]

Als Nachteile vorwiegend staatlicher Gesundheitsversorgung werden u.a. geringe Freiheitsspielräume für die Beteiligten sowie mangelnde Effektivität und Effizienz der medizinischen Versorgung genannt. Hinzu kommt die eingeschränkte Flexibilität aufgrund bürokratischer Strukturen und ungenügender Leistungs- und Innovationsanreize für das Personal.[20] Gleichwohl ist ein effizienter Ressourceneinsatz auch in eher marktwirtschaftlich ausgerichteten Gesundheitssystemen nicht garantiert.[21] So führt die rein marktliche Zuteilung häufig zu Ineffizienzen oder zum Versagen privater Märkte, weil Informationsasymmetrien und -lücken auftreten.

In den meisten Ländern werden die negativen Auswirkungen des zu befürchtenden Marktversagens im Gesundheitssektor stärker eingeschätzt als die genannten Nachteile staatlicher Eingriffe.[22] Daher sind es vorwiegend ethisch begründete Motive, die für eine staatliche Beteiligung am Gesundheitswesen sprechen. Selbst bei idealen Wettbewerbsmärkten im Gesundheitswesen könnte sich wegen der unterschiedlichen ökonomischen Leistungsfähigkeit der Mitglieder einer Gesellschaft eine unvertretbare Chancenungleichheit im Gesundheitswesen ergeben. Ohne staatliche Reglementierungen wäre nicht einmal eine Mindestqualität gesichert, denn die Nachfrager (Patienten) sind zumeist nicht in der Lage, die Leistung des Leistungsanbieters, in der Regel des Arztes, zu beurteilen.

Beide Systeme können daher nur bei eindimensionaler Sichtweise als optimal angesehen werden. Die optimale Lösung liegt somit irgendwo zwischen „mehr Staat" und „mehr Markt" im Gesundheitswesen.[23] Intensiver untersucht wurde dies jedoch offensichtlich vor Anfang der 90-er Jahre kaum. Dennoch ist der Trend zu mehr Markt unübersehbar, wobei sich die

[15] vgl. Bress (1987), S. 45f
[16] vgl. McPake, Mills (2000), Theurl (1999)
[17] vgl. McPake, Mills (2000)
[18] vgl. Bress (1987), S. 49f
[19] vgl. Bress (1987), S. 58; WHO (2000)
[20] vgl. Bress (1987), S. 57
[21] vgl. McPake, Mills, (2000)
[22] vgl. McPake, Mills (2000)
[23] vgl. Bress (1987), S. 57

konkrete Ausgestaltung der eher marktlichen Ausrichtung heute durch immer feiner werdende Unterschiede und in Begriffsdefinitionen wie beispielsweise „Regulated Competition“ im Gegensatz zu „Managed Competition“ ausdrückt.[24]

Tabelle 5 zeigt, dass im internationalen Vergleich keine einheitliche Vorgehensweise existiert und verdeutlicht die rechtliche Stellung der verschiedenen am Gesundheitswesen beteiligten Institutionen noch einmal. Dabei wird deutlich, dass die Rahmenbedingungen, unter denen die Akteure im Gesundheitswesen ihre Leistungen erbringen (müssen), sehr unterschiedlich sind.

Merkmale / Modell	Ambulante Versorgung	Stationäre Versorgung	Versorgung mit Arzneimitteln	Finanzierung	Verantwortliche Institutionen	Beispiel
Bismarck-Modell	Vertragsärzte	Staatl. zugelassene Krankenhäuser verschiedener Träger	Apotheker als freier Unternehmer	Gesetzliche Sozialversicherung und Privatversicherungen	Ärztekammer, kassenärztliche Vereinigungen, Krankenkassen, Apothekerkammern	Deutschland, Frankreich, Österreich, Belgien, Niederlande, Luxemburg, Schweiz
Beveridge-Modell	Angestellte Ärzte	Staatl. Krankenhäuser	Staatl. Apotheken	Zweckgebundene Steuern	Health Maintenance Organizations	Schweden, Dänemark, Großbritannien, Irland, Spanien, Portugal, Finnland, Schweden, Norwegen, Italien
Markt-Modell	Ärzte als Angehörige einer HMO	Krankenhäuser als Leistungsanbieter oder Vertragspartner einer HMO	Apotheker als freier Unternehmer	Versicherungsbeiträge und Selbstbeteiligungen	Nationale Gesundheitsdienste	USA
Semashko-Modell	Ärzte als Staatsangestellte	Staatl. Krankenhäuser	Staatl. Apotheken	Allgemeine Steuern	Staatsministerium	Ehem. UdSSR, Ehem. DDR

Tabelle 5: Modelle der Gesundheitssysteme
Quellen: Europäisches Parlament (1998), Hofmarcher,Riedel (1999), KZBV (2004), Stößel (2005), Riesberg (2005), Kern (2002)

1.3 Versorgungssicherung versus Beitragssatzstabilität

Da der Leistungskatalog der gesetzlichen Krankenversicherungen in Deutschland gesetzlich festgelegt ist, kann man die in den 70-er Jahren besonders deutliche Ausweitung der Leistungen im Gesundheitswesen als einen der allgemeinen sozialpolitischen Richtung dieser Zeit entsprechenden verstärkten staatlichen Eingriff in das Gesundheitswesen betrachten.[25] Die in jener Zeit viel zitierte „Kostenexplosion" im Gesundheitswesen[26] war also zum großen Teil auf eine politisch gewünschte Leistungsexpansion zurückzuführen. Damit der medizinische Fortschritt auch zukünftig den betroffenen Patienten möglichst weitgehend zugänglich

[24] vgl. McPake/Mills (2000)
[25] vgl. Arnold (1997), S. 40
[26] vgl. hierzu auch Abbildung 1

gemacht werden, bestehen heute insbesondere zwei Anforderungen an ein Gesundheitssystem: Leistungssteigerungen und Effizienz.[27]

Seit Mitte der 80-er Jahre besteht allerdings nicht nur in Deutschland ein kontinuierlich zunehmender Trend zu „mehr Markt“ und zu Leistungseinschränkungen im Gesundheitswesen.[28] In nahezu allen westlichen Ländern stehen statt Leistungsausweitungen jetzt die Kostenreduzierungen im Vordergrund der politischen Diskussion.[29] Der oben bereits aufgeführte Kritikpunkt eines sehr staatlich organisierten Gesundheitswesens, vorrangig die mangelnden Innovations- und Leistungsanreize für die im Gesundheitswesen Beschäftigten, wird nicht zuletzt zur Rechtfertigung dieser Leistungseinschränkungen immer wieder hervorgehoben. In den zahlreichen Kostenreduzierungsprogrammen ist jedoch nicht das Ziel der Qualitätssicherung oder -steigerung integriert. Bruckenberger formuliert dies sehr deutlich: „Qualität wird nunmal von den Leistungserbringern als wirkungsvolles Marketinginstrument zum Zwecke der Leistungsausweitung und Gewinnsteigerung, von den Krankenkassen jedoch als Mittel zur Ausgabenreduzierung angesehen.“[30] Es kann daher als schwierig angesehen werden, der derzeitigen ökonomischen und gesundheitspolitischen Situation gerecht zu werden, ohne dabei die Qualität der medizinischen Versorgung zu vernachlässigen.

1.3.1 Mögliche Gründe für die hohen Ausgaben im Gesundheitswesen

Da es keine Gesundheitssysteme gibt, die in Hinsicht auf Organisation, Finanzierung und Leistungsangebot sowie in der Grenzziehung zwischen Gesundheits- und Sozialwesen identisch sind, ist es nicht einfach, diese miteinander zu vergleichen. Die Unterschiede existieren aber nicht nur in den in Tabelle 3 und Tabelle 4 genannten Kriterien, sondern auch in detaillierteren Aspekten, wie Art und Umfang der angebotenen Leistungen, Regelung der Kostenübernahme, Selbstbeteiligungen und der Verfügbarkeit der Leistungen. In Tabelle 5 ist dies bereits deutlich geworden.

Auch „externe“ Einflussfaktoren auf die Gesundheit – wie Ernährung, sportliche Betätigung, soziales Umfeld, Arbeitswelt und technischer Fortschritt – variieren stark zwischen den einzelnen Ländern und beeinflussen somit die oben genannte Lebenserwartung.

Wasem geht diesen Problemkreis etwas strukturierter an[31]: Die Gesundheitsausgaben der USA sind zwischen 1950 und 1990 um 800 % gestiegen. Diese Tendenz wird auch Health-

---

[27] vgl. Anell, Willis (2000), Bloom/Fendrick (1996), Holmes (1992), Leu (1988)

[28] Fischer weist auf ernsthafte Bemühungen zur Kostenreduzierung hin, die sich bereits auf das Jahr 1973 datieren lassen. Gleichwohl deuteten Prognosen für die Entwicklung der Krankenhausausgaben von 1968-1978 auf eine Steigerung von 20 Prozent auf ca. 32 Prozent hin.

[29] vgl. Arnold (1997), S. 210 (nur für Deutschland), Blake/Carter (2003) für Kanada, Davis (1991), S. 253 für die USA

[30] Bruckenberger (2003)

[31] vgl. Wasem (1997)

Care-Inflation genannt.[32] Die Gründe für diese Entwicklung werden in endogene und exogene Faktoren eingeteilt. Die endogenen Faktoren, die wiederum in angebots- und nachfrageseitige Einflussgrößen unterteilt werden können, beziehen sich auf das Gesundheitssystem und seine Auswirkungen auf den Gesundheitszustand der Bevölkerung. Wichtige endogene Faktoren sind zum Beispiel die Angebotsstruktur der Anbieterseite oder die Anspruchshaltung der Versicherten auf der Nachfrageseite. Exogene Faktoren, die sich unabhängig von der Ausgestaltung des Gesundheitssystems entwickeln, sind zum Beispiel die Bevölkerungsstruktur oder die Morbidität.

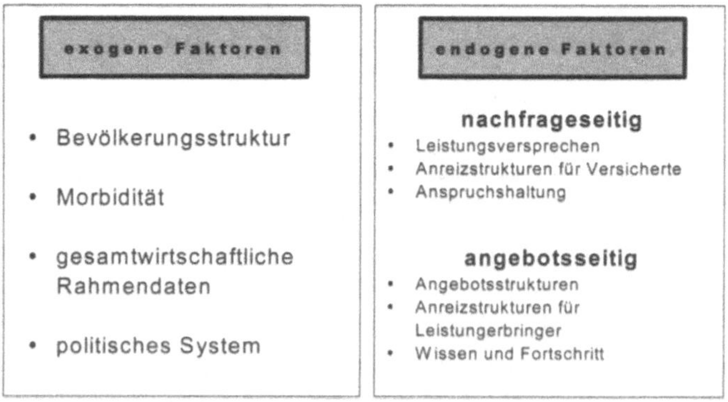

Abbildung 2: Faktoren für die steigenden Gesundheitsausgaben
Quelle: Eigene Darstellung nach Wasem, J. (1997)

1.3.2 Versuche zur Kontrolle der Gesundheitsausgaben

Die bisherigen Versuche, die Kosten im Gesundheitswesen einzuschränken, zeigen dabei in Steigerungsraten der Gesundheitsausgaben ausgedrückt ein international oft vergleichbares Bild, das zunächst am Beispiel der USA verdeutlicht werden soll.

Die Auswirkungen von drei Kostenreduzierungsansätzen auf die Gesundheitsausgaben werden in ihrer Chronologie in der folgenden Abbildung 3 gezeigt.

[32] vgl. Hofer (1999), S. 25f

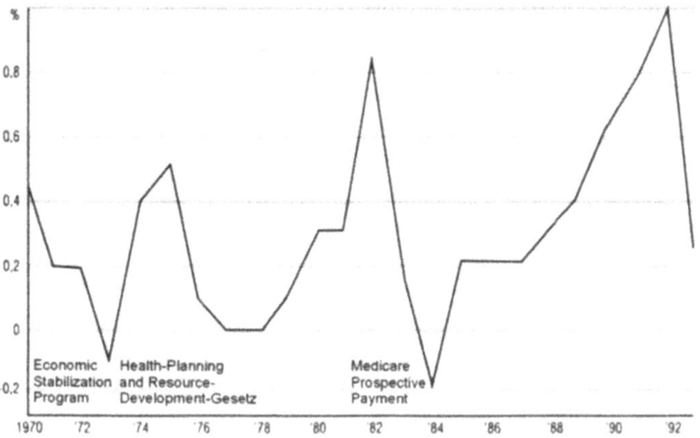

Abbildung 3: Veränderungsraten der Gesundheitsausgaben gemessen am Bruttosozialprodukt
Quelle: Altman, S.H., Wallack, S. (1997), Seite 69

Im Jahre 1971 wurde unter der Nixon-Regierung das staatliche Lohn- und Preiskontrollprogramm (Economic Stabilization Program, ESP) eingeführt. Dieses Programm sollte die allgemeine Inflation, die durch übermäßige Lohnsteigerungen verursacht wurde, bekämpfen. Jedoch hatte das Programm wenig und nur kurzfristigen Einfluss auf den Preisanstieg der Gesundheitsleistungen. Nach der Aufhebung der Kontrollen pendelte sich folglich der Anstieg der Gesundheitskosten, bei ihrem früheren Niveau ein. Das ESP hat jedoch gezeigt, dass kurzfristige Maßnahmen durchaus geeignet sind, die Gesundheitsausgaben kurzzeitig zu begrenzen. Das Ausmaß der Kontrollen reichte aber nicht aus, um die Gesamtkosten im Gesundheitswesen langfristig einzudämmen.

Im Jahre 1974 wurde das Health-Planning-and-Resource-Development-Gesetz erlassen. Danach sollten alle neuen Krankenhausausgaben ab US$ 150.000 einer Zustimmung der staatlichen Kostendämpfungsbehörde unterzogen werden. Wenn kein „Bedarfsnachweis" erbracht werden konnte, erhielten die Einrichtungen beispielsweise keine Zahlungen für Zinsen und Abschreibungen. Bis 1980 hatten alle Bundesstaaten ein solches Programm; 1986 wurde es von der Bundesregierung aufgehoben und in der Folge auch allmählich von allen Bundesstaaten wieder eingestellt. In Abbildung 3 zeigt sich dies an einem kurzen Tiefpunkt und danach wiederum stark steigenden Gesundheitsausgaben.

In Deutschland zeigten sich im zahnärztlichen Bereich mit dem sogenannten „Blüm-Bauch" und dem sogenannten „Seehofer-Gipfel", die sich allein durch die Ankündigungseffekte neuer Gesetze ergeben haben, kurzfristig eher gegenläufige Tendenzen: aufgrund der Ankündigung neuer Gesetze haben die Patienten kurz vor Einführung des GRG und des GSG ihre Leistungsinanspruchnahme erhöht, die Kosten sanken folglich erst nach Einführung der jeweiligen Gesetze.[33] Diese Kostensenkungen waren jedoch, wie man an der folgenden Abbildung 4 erkennen kann, wie in den USA nicht langfristig, so dass letztlich die Effekte der Kostensenkungsmaßnahmen ähnlich denen in den USA waren.

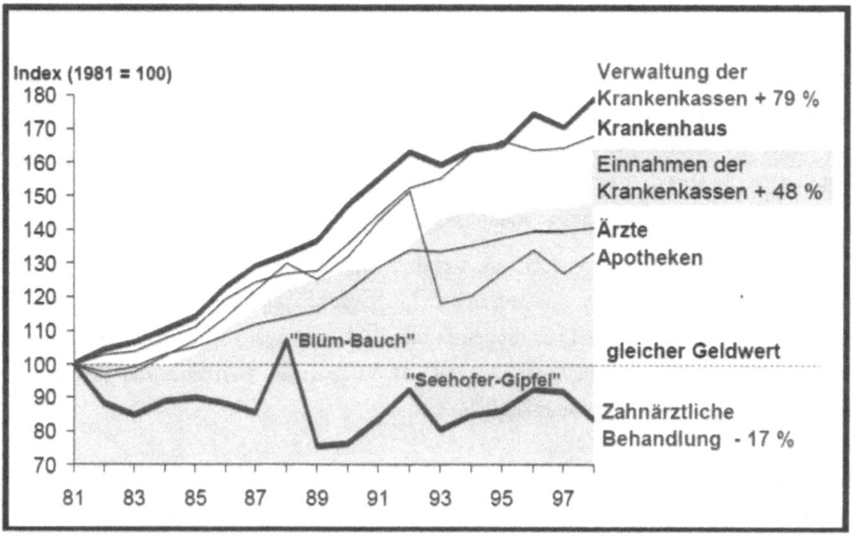

Abbildung 4: Blüm-Bauch und Seehofer-Gipfel
Quelle: KZBV (2004)

Bei der Betrachtung der Ausgaben im Krankenhaussektor der Bundesrepublik Deutschland seit 2004 ist jedoch ein Blick auf die Entwicklung in den USA ab ca. 1983 von besonderer Bedeutung: In jenem Jahr wurde Medicare Prospective Payment als Krankenhausfinanzierungssystem eingeführt, das auf diagnosebezogenen Fallpauschalen basiert. Nach dem DRG-System (Diagnosis related Groups) berechnen die Krankenhäuser für den Krankenhausaufenthalt eines Patienten einen relativ pauschalen Betrag je Diagnose. Diese Pauschalen sind wesentlich unabhängiger von der Anzahl der Belegungstage als es die Pflegesätze bei der bisherigen tageweisen Krankenhausfinanzierung waren. Im deutschen G-DRG-System (verbindlich seit 1.1.2004 anzuwenden), das aus dem australischen System hervorgeht, spielt die Verweildauer außerhalb bestimmter Bandbreiten bei der Preisbemessung zwar immer noch eine Rolle, es ist jedoch von den Grundprinzipien her dem amerikanischen System sehr ähnlich.[34] Die Beträge für über 800 DRGs wurden vom InEK, dem Institut für das Entgeltsystem im Krankenhaus mit Hilfe von Morbiditäts- und Kostenkalkulationsdaten aus 137

[33] KZBV (2005)
[34] DRG-Institut (2005), vgl. Lüngen/Lauterbach (2002), S. 19ff

Krankenhäusern errechnet.[35] An der weiteren Verfeinerung des Systems nehmen jedoch mit jedem Jahr mehr Krankenhäuser teil. So waren an der Kalkulation für das Jahr 2004 noch 137 Krankenhäuer, für 2005 bereits 148 Krankenhäuser und für 2006 immerhin 214 Krankenhäuser beteiligt.[36]

Die in den USA durch Einführung des DRG-Systems zu beobachtenden und auch für Deutschland beabsichtigten Kosteneinsparungen hängen langfristig von den Ergebnissen der Preisfestlegungen ab, die in Deutschland noch bis 2009 konkretisiert werden.[37] Obwohl schließlich das DRG-System der USA stationäre Medicare-Ausgaben wirksam verminderte, hatte es nur begrenzten Erfolg bei den Medicare-Gesamtausgaben.[38] Auch dies lässt sich wiederum anhand der Kurve in Abbildung 3 nachvollziehen.

Letztlich kann festgehalten werden, dass eine langfristige Eindämmung der Ausgaben im Gesundheitswesen nur schwer zu erreichen ist. Bezogen auf die Kosten im stationären Bereich ist, entsprechend der Erfahrungen in den USA, zu erwarten, dass die Einführung der DRGs allein nicht ausreichen wird, die Kosten langfristig zu reduzieren. Flankierende Maßnahmen erscheinen daher unerlässlich.

1.4 Gang der Arbeit

Während sich die Reformansätze der Vergangenheit oft auf die Reduzierung der Preise für bestimmte Leistungen beschränkt haben, berücksichtigen neuere Reformbemühungen immer mehr das Ziel, Art und Menge erbrachter Leistungen sowie die Wahl der Leistungserbringer zu beeinflussen. Ziel dabei ist es, die „Pfade", die die Patienten durch das Gesundheitssystem gehen, zu verändern.[39] Der Pfad, den ein Patient im Laufe seines Krankheitsgeschehens durch das Gesundheitswesen geht, wird in der Regel an seinen Knotenpunkten definiert. Der Patient „wandert" in diesem Sinne von Leistungserbringer zu Leistungserbringer. Welchen Pfad der Patient dabei einschlägt, ist jedoch ein Ergebnis von Entscheidungen, die zum Teil vom Patienten, zum großen Teil aber auch von den beteiligten Leistungserbringern getroffen werden.

1.4.1 Ausgangssituation

Als einen Ansatz, Patientenpfade zu verändern, verfolgte die „Transparenzinitiative Ruhrgebiet" das Ziel, die vorhandenen Leistungsangebote der Region so effizient wie möglich zu nutzen. Durch optimale Zuordnung von Patienten zu den bereits angebotenen Leistungen

[35] vgl. Roeder et al. (2004)
[36] vgl. Schlottmann et al. (2005)
[37] vgl. BGB I I 2004 3429, Zweites Gesetz zur Änderung der Vorschriften zum diagnose-orientierten Fallpauschalensystem für Krankenhäuser und zur Änderung anderer Vorschriften vom 15. Dezember 2004
[38] vgl. Altman, Wallack (1996), S. 62-64
[39] vgl. Glaeske (2002), S. 4-19

sollte der größtmögliche Nutzen für den Patienten erreicht werden. Dabei wird versucht, den Patienten durch Transparenz, d.h. durch Offenlegung der Leistungsmerkmale der Kliniken, die Suche nach dem zu ihren Bedürfnissen passenden Leistungsanbieter zu erleichtern oder gar erst zu ermöglichen. Im Ruhrgebiet sind zu diesem Zweck im Juni 2004 sowie im Oktober 2005 Patienten-Führer veröffentlicht worden, die die an der Studie teilnehmenden Kliniken nach fünf verschiedenen Kategorien auflisten:

- Patientenzufriedenheit
- Zufriedenheit der einweisenden Ärzte
- Fallzahlen bei bestimmten DRGs
- Qualitätswerte
- Allgemeine Strukturdaten wie Kooperationen, technische Ausstattung etc.

Abbildung 5 zeigt exemplarisch, wie je Klinik die Auswertung im Bereich der Visceralchirurgie tabellarisch aufgelistet wurden. Die Zahl der Punkte gibt jeweils an, in welches Quartil je Kategorie das Ergebnis des jeweiligen Krankenhauses eingeordnet werden konnte. Vier Punkte weisen dabei auf ein besonders gutes Ergebnis hin.

Zufriedenheit der Patienten			Empfehlungsrate der Ärzte	Anzahl der Eingriffe			Behandlungsqualität
mit den Ärzten	mit der Pflege	mit dem Erfolg		Dünn-/Dickdarm-OP	Operative und endoskopische Eingriffe an Gallenblase und -wegen	Schilddrüsen-OP	Gallenblasenentfernung
●	●	●●	●●●●	●●●	●●●	●●	●
●●●	●●●	●●●	●●●	●●●	●●●	●	●
●	●●●	●●●	●●●	●●●●	●●●●	●●	●
●●●●	●●●●	●●●●	●	●●●	●●●	●●	●●●
●●	●	●●	●●●	●●●●	●●●●	●●●●	●●
●●	●●●	●●	●	●	●●	●	●●●●
●●●	●●●	●●●●	●●●●	●●●●	●●●	●●●●	●●●●
●	●	●	●●●●	●●●	●●●●	●●●●	●●●●
●●	●	●●	●●	●	●	●	●●●
●	●	●	●●	●●	●●	●	●
●●	●●	●	●●●●	●●●	●●●●	●●●	●
●	●●	●	●●	●●	●●	●●	●●
●●●●	●●●●	●●●●	●	●●	●●●	●●●	●●
●●●●	●●●●	●●●●	●●●●	●●●●	●●●●	●●●●	●●●●
●●●●	●●●	●●	●●●	●●●	●●●	●●●	●●
●●	●●	●	●●●	●●	●●●	●●●●	●●●

Abbildung 5: Bewertung der vier Kategorien Patientenzufriedenheit, Arztempfehlungen, Fallzahlen und Qualitätswerte im Klinikführer Rhein-Ruhr 2005/2006
Quelle: Initiativkreis Ruhrgebiet (2005)

Durch diesen – und andere – Klinikführer wird eine erhöhte Transparenz geschaffen über die Leistungsangebote, die Qualität und die Beurteilung der Krankenhäuser des Ruhrgebiets durch Ärzte und Patienten. Dies unterstützt die Entscheidungen sowohl von Patienten als auch von einweisenden Ärzten. Patienten, die Wert auf eine gute technische Ausstattung legen, sollen ebenso „ihre“ Klinik finden, wie Patienten, die insbesondere eine gute Betreuung durch das Pflegepersonal wünschen.

Die für die Krankenhauswahl zugrunde liegenden Kriterien werden je nach Krankheitsbild und persönlichen Präferenzen variieren, jedoch wird die Entscheidung über die Wahl eines Krankenhauses im Ruhrgebiet durch den Patientenführer erstmals auf eine solide, an konkreten „Werten“ der Krankenhäuser orientierte Basis gestellt.[40] Die Pfade, die Patienten durch das Gesundheitssystem gehen, werden sich unabhängig davon, wie die vorgeschlagenen Beurteilungskriterien in die konkreten Entscheidungen einfließen, allein durch eine bessere Information der Patienten und der einweisenden Ärzte verändern. Diese Veränderungen zu messen und zu quantifizieren dürfte jedoch sehr schwierig werden.

Gleichwohl ist zu bedenken: „Der durch die demographische Entwicklung erforderlichen patientenorientierten, wohnortnahen und sektorenübergreifenden Angebotsstruktur wird die Leistungskonzentration als Folge des Wettbewerbs und des steigenden Qualitätsbewusstseins tendenziell entgegen laufen.“[41]

Wenn Bruckenberger darauf hinweist, dass eine gesteigerte Transparenz in Verbindung mit mehr Wettbewerb und einem steigenden Qualitätsbewusstsein die wohnortnahe Versorgung gefährdet, so bedeutet dies, dass die Wege, die die Patienten zu einer geeigneten Gesundheitseinrichtung zurückzulegen haben, eher länger als kürzer werden.

Die Formen, in denen Einfluss auf die „Pfade“ genommen werden kann, die Patienten durch das Gesundheitssystem gehen, sind unterschiedlich und werden beispielhaft in der folgenden Tabelle 6 aufgezeigt.

---

[40] Initiativkreis Ruhrgebiet (2004)
[41] Bruckenberger (2000a)

Einflussnahme auf	Art der Einflussnahme	Mögliche Auswirkung
Arzt	Leitline	Ärzte steuern die Patienten gemäß Leitlinie durch das Gesundheitssystem.
Patient	Zuzahlung	Zuzahlungsfreie Leistungen werden verstärkt oder zuzahlungspflichtige Leistungen weniger in Anspruch genommen.
Patient	Hausarztmodelle	Der Patient verpflichtet sich, vor jedem Facharztbesuch zunächst den Hausarzt aufzusuchen.
Patient	Einschränkung der freien Krankenhauswahl	Krankenhäuser dürfen nur noch nach vorgegebenen Kriterien aufgesucht werden.
Verschiedene Leistungserbringer	Integrierte Versorgung	Patienten schreiben sich in Modelle der integrierten Versorgung ein und erhalten eine sektorübergreifende und koordinierte medizinische Versorgung. Diese jedoch nur von teilnehmenden Leistungsanbietern.
Patient	Disease-Management-Programme (DMP)	Chronisch Kranke schreiben sich in strukturierte Behandlungsprogramme ein, die dazu beitragen, ihre medizinische Versorgung zu verbessern. Auch hier erfolgt die Behandlung nur durch teilnehmende Leistungsanbieter.

Tabelle 6: Maßnahmen zur Beeinflussung von Patientenpfaden
Quelle: Eigene Darstellung

Qualitativ lassen sich die Veränderungen, die durch derartige Einwirkungen auf die Patientenpfade erreicht werden, zumeist recht einfach beschreiben. Eine Quantifizierung der Auswirkungen ist jedoch wegen der sich überlagernden Effekte unterschiedlicher Einflussgrößen ohne eine entsprechende Simulation nur schwer möglich. Daher verfolgt diese Arbeit das Ziel, beispielhaft für den Krankenhausbereich ein Modell zur Verfügung zu stellen, mit dessen Hilfe die Auswirkungen geänderter Gewichtungen zwischen den Entscheidungsparametern bei der Krankenhauswahl abgebildet werden können. Dazu werden in dieser Arbeit beispielhaft die für die Krankenhauswahl bedeutenden Kriterien

- Entfernung
- Eignung
- Auslastung
- Gewinn

analysiert.[42]

Die individuellen Gewichtungen durch die einzelnen Beteiligten können hierbei stark variieren. So ist bereits deutlich geworden, dass die Überalterung der Bevölkerung in Verbindung mit der allgemeinen ökonomischen Situation dazu führt, dass Kostensenkungen

[42] Bei entsprechender Datenlage hätten auch andere/weitere Kriterien verwendet werden könnten.

in den Vordergrund der politischen Diskussion geraten. Gleichzeitig erwarten die Patienten mehr Qualität und eine wohnortnahe Versorgung. Welche Gewichtungsparameter dabei als gesamtwirtschaftlich optimal anzusehen sind, wird im Rahmen dieser Arbeit jedoch ausdrücklich nicht festgelegt. Es wird vielmehr ein Modell vorgestellt, mit dessen Hilfe den Entscheidungsträgern, insbesondere denjenigen in der Leistungsplanung, die Auswirkungen ihrer Handlungen transparent und nachvollziehbar gemacht werden sollen. In der konkreten Leistungsplanung werden schließlich die Weichen für die Pfade, die die Patienten durch das Krankenhaussystem gehen können, gelegt. Es wird an späterer Stelle näher zu erläutern sein, was unter einer „Leistungsplanung" in diesem Sinne verstanden werden kann. An dieser Stelle genügt ein Hinweis darauf, dass die Krankenhausplanung den Rahmen festlegt, in dem Bettenzahlen je Fachrichtungen bestimmten Krankenhausstandorten zugeordnet werden. Die Leistungsplanung ist noch feiner, denn darin werden z.B. die konkreten Fallzahlen für DRGs für einzelne Diagnosen oder Diagnosegruppen innerhalb der Fachrichtungen festgelegt.

Die Daten, auf denen das Modell basiert, sind in vielen deutschen Kliniken bereits vollständig verfügbar. Lediglich im Bereich der Gewinne, insbesondere der Gewinne je DRG, besteht in vielen Kliniken auch 2005 noch Bedarf, die Kostenträgerrechnung weiter auszubauen.[43] Schon vor Einführung der DRGs war zwar eine Kostenträgerrechnung hilfreich, um die Leistungs- und Kalkulationsaufstellung für die jährlichen Budgetverhandlungen ausfüllen zu können, sie war jedoch gesetzlich nicht vorgeschrieben.[44] Es ist jedoch spätestens seit Einführung der DRGs 2004 damit zu rechnen, dass im Laufe der nächsten Jahre auch hier große Fortschritte erzielt werden. Schließlich sind die Kliniken darauf angewiesen, DRGs hausintern kalkulieren zu können, um ihr Überleben langfristig zu sichern.[45]

1.4.2 Grundlegende Vorgehensweise

Der eigentliche Nutzen dieser Arbeit liegt nicht darin, eine wissenschaftliche Richtung zu vertiefen oder eine neue wissenschaftliche Richtung zu entwickeln, sondern vielmehr in der Kombination neuerer Entwicklungen verschiedener Gebiete, um sie im Bereich der Versorgung mit Gesundheitsleistungen geeignet zu verknüpfen. Hierbei wurde auch nicht darauf geachtet, dass die zum Einsatz kommenden wissenschaftlichen Methoden allesamt in ihrem Fachgebiet die jeweils neuesten Entwicklungen repräsentieren, sondern vielmehr darauf, dass sie das vorliegende Problem wirksam zu analysieren helfen.

Da die im Rahmen dieser Arbeit zum Einsatz kommenden Methoden aus unterschiedlichen Wissenschaftsgebieten zusammengetragen und kombiniert wurden, erscheint es an den jeweiligen Stellen unerlässlich, diese Fachgebiete jeweils kurz einzuführen. Für weiterführen-

[43] vgl. Hennke et al. (2004)
[44] vgl. Hentze, Kehres (1995), S. 74
[45] vgl. Berger (2004), S. 42

de Studien muss jeweils auf die Literatur verwiesen werden. Ein kurzer Wegweiser durch die entsprechenden Themengebiete dieser Arbeit soll jedoch dem Leser an dieser Stelle bereits einen kurzen Überblick über die Inhalte und Schwerpunkte vermitteln.

1.4.3 Zentrale Fragestellung

Die zentrale Fragestellung dieser Arbeit kann folgendermaßen formuliert werden:

Wie lassen sich die Folgen einer Veränderung der Möglichkeiten zur Einweisung in Krankenhäuser quantifizieren?

In diesem Zusammenhang wird bewusst nicht allein von einer Selbsteinweisung durch die Patienten oder in Abhängigkeit nur von ihren Präferenzen gesprochen. Schließlich ist damit zu rechnen, dass die freie Krankenhauswahl in Zukunft immer weiter eingeschränkt wird. Offen ist allerdings, ob die freie Krankenhauswahl eines Tages per Gesetz ganz aufgehoben wird oder ob sich durch Netzwerke auf Leistungsanbieterseite oder durch Hausarztmodelle und Disease Management Programme (DMP) sowie integrierte Versorgungsformen[46] gemäß Tabelle 6 eine „Leitung der Patienten durch das Gesundheitssystem" durchsetzen wird. Die Trends zu einer faktischen Einschränkung der Leistungsanbieterwahl sind jedenfalls unübersehbar.[47] Krankenhausschließungen, das darf an dieser Stelle nicht vergessen werden, schränken natürlich die Möglichkeiten der Krankenhauswahl auch ein. Insofern sind diese ebenfalls Gegenstand der Analyse.

1.4.4 Die Herangehensweise

Ein wesentlicher Ansatz dieser Arbeit ist die Einbeziehung geographischer Gegebenheiten in die Planung im Gesundheitswesen. Da auch Bruckenberger die absehbaren Konzentrationsbestrebungen in der Krankenhauslandschaft in einem klaren Widerspruch zur wohnortnahen Patientenversorgung sieht, erscheint die Berücksichtigung von Entfernungen zu Leistungsanbietern im Rahmen dieser Arbeit unerlässlich. Daher beginnt die Arbeit mit einer Analyse des Einflusses der Entfernung auf die Inanspruchnahme von Gesundheitsleistungen.

Die Arbeit setzt fort mit einem Überblick über die Krankenhausplanung von ihren Anfängen bis heute. Dabei sind zunächst weitere Einflussgrößen auf die Wahl einer Gesundheitseinrichtung zu analysieren. Der anschließende Literaturüberblick über bekannte Planungs-Modelle soll dem Leser Einblicke in die sich im Laufe der Zeit verändernden Möglichkeiten zur Planung von regionalen Gesundheitsversorgungssystemen geben. Diese Änderungen sind maßgeblich von den Möglichkeiten der elektronischen Datenverarbeitung geprägt, wodurch

[46] vgl. § 137 f SGB V
[47] Bruckenberger (2000a)

heutzutage große Datenbestände zur Verfügung stehen und einer automatisierten Analyse unterzogen werden können. Hierdurch haben sich das Instrumentarium der Krankenhausplaner wie auch die Einblicke in die Zusammenhänge im Gesundheitswesen grundlegend verändert.

Da sich die in dieser Arbeit verwendeten Daten ausschließlich auf das deutsche Gesundheitswesen beziehen, sind im Anschluss an die internationale Krankenhausplanung auch die Besonderheiten der deutschen Krankenhausplanung herauszuarbeiten.

1.4.5 Methodischer Hintergrund

Neuere Ansätze der Krankenhausplanung greifen bereits standardmäßig auf Geoinformationssysteme zurück. Das im Rahmen dieser Arbeit verwendete System verfügt zwar gegenüber anderen Geoinformationssystemen nur über einen eingeschränkten Funktionsumfang, ist aber für das vorliegende Problem ausreichend und gleichzeitig finanzierbar.

Geoinformationssysteme ermöglichen neben den rein kartographischen Abbildungen (zum Beispiel Farbschattierungskarten) auch die Herstellung eines Regionalbezuges zwischen Daten unterschiedlicher Quellen und eine programmgesteuerte Verarbeitung derselben. GIS berücksichtigen folglich die räumlichen Gesichtspunkte von Patientenpfaden, jedoch ohne diese aus medizinischer Sicht unterscheiden oder bewerten zu können. Im Rahmen dieser Arbeit sollen folglich medizinische Daten und räumliche Gesichtspunkte zusammengeführt werden.

Das im Kern dieser Arbeit vorgestellte Modell basiert auf einem von Dorigo und Maniezzo erfundenen Ameisenalgorithmus „Ant Colony Optimization". Hierbei handelt es sich um einen von verschiedenen Ansätzen, die alle das Ziel verfolgen, Verhaltensweisen von koloniebildenden Tierarten, wie zum Beispiel Bienen, Hummeln, Hornissen, Wespen und nicht zuletzt den im Modell verwendeten Ameisen nachzuempfinden. Die Verhaltensweisen dieser Tiere bei der Futtersuche können als Hilfe bei der Lösungssuche analytischer Probleme, hier der Suche nach geeigneten Gesundheitseinrichtungen, herangezogen werden. Die natürlichen Ameisen suchen und finden mit Hilfe unterschiedlicher Kommunikationsmittel optimale Wege zu Futterquellen, die künstlichen Ameisen suchen und finden im vorliegenden Modell stellvertretend für die Patienten die Pfade zu den „richtigen" Krankenhäusern. Dazu wurde auch im Rahmen dieser Arbeit das Verhalten der natürlichen Ameisen in einen programmierbaren Algorithmus transferiert, der die Kommunikationsmöglichkeiten der Ameisen untereinander nachbildet.

1.4.6 Auswertungen

Diese Arbeit bietet an zwei Stellen Auswertungen der vorhandenen Daten. Zum einen werden die Daten, die Eingang in das vorgestellte Modell gefunden haben, ausgewertet. Obwohl für Vergleichszwecke auch andere Auswertungen stattfinden, stehen dabei die Entfernungen bestimmter Bevölkerungsgruppen nach Alter, Geschlecht etc. zu den Krankenhäusern im Vordergrund. Derartige Auswertungen gibt es in der deutschen Literatur bislang nur sehr unzureichend.

Darüber hinaus findet eine Auswertung der Modellergebnisse statt, um die Auswirkungen sich verändernder Präferenzen auf die Pfade der Patienten im Gesundheitswesen nachvollziehen zu können. Um diese Auswirkungen zu veranschaulichen, werden unter anderem die Ergebnisse vor und nach der Verwendung des Modells gegenübergestellt.

2 Regionale Gesundheitsplanung

Ziel der regionalen Gesundheitsplanung ist die wohnortnahe Versorgung mit Gesundheitsleistungen.[48] Dabei ist jedoch zu beachten, dass nur dann von einer guten beziehungsweise optimalen Versorgung gesprochen werden kann, wenn die vorhandenen Einrichtungen auch wirklich effektiv (und effizient) genutzt werden. Außerdem müssen auch räumliche Gesichtspunkte berücksichtigt werden, weil insbesondere für medizinische Notfälle eine Erst- und Weiterversorgung in angemessener Zeit zur Verfügung stehen muss, um das Überleben der Patienten so weit wie möglich zu sichern. Auch für Nicht-Notfallpatienten muss jedoch eine medizinische Versorgung in erreichbarer Nähe gewährleistet werden.[45] Um die Krankenhausplanung und ihre Ziele, auf die im weiteren Verlauf dieses Kapitels näher eingegangen wird, besser verstehen zu können, muss daher vorab analysiert werden, welchen Einfluss die Entfernung der Anbieter von Gesundheitsleistungen von den Patienten dabei hat.

2.1 Inanspruchnahme von Gesundheitseinrichtungen

Die grundlegende Fragestellung, die den meisten in diesem Unterkapitel bearbeiteten Artikeln zugrunde liegt, könnte derart formuliert werden:

Durch welche Faktoren wird der Patient bei der Auswahl eines Anbieters von Gesundheitsleistungen beeinflusst?

Im Zentrum der Betrachtungen steht zunächst die Frage, ob die Patienten automatisch immer den nächstgelegenen Arzt wählen oder ob ihre Entscheidung durch weitere Faktoren – beispielsweise die Schwere der Erkrankung, die Qualität des Arztes, die Höhe des Einkommens, die Sozialversicherung, den Wohnort etc. – beeinflusst werden. Sollten weitere Faktoren relevant sein, ist zu untersuchen, wie diese realistischerweise zu gewichten sind. In diesem Teil der Arbeit werden einige Artikel vorgestellt, die den genannten Fragestellungen nachgehen und zu einigen interessanten Ergebnissen kommen. Auf einen umfassenden Literaturüberblick wurde jedoch an dieser Stelle verzichtet.

2.1.1 Bestimmungsgrößen für die Inanspruchnahme von Gesundheitseinrichtungen

Cohen und Lee (1985) verweisen auf das Marketing und die Geographie als zwei Wissenschaftsrichtungen, die im Bereich Analyse von Kundenpräferenzen bereits einige Modelle hervorgebracht haben. Den Modellen liegt die Annahme zugrunde, dass zu jeder Alternative, im vorliegenden Fall zu jeder Gesundheitseinrichtung, eine Art Attraktivitätskoeffizient ermittelt werden kann, mit dessen Hilfe die Wahl der Patienten vollständig dargestellt werden

---

48 vgl. Bruckenberger (2002a), Ministerium für Frauen, Jugend, Familie und Gesundheit des Landes Nordrhein-Westfalen (2002)

kann.[49] Die Attraktivität einer Alternative wird dabei als eine Funktion mehrerer Kriterien betrachtet.[50] Verschiedene weitere Autoren haben ebenfalls untersucht, um welche Art von Kriterien es sich dabei handeln könnte:

Autoren	Krankenhausbezogene Gründe	Patientenbezogene Gründe
Morril und Earickson (1968)	• Größe der Einrichtung • Qualität • Mögliche Diskriminierung bezüglich der Rasse • Mögliche Diskriminierung bezüglich der Zahlungsart	
Cohen und Lee (1985)	• Größe der Einrichtung • Reisezeit • Krankenhausattraktivität • Qualität der Ärzte • Ländlicher oder städtischer Standort	• Geschlecht • Alter • Sozioökonomische Stellung[51]
McGuirk und Porell (1984)		• Rasse • Religion • Einkommen. • Art der Einweisung • Notfall • Geplanter Patient • Zur OP kommend

Tabelle 7: Kriterien für die Krankenhauswahl
Quelle: Eigene Darstellung

Cohen und Lee (1985) haben diese Faktoren noch für verschiedene medizinische Fachrichtungen wie innere Medizin, Chirurgie, Geburtshilfe, Pädiatrie und Psychiatrie analysiert.

Cohen und Lee (1985) arbeiten im weiteren Verlauf ihrer Arbeit mit den einleitend genannten Attraktivitätswerten und kommen zu folgenden Ergebnissen[52]: die Ärzte in den Krankenhäusern sowie die Leistungspalette, die ein Krankenhaus anbietet, beeinflussen die Attraktivität eines Krankenhauses signifikant. Unter sonst gleichen Bedingungen kann man davon ausgehen, dass ein Krankenhaus durch eine hohe ***Qualifikation*** um so attraktiver erscheint. Darüber hinaus hängt die Attraktivität eines Krankenhauses von der ***Bettenzahl***, die letztlich die Größe eines Krankenhauses determiniert, ab. Den stärksten Einfluss auf die Attraktivität

[49] Dabei werden den ermittelten Attraktivitätswerten noch gewisse Fehlerwerte hinzuaddiert, die sich je nach Modell unterschiedlich zusammensetzen können.

[50] vgl. Cohen/Lee (1985), Love/Lindquist (1995)

[51] Die Erkenntnis, dass die tatsächliche Benutzung von Gesundheitseinrichtungen sehr stark abhängig war von Einkommen, Rasse und geographischen Gegebenheiten, hat schon in den 60-er und 70-er Jahren in den USA dazu geführt, dass einige Programme aufgelegt wurden, die Erreichbarkeit zu erhöhen. vgl. Davis (1991)

[52] vgl. u.a. Cohen/Lee (1985)

hatte jedoch die ***Anreisezeit***. Diese Feststellung lässt sich auch in anderen Quellen wiederfinden.[53]

Mit der Untersuchung dieser Beziehung zwischen Anreisezeit und Attraktivität "[...] whether the pattern of distances patients travel to hospitals varies according to kind of hospitals"[54] beschäftigen sich Morrill und Earickson (1968). Sie entwickeln neun Größen, mit denen die Krankenhäuser voneinander unterschieden werden können und untersuchen, inwieweit die verschiedenen Klassen von Krankenhäusern unterschiedliche Muster von Patientenanreiseverhalten aufweisen.

Sie ziehen folgende Schlussfolgerung: „Inner proportions of patients cared for increases with spatial isolation and size, but decreases with greater specialization of care; while the rate of decline in demand is lower for more specialized hospitals and higher where population density is falling."[55] Aufgrund der großen Zahl von Einflussfaktoren ist daher von Trade-offs zwischen verschiedenen, entfernungsrelevanten und nicht entfernungsrelevanten Größen, auszugehen, die die Wahl des Krankenhauses beeinflussen.[56] Dies ist damit zu begründen, dass ein Patient bei vorhandenen Alternativen nicht immer in das nächste Krankenhaus eingewiesen wird und dass bei Patienten, die von einem Arzt eingewiesen werden, die Wahrnehmung dieses Arztes über die Qualität der Klinik eine wichtige Rolle spielt.[57] Zwar halten sich nicht alle Patienten an die Empfehlung des Arztes, aber Bashshur et al. (1971) geben an, dass dennoch rund 49 % aller Patienten die Wahl des Krankenhauses nach einer Empfehlung ihres Arztes treffen.[58]

Darüber hinaus ist zu bemerken, dass nicht nur in Entwicklungsländern, wenn keine Krankenversicherungen vorhanden sind, die direkten Kosten der Nutzung einer Gesundheitseinrichtung eine wesentliche Rolle spielen.[59] Als weiteren Faktor bei der Messung von Reichweiten, der zumindest in bestimmten Regionen der Erde relevant ist, führt de Winter (1992) die Berücksichtigung der Akzeptanz eines Krankenhauses an. So ist zum Beispiel in Indien die in einer Region vorherrschende Kaste zu beachten, da diese es für manche Menschen erforderlich macht, sich in ein entfernteres Krankenhaus als das nächstgelegene zu begeben, weil sie dieser Kaste angehören.[60]

---

[53] vgl. Morril/Earickson (1968), McGuirk/Porell (1984)
[54] vgl. Morrill/Earickson (1968)
[55] Morrill/Earickson (1968)
[56] vgl. Mc Guirk/Porell (1984); Kohli et al. (1995)
[57] vgl. Studnicki (1975), Ministerium für Frauen, Jugend, Familie und Gesundheit des Landes Nordrhein-Westfalen (2002)
[58] vgl. Bashshur et al. (1971), Adams et al. (1991)
[59] vgl. Marianov/Taborga (2001), Green et al. (2000), Studnicki (1975)
[60] vgl. de Winter (1992)

Da die genannten Studien von Morril/Earickson (1968) und Cohen/Lee (1985) in den USA durchgeführt wurden, spielen die letztgenannten Aspekte, insbesondere die Kosten der Leistungsinanspruchnahme, keine wesentliche Rolle. Aus diesem Grund kommen die beiden genannten Studien zu dem Ergebnis, dass die „Kosten des Erreichens einer Gesundheitseinrichtung" den wichtigsten Einflussfaktor für die Inanspruchnahme ausmachen. Dabei wird darauf hingewiesen, dass es in jenen Fällen bei der Analyse des Einflusses der Entfernung auf die Inanspruchnahme von Gesundheitseinrichtungen nicht um den tatsächlichen Preis, sondern um den vom Patienten wahrgenommenen (und in der Regel als lästig empfundenen[61]) Aufwand geht. Dieser kann in Abhängigkeit der individuellen finanziellen und beruflichen Verhältnisse entweder stärker die reinen Kosten des Transportes oder auch die aufzubringende Zeit umfassen.[62]

Die meisten Arbeiten, die sich mit den Einflussfaktoren auf die Krankenhauswahl beschäftigen, gehen vom sogenannten „Distance decay" aus, welcher besagt, dass die Inanspruchnahme von Gesundheitseinrichtungen mit zunehmender Entfernung zur Einrichtung abnimmt.[63] Dabei ist festzustellen, dass die meisten empirischen Studien diesen Zusammenhang durchaus bestätigt haben. Es besteht jedoch Uneinigkeit über die Stärke des Zusammenhanges.[64] In vielen Literaturquellen wurde die These relativ unkritisch übernommen. Einige Arbeiten setzen sich jedoch detaillierter mit dem Inanspruchnahmeverhalten von Patienten auseinander. So untersuchen Hindle und Ngwube (1990) die Frage des begrenzten Zugangs für weiter entfernt wohnende Patienten näher. Dabei wird für jede Diagnose eine Art Stufe entwickelt, die anzeigt, wie weit man bei dieser Diagnose bereit ist, zu einer geeigneten Einrichtung zu fahren. Es zeigt sich, dass Patienten beispielsweise für eine Blinddarmoperation nicht so weit fahren wie für eine Herzoperation.[65]

Bei der Betrachtung des Distance decays muss darüber hinaus berücksichtigt werden, dass mit zunehmender Entfernung die Bekanntheit und damit vielleicht auch das Vertrauen in die Einrichtung abnehmen. Die Distanz, die Patienten bereit sind zurückzulegen, hängt, wie oben dargestellt, stark von der Krankheit und der Erwartung über die Behandlung und deren Qualität ab.[66] Auch dieser Einflussfaktor, den man als das Vertrauen in die Einrichtung bezeichnen kann, nimmt mit der Entfernung ab. Weiter oben ist jedoch schon auf die Bettenzahl als Einflussfaktor hingewiesen worden. Daher ist davon auszugehen, dass dieser Faktor um so langsamer abnimmt, je größer ein Krankenhaus ist. Größere Krankenhäuser – insbesondere natürlich Universitätskliniken – genießen schießlich einen überregionalen Bekannt-

[61] vgl. Dökmeci (1977)
[62] vgl. hierzu auch Studnicki (1975)
[63] vgl. Doherty et al. (1996)
[64] vgl. McGuirk/Porell (1984)
[65] vgl. Hindle/Ngwube (1990)
[66] vgl. Lynk (1995)

heitsgrad.[67] Dieser Gedanke ist auch in die weiter unten erwähnte Gravity-Distance-Methode eingeflossen.

Bei der Beurteilung des Einflusses der Distanz auf die Inanspruchnahme von Gesundheitsleistungen ist folglich relevant, was unter der Distanz zu verstehen ist. Dabei kann der Zugang eines Patienten zu einer Gesundheitseinrichtung sowohl durch die räumliche als auch durch die zeitliche Distanz sowie durch die Kosten charakterisiert werden. Es stellt sich nun die Frage, ob beide Maßeinheiten gleich starken Einfluss auf das Auswahlverhalten haben.

2.1.1.1 Entfernung

In einem Großteil der wissenschaftlichen Untersuchungen, die sich mit dem Einfluss von Entfernung und Standortfaktoren auf die Inanspruchnahme von Gesundheitsleistungen beschäftigen, wird die physische Anreisedistanz zur Messung der Erreichbarkeit herangezogen. Sie sind zumeist übereinstimmend zu dem Ergebnis gekommen, dass ein größerer Abstand von der Gesundheitseinrichtung deren Inanspruchnahme signifikant verringert, dass also die Inanspruchnahme von Gesundheitsleistungen entscheidend von der Entfernung zur Gesundheitseinrichtung abhängt.[68] Bei der Messung der Entfernung sind jedoch verschiedene Möglichkeiten zu unterscheiden.

Eine Möglichkeit der Entfernungsmessung liegt in der Messung der sogenannten euklidischen Distanzen.[69] Diese spiegeln die Luftlinienentfernung zwischen zwei Punkten, in den vorliegenden Problemen daher in der Regel die Entfernung zwischen Krankenhaus und Patient, wider. Ein anderes Resultat bei der Entfernungsmessung wird sich ergeben, wenn man von der Streckenführung des Verkehrs ausgeht, wie dies zum Beispiel Walsh et al. taten.[70] Darauf wird später noch näher eingegangen. An dieser Stelle genügt der Hinweis darauf, dass für beide Messverfahren gilt, dass bei Verwendung disaggregierter Daten eine gleichwertige Berücksichtigung aller Bürger gewährleistet werden kann, unabhängig davon, wie weit sie vom Krankenhaus entfernt wohnen.[71] Dies ergibt sich durch die Berücksichtigung des Medians der Entfernungen und nicht der durchschnittlichen Entfernung der Einwohner zum Krankenhaus.

---

[67] vgl. Morril/Earickson (1968)

[68] vgl. Doherty et al. (1996), Marianov/Taborga (2001), Parkin/Henderson (1987), Patel (1979), Segall (2000), Branas et al. (2000), ReVelle (2000), Mehrez et al. (1996), Berghmans et al. (1984), Toregas et al. (1971), Moore/ReVelle (1982), Dökmeci (1977)

[69] Es sei an dieser Stelle angemerkt, dass im Folgenden die Bezeichnung „Distanz" als Oberbegriff für „Entfernung" und „Zeit" verwendet wird. Die Bezeichnung „euklidische Distanz" hat sich jedoch allgemein durchgesetzt und wird daher hier als eigenständiger Begriff für Luftlinie-Entfernungen übernommen.

[70] vgl. Walsh et al. (1997)

[71] vgl. de Winter (1992)

2.1.1.2 Fahrzeit und Fahrtkosten

Shannon et al. (1973) zeigen, dass die ausschließliche Verwendung der räumlichen Entfernung zu falschen Schlüssen betreffend des Zugangs einzelner Bevölkerungsgruppen zu Gesundheitsleistungen führen kann. So ist es naheliegend, dass Personen die weiter von der in der Regel mit mehr Gesundheitseinrichtungen ausgestatteten Innenstadt entfernt leben, bei der Heranziehung der geographischen Entfernung auch weitere Anreisen in Kauf nehmen müssten als die im Zentrum lebende Bevölkerung. Wird jedoch die Zeit als Maßeinheit verwendet, so ist die in der Innenstadt lebende Bevölkerung häufig benachteiligt, da sie trotz kürzerer Strecken längeren Fahrzeiten ausgesetzt ist.[72]

De Winter (1992) sieht daher in der Distanzmessung mittels der Fahrzeit anstelle der Messung nach Kilometern eine wesentlich bessere Berücksichtigung der Patientenbedürfnisse, weil dadurch der tatsächlich wahrgenommene Aufwand für Patienten und Besucher besser berücksichtigt wird.[73] Dökmeci (1977) drückt dies durch die Unbequemlichkeiten aus, die der Patient auf sich nehmen muss: „The travel cost is defined as the cost of time, transportation and inconvenience (...)."[74]

Die Anreisezeit mag für viele Patienten nicht entscheidungsrelevant erscheinen, sie ist allerdings für jene, die unter chronischen Krankheiten leiden und deshalb regelmäßig zur Behandlung in ein Krankenhaus müssen, schon augenscheinlicher. Auch den Besuchern von Langzeitpatienten kommt es entgegen, wenn bei der Planung von Gesundheitseinrichtungen das Konzept der Entfernungsmessung verwendet wird. Sofern also Planer lediglich eine einzelne Einrichtung betrachten, werden die Reisezeiten in der Regel nicht angemessen berücksichtigt, da diese die Kosten der Einrichtung selbst kaum tangieren. Gleichwohl weisen Eben-Chaime und Pliskin (1992) darauf hin, dass das Wohlergehen der Patienten und unter Umständen das Ergebnis der gesamten Behandlung durch psychische und physische Belastung während der Anreise negativ beeinflusst werden kann. Diese Belastungen sind wiederum stärker von der Anreisezeit als von der Entfernung abhängig.[75] Auf die Bedeutung der Fahrzeit für Notfallpatienten ist bereits in der Einleitung hingewiesen worden.

Auch McGuirk und Porell (1984), die in ihrer Studie über das westliche Pennsylvania sowohl Reisezeit als auch Reiseentfernung bei der Prognose der Krankenhauswahl heranziehen, kommen zu dem Ergebnis, dass Patienten sensibler auf Zeit- als auf Entfernungsunterschiede reagieren, wenn ansonsten gleiche Bedingungen vorherrschen. Die Sensibilität der Patienten bezüglich der Anreisezeit legt ihrer Meinung nach sogar eine Verbesserung in der Struktur des Verkehrsnetzes nahe, um vorhandene Einrichtungen besser zugänglich zu machen.

---

[72] vgl. Shannon et al. (1973)
[73] vgl. de Winter (1992)
[74] vgl. Dökmeci (1977)
[75] vgl. hierzu auch Galvao et al. (2002), Eben-Chaime/Pliskin (1992)

Dennoch: Normalerweise ist nicht bekannt, wie die Patienten und Besucher anreisen und ob die Anreise direkt, das heißt ohne Umwege, erfolgt. Daher wird vorgeschlagen, die Reisezeit nicht „mit einer Stoppuhr“ zu messen, sondern diese als wahrgenommene Reisezeit zu ermitteln, um sie so auch für weitergehende Studien verwenden zu können. Die Wahrnehmung der Zeit sei schließlich der die Entscheidung beeinflussende Faktor, nicht die tatsächlich verstrichene Zeit.[76] Da dieses Verfahren in der Regel zu aufwändig ist, empfiehlt es sich, die Reisezeiten aus den Patientenwohnorten und den Standorten der Gesundheitseinrichtungen mittels eines der Geoinformationssysteme zu ermitteln, die in Kapitel 3.3.3 näher beschrieben werden.

Im Gegensatz zu Entfernung und Zeit sind die Kosten der Anreise für die Patienten, die in unmittelbarem Zusammenhang mit der Erreichbarkeit stehen, die Zusammensetzung dieser Kosten (Fahrgeld, Fahrzeit etc.) sowie das Aufkommen innerhalb bestimmter Gruppen – z.B. Patienten, Begleiter und Besucher – in der Literatur bisher wenig beachtet worden.[77] Eine Ausnahme bilden hier Mayhew und Bowen (1984), besonders aber Fischer, der in seiner Arbeit in Anlehnung an die Überlegungen Christallers (siehe Kapitel 3.3.2), eine sehr detaillierte Aufstellung darüber liefert, wie die Transport- und Besuchskosten berechnet und welche Daten dabei zugrunde gelegt werden können.[78] Dökmeci rechnet in seinem Modell die Reisekosten sogar zu den Gesamtkosten einer Einrichtung hinzu, da diese seiner Ansicht nach doch einen bedeutenden Anteil an den Gesamtkosten ausmachen.[79] Dabei wurden auch die Reisekosten der Mitarbeiter, der Ärzte, der Besucher sowie der stationären und ambulanten Patienten berücksichtigt.

Letztlich spielen die Kosten der Anreise aber in vielen Modellen nur eine untergeordnete Rolle. Dies wird deutlich, wenn man die Vorgehensweise Eben-Chaime und Pliskin (1992) zur Berechnung der Reisezeiten in ihrem Modell betrachtet. Sie legen Maximalwerte für die längste Reisezeit (allerdings nicht einzelner Patienten, sondern von Patientengruppen) und Maximalwerte für die durchschnittliche Reisezeit fest, um so den Bedürfnissen der Patienten näher zu kommen. Das Modell sucht dann zwar die kostenminimale Lösung, jedoch unter Einhaltung dieser Restriktionen. Die kostenminimale Lösung wird daher ausdrücklich erst nach der Einhaltung der Entfernungsgrößen gesucht.[80]

2.1.1.3 Opportunitätskosten und Informationsaufwand

„What has been labeled ‘opportunity cost’, the loss entailed in foregoing alternatives among a set, is involved in a decision to travel a certain distance over other decisions involving shorter

---

[76] vgl. Shannon et al. (1969)
[77] vgl. Parkin/Henderson (1987)
[78] vgl. Fischer (1978), S. 147 ff.
[79] vgl. Dökmeci (1977)
[80] vgl. Berghmans et al. (1987)

or longer distances, and should be considered also if we are to understand the human significance of distance."[81]

In den Modellen zur Krankenhausplanung sollten daher nicht nur die Reisezeiten, sondern auch der Aufwand der anderweitig nutzbringend einsetzbaren Zeit, ausgedrückt in Opportunitätskosten, berücksichtigt werden. Wie oben beschrieben, ist es bei der Berechnung der Reisezeit nicht entscheidend, wie lange die Anreise tatsächlich dauert, sondern als wie lange die Reise wahrgenommen wird. Dabei spielt es eine Rolle, wie man reist.[82]

In diesem Zusammenhang weist Fischer darauf hin, dass die Bewertung der Zeit zur Berechnung der Höhe der Opportunitätskosten äußerst schwierig ist. Neben Geh-, Warte-, Pendel- und anderen Zeiten sind die anzusetzenden Stundenlöhne nicht genau abgrenzbar. Er geht davon aus, dass ein pauschaler Stundenlohn hierfür angesetzt werden muss. Für die unterschiedlichen Zeiten werden jeweils Prozentsätze von diesem vorgeschlagen. In seinem eigenen Modell geht Fischer jedoch nicht von einem Verdienstausfall aus, berechnet dafür aber die Anreisekosten auch für die Besucher um so genauer.[83] Auch Acton (1975) sowie Parkin und Henderson (1987) haben Studien zu diesem Thema durchgeführt. Sie untersuchten Faktoren wie die Fahrstrecke, verwendete Verkehrsmittel, Fahrtkosten, Fahrzeiten, verlorene Arbeitszeiten, Anzahl der Besuche und der Besucher und das Ausmaß, in dem Patienten in das und aus dem Krankenhaus begleitet werden.[84]

Letztlich bleibt die Ermittlung der Opportunitätskosten schwierig, da die Datenerhebung selbst nur mit individuell geführten Interviews möglich erscheint. In der Literatur finden sich daher nicht nur bei Fischer mehr Hinweise darauf, dass man diesen Faktor "eigentlich berücksichtigen müsste", als dass die Opportunitätskosten tatsächlich einbezogen werden.

Neben den Opportunitätskosten kann auch der Informationsaufwand Einfluss auf die Inanspruchnahme von Gesundheitseinrichtungen haben. Dies ergibt sich daraus, dass Patienten ein Krankenhaus um so eher in Anspruch nehmen werden, je weniger Schwierigkeiten sie haben, Informationen über die Qualität und den Service von dieser Einrichtung zu bekommen. Dabei ist der Informationsaufwand – trotz Internet und den bereits erwähnten Krankenhausführern – tendenziell um so geringer, je näher die Einrichtung liegt, da beispielsweise Nachbarn oder Freunde, die bereits Erfahrungen mit dem Krankenhaus gemacht haben, um Rat gefragt werden können. Demgemäß wird bei großem Informationsaufwand ein Krankenhaus eher nicht gewählt.

[81] Shannon et al. (1969)
[82] vgl. Shannon et al. (1973)
[83] vgl. Fischer (1978), S. 151 ff
[84] vgl. Parkin/Henderson (1987)

2.1.2 Untersuchte Gebiete

Bei der Betrachtung des Einflusses der Entfernung auf die Inanspruchnahme von Gesundheitseinrichtungen spielt die Region, auf die jeweils Bezug genommen wird, eine große Rolle. Daher wird hier zwischen verschiedenen Regionen unterschieden.

Um die wissenschaftlichen Arbeiten in grobe Kategorien einzuteilen, erscheint es zielführend, sie nach den jeweils verwendeten Daten in drei Gruppen aufzuspalten. So wurde der Einfluss der Distanz auf die Inanspruchnahme von Gesundheitsleistungen sowohl im Stadtgebiet, im ländlichen Bereich – wobei hier eine weitere Unterscheidung zwischen Industrie- und Entwicklungsländern getroffen werden kann –, als auch in ganzen amerikanischen Bundesstaaten und somit gemischten Gebieten untersucht.

Eine Einteilung der untersuchten Artikel in diese Kategorien ist Tabelle 8 zu entnehmen.

Untersuchtes Gebiet	Arbeit
Stadt	Morrill/ Earickson (1968) Shannon et al. (1973) Acton (1975) McGuirk/ Porell (1984)
Ländliches Gebiet	**Industrieland** Bronstein/Morrisey (1991) Adams et al. (1991) Adams/Wright (1991) **Entwicklungsland** Müller et al. (1998)
Bundesstaat	Morris/Lee (1985) Mobley/Frech (2000)

Tabelle 8: Einteilung nach untersuchten Gebieten
Quelle: Eigene Darstellung

2.1.2.1 Einfluss der Distanz in ländlichen Gebieten

McGuirk und Porell (1984) stellen fest, dass der positive Einfluss der Nähe zum Gesundheitsdienstleister auf die Inanspruchnahme in ländlichen Gebieten in der Fachliteratur bereits gut ausgeführt wurde.

Auf dem Land erweist sich die meist große Distanz zu alternativen Anbietern häufig als Barriere. Dies steht in Einklang mit den Ergebnissen von Gesler und Meade (1988) und Bronstein und Morrisey (1991) und wird von vielen weiteren Studien belegt. In den Untersuchungen wurde festgestellt, dass Patienten häufig nicht das nächstgelegene Krankenhaus aufsuchen, sobald eine Wahlmöglichkeit besteht. Im ländlichen Bereich ist eine Wahlmöglichkeit jedoch nicht immer gegeben, so dass sich der „reine" Einfluss von Entfernung und Inanspruchnahme hier vermeintlich leichter ermitteln lässt.[85]

Die Zahl der ländlichen Krankenhausstandorte und mit ihr die Wahlmöglichkeit im ländlichen Bereich wird noch durch die generelle Annahme reduziert, dass eine ländliche Lage aus ökonomischer Sicht schlecht sei für ein Krankenhaus. Hierfür gibt es allerdings nur wenig empirische Beweise.[86] Trotzdem fanden die meisten Krankenhausschließungen der jüngeren Vergangenheit in ländlichen Gebieten statt.

Letztlich wird die Erreichbarkeit in diesen Gebieten zusätzlich dadurch erschwert, dass die jüngere Bevölkerung häufig abwandert, die zurückbleibende Bevölkerung im Durchschnitt um so älter und kranker ist, gleichzeitig aber die Zahl der Einrichtungen wegen der geringer werdenden Gesamtbevölkerung reduziert wird.[87] Dadurch nehmen die Entfernungen, die von den weniger mobilen und älteren Patienten zurückgelegt werden müssen, noch zu.

2.1.2.2 Einfluss der Distanz in der Stadt

Aufgrund der zahlreichen Anbieter, die im Stadtgebiet meist in größerer Dichte vorhanden sind, besteht die Gefahr, dort den Einfluss der Distanz auf die Wahl des Krankenhauses zu übersehen.

McGuirk und Porell (1984) vertreten daher die Auffassung, dass diese Fragestellung in der Fachliteratur noch nicht ausreichend geklärt wurde. So gibt es bisher kaum Untersuchungen über die Wahl der Patienten insbesondere bezüglich der in städtischen Gebieten angesiedelten Krankenhäuser, sofern sie eine Wahlmöglichkeit haben. In ihrer Studie stellen McGuirk und Porell jedoch fest, dass auch im Stadtgebiet die Wahl des Krankenhauses stark von der Distanz beeinflusst wird. Die Stärke des Einflusses hängt jedoch mehr als anderswo von anderen, oben genannten Variablen ab, zum Beispiel der Größe des Krankenhauses oder dem Grad der Spezialisierung. Der Einfluss der Entfernung auf die Inanspruchnahme des Krankenhauses ist daher in städtischen Gebieten eher verschleiert. Auch die im weiteren Verlauf dieser Arbeit gezeigten Schaubilder zu diesem Thema zeigen, dass dieser Einfluss im Stadtgebiet bei Betrachtung ganzer Krankenhäuser nahezu nicht möglich ist. Hier muss schon auf einzelne Krankheitsbilder oder Krankheitsartengruppen zurückgegriffen werden.

Morril und Earickson (1968) stellen folglich in den Städten eine deutlich stärkere Überlappung der Einzugsgebiete fest. Diese Überlappung war in Relation zur Krankenhausgröße ansteigend. Größere Krankenhäuser haben daher eine stärkere Überlappung der Einzugsgebiete als kleinere. Es wird sogar festgestellt, dass sich größere Kliniken, die innerhalb von 3 km

[85] vgl. McGuirk/Porell (1984)
[86] vgl. Goldstein et al. (2002)
[87] vgl. Love/Lindquist (1995), Bruckenberger (1999)

ein anderes größeres Krankenhaus haben, die Patienten der Region teilen müssen. Die Auswertungen im Rahmen dieser Arbeit bestätigen dies weitgehend. Das bedeutet aber nicht, dass isolierte, monopolartige Standorte besser wären, denn die Patienten benötigen schließlich sehr unterschiedliche Angebote. Außerdem haben die Krankenhäuser in Regionen, in denen eine starke Konkurrenz existiert und dadurch geringere Belegungsraten oder höhere Kosten entstehen, die Möglichkeit, sich zu spezialisieren.[88]

Auf die von Shannon et al. (1973) ermittelten längeren Wege zu den Gesundheitsanbietern, je weiter die Patienten vom Stadtzentrum entfernt wohnen, wurde bereits oben eingegangen. Sie ermitteln in diesem Zusammenhang auch, dass die Reisegeschwindigkeit positiv mit der Entfernung korreliert. Das bedeutet, dass Patienten um so schneller zum Krankenhaus reisen, je weiter entfernt sie vom Stadtzentrum wohnen. Dies kann selbstverständlich auch an der Art des Transportmittels, den Wartezeiten für öffentliche Verkehrsmittel und an den Umwegen (in Relation zur linearen Entfernung) liegen, die bei kürzeren Strecken mehr ins Gewicht fallen. Darüber hinaus haben Shannon et al. ermittelt, dass die Relation zwischen Reisezeit und Entfernung zum Stadtzentrum insbesondere für Ärzte und Zahnärzte auffällt, jedoch schon weniger für Krankenhäuser. Der Grund ist jedoch darin zu sehen, dass die Krankenhäuser der Studie sehr zentral im Stadtzentrum lagen.[89] Festzuhalten ist somit, dass die Patienten im Verhältnis um so weniger Zeit darauf verwenden, Gesundheitseinrichtungen zu besuchen, je weiter sie vom Zentrum entfernt wohnen. Das bestätigt noch einmal, dass in städtischen Gebieten die Wege zwar kürzer sind, die Geschwindigkeiten aber geringer, so das hier geringere Strecken pro Zeit zurückgelegt werden. Damit ist der oben angesprochene Unterschied zwischen Entfernung und Reisezeit besonders im Vergleich zwischen städtischer und ländlicher Umgebung signifikant.[90]

Mehrez et al. (1996) wählen gerade aufgrund der festgestellten unterschiedlichen Reisegeschwindigkeiten zwischen Stadt und Land in ihrem Modell ausdrücklich einen Standort am Stadtrand. Dieses zunächst nicht in die obigen Ausführungen passende Vorgehen erklärt sich jedoch daraus, dass in dem in der Studie untersuchten Gebiet nur eine Gesundheitseinrichtung eingeplant wurde und dass die Zahl der von weit außerhalb der Stadt anreisenden Patienten sehr hoch zu erwarten sei. Daher konnte davon ausgegangen werden, dass ein Krankenhaus am Stadtrand insbesonders für diese Patienten und ihre Besucher bequemer zu erreichen sei.[91]

Bevor daher aus den obigen Ausführungen allgemeine Grundsätze zur Stationierung von Gesundheitseinrichtungen abgeleitet werden, empfiehlt es sich, genau zu analysieren, woher die Patienten kommen und welche Bedarfe sie wirklich haben.

---

[88] vgl. Morril/Earickson (1968)
[89] vgl. Shannon et al. (1973)
[90] vgl. Shannon et al. (1973)
[91] vgl. Mehrez et al. (1996)

2.1.2.3 Vorbeifahren

Das Phänomen des „Vorbeifahrens", des sogenannten „Bypassing“ ist eng mit der Distanzmessung im Gesundheitswesen verbunden. Es soll erfasst werden, unter welchen Umständen die Patienten nicht das nächstgelegene geeignete Krankenhaus aufsuchen, sondern an diesem vorbeifahren und erst das übernächste wählen. Dass dieses Phänomen weitgehend im Einklang mit den bisherigen Untersuchungen zum Zusammenhang zwischen Entfernung und Inanspruchnahme von Gesundheitsleistungen steht, lässt sich anhand der Studie von Bronstein und Morrisey (1991) leicht nachvollziehen.

Diese gehen in ihrem Artikel im Speziellen auf das Phänomen des „Vorbeifahrens“ bei der Inanspruchnahme von Geburtshilfe ein. So lag die Anzahl der Frauen, die sich entschlossen, ein anderes als das nächstgelegene Krankenhaus zur Niederkunft aufzusuchen, im Jahr 1988 im untersuchten Gebiet bei 45 %. In der Untersuchung zeigte sich, dass sich insbesondere Frauen, die relativ weit vom nächsten (ländlichen) Krankenhaus entfernt leben, häufig für die Fahrt zu einem größeren und besser ausgestatteten städtischen Krankenhaus entschieden. Dies bestätigt auch noch einmal die Aussagen zum Reiseverhalten weiter entfernt lebender Patienten und zur Größe als Einflussfaktor auf die Inanspruchnahme einer Einrichtung. Wie oben angesprochen, tritt auch im ländlichen Bereich, wo meist größere Distanzen zur nächsten Gesundheitseinrichtung zurückgelegt werden müssen, das Phänomen des „Vorbeifahrens“ (Bypassing) auf, jedoch seltener als in der Stadt. Ist kein städtisches Krankenhaus verfügbar, wird gleichwohl dennoch nicht immer das nächste ländliche Haus aufgesucht. Das hängt damit zusammen, dass, wenn die Patienten ohnehin schon weite Wege zur nächsten Einrichtung zurücklegen müssten, sie durchaus auch bereit sind, einen um so weiteren Weg bis zur übernächsten Einrichtung auf sich zu nehmen.

In der Marketingliteratur sind die „outshopper“, das heißt die Personen, die zum Einkaufen ihren Wohnort verlassen, überwiegend jung und haben höhere Einkommen. Das ließ sich aber für das Gesundheitswesen in der Studie von Adams und Wright (1991) nicht herauskristallisieren. Sie stellen vielmehr in ihrer Studie fest, dass sich sogar nur rund 40 % der Empfänger von Gesundheitsfürsorgeleistungen (Medicare) im untersuchten Gebiet nicht für das nächstgelegene Krankenhaus entschieden. Wie stark der Einfluss der Distanz auf die Auswahl des Krankenhauses ist, hängt jedoch vom Alter und von der Schwere der Erkrankung des Patienten ab. So trifft – wie oben bereits angedeutet – die Schließung von Krankenhäusern im ländlichen Bereich, die insbesondere in den Vereinigten Staaten großes öffentliches Aufsehen erregt hat, speziell ältere Mitbürger, deren Bereitschaft, eine längere Anfahrt in Kauf zu nehmen, eher gering ist.[92]

---

[92] vgl. Gesler/Meade (1988)

Ländliche Krankenhäuser haben folglich insbesondere in der Nähe von größeren Städten die Konkurrenz der städtischen Häuser zu beachten und unter dem Phänomen des Vorbeifahrens insbesondere bei komplexen Leistungen zu leiden. Am Beispiel der Geburten hat sich zusätzlich gezeigt, dass dies auch für weniger komplexe planbare Leistungen gilt. Auf der anderen Seite haben Morrissey et al. (1989) ermittelt, dass städtische Krankenhäuser für weniger komplexe Leistungen immer auch mit ländlichen Häusern konkurrieren. Der Markt für ländliche Krankenhäuser ist ihrer Ansicht nach somit größer als häufig angenommen.

Adams und Wright (1991) unterscheiden darüber hinaus nach verschieden komplexen Diagnosen und nach Fachrichtungen. Hier zeigte sich, dass die Patienten mit komplexeren Diagnosen häufig weitere Reisen, in der Regel in städtische Krankenhäuser, auf sich nehmen. Diejenigen, die an einem städtischen Krankenhaus vorbei fuhren, hatten zwar oft innerhalb der Diagnosegruppe einen komplexeren Fall, aber es waren hauptsächlich die einfacheren Diagnosegruppen, bei denen dies vorkam. Bezogen auf die Fachrichtungen wurde sichtbar, dass die Patienten der Inneren Medizin zu 67 % das nächste Krankenhaus wählten. Bei den Chirurgie-Patienten wählten sogar rund 72 % derer, die ein großes Krankenhaus in der Nähe hatten, auch dieses aus, aber nur 30 % derer, die ein kleines Krankenhaus in der Nähe hatten, suchten dieses auf.

Diese Zahlen sollen andeuten, dass sich hinter dem Phänomen des Vorbeifahrens ähnliche Mechanismen verbergen, wie sie bereits in der Entfernungs-Analyse gezeigt wurde. Es sei jedoch noch einmal deutlich darauf hingewiesen, dass sich das Phänomen des Vorbeifahrens unabhängig von der konkreten Entfernung entwickeln kann.

Das Phänomen des Vorbeifahrens macht deutlich, dass sich dabei viele unterschiedliche Einflussfaktoren überlagern. So ist das Verhalten nach städtischer vs. ländlicher Region sowie nach einzelnen Krankheitsbildern sehr unterschiedlich. Gleichwohl ist deutlich geworden, dass die Hauptfaktoren, die die Patienten dabei berücksichtigen, die Entfernung und die wahrgenommene Eignung einer Einrichtung darstellen. Je nachdem, welches Krankheitsbild vorliegt, tritt entweder die Entfernung oder die Eignung in den Vordergrund der Entscheidung, ein Krankenhaus aufzusuchen oder daran vorbeizufahren.

2.1.2.4 Distanz als Einflussfaktor in Entwicklungsländern

Während in den Industrieländern die Distanz einen Einfluss auf die Entscheidung zwischen den unterschiedlichen Angeboten an Gesundheitsleistungen hat, besteht in den ländlichen Gebieten der Entwicklungsländer häufig gar keine Wahlmöglichkeit. In Gebieten, in denen eine unzureichende Infrastruktur besteht, ist die Distanz zur Gesundheitseinrichtung meist ausschlaggebend dafür, ob überhaupt medizinische Hilfe in Anspruch genommen wird.[93]

In ihrer Studie kommen Müller et al. (1998) zu dem Schluss, dass auch im untersuchten Gebiet die Besuche von Gesundheitszentren mit zunehmender Distanz deutlich abnehmen. Während dieser Effekt über den Untersuchungszeitraum konstant blieb, es also keine Unterschiede zwischen Regen- und Trockenzeiten gab, waren große Differenzen zwischen den Alters- und Geschlechtsgruppen zu erkennen. In vielen anderen Regionen muss jedoch sehr wohl auf die Erreichbarkeit während der Regenzeit Rücksicht genommen werden.

Nooraly et al. (1999) zeigen auch hier, dass die Entfernung zwar ein sehr wichtiger Faktor ist, dass jedoch auch in Entwicklungsländern andere Einflussgrößen eine wichtige Rolle spielen. Sie nennen insbesondere das Einkommen, die Behandlungsqualität und –kosten sowie auch die Erkennung der Krankheiten selbst sowie deren Ernsthaftigkeit. Hier zeigt sich wiederum, dass die Kosten der Behandlung und die wahrgenommene Qualität derselben eine große Rolle spielen. Neu ist jedoch der Hinweis der Autoren auf die offensichtlich durch Selbstdiagnose ermittelte Wahrnehmung der Ernsthaftigkeit der Krankheit, so dass hier scheinbar deutlich abgewogen wird, ob die Behandlung notwendig und im Verhältnis zum erwarteten Preis lohnend erscheint. Dass hierbei häufig aus Kostengründen gegen die Inanspruchnahme einer Gesundheitseinrichtung entschieden wurde, ist deutlich erkennbar: einer in der Studie ermittelten durchschnittlichen Inanspruchnahmerate von Gesundheitseinrichtungen von 0,35 pro Jahr und Person steht ein vergleichbarer Wert von 3 pro Jahr und Person sogar in den ärmeren Gegenden der USA gegenüber.[94]

2.1.2.5 Einfluss der Fachrichtung auf die Entfernungen, die die Patienten auf sich nehmen

Der Einfluss der Fachrichtungen auf die Inanspruchnahme von Gesundheitseinrichtungen wurde beim Phänomen des Vorbeifahrens bereits angesprochen. Cohen und Lee (1985) haben ihn auch unabhängig vom Vorbeifahren ermittelt. Dabei zeigt sich, dass die Patienten für Chirurgie und Kardiologie weitere Wege in Anspruch nehmen als beispielsweise für die Zahnheilkunde. Interessanterweise hat sich für die Psychiatrie ergeben, dass die Wege, die die Patienten auf sich nehmen, deutlich weiter sind. Den Grund sehen sie darin, dass die Psychiatrie als mit einem gewissen „Makel" behaftet gesehen wird, so dass Patienten hier bewusst auf weiter entfernt liegende Kliniken zurückgreifen, um die Anonymität zu wahren und keinen Nachbarn oder Bekannten in der Klinik zu begegnen.

[93] Besonders deutlich wurde das in Indien, wo laut Patel (1979) die Infrastruktur so schlecht war, dass eine kombinierte Planung aus Straßenbau und Errichtung sozialer Einrichtungen durchgeführt werden musste.

[94] vgl. Nooraly et al. (1999)

In der Gynäkologie war eine Korrelation der Inanspruchnahme mit der Entfernung nicht zu erkennen. Es gibt folglich genauso viele Patientinnen, die das nächste Krankenhaus wählen, wie es solche gibt, die an diesem vorbeifahren. Der Grund für den vergleichsweise hohen Anteil an Vorbeifahrern ist in der Vielzahl der Geburten zu sehen, bei denen die Mütter oft die Sicherheit einer großen und erfahrenen Klinik suchen, um bei eventuellen Komplikationen eine geeignete Weiterbehandlung erhalten zu können.[95] Darüber hinaus ist relevant, dass das Ereignis der Geburt nicht überraschend eintritt, so dass die Patientinnen die Wahl sehr bewusst treffen können.

Letztlich zeigt die Unterschiedlichkeit des Auswahlverhaltens bei unterschiedlichen Fachrichtungen und Diagnosen, dass eine Krankenhausplanung für gesamte Krankenhäuser nicht zielführend ist. Es muss daher auf Abteilungsebene oder auf Basis einzelner Leistungen oder Leistungsbündel geplant werden, damit die Ergebnisse verwertbar sind.

2.1.3 Aufgliederung der berücksichtigten Variablen

Wie bereits in den vorangehenden Kapiteln erwähnt, gibt es unterschiedliche Variablen, die den Einfluss der Distanz auf die Inanspruchnahme von Gesundheitsleistungen verstärken oder abschwächen können.

Love et al. (1995) unterscheiden daher zwischen „realer" und „potentieller" Erreichbarkeit. Bei der potentiellen Erreichbarkeit werden die Standorte der Krankenhäuser und die Wohnorte der Bevölkerung betrachtet. Da aber, wie oben gezeigt, in der Literatur erkannt wurde, dass nicht allein die physische Distanz die Nutzung eines Krankenhauses beeinflusst, sondern dass auch Faktoren wie Versicherungsstatus, Einkommen, Alter, Geschlecht und individuelle Präferenzen zur Nutzung einer Einrichtung beitragen, sprechen Love et al. auch von einer „revealed Accessibility", sie sehen also die „wirkliche" oder „enthüllte" Erreichbarkeit als die zu ermittelnde Größe an.

In den einzelnen Studien konnten jedoch nicht immer alle Kriterien untersucht werden. Tabelle 9 soll deshalb einen Überblick über die in den Literaturquellen berücksichtigten Einflussgrößen geben. Darin wird auch berücksichtigt, dass die Art des Anbieters die Bereitschaft des Patienten, weitere Anfahrtsstrecken auf sich zu nehmen, ebenfalls beeinflusst. Die Tabelle kann aber nur einen zusammenfassenden und ordnenden Überblick bieten und keine detaillierten Aussagen über die einzelnen Variablen machen.

[95] vgl. Cohen/Lee (1985), Bronstein/Morrisey (1991)

Art. Nr.	Unter-schiedliche Anbieter			Eigenschaften Krankenhaus							Eigenschaften Patient											Äußere Einflüsse				
	KH	ZA	PA	BZ	ST	AUS	FA	WG	GV	WZ	GE	AL	EK	AB	BE	SdK	ASV	SV	AU	GZ	SU	JZ	Epa	BD	HMO	SCH
1	X			X	X		X	X				X		X				X								
2	X	X	X																							
3	X	X	X							X	X	X	X	X				X	X	X						
4	X			X	X		X								X								X			
5	X			X	X	X	X				X	X	X										X			
6	X			X	X		X						X	X							X			X		X
7	X			X	X							X			X	X							X			
8	X										X	X			X							X				
9	X			X	X							X			x	X										
10	X			X			X						X	X			X						X			

Tabelle 9: Aufgliederung der berücksichtigten Variablen
Quelle: Eigene Darstellung

Definition der in Tabelle 9 verwendeten Abkürzungen:

Untersuchte Anbieter:
KH – Krankenhaus
ZA – Zahnarzt
PA – Praktischer Arzt

Krankenhauseigenschaften:
BZ – Bettenanzahl
ST – Standort (ländliches Gebiet oder Stadtgebiet)
AUS – Ist das Krankenhaus eine Ausbildungseinrichtung? (ja/nein)
FA – Angebot an Fachabteilungen
WG – Wachstumsgrad
GV – Geburtsvolumen
WZ - Wartezeit

Eigenschaften der Patienten:
GE - Geschlecht
AL - Alter
EK - Einkommen
AB - Abstammung
BE - Befund
SdK - Schwere der Krankheit
ASV - Art der Sozialversicherung
SV - Sozialversicherung (ja/nein)
AU - Ausbildung
GZ - Gesundheitszustand
SU - Staatliche Unterstützung (ja/nein)

Äußere Einflüsse
JZ - Jahreszeit
EpA - Einfluss des praktischen Arztes
BD - Bevölkerungsdichte
HMO - Marktanteil von HMO/prepaid health plan
SCH - Schließung des zum Patienten nächstgelegenen Krankenhauses (während des Studienzeitraumes)

Nummerierung der Artikel
1. Morrill/Earickson (1968)
2. Shannon/Skinner/Bashshur (1973)
3. Acton (1975)
4. McGuirk/Porell (1984)
5. Cohen/Lee (1985)
6. Bronstein/Morrisey (1991)
7. Adams/Houchens/Wright/Robbins (1991)
8. Müller/Smith/Mellor/Rare/Genton (1998)
9. Adams/Wright (1991)
10. Mobley/Frech (2000)

2.1.4 Distanz als Preis für Gesundheitsleistungen?

Bereits in den 70-er Jahren untersuchte Acton den Einfluss der Sozialversicherung auf die Inanspruchnahme von Gesundheitsleistungen. In Ländern mit Sozialversicherungssystem spielt der Kostenfaktor bei der Auswahl von Krankenhäusern oder Ärzten für viele versicherte Patienten keine Rolle (mehr), er zwingt sie nur, die Krankenversicherungskarte nicht zu vergessen. In Ländern ohne Sozialversicherungssystem sind die Kosten der Gesundheitsleistungen ein entscheidendes Element für die Inanspruchnahme. Doch auch in den Vereinigten Staaten, in denen Millionen Menschen ohne Krankenversicherungsschutz sind, sank durch einen Anstieg der Patienten mit Sozialversicherung und durch den Erlass von staatlichen Gesetzen zur Gesundheitsversorgung laut Acton (1975) der Einfluss des Preises auf das Auswahlverhalten der Patienten.

Im Gegensatz zum Preis hat, wie bereits gezeigt, die Anfahrtszeit großen Einfluss bei der Arzt- beziehungsweise Krankenhauswahl. Die These, dass die Distanz für Gesundheitsleistungen die Steuerungsfunktion eines Preises übernimmt, wenn für die Gesundheitsleistungen keine Barauslagen notwendig sind, erscheint daher sehr plausibel.

Mit seiner Studie unterstützt Acton (1975) die These, dass nicht-monetäre Faktoren als Preis fungieren, wenn der „Geld-Preis" für den Patienten durch Sozialversicherung entfällt. Die Distanz zum Gesundheitsdienstleister und der damit verbundene Zeitaufwand werden hier zu einem entscheidenden Einflussfaktor.[96] Dass die Entfernung als entscheidender Einflussfaktor für die Inanspruchnahme von Gesundheitsleistungen heranzuziehen ist, wurde bereits hinlänglich erläutert. Die Annahme, dass bei Sozialversicherungssystemen ohne oder mit geringer Zuzahlung der Patienten die Entfernung gleichzeitig eine wesentliche Preisfunktion übernimmt, unterstreicht ihre Bedeutung noch einmal.

Wie bereits angesprochen, wird jedoch die wahrgenommene Distanz in der Studie nicht nur als die reine Entfernung, die überwunden werden muss, betrachtet, sondern auch als Zeit- und Geldaufwand, der durch die Anreise verursacht wird. Es wäre nun anzunehmen, dass Patienten mit höheren Opportunitätskosten für den Faktor Zeit weniger zeitintensive Hilfe in Anspruch nehmen. Diese Vermutung konnte jedoch durch die Studie von Acton nicht bestätigt werden.[97]

Zu berücksichtigen ist, dass die wahrgenommene Distanz auch durch den Informationsaufwand über die Qualität einer Gesundheitseinrichtung beeinflusst wird, der – wie oben erläutert – generell dann geringer ist, wenn die Patienten aus der nahen Umgebung des Krankenhauses kommen. Um zukünftig den Einfluss der Qualität in der Entscheidungsfindung sowohl bei den Patienten als auch bei den niedergelassenen Ärzten zu steigern, werden verschiedene Maßnahmen ergriffen. So müssen zum Beispiel seit 2005 deutsche Krankenhäuser strukturierte Qualitätsberichte veröffentlichen[98], auf die an dieser Stelle jedoch nicht näher eingegangen werden soll. Darüber hinaus gibt es neben dem Klinikführer Ruhrgebiet noch zahlreiche andere Klinikführer, die neben der reinen medizinischen Qualität und den entsprechenden Leistungszahlen (als Synonym für „Erfahrung") z.B. auch die Unterbringung und das Essen in eine Gesamtbewertung und damit in die „Quasi-Preisfunktion" einbeziehen.[99]

2.2 Einzugsgebiet, Erreichbarkeit und Verfügbarkeit

Ein letzter wichtiger Punkt darf bei der Inanspruchnahme von Gesundheitsleistungen selbstverständlich nicht vergessen werden: Nur ein freies Bett, ein freier Platz kann –

[96] vgl. Shannon et al. (1973)
[97] vgl. Acton (1975)
[98] vgl. BMG 2002, Schrappe (2005), Schlemm/Scriba (2004)
[99] vgl. Initiativkreis Ruhrgebiet (2004), Initiativkreis Ruhrgebiet (2005), Eltern (2005), Medizininfo (2005), Babymagazin (2005)

unabhängig von jeglichen Entfernungsüberlegungen – überhaupt in Anspruch genommen werden.

Im National Health Service Act von 1948 aus Großbritannien wird erklärt, dass der Zugang zu medizinischer Versorgung nicht vom Wohnort eines Bürgers abhängen darf. Die Entscheidungen, die den Standort von medizinischen Einrichtungen betreffen, können – wie bereits dargestellt wurde – großen Einfluss auf die Versorgung der Bevölkerung haben.[100] In der Literatur wird in diesem Zusammenhang zwischen den Begriffen „Einzugsgebiet", „Erreichbarkeit" und „Verfügbarkeit" unterschieden. De Winter (1992) geht auf diesen Zusammenhang näher ein.

Normalerweise wird in der Krankenhausplanung die Relation „eine Einrichtung je X Einwohner" angenommen, um die Zahl der zu versorgenden Personen im Einzugsgebiet festzulegen.[101] Problematisch daran ist, dass durch diese Relation suggeriert wird, „eine Einrichtung" könnte tatsächlich eine ausreichende Versorgung der Bevölkerung im Einzugsgebiet gewährleisteten. Dies ist aber dann nicht der Fall, wenn die Einrichtung zwar vorhanden, für die Bevölkerung oder einen Großteil dieser aber nicht erreichbar ist. So ist im Niger eine Verfügbarkeit von Gesundheitseinrichtungen für 200.000 Personen gegeben. Das heißt, dass die vorhandenen Einrichtungen in der Lage wären, alle 200.000 Bewohner einer Region zu versorgen, aber die durchschnittliche Erreichbarkeit liegt bei 137 km. Das bedeutet für eine Vielzahl von Patienten, dass sie den Transport in eine Klinik gar nicht erst antreten, weil sie ihn ohnehin nicht überleben würden.[102]

Deshalb ist zu beachten, dass in einem Einzugsgebiet nicht nur die Verfügbarkeit gewährleistet sein muss, sondern auch die Erreichbarkeit. Für die Erreichbarkeit ist die Wohnortnähe bei den Angeboten der Grundversorgung von entscheidender Bedeutung. Die Erreichbarkeit sollte daher nach de Winter (1992) als „Eine Einrichtung innerhalb von X km" oder gemäß obiger Ausführungen besser: „einer vergleichbaren Zeiteinheit" bezeichnet werden und die Verfügbarkeit als „eine Einrichtung für Y Personen". Bei dieser Definition des Einzugsgebietes handelt es sich demnach um eine rein rechnerische Größe, die ermittelt wird, indem die Zahl der Einrichtungen durch die Zahl der Bewohner geteilt wird. Sind folglich in einem Einzugsgebiet von 20.000 Einwohnern nur Gesundheitseinrichtungen mit einer maximalen Kapazität für die Versorgung von 10.000 Einwohnern gegeben, so ist die Verfügbarkeit nicht für alle Bewohner gewährleistet. Diese Definition der Verfügbarkeit berücksichtigt dementsprechend nur die Patienten, die die Einrichtung auch wirklich zu versorgen in der Lage ist. In der Literatur werden die Begriffe „Erreichbarkeit" und „Verfügbarkeit" jedoch häufig unkritisch gleichlautend verwendet.

---

[100] vgl. Parkin/Henderson (1987)
[101] Je nach Planungsniveau kann hier auch von Betten, Großgeräten etc. je X Einwohner ausgegangen werden.
[102] vgl. de Winter (1992)

Darüber hinaus gilt auch hier, dass durch die Verwendung des Medians der Entfernungen eine „gerechtere" Berücksichtigung jedes einzelnen Patienten gewährleistet werden kann. Solange der Patient einen (verfügbaren) Platz in einem Krankenhaus bekommt, dürfte es für ihn relativ irrelevant sein, mit wie vielen Einwohnern er diesen „teilen" muss. Er wünscht bei Bedarf die passende Einrichtung in einer angemessenen Entfernung. Welche dabei eine passende Einrichtung ist, hängt wiederum von den Leistungen ab, die er benötigt.

Bei der Planung selbst kann man nun von verschiedenen Zielgrößen ausgehen: Geht man von der Sicherung der Verfügbarkeit von Gesundheitseinrichtungen als Zielgröße aus, so muss je nach Bevölkerungsdichte und Einrichtungsgröße mit großen Unterschieden in der Erreichbarkeit gerechnet werden. Geht man hingegen von der Erreichbarkeit als Zielgröße aus, so kann es in dem durch einen festgelegten Radius bestimmten Einzugsgebiet aufgrund der Bevölkerungsdichte in einigen Gebieten nur zur Versorgung von einigen hundert Menschen kommen.

Bei der Planung von Gesundheitseinrichtungen ist jedoch immer auch zu beachten, dass die benötigten Ressourcen nicht unbegrenzt vorhanden sind, so dass der Bau oder Erhalt eines Krankenhauses nicht immer möglich ist. Wird dadurch die Erreichbarkeit so verschlechtert, dass für die Patienten unzumutbar lange Anfahrzeiten entstehen, kann man nicht mehr von einer ausreichenden Verfügbarkeit sprechen.[103] Ähnliches gilt, wenn zusätzlich noch einzelne Personengruppen von der Versorgung ausgeschlossen werden (zum Beispiel bestimmte Kasten in Indien), die Erreichbarkeit durch in den Regenzeiten nicht mehr vorhandene Straßen gefährdet ist[104] oder nur medizinisch nicht geeignete Krankenhäuser vorhanden sind.[105] Um solche Fälle zu vermeiden, wird in der Krankenhausplanungs-Literatur vielfach die Bestimmung des Einzugsgebietes nur unter Einhaltung einer vorgegebenen Erreichbarkeit vorgenommen. Fischer weist außerdem darauf hin, dass bei der Ermittlung der Erreichbarkeit auch die Angebote von Spezialeinrichtungen berücksichtigt werden müssen.[106] Darüber hinaus muss die Größe der Einrichtung beachtet werden, weil die Versorgungsregionen zu umfangreich und damit die Wege zu weit werden, wenn die Krankenhäuser zu groß sind.[107] Eine gute Krankenhausverteilung muss daher sowohl Entfernungen als auch die Größe der Einrichtung, die die Verfügbarkeit repräsentiert, berücksichtigen. Aus diesem Grund muss genau abgewogen werden, an welchen Standorten der Bau oder Erhalt eines Krankenhauses unbedingt notwendig ist und in welchen Fällen den Patienten eine längere Anfahrzeit zugemutet werden kann. Dökmeci (1977) formuliert zu diesem Wechselspiel: „An optimal regional health facility system is defined as that which achieves a balance between the need for centralization for efficiency and the need for local access (especially for those patients

[103] vgl. de Winter (1992)
[104] vgl. Patel (1979)
[105] vgl. de Winter (1992)
[106] vgl. Fischer (1978), S. 61
[107] vgl. Fischer (1978), S. 45, Berghmans et al. (1984)

who find it difficult to travel long distances)."[108] Um dieser Balance gerecht zu werden, sind in der Vergangenheit und werden auch heute noch große Anstrengungen unternommen, die Krankenhausplanung ausgewogen zu realisieren. Ziel des folgenden Kapitels ist es daher, die verschiedenen Wege darzustellen, die in der Vergangenheit diesbezüglich beschritten wurden.

[108] Dökmeci (1977)

3 Krankenhausplanung

Eine qualitativ hochwertige Krankenhausplanung, die durch Festlegung von medizinischer Ausrichtung, Zahl der Krankenhäuser und deren Standorte eine ausreichende Versorgung mit Krankenhausleistungen in allen Regionen eines Landes gewährleisten muss, gewinnt angesichts knapper werdender Mittel zunehmend an Bedeutung. Zur Zeit ist die Krankenhausplanung in Deutschland noch eine weitgehend öffentliche Aufgabe, die jedoch bereits in einem Wandel unterliegt, wie später noch zu zeigen sein wird. Die Zunahme privater Kliniken und Klinikverbünde (z.B. unter konfessioneller Trägerschaft) bewirkt zusätzlich, dass sich immer mehr Institutionen mit den Methoden der Krankenhausplanung auseinandersetzen. Zwar werden in Deutschland Krankenhäuser noch nicht wie in Amerika wie normale Wirtschaftsgüter ge- und verkauft, zusammengeführt oder abteilungsweise zergliedert[109], jedoch nimmt die Flexibilität, die in diesem Sektor von allen Beteiligten erwartet wird beziehungsweise aufgrund des ökonomischen Drucks notwendig ist, weiter zu.

3.1 Begriffliche Abgrenzung

Der deutsche Gesetzgeber definiert Krankenhäuser als „Einrichtungen, in denen durch ärztliche und pflegerische Hilfeleistung Krankheiten, Leiden oder Körperschäden festgestellt, geheilt oder gelindert werden sollen oder Geburtshilfe geleistet wird und in denen die zu versorgenden Personen untergebracht und verpflegt werden können, (...).“[110] Eines der wesentlichen Merkmale eines Krankenhauses gemäß deutscher Definition stellt daher die Möglichkeit zur Unterbringung und zur Verpflegung der Patienten dar.

Bezüglich der Krankenhausplanung im engeren Sinn beziehungsweise zur Standortbestimmung von Krankenhäusern findet sich national wie auch international relativ wenig Literatur. Um die Darstellung der Probleme und Vorgehensweisen in der Krankenhausplanung abrunden zu können, wurde, wie oben auch, in diesem Teil der Arbeit an verschiedenen Stellen zusätzlich auf Literatur zurückgegriffen, die sich mit der Planung von Gesundheitseinrichtungen (etwa Gesundheitszentren, Ambulatorien, Health Maintenance Organizations o.ä.) im Allgemeinen beschäftigt. Die Möglichkeit der Unterbringung mag in Teilen dieser Einrichtung folglich nicht gewährleistet sein. Die vorgestellten Inhalte der dort gemachten Feststellungen und Erkenntnisse sind jedoch ebenso auf die Probleme in der Krankenhausplanung im Speziellen anwendbar. Die Begriffe „Krankenhaus“ und „Gesundheitseinrichtung“ werden im Folgenden daher gleichwertig verwendet.

Eine einheitliche Definition der Krankenhausplanung gibt es in Deutschland nicht, weil die Krankenhausplanung weitgehend auf Landesebene stattfindet und somit nicht einheitlich

[109] vgl. Japsen (1996)
[110] § 2 Nr.1, Deutsches Krankenhausfinanzierungsgesetz (KHG)

geregelt ist (vgl. Kap. 3.5.3). Das Krankenhausfinanzierungsgesetz (KHG) bietet daher für die Krankenhausplanung nur einen Rahmen, die konkrete Ausgestaltung erfolgt in den Landeskrankenhausgesetzen. Zweck des Krankenhausfinanzierungsgesetzes ist gemäß § 1 KHG „die wirtschaftliche Sicherung der Krankenhäuser, um eine bedarfsgerechte Versorgung der Bevölkerung mit leistungsfähigen, eigenverantwortlich wirtschaftenden Krankenhäusern zu gewährleisten und zu sozial tragbaren Pflegesätzen beizutragen." Grundsätzlich kann daher als Aufgabe der Krankenhausplanung definiert werden, den Bedarf der Bevölkerung nach Krankenhausversorgung festzustellen und die zur Verfügung stehenden Ressourcen bedarfsgerecht einzusetzen. Um dies zu gewährleisten, wird in der Regel zunächst eine Bestandsaufnahme hinsichtlich der medizinischen Versorgung durchgeführt, wobei zumeist die gesamte Bevölkerung einer Region betrachtet wird, um regionale Versorgungsdefizite zu vermeiden. Anschließend findet die Bedarfsermittlung statt, auf die eine Zielformulierung folgt, die sicherstellen soll, dass die Ressourcen bedarfsgerecht verteilt werden. Vor der konkreten Umsetzung sind jedoch eine Vielzahl von gesetzlichen Bestimmungen zu beachten, die nicht nur die interne Ausgestaltung der Krankenhäuser betreffen, sondern auch deren räumliche Anordnung.[111] So ist die Krankenhausbedarfsplanung in Deutschland zum Beispiel an die Vorschriften von Raumordnung und Landesplanung gebunden.[112]

Bei den planerischen Bemühungen muss berücksichtigt werden, dass das Ergebnis der Planung in der Praxis auch tatsächlich umsetzbar ist. Dementsprechend sind Planungen zu vermeiden, die so eng ausgelegt werden, dass sie sich nur sehr schwer praktisch umsetzen lassen oder durch die ein unangemessener Interpretationsspielraum und somit ein Ansatz für Fehlallokationen geschaffen wird.[113] Neben ihrer praktischen Umsetzbarkeit soll die Planung auch Spielraum für kurzfristige Anpassungen lassen.

Die bis zum Jahr 2000 im deutschen Gesundheitswesen fest verankerten Grenzen zwischen dem stationären und dem niedergelassenen Bereich sind durch die §§ 140 a-h beziehungsweise in ihrer aktualisierten Fassung seit 2004 die §§ 140 a-d deutlich aufgeweicht. Ziel der Maßnahme ist es, Krankenhäuser und niedergelassene Ärzte zu einer deutlich intensiveren Zusammenarbeit zu motivieren. Dadurch sollen die vielfach kritisierten Schnittstellenprobleme[114], die als einer der wesentlichen Gründe für bestehende Ineffizienzen im Gesundheitswesen angesehen werden, gemildert werden. Selbst bei optimaler Behandlung durch einen niedergelassenen Arzt kann schließlich das gesamte Behandlungsergebnis gefährdet werden, wenn im Anschluss daran keine angemessene stationäre Versorgung gewährleistet wird. Eng verbunden damit ist der Wunsch, dass sich die Pfade verändern, die die Patienten von Leistungsanbieter zu Leistungsanbieter durch das Gesundheitssystem gehen um letztlich eine

[111] vgl. Bruckschen, S. 89 ff
[112] vgl. Goeschel (1979), S. 39, vgl. § 16 KHG
[113] vgl. Stevens/Whitt (1983)
[114] BMGS (2005); Flintrop (2003)

bessere Gesamtversorgung der Patienten zu gewährleisten.[115] Vermutlich wird die zunehmende Vernetzung von ambulantem und stationärem Sektor auch Auswirkungen auf die Krankenhausplanung haben, denn die Optimierung eines einzelnen Sektors wird kaum zum gleichen Ergebnis kommen wie eine Gesamtoptimierung. Sektorübergreifende Planungen sind bisher jedoch häufig daran gescheitert, dass es nicht gelungen ist, ein für die Beteiligten attraktives sektorübergreifendes Angebot bereitzustellen. Dieses Problem resultiert daraus, dass ein Teil der Leistungen der einzelnen Leistungsanbieter sowohl im Falle der gemeinsamen Planung und Abstimmung zwischen Krankenhäusern als auch bei der Leistungsverteilung zwischen ambulanter und stationärer Versorgung untereinander substituierbar sind. Die Krankenhausplanung wird sich jedoch absehbar darauf einstellen müssen, dass sie nicht mehr nur isoliert von einer Krankenhaussichtweise ausgehen kann, sondern auch übergeordnete Zielsetzungen berücksichtigen muss. Bevor jedoch die Zukunft der Krankenhausplanung betrachtet wird, erscheint ein Blick in die Vergangenheit sinnvoll, um anhand dieser Erkenntnisse den Nutzen neuerer Ansätze ableiten zu können.

3.2 Krankenhausplanung im Wandel der Zeit

Von der Mitte bis ins späte 19. Jahrhundert wandelten sich Krankenhäuser zu hochentwickelten Zentren medizinischer Versorgung.[116] Die Geschichte der Krankenhausplanung begann jedoch erst Mitte der 40er Jahre des 20. Jahrhunderts in den Vereinigten Staaten. Während die frühesten Gesundheitssysteme noch weitgehend zufällig und auf Basis individueller Investitionsentscheidungen vor Ort wuchsen, wird heute in den meisten Ländern eine systematische Krankenhausplanung betrieben.[117]

3.3 Die Entwicklung der Krankenhausplanung

Verglichen mit der Bundesrepublik Deutschland, in der erst seit 1972 eine Planung des Bedarfs an Krankenhäusern und Krankenhausbetten auf gesetzlicher Grundlage in Form des Krankenhausfinanzierungsgesetzes besteht[118], wurden in den USA schon sehr früh Regelungen darüber getroffen.

3.3.1 Das Hill-Burton-Programm

Mit dem „Hospital and Medical Facilities Construction Act" der USA von 1946 – bekannt unter dem Namen „Hill-Burton-Programm" (vgl. auch die Hill-Burton Formel auf S. 81) – kam es erstmals zu einer umfassenden, koordinierten und flächendeckenden Krankenhauspla-

[115] vgl. Glaeske (2002), S. 4-19
[116] vgl. Headquarters.com (2005)
[117] vgl. Mayhew (1986), S. 5
[118] vgl. Goeschel (1979), S. 5, DKG (2002)

nung in Amerika.[119] Zur Planung nach dem Hill-Burton-Programm werden einzelne Regionen betrachtet und miteinander verglichen.

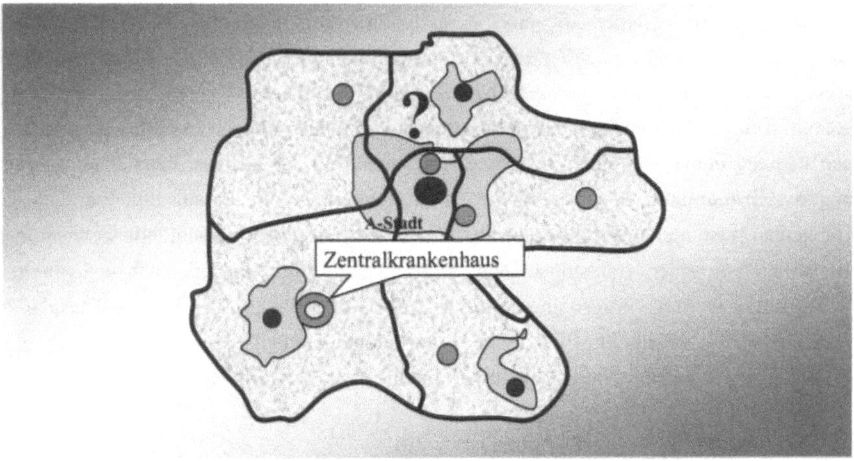

Abbildung 6: Einteilung von Einzugsgebieten nach Hill-Burton
Quelle: Eigene Darstellung

Auf Basis der jeweiligen Bevölkerungsstrukturen können Planungsgebiete gebildet werden. Für jedes Gebiet wird eine normierte Betten/Bevölkerungs-Relation berechnet, auf deren Basis die Bedürfnisse dieses Gebietes bestimmt werden.[120] Dabei ist, wie anhand Abbildung 6 zu erkennen ist, sehr wohl darauf zu achten, dass die Gebietsgrenzen adäquat gesetzt werden. Die hellen Punkte bilden dabei Krankenhäuser, die dunklen Punkte jeweils die Zentren von Städten ab. Die beispielhaft eingezeichnete A-Stadt ist hier in mehrere Gebiete zerteilt worden, was vermutlich nicht sinnvoll ist. Das Gebiet in der Mitte oben wirkt rechnerisch vollständig unversorgt, obwohl sich ein Krankenhaus direkt hinter der Gebietsgrenze in A-Stadt befindet.

Dennoch: Durch die Bestimmung von Planungsgebieten wurden erstmalig die Einzugsgebiete von Krankenhäusern berücksichtigt. Diese Einzugsgebiete wurden damals jedoch noch unabhängig voneinander geplant, das heißt, es wurden keine Patientenbewegungen zwischen den einzelnen Einzugsgebieten berücksichtigt.

Das Hill-Burton-Programm sollte dazu beitragen, insbesondere zwei Probleme zu lösen: Auf der einen Seite sollte der bestehende Mangel an Krankenhausbetten verringert werden, auf der anderen Seite musste die regionale Ungleichverteilung von Krankenhausbetten abgebaut werden.

---

119 vgl. Studnicki (1975), S. 11
120 vgl. Studnicki (1975), S. 11

Um die genannten Probleme zu lösen wurden den einzelnen Bundesstaaten durch das Hill-Burton-Programm beziehungsweise das ihm zugrunde liegende Gesetz finanzielle Mittel zugeteilt, damit sie ihre Krankenhäuser und öffentlichen Gesundheitseinrichtungen besser verwalten und gegebenenfalls neue Einrichtungen planen und errichten konnten. Die Verteilung der finanziellen Mittel erfolgte auf der Basis von Bevölkerung und Pro-Kopf-Einkommen, so dass Staaten mit geringerem Einkommen verhältnismäßig große Unterstützungen erhielten. Dadurch hat das Hill-Burton-Programm vor allem in ländlichen Gebieten zu einer wesentlichen Verbesserung der Gesundheitsversorgung beigetragen.[121]

Während Green et al. (2000) das Hill-Burton-Programm als eine sinnvolle Methode auch für Entwicklungsländer betrachten, um sich an das Problem der Krankenhausplanung auf Basis weniger verfügbarer Daten annähern zu können[122], steht Studnicki der zur Durchführung des Hill-Burton-Programms gewählten Planungsmethode eher kritisch gegenüber. Dabei hebt er hervor, dass geographisch abgegrenzte Planungseinheiten nur sinnvoll seien, wenn sichergestellt ist, dass zwischen den einzelnen Regionen praktisch keine Patientenströme stattfinden. Dies ist jedoch nur dann gewährleistet, wenn jedes Gebiet unabhängig von den anderen ist und kein Patient sein Gebiet verlassen muss, um eine bestimmte Gesundheitsleistung zu erhalten.[123] Studnicki weist darauf hin, dass abgeschlossene Gebiete zwar durchaus ermittelbar sind, indem man die Gebietsgrenzen so legt, dass fast keine Patientenwanderungen zwischen den Gebieten mehr stattfinden, dass sich diese Gebiete dann aber selten auf nur ein Krankenhaus beschränken.[124]

[121] vgl. National Library of Medicine (2004)
[122] vgl. Green et al. (2000)
[123] vgl. Studnicki (1975)
[124] vgl. Studnicki (1975)

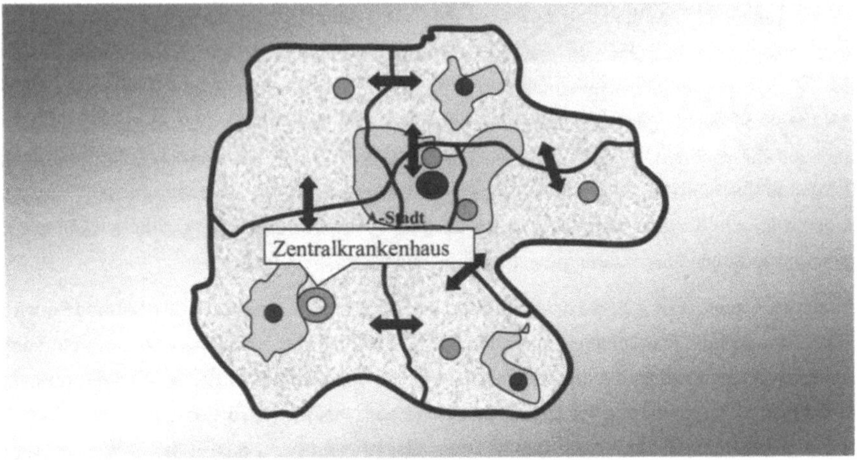

Abbildung 7: Berücksichtigung von Patientenwanderungen zwischen Einzugsgebieten nach Hill-Burton
Quelle: Eigene Darstellung

Insbesondere am Beispiel des in Abbildung 7 eingezeichneten Zentralkrankenhauses wird deutlich, dass sich dessen Einzugsgebiet sicher auch auf andere Gebiete und andere Teile der A-Stadt ausdehnen wird, so dass eine Nichtberücksichtigung von Patientenwanderungen zum Zentralkrankenhaus hin auch bei ausreichender Gesamtversorgung zwangsläufig zur (fälschlichen) Annahme einer Unterversorgung in den anderen Regionen führen muss.

Auch Walsh et al. (1996) nennen einige Quellen aus den Jahren 1984-1994, die darauf hinweisen, dass die Vorgehensweise mit starren Regionsgrenzen ohne Berücksichtigung der grenzüberschreitenden Patientenflüsse nicht mehr angemessen ist.[125] Dies wird zusätzlich deutlich, wenn man sich in Abbildung 25 die auf die Stadt Wien transferierten Patientenwohnorte dreier in dieser Arbeit verwendeter Krankenhäuser ansieht. Darin sind die sich überlappenden Einzugsgebiete dieser Krankenhäuser deutlich zu erkennen. Eine weitere Verwendung der Hill-Burton-Formel, wie in Deutschland noch in vielen Bundesländern üblich, erscheint daher nicht mehr zeitgemäß.[126]

Bei der Berücksichtigung von Wanderungsbewegungen zwischen den einzelnen Gebieten ist jedoch nicht nur die Gesamtzahl wandernder Patienten relevant, sondern Art und Schwere der Krankheiten der wandernden Patienten sowohl im aufnehmenden als auch im abgebenden Gebiet.[127] Eigentlich müsste sogar berücksichtigt werden, wie das Urlaubsverhalten der

[125] vgl. Walsh et al. (1997)
[126] vgl. Schäfer/Wachtel (1985), DKG (2002), Ministerium für Frauen, Jugend, Familie und Gesundheit des Landes Nordrhein-Westfalen (2002), IGSF (2000)
[127] vgl. Hindle/Ngwube (1990)

Personen ist, ob es sich bei den Patienten möglicherweise um Touristen aus anderen Gebieten handelt, oder ob diese Patienten nur für die Behandlung in das entsprechende Gebiet gereist sind.[128] In die deutsche Krankenhausplanung sind diese Überlegungen in Form des § 6 Abs. 3 KHG eingeflossen, wonach Bundesländer, die faktisch auch die Versorgung von Patienten benachbarter Länder vornehmen, hierüber eine Absprache mit dem entsprechenden Bundesland treffen müssen. Bei den Stadtstaaten wie Berlin, Bremen und Hamburg ist dies besonders wichtig. Die DKG (2002) gibt jedoch lediglich an, dass es zur Zeit solche Absprachen zwischen Hamburg und Schleswig-Holstein gibt und dass zwischen Berlin und Brandenburg zumindest eine Abstimmung stattfindet.[129]

Mehrez et al. (1996) arbeiten zwar auch mit abgeschlossenen Planungszonen, jedoch auf Basis eines Stufenplans. Israel wurde dazu in „Gesundheitszonen" aufgeteilt, die jeweils ihr eigenes regionales Krankenhaus haben sollten. Manche dieser Krankenhäuser erhielten einen „super status", der es ihnen erlaubte, sich auf einem oder mehreren Gebieten zu spezialisieren. Diese Schwerpunktkrankenhäuser machten eine weitere Einteilung des Staatsgebietes in „super zones" möglich. Jede dieser „super zones" hat mindestens ein Schwerpunktkrankenhaus und stellt eine Zusammenfassung von Gesundheitszonen dar. Eine derartige Einteilung berücksichtigt zumindest die Wanderungen innerhalb der "super-zones" und zwischen den verschiedenen Versorgungsstufen.

Eine ähnliche Vorgehensweise beim Problem der Standortbestimmung von Gesundheitseinrichtungen liegt einer Studie über Honduras zugrunde. In dieser sollen Standorte innerhalb einer Hierarchie von Gesundheitseinrichtungen gefunden werden. Moore und ReVelle (1982) gehen von einer zweistufigen Hierarchie aus, das heißt, dass alle Einrichtungen der höheren Versorgungsstufe auch Leistungen der niedrigeren Stufe anbieten.[130] Damit ist dieser Ansatz noch etwas weitergehender als der von Mehrez et al. (1996), der eine Spezialisierung nur auf bestimmten Gebieten gesehen hat.

Auch in Deutschland ergibt sich eine Spezialisierung durch die Zuordnung jedes in den Krankenhausplan aufgenommenen Krankenhauses zu einer Versorgungsstufe. In Bayern, Sachsen, Brandenburg etc. werden beispielsweise die Krankenhäuser nach Grund-, Regel-, Zentral- und Maximalversorgung unterschieden.[131] Die Einteilung von Krankenhäusern in Versorgungsstufen ist in erster Linie eine Planungshilfe, um eine gleichmäßige Versorgung der Bevölkerung mit allen medizinischen Leistungen sicherzustellen. In diesem System werden allerdings keine Wanderungen zwischen unterschiedlichen Versorgungsstufen berücksichtigt.[132] Auch spielt die Frage, ob die Leistungen, die der Maximalversorgung

[128] vgl. Hindle/Ngwube (1990)
[129] vgl. DKG (2002)
[130] vgl. Moore/ReVelle (1982)
[131] Krankenhausplan Bayern (2003), Krankenhausplan Brandenburg (2005)
[132] vgl. Christaller (1933), S. 27

zugeordnet sind, aus medizinischen Gründen in schneller Erreichbarkeit und somit eigentlich wohnortnah angeboten werden müssten, keine Rolle.

3.3.2 Hexagone als Basis für die Krankenhausplanung

Der Ansatz der Hierarchiebildung in der Krankenhausversorgung ist bereits vielfach zur Anwendung gekommen. Die Grundlage solcher Studien, auf der viele spätere Arbeiten zur Krankenhausplanung basieren[133], lieferte Christaller 1933 mit seiner Arbeit „Die zentralen Orte in Süddeutschland".[134] Mit dieser Theorie erklärt er die Gesetzmäßigkeiten, die Anzahl, Größe und Verteilung der Städte bestimmen. Dies tut er, indem er einen theoretischen Ansatz aufstellt, mit dem er Städte und Dörfer in ein hierarchisches System einordnet. Das wesentliche Element dieser Theorie ist der Begriff des „zentralen Ortes", mit dem ein Ort bezeichnet wird, der hinsichtlich der Versorgung der Bevölkerung über einen sogenannten „Bedeutungsüberschuss" verfügt.[135] Unter dem Begriffsteil „zentral" versteht Christaller jedoch nicht nur die absolute Lage eines Ortes im Mittelpunkt eines Gebietes,[136] sondern auch die Bedeutung eines Ortes für die Versorgung der umliegenden Gebiete mit Gütern und Dienstleistungen. Im Gegensatz zu den „dispersen Siedlungen", die höchstens Selbstversorgerfunktionen haben, bieten die zentralen Orte in größerem Umfang Versorgungsgüter und Dienstleistungen an als für die dort ansässige Bevölkerung erforderlich ist. Die Tatsache, dass ein Ort die umliegenden Gebiete mitversorgt, bezeichnet Christaller als den „Bedeutungsüberschuss" des Ortes.[137] Unter der idealisierten Annahme eines homogenen Raumes (keine Topographie, gleichmäßige Verteilung der Bevölkerung, lineare Zunahme der Transportkosten in Abhängigkeit zur Entfernung etc.) bildet sich das Einzugsgebiet kreisförmig um den zentralen Ort aus.

Um zu ermitteln, wie groß der Einzugsbereich eines zentralen Ortes ist, ordnet Christaller jedem Gut bestimmte Eigenschaften hinsichtlich seiner Reichweite zu. Hierbei geht er davon aus, dass jeder Einwohner bereit ist, in einem bestimmten Zeitraum für ein zentrales Gut beziehungsweise eine Dienstleistung einen bestimmten Geldbetrag aufzuwenden. In diesem Betrag ist, so Christaller, nicht nur der Preis für das Gut, sondern auch die durch die Anfahrt zum zentralen Ort entstehenden Kosten für den eigentlichen Transport sowie eventuelle Verdienstausfälle für den Zeitraum der Reise enthalten. Dieser Betrag wird von Christaller kurz als „wirtschaftliche Entfernung" bezeichnet.[138]

---

[133] vgl. Schultz (1970), Fischer (1978), S. 65 ff., Parr (1979), Mayhew (1986), S. 30 ff

[134] vgl. Christaller (1933), S. 23

[135] Christaller (1933), S. 23

[136] Anmerkung: Christaller unterscheidet bewusst nicht zwischen Stadt und Dorf, sondern wählt den Begriff des Ortes, um Überschneidungen mit politischen oder wirtschaftlichen Termini zu vermeiden. Nach Christaller ist der formale Status, den ein Ort hat, für seine Funktion hinsichtlich der Versorgung unbedeutend.

[137] Christaller (1933), S. 27

[138] Christaller (1933), S. 31

Hieraus ergibt sich, dass nicht die gesamte Bevölkerung im Gebiet die Leistungen am zentralen Ort im gleichen Umfang in Anspruch nehmen kann, da die wirtschaftliche Entfernung mit zunehmender physischer Entfernung steigt. Ab einem gewissen Punkt wird die wirtschaftliche Entfernung so groß, dass der Preis des Gutes und die durch den Reiseaufwand entstehenden Kosten den zur Verfügung stehenden Geldbetrag übersteigen, folglich eine Inanspruchnahme der Leistungen des zentralen Orts nicht mehr möglich ist. Dies bezeichnet Christaller als die obere Grenze der Reichweite eines Gutes.[139]

Auf der anderen Seite verhalten sich die Anbieter von zentralen Gütern und Dienstleistungen streng ökonomisch und geben nach Christaller ihr Geschäft auf, wenn die Betriebskosten die Einnahmen überschreiten. Demnach benötigt ein Anbieter einen gewissen Mindestumsatz für sein wirtschaftliches Überleben, das heißt, er benötigt ein Marktgebiet von einer gewissen Mindestgröße. Dieses Gebiet bezeichnet Christaller als untere Grenze der Reichweite eines Gutes.[140]

Wird nun ein zweites Gut benötigt, dessen Reichweite deutlich kleiner ist als die des oben beschriebenen Gutes, so wird das System der zentralen Orte zur Deckung dieses Bedarfs nicht ausreichen. Vielmehr werden zusätzlich weitere zentrale Ort benötigt, die aber einer niedrigeren Stufe zugeordnet werden. Die Lage dieser Orte ergibt sich wiederum aus einem sich zwischen drei zentralen Orten aufspannenden gleichseitigen Dreieck. Der ökonomisch günstigste Ort liegt im Schwerpunkt dieses Dreiecks, so dass Christaller jeweils in der Mitte dieses Dreiecks den zentralen Ort der niedrigeren Stufe annimmt. Diese zentralen Orte der niederen Stufe liegen wiederum auf den Ecken eines Sechsecks. Daraus ergibt sich, dass jeder zentrale Ort von sechs zentralen Orten der nächst niederen Stufe umgeben ist. Ebenso können diese aber auch wieder von sechs weiteren, in der Hierarchie unter ihnen stehenden zentralen Orten umgeben sein. Hieraus ergibt sich dann das typische Netz zentraler Orte in Form eines Sechseckrasters.[141] Abbildung 8 zeigt dieses Netz am Beispiel einer Krankenhaushierarchie, bestehend aus Krankenhäusern der Grundversorgung (G), der Regelversorgung (R) und der Zentralversorgung (Z).

[139] Christaller (1933), S. 31 f. und S. 54-61
[140] Christaller (1933); S. 59 ff.
[141] Christaller (1933), S. 71

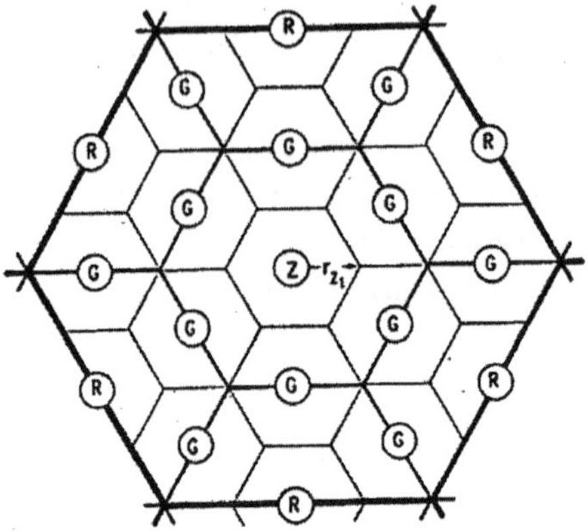

Abbildung 8: Darstellung einer Krankenhaushierarchie nach der Theorie von Christaller
Quelle: Mayhew, L. (1986)

Der Theorie der zentralen Orte liegen allerdings eine Reihe von (nicht explizit genannten) Annahmen zu Grunde. So geht Christaller davon aus, dass sich die Bevölkerung nach dem Bild des „homo oeconomicus" verhält. Dieser ist unter anderem dadurch gekennzeichnet,

- dass er alle ihm offenstehenden Alternativen kennt und Gewissheit über den voraussichtlichen Erfolg seines Handelns besitzt (Hypothese der vollständigen Information),
- dass er immer entscheiden kann, welche der gegebenen Handlungsalternativen ihm jeweils den größten Nutzen bringt und seiner Entscheidung eine konstante und konsistente Ordnung seiner Präferenzen zu Grunde liegt (Hypothese von der Fähigkeit zur Bewertung aller gegebenen Alternativen) und
- dass er immer diejenige Handlungsalternative auswählt, die seinen Nutzen maximiert (Hypothese von der Nutzenmaximierung).[142]

Der Grundgedanke Christallers von überregionalen Anbietern bestimmter Leistungen sowie verschiedenen Versorgungsstufen lässt sich schlüssig auf den Krankenhausbereich transferieren. Als problematisch erweisen sich lediglich die Annahmen, die dem Modell zugrunde liegen. Obwohl diese Annahmen zwar ihren Wert in der ökonomischen Theorie haben beziehungsweise gehabt haben, ist die praktische Relevanz angesichts heute vorliegender Erkenntnisse nur sehr begrenzt. Aufbauend auf dieser Theorie hat sich dennoch eine weitere Klasse von Krankenhausplanungsmodellen entwickelt, die im Folgenden näher beschrieben werden soll.

[142] vgl. Heinritz (1977), S. 23f

Schultz entwickelt auf Basis der Theorie der zentralen Orte 1970 ein Modell zur Ermittlung optimaler Standort-Verteilungen für Gesundheitseinrichtungen.[143] Dabei beschäftigt er sich mit dem Grad der Dezentralisierung von Gesundheitseinrichtungen. Dieser ist aus sozialer Sicht von Bedeutung, weil er sich auf die Kosten der Leistungserstellung auswirkt und somit (analog der bereits an anderer Stelle in dieser Arbeit gemachten Feststellungen)[144]

1. auf die Höhe der von den Patienten eingeforderten Zahlungen
2. auf die Fahrtkosten von Patienten, Besuchern und dem medizinischen Personal
3. auf die Häufigkeit der Inanspruchnahme der Gesundheitseinrichtungen
4. auf die externen Kosten der Bevölkerung, verursacht durch erhöhten Verkehr und verminderten Gebrauch der Einrichtungen.

Das aus den Überlegungen Christallers abgeleitete Krankenhausplanungsmodell von Schultz kann nur als einfaches Basismodell angesehen werden, das für einen tatsächlichen Planungsprozess weiter ausgebaut werden müsste. Das Modell zeigt dennoch die Anwendung der Theorie der zentralen Orte in der Krankenhausplanung sehr gut und beschreibt den Einsatz des Hexagons zur optimalen Bestimmung von Einzugsgebieten noch einmal ausführlich. Damit stellte das Modell einen wichtigen Schritt in der Krankenhausplanung dar. Wie weiter unten beschrieben, arbeiteten später auch Mayhew, Fischer und Parr mit hexagonalen Einzugsgebieten.

Ausgehend von kreisförmigen Versorgungsgebieten kommt Schultz in Anlehnung an Christaller zu dem Schluss, dass das gleichseitige Dreieck als Basis für das Hexagon die effizienteste geometrische Form von Einzugsgebieten für die Standortplanung von Krankenhäusern in einer gleich verteilten Population darstellt.[145] Dies ergibt sich daraus, dass das Hexagon die kumulierte Fahrzeit zu seinem Zentrum für Patienten und Besucher minimiert und es gleichzeitig gestattet, eine Region vollständig abzudecken, ohne Überschneidungen der einzelnen Einzugsgebiete zu verursachen. Die Hauptkritik am Modell von Schultz ist jedoch darin zu sehen, dass in der Realität nicht von einer gleich verteilten Bevölkerung ausgegangen werden kann, sondern dass die Einrichtungen auf eine ungleich verteilte Bevölkerung ausgerichtet werden müssen.

Auch Fischer (1978) bedient sich in seiner Arbeit des Konzepts der zentralen Orte. Er unterscheidet, wie in Abbildung 8 gezeigt, zwischen Grundversorgung, Regelversorgung und

[143] vgl. Schultz (1970)
[144] vgl. Schultz (1970)
[145] vgl. Schultz (1970)

Zentralversorgung innerhalb einer integrierten Krankenhausstruktur und untersucht somit im Gegensatz zu Schultz, welche Arten von Leistungen in jedem der Einrichtungstypen angeboten werden sollten. Er ordnet die Krankenhäuser ebenfalls zentral in einer bienenwabenförmigen Struktur an, wie in Abbildung 13 dargestellt.[146]

Parr wiederum baut auf dem Modell von Schultz auf und installiert einen zusätzlichen Einrichtungstyp in der Hierarchie.[147] Es gibt demnach eine ganze Reihe von Arbeiten, die auf der dargestellten Bienenwabenstruktur Christallers aufbauen. Damit kann diese Vorgehensweise als eine wichtige Stufe in der Entwicklung heutiger Krankenhausplanungsmodelle gesehen werden.

Kritisch anzumerken ist dennoch, dass auch bei Schultz, Fischer etc. – wie schon bei der Hill-Burton-Formel – nicht berücksichtigt wird, dass es zwischen den einzelnen Einzugsgebieten zu Patientenbewegungen kommen kann.

Wie die Einrichtungen aufbauend auf hexagonalen Einzugsgebieten auf eine ungleich verteilte Bevölkerung ausgerichtet werden können, ist ansatzweise bei Mayhew zu sehen.[148] Abbildung 9 stellt beispielhaft eine Stadt mit einer zur Stadtgrenze hin linear abnehmenden Bevölkerungsdichte dar. Das Stadtgebiet wurde hierzu derart in Gebiete aufgeteilt, dass sich in jedem Einzugsgebiet eines Krankenhauses dieselbe Bevölkerungsanzahl befindet.

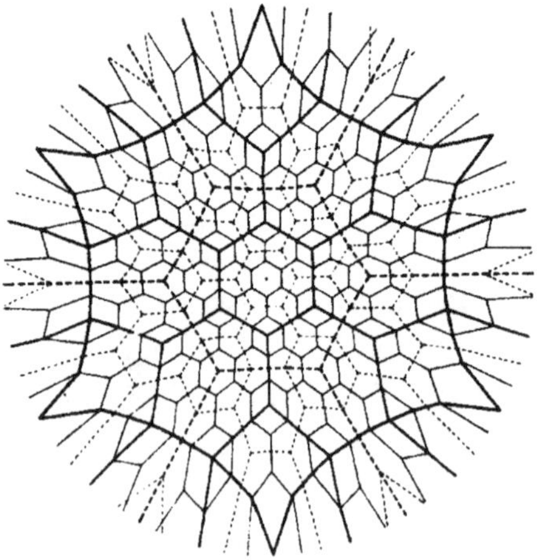

Abbildung 9: Wabenstruktur für eine Stadt mit einer zur Stadtgrenze hin linear abnehmenden Bevölkerungsdichte
Quelle: Mayhew (1986), S. 40

[146] vgl. Fischer (1978), S.65 ff.
[147] vgl. Parr (1979)
[148] vgl. Mayhew (1986), S. 35 ff.

Zur Überprüfung dieser Vorgehensweise wurde in Abbildung 10 und Abbildung 11 beispielhaft die Bevölkerungsdichte zweier Städte, namentlich Berlin und München, analysiert. Am Beispiel von Berlin lässt sich die Vorgehensweise von Mayhew noch gut rechtfertigen: Der Stadtkern ist deutlich dichter besiedelt als der Stadtrand, der jedoch in dieser Darstellung keine weitere Differenzierung zum äußeren Rand hin zeigt.

Abbildung 10: Bevölkerungsdichte je Quadratkilometer nach Postleitregionen in Berlin
Quelle: Eigene Darstellung mit Hilfe von MS MapPoint 2003

Das gleiche Beispiel zeigt jedoch in München, dass auch die Anpassung der Wabenstruktur durch Mayhew nicht für jede Stadt geeignet ist, da sich hier in Richtung Norden keine zum Stadtrand hin geringere Bevölkerungsdichte erkennen lässt.

Abbildung 11: Bevölkerungsdichte je Quadratkilometer nach Postleitregionen in München
Quelle: Eigene Darstellung mit Hilfe von MS MapPoint 2003

Im Modell von Schultz wird für jede Versorgungsstufe das optimale Einzugsgebiet separat bestimmt. Ein weiterer Ansatz von Schultz fasst sogar die einzelnen Versorgungsstufen in Einrichtungen zusammen. Man benötigt schließlich eine integrierte Krankenhausstruktur (siehe Abbildung 12), um es dem Patienten zu ermöglichen, sich in eine Einrichtung zu begeben, die ihm nicht nur die höchste während seines Aufenthaltes benötigte Versorgungsstufe zur Verfügung stellt, sondern auch alle darunter liegenden. Ausgehend von der Annahme, dass der Patient bei seiner Einlieferung zunächst die höchste Versorgungsstufe, im Zuge seines Genesungsprozesses jedoch immer geringere Versorgungsstufen benötigt, kann so sichergestellt werden, dass jeder Patient in der Einrichtung verbleiben kann, in die er zuerst eingeliefert wurde.[149]

Rahmann und Smith (2000) beschreiben drei verschiedene, hierarchisch angelegte Systeme. Sie unterscheiden danach, welche Leistungen die Einrichtungen erbringen und für welches Einzugsgebiet diese erbracht werden.

Ein System, in dem Einrichtungen Leistungen ihrer und Leistungen der jeweils darunter liegenden Stufen für alle Orte im Einzugsgebiet anbieten, hat eine „successively inclusive hierarchy". Dies wird deutlich an Abbildung 12. Typ (i): Die Einrichtung der Stufe 3 bietet Leistungen der Stufen 3 und der Stufen 1 und 2 für alle Orte an, ebenso bietet die Einrichtung

[149] vgl. Schultz (1970)

der Stufe 2 sowohl Leistungen der Stufe 2 als auch Leistungen der darunter liegenden Stufe 1 für alle Orte an.

Ein System, in dem Einrichtungen Leistung ihrer und der jeweils darunter liegenden Stufe nur an ihrem jeweiligen Standort erbringen und für alle anderen Orte im Einzugsgebiet nur die Leistungen der jeweils höchsten Ordnung angeboten werden, hat eine „locally inclusive hierarchie". Abbildung 12 Typ (ii) verdeutlicht dies: Die Einrichtung der Stufe 3 bietet Leistungen aller Stufen (1, 2, 3) an ihrem Standort (Ort 4) an, aber nur Leistungen der Stufe 3 für alle Orte. Ebenso erbringt die Einrichtung der Stufe 2 Leistungen der Stufen 1 und 2 an ihrem Standort (Ort 3) und nur Leistungen der Stufe 2 für alle Orte.

Ein System, in dem eine Einrichtung sowohl für ihren Standort als auch für alle anderen Orte im Einzugsgebiet nur die Leistungen ihrer jeweiligen Stufe erbringt, hat eine „successively exclusive hierarchy". Abbildung 12 Typ (iii) zeigt dementsprechend, dass beispielsweise die Einrichtung der Stufe 3 nur Leistungen dieser Stufe erbringt, die Einrichtung der Stufe 2 erbringt nur Leistungen der Stufe 2.

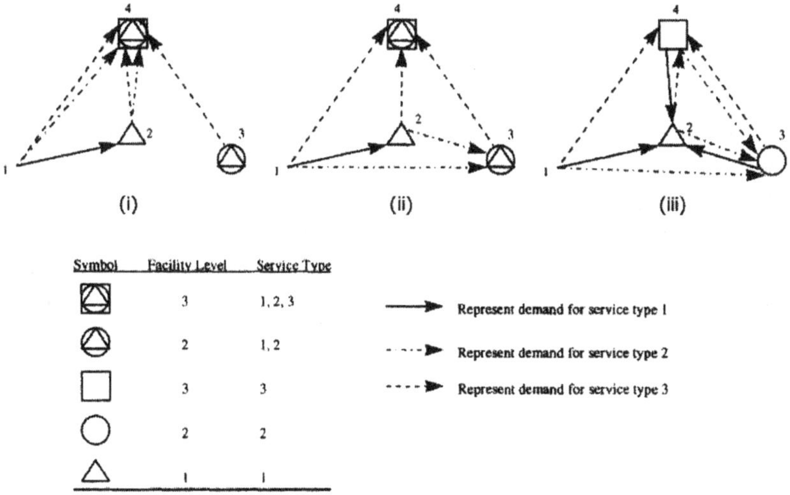

Abbildung 12: Successively inclusive hierarchy
Quelle: Rahman, Smith (2000)

Um dieses Ziel zu erreichen und um ein dichtes Netz an Einrichtungen zu ermöglichen, das die Erreichbarkeit aller Versorgungsstufen für die Patienten sichert, bedarf es analog Christaller einer sich wiederholenden Verteilung von Einrichtungen, das heißt Gesundheitseinrichtungen des Typs 2 und 3 müssten an jenen Standorten existieren, wo auch Einrichtungen des Typs 1 zu finden wären und Gesundheitseinrichtungen des Typs 3, wo auch Einrichtungen des Typs 2 angesiedelt sind.[150] Abbildung 13 zeigt wiederum eine solche Verteilung von Gesundheitseinrichtungen in einer typischen Hierarchie von zentralen Orten.

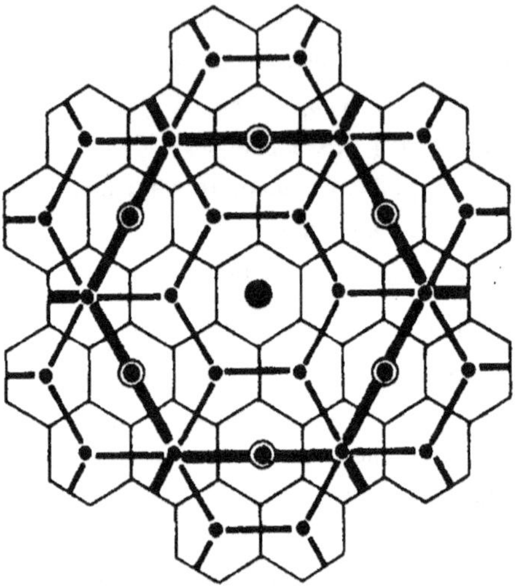

Abbildung 13: Eine typische Hierarchie von zentralen Orten
Quelle: Schultz (1970)

Die auf der Theorie von Christaller basierenden Krankenhausplanungsmodelle bilden daher insgesamt eine wichtige Zwischenstation auf dem Weg von der Hill-Burton-Methode zu heutigen Krankenhausplanungsmodellen. Sie haben die Krankenhausplanung um die Dimensionen „Einfluss der Entfernung" und „unterschiedliche Bedarfe" erweitert. Es wird im weiteren Verlauf der Arbeit zu analysieren sein, ob die Annahme von fest vorgegebenen Versorgungsstufen weiterhin sinnvoll ist. Die auf der Theorie von Christaller aufbauenden Modelle berücksichtigen jedenfalls schon einmal die unterschiedlichen Entfernungen, die für unterschiedliche Versorgungsstufen zurückgelegt werden müssen. Die Annahme einer gleichverteilten Bevölkerung steht jedoch einer praktischen Anwendung dieser Modelle weiterhin im Wege. Nicht zuletzt deshalb spielen sie in der konkreten Krankenhausplanung in Deutschland nach wie vor keine Rolle.

3.3.3 Patientenflussmodelle als Weiterentwicklung der Krankenhausplanung

Eine weitere Neuerung, die die Krankenhausplanung revolutionierte, war die Durchführung der ersten Patientenstromanalyse Mitte der 60er Jahre in Atlanta durch das „Hospital and Health Department of the Community Council of the Atlanta Area, Inc."[151] Dabei wurden die

[150] vgl. Schultz (1970)
[151] vgl. Williams (1966)

Patienten erstmals mit ihrem Wohnort erfasst. Patientenstromanalysen haben den Vorteil, dass man mit ihrer Hilfe das Einzugsgebiet eines Krankenhauses genauer bestimmen kann, da man weiß, woher die Patienten kommen. Hat man die Herkunft der Patienten bestimmt und damit die Anzahl der planungsrelevanten Einwohner, kann man daraus auf den Bedarf an Betten schließen.

Die erste Patientenstromanalyse lieferte folglich auch den ersten eindeutigen Beweis dafür, dass die im Hill-Burton-Programm vorausgesetzte Eigenständigkeit der Planungsregionen in der Realität nicht existiert. Geographisch abgegrenzte Gebiete, zwischen denen keine Patientenwanderungen berücksichtigt werden, können somit zu keiner sinnvollen Planung von benötigten Krankenhausbetten führen. Der in den meisten Fällen in Bezug auf die Bettenauslastung beziehungsweise die benötigte Bettenanzahl relativ hohe Prozentsatz von auswärtigen Patienten darf somit in der Planung nicht vernachlässigt werden.[152] Zwischen den Distrikten, die Hindle und Ngwube (1990) untersucht haben, variierte die Eigenversorgungsquote, das heißt der Anteil der Patienten, die innerhalb einer Region versorgt werden, beispielsweise schon im niedergelassenen Bereich zwischen 42 % und 97 %.[153]

Anfang der 70-er Jahre begann schließlich der vermehrte Einsatz von Computern für krankenhausplanerische Zwecke, der die Krankenhausplanung stark veränderte und bessere Patientenstromanalysen ermöglichte, da diese nun nicht mehr manuell berechnet werden mussten. Die fortwährend verbesserten Rechnerleistungen ermöglichten zunehmend auch das Lösen von komplexen Modellen oder die Durchführung von Simulationen, um verschiedene Strategien zu testen. Bis zum Ende der 70-er Jahre wurde eine Vielzahl von Simulationsmodellen entwickelt.[154]

Die Patientenflussmodelle unterscheiden sich untereinander im Wesentlichen durch zwei Merkmale. Zum einen ist die Art der Distanzmessung zu nennen, die sich analog der Ausführungen in Kapitel 2.1.1.1 aufteilt in

- Entfernungsmessung mittels euklidischer Distanzen
- Entfernungsmessung mittels Straßenkilometer
- Ermittlung der Reisezeit.

Darüber hinaus ist zu unterscheiden, wie genau die Patientenflüsse berücksichtigt werden können. Dazu sind je nach Datenlage unterschiedliche Vorgehensweisen möglich. Sind beispielsweise lediglich die Postleitzahlen der Patienten vorhanden, so muss in der Regel das errechnete Zentrum des Postleitzahlengebietes als Wohnort für alle in dem Gebiet wohnenden Patienten angenommen werden. Analog der Kritik am Hill-Burton-Modell ist auch hierbei

[152] vgl. Studnicki (1975)
[153] vgl. Hindle/Ngwube (1990)
[154] vgl. Marks/Dasinger (1979), S. 20

anzumerken, dass insbesondere bei der Verwendung nicht vollstelliger Postleitzahlencodes und damit großer Gebiete mit ungleicher Patientenverteilung starke Ungenauigkeiten entstehen können. Stehen jedoch die genauen Adressen der Patienten zur Verfügung, können die Distanzen von individuellen Patientenwohnorten zu den Gesundheitseinrichtungen verwendet werden.

Zur Verdeutlichung der Arbeitsweise beziehungsweise des technischen Hintergrundes in den jeweiligen Modellen wird im Folgenden noch unterschieden, ob die Berechnungen manuell oder mit Hilfe eines Geoinformationssystems erstellt werden. Seit Beginn der 90-er Jahre kommt es in der Krankenhausplanung zum verstärkten Einsatz von geographischen Informationssystemen (GIS). Ein GIS ist ein Informationssystem, das mit Daten arbeitet, die mit Koordinaten verknüpft und so einer räumlichen Zuordnung zugänglich gemacht werden.[155] Die Daten werden georeferenziert oder auch „geocodiert", das heißt, dass die Koordinaten je Einzeladresse ermittelt werden. Der Unterschied zu kartographischen Systemen ist, dass man mit GIS nicht nur Landkarten erstellen kann, sondern auch mehrere Karten und Daten unterschiedlicher Herkunft übereinander legen und somit verschiedene Daten geographisch verknüpfen kann.[156]

Die folgenden Beispiele sollen zeigen, wie unterschiedlich in den dieser Arbeit zugrunde liegenden Literaturquellen mit Entfernungen, räumlichen Zuordnungen von Patientenwohnorten und der Möglichkeit, Landkarten eines Geoinformationssystems mit weiteren Daten zu verknüpfen, umgegangen wurde.

Eine Bewertung der unterschiedlichen Varianten lässt sich leicht anhand einer einfachen Zeichnung darstellen:

[155] vgl. Star (1990), S. 2
[156] vgl. Aronoff (1989), S. 40

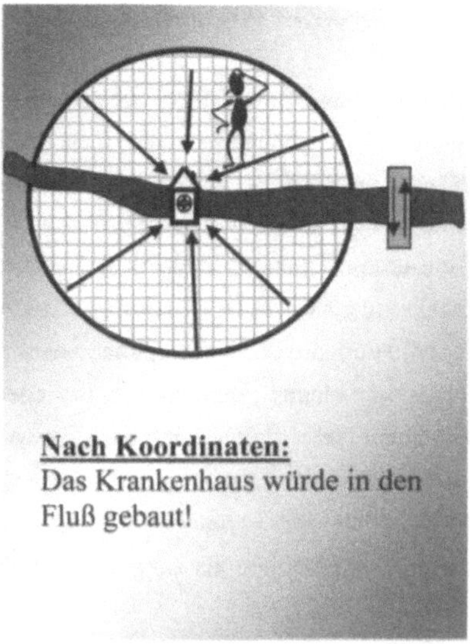

Abbildung 14: Verwendung euklidischer Distanzen bei der Krankenhausplanung
Quelle: Eigene Darstellung

Abbildung 15: Verwendung von Straßenverläufen bei der Krankenhausplanung
Quelle: Eigene Darstellung

Sowohl in Abbildung 14 als auch in Abbildung 15 ist von einer gleichverteilten Bevölkerung ausgegangen worden, die in einer kreisrunden, durch einen Fluss geteilten Stadt mit nur einer Brücke lebt. Abbildung 14 zeigt dabei sehr anschaulich, dass unter den genannten Annahmen bei einer Planung mit euklidischen Distanzen das Krankenhaus direkt in den Fluss geplant würde. Eine Planung auf Basis von Straßenverläufen, wie in Abbildung 15 gezeigt, würde das Krankenhaus richtigerweise in die Nähe der Brücke planen, um die Summe der Patientenwege zu minimieren. Interessanterweise würde jedoch bei beiden Vorgehensweisen das Krankenhaus in den Fluss geplant, wenn diese kreisrunde Stadt als ein Gebiet mit nur einem Zentrum angesehen würde. Dann würden (zumindest im theoretischen Konstrukt) sogar alle Patienten virtuell im Fluss wohnen und selbstverständlich auch das Krankenhaus dorthin geplant.

Die folgenden Beispiele zeigen, dass sehr unterschiedliche Vorgehensweisen in der Literatur zu finden sind. Anzumerken ist an dieser Stelle, dass als Gliederungskriterium bei der anschließenden Klassifizierung der Patientenflussmodelle nicht die konkreten Planungsziele, sondern die jeweils verwendeten Methoden gewählt wurden.

3.3.3.1 Patientenflussmodelle, die mit Gebietszentren und ohne Verwendung eines Geoinformationssystems gearbeitet haben

Einen einfachen Ansatz wählen Doherty et al. (1996). Sie arbeiteten mit Radien von 1,5 km[157] um die zu verplanenden Einrichtungen herum, von denen sie annahmen, dass dies einer ungefähren Straßen-Entfernung von ca. 2 km entsprechen würde. Sie entsprechen damit den von Kohli et al. (1995) für städtische Gebiete ermittelten Straßen-Entfernungs-Werten.[158] Doherty et al. (1996) haben allerdings bei weiter entfernten Gebieten nicht deren Zentren zugrunde gelegt, sondern für alle Gebiete, die außerhalb eines definierten Radius irgendeiner Gesundheitseinrichtung lagen, schlicht festgelegt, dass die Patienten dort eben einfach weitere Wege gehen müssten. Diese Gebiete sind somit nicht in der Planung berücksichtigt worden. Unter den gegebenen Umständen, dass in dem untersuchten Gebiet keine konkreten Einwohnerzahlen bekannt waren und viele weitere Größen geschätzt werden mussten, erscheint diese Vorgehensweise dennoch zielführend. Immerhin wurden die Einrichtungen auf Basis der ungenauen Bevölkerungszahlen individuell dimensioniert und Gebiete als „unrund" berücksichtigt, wenn Berge und Flüsse weitere Wege der Patienten erforderten.

Berghmans et al. (1984) planen beispielsweise für eine in der Entwicklung befindliche Stadt und gehen dabei von einem Einzugsgebiet von 750 Metern um die Einrichtung herum aus. Die 36 Module, in die sie die geplante Stadt räumlich unterteilten, wurden mit ihren Gebietszentren berücksichtigt. Die Koordinaten der Gebietszentren wurden manuell ermittelt. Wenn das Zentrum des Moduls innerhalb eines Umkreises von 750 Metern um die Einrichtung herum entfernt lag, galt das gesamte Modul als „versorgt".[159] Die Bewohnerzahlen der einzelnen Module ließen sich in der „am Reißbrett" entworfenen Stadt sehr leicht prognostizieren. Damit stellt dieses Modell methodisch gesehen einen der einfachsten Ansätze dar, Patientenströme zu analysieren. Allerdings spiegelt die euklidische Distanz zwischen dem Gebietszentrum (einem der 36 Module) und der Gesundheitseinrichtung letztendlich weder die individuellen Bedürfnisse der Patienten (ausgelöst durch deren Krankheitsartenprofil) noch die individuellen Wegstrecken der Patienten und die aufzuwendende Zeit wider.

Auch Chu und Chu (2000) unterteilen in ihrem Modell die Stadt Hong Kong in Distrikte und führen auf deren Basis die weitere Planung durch. Der Einsatz eines Geoinformationssystems wird zwar als Erweiterung bereits vorgeschlagen, aber nicht vorgenommen. Die Patienten wurden darüber hinaus nicht nach Diagnosen, sondern nach drei Service-Levels unterschieden.[160]

Die Arbeit von Eben-Chaime und Pliskin (1992) entspricht etwa dieser Vorgehensweise, da die Autoren angeben, mit Reisezeiten von Krankenhäusern zu Gebietszentren gearbeitet zu

[157] Für Geburtshilfe-Einrichtungen 4 km und für Röntgengeräte 5 km.
[158] vgl. Kohli et al. (1995)
[159] vgl. Berghmans et al. (1984)
[160] vgl. Chu/Chu (2000)

haben. Allerdings wurde nicht angegeben, wie sie diese Zeiten ermittelt haben. Außerdem wurden die Patienten in verschiedene Gruppen unterteilt, deren genaue Aufteilung ebenfalls nicht aufgeschlüsselt wird.[161]

3.3.3.2 Patientenflussmodelle, in denen die Koordinaten der Krankenhäuser und der Patientenwohnorte mit Hilfe von GIS ermittelt und mit euklidischen Distanzen gerechnet wurde

Love und Lindquist (1995) setzen in ihrer Studie zur Untersuchung der Erreichbarkeit von Krankenhäusern für die ältere Bevölkerung in Illinois ein geographisches Informationssystem ein.[162] Die Koordinaten der Krankenhäuser und der Wohnorte der Menschen konnten ermittelt werden, indem für die Bestimmung dieser Koordinaten Postleitzahlen verwendet wurden. Zur Entfernungsmessung wurde jedoch auch hier trotz des Einsatzes eines Geoinformationssystems die euklidische Distanz verwendet.

Adams und Wright (1991) arbeiten ebenfalls mit euklidischen Distanzen zu den Zentren von Postleitzahlengebieten. Sie begründen diese Vorgehensweise jedoch damit, dass in ihrer Untersuchung die genaue Entfernung keine entscheidende Rolle spielte, da lediglich das Phänomen des Vorbeifahrens an Krankenhäusern analysiert werden sollte. Daher sind Faktoren wie Patiententyp und Patientenzahl sowie der Vergleich von ländlichen und städtischen Standorten relevanter. Die Patienten wurden nach Diagnosegruppen und nach Schweregraden innerhalb der Diagnosegruppen klassifiziert.

3.3.3.3 Patientenflussmodelle, die die Patientenwege auf Basis von Gebietszentren, jedoch mit GIS nach Straßenverläufen berechnet haben

Auf den ersten Blick nicht in diese Kategorie passend ist das Modell von Williams, Schwartz und Newhouse (1983). Sie verwenden für die Ermittlung der Entfernungen, die die Bevölkerung zu den Ärzten auf sich nimmt, die Koordinaten von Einzugsgebieten auf Postleitzahlenebene und errechnen die Entfernungen auf Basis euklidischer Distanzen. Sie stellen mit ihrem Ansatz jedoch eine Mischform dar, da sie für einen Teil der verwendeten Daten manuell die Differenz zwischen den euklidischen Distanzen und den entsprechenden Straßenkilometer-Entfernungen ermittelt haben. Dabei zeigte sich, dass die Straßenkilometer-Entfernungen rund 20-25 % über denen der euklidischen Distanzen lagen. Deshalb wurde diese für einen Großteil der verwendeten Daten pauschal angesetzt.[163]

Auch Branas et al. (2000) gehen bei der Planung von Traumazentren und Helikopterstandorten in Kombination mit den entsprechenden Rettungswagen von Koordinaten aus, die sie aus

[161] vgl. Eben-Chaime/Pliskin (1992)
[162] vgl. Love/Lindquist (1995)
[163] Zum Vergleich: In Indien wurde für ein wenig erschlossenes Gebiet ein Umrechnungsfaktor von 1,5 verwendet, vgl. Patel (1979)

den Zentren der Postleitzahlengebiete gezogen haben. Diese Zentrumskoordinaten ließen sich aus dem Internet herunterladen. Branas et al. wollten jedoch nicht von der Entfernung ausgehen, sondern entsprechend dem vorliegenden Problem von Zeiten. Die von ihnen verwendeten euklidischen Distanzen sind bei der Planung von Helikopterstandorten vertretbar, da der Helikopter Luftlinie fliegen kann. Für Rettungswagen trifft dies jedoch nicht zu. Letztendlich musste aber aufgrund des verwendeten Geoinformationssystems von Städten und deren Zentren ausgegangen werden, da das Programm nur die Entfernungen zwischen Städten hinterlegt hatte. Diese Entfernungen waren jedoch mit Straßenkilometern hinterlegt. Zusätzlich haben die Autoren die Patienten noch nach einem Severity Score unterteilt, um die individuellen Patientenbedürfnisse in die Planung einzubeziehen.[164]

Walsh et al. (1996) wählen einen ähnlichen Ansatz. Sie besaßen zwar keine individuellen Patientenadressen, konnten aber auf die Postleitzahlen zurückgreifen. Mit Hilfe der Entlassungsdaten der Patienten konnten so die Entfernungen zwischen den nach ihren Koordinaten bekannten Krankenhäusern und den Zentren der Postleitzahlengebiete nach Straßenkilometern verwendet werden. Eine Verknüpfung mit Sozialdaten wurde in der Studie noch nicht umgesetzt.

3.3.3.4 Patientenflussmodelle, die nicht nur Patientenwanderungen mit GIS abgebildet, sondern auch noch externe Daten verknüpft haben

Eine weitere Eigenschaft von Geoinformationssystemen, die die Krankenhausplanung vorangetrieben hat, ist die bereits angesprochene Möglichkeit der Verknüpfung von Daten aus unterschiedlichen Quellen.

In Schweden benutzen Kohli et al. (1995) für ihre Studie ein Geoinformationssystem, um den Zugang der einzelnen Patienten zu Gesundheitseinrichtungen zu erheben.[165] Allerdings erfolgt die Entfernungsmessung trotz der Verwendung eines GIS mittels der Luftlinie. Dennoch zeigt diese Studie sehr gut die weiteren Möglichkeiten zum Einsatz von GIS. Obwohl auch Love und Lindquist[166] eine ähnliche Vorgehensweise wählen, wird an dieser Stelle lediglich auf Kohli et al. (1995) eingegangen, da sie ihr Vorgehen anschaulicher beschreiben.

In der Studie sollte die Bevölkerung nicht nur durch das Melderegister über Adressen beziehungsweise Postleitzahlen erfasst und die Luftlinie zwischen Wohnort und Gesundheitseinrichtung bestimmt werden, sondern auch über individuelle externe Daten. So konnte über eine Identifikationsnummer, die jeder Schwede bei seiner Geburt bekommt, auch Geschlecht und Alter festgestellt werden, um diese Angaben in der Studie zu berücksichtigen. Diese Identifikationsnummer ist ebenfalls aus dem Melderegister ersichtlich. Die verwendeten

---

[164] vgl. Branas et al. (2000)
[165] vgl. Kohli et al. (1995)
[166] vgl. Love/Lindquist (1995)

Daten erhielten die Autoren für das Jahr 1991 vom Schwedischen Statistischen Zentralamt. Eine Besonderheit der Studie war darüber hinaus, dass das Melderegister mit dem Grundbuch verbunden ist und somit jeder Einwohner in einer Bezirkskarte als Punkt eingetragen werden konnte. Außerdem wurden Verknüpfungen mit der Krankheitsstatistik und dem Sterberegister hergestellt.[167]

Durch die Verknüpfung von statistischen Daten mit den dazugehörigen Koordinaten wurde ein bedeutender Fortschritt in der Krankenhausplanung erzielt, da nun eine Vielzahl statistischer Auswertungen durchgeführt werden kann, die über die reine Feststellung von (Durchschnitts-) Alter, Geschlecht und Diagnose der Patienten hinausgehen.[168]

Es wird deutlich, dass die hier gezeigten Typen von Patientenflussmodellen vielfach nach den Möglichkeiten der Geoinformationssysteme und der Verfügbarkeit von Daten ausgelegt werden mussten. Viele der Modelle konnten daher trotz Kenntnis der theoretischen Möglichkeiten nicht alles umsetzen, was technisch bereits machbar gewesen wäre. Es wird sich später zeigen, dass das in dieser Arbeit vorgestellte Modell ebenfalls nicht die volle Bandbreite technischer Möglichkeiten ausschöpfen konnte, da entsprechende Geoinformationssysteme noch immer sehr teuer sind. Das Ziel dieser Arbeit ist es jedoch, ebenfalls ein Patientenflussmodell vorzustellen, das viele der oben dargestellten Ansätze aufgreift. Bevor das Modell vorgestellt wird, erscheint jedoch eine weitere theoretische Fundierung des Themas sinnvoll.

3.4 Vorgehensweise bei der Krankenhausplanung

Das DKI (1986) hat den Ablauf der Krankenhausplanung in den einzelnen Bundesländern Deutschlands 1986 weitgehend gleich beschrieben. Dieser Ablauf umfasste sechs Schritte, die hier verwendet werden, um die grundsätzliche Vorgehensweise bei der Krankenhausplanung kurz einzuleiten:[169]

---

[167] vgl. Kohli et al. (1995)

[168] vgl. Walsh et al. (1997), die diesbezüglich einen ausführlichen Literaturüberblick liefern.

[169] Die Krankenhausplanung der einzelnen Bundesländer wird im weiteren noch näher beschrieben, jedoch wird dort auf die Vorgehensweise, wie sie hier vom DKI (1986) genannt wird, nicht näher eingegangen.

1. Ermittlung des Bedarfs an stationärer Krankenhausversorgung,
2. Aufstellung eines Planentwurfs durch den zuständigen Minister oder Senator (in der Regel für Arbeit und Soziales),
3. Diskussion des Planentwurfs in Zielplankonferenzen mit den beteiligten/betroffenen Stellen (Krankenhausträger, Krankenhausgesellschaft, Krankenkassen, kommunale und Gebietskörperschaften),
4. Stellungnahme oder Beschluss des Landesparlaments,
5. Beschluss des Landesministers/Senators,
6. Veröffentlichung im Landesgesetzblatt.[170]

Im Mittelpunkt des Entscheidungsablaufs steht die Ermittlung des zukünftig zu erwartenden Bedarfs an Krankenhausleistungen und seiner regionalen Verteilung.

Diese Aufzählung orientiert sich sehr stark an der administrativen Vorgehensweise. Da besonders in den letzten Stufen aufgrund „politischer" Hintergründe viele Pläne noch Änderungen erfahren oder sogar vollständig zurückgestellt werden, erscheint eine explizite Nennung dieser Schritte aus Sicht des DKI im Jahre 1986 wichtig. An dieser Stelle sei daher darauf hingewiesen, dass insbesondere in den Schritten 4 und 5 diverse Interpretationsmöglichkeiten gegeben sind, die nicht zwingend transparent gemacht werden, bevor im 6. Schritt der Plan veröffentlicht wird.

Darüber hinaus beschäftigen sich die im Rahmen dieses Kapitels beschriebenen quantitativen Krankenhausplanungsansätze weniger mit der praktischen Umsetzung des erstellten Planes. Obwohl hierfür häufig Hinweise gegeben werden oder die Autoren angeben, wie die Umsetzung ablief, konzentrieren sich die folgenden Artikel eher auf die methodische Vorgehensweise. Hier wurde daher eine Gliederung gewählt, die die Krankenhausplanung von den ersten Ansätzen bis zur Ausführung verfolgt. Der letzte Punkt muss aus den genannten Gründen jedoch sehr kurz ausfallen.

3.4.1 Auslöser für Planungsaktivitäten

Die Notwendigkeit einer Krankenhausplanung ergibt sich zumeist aus der Begründung des Planungsbedürfnisses heraus. Auslöser für die Planungen waren zumeist wahrgenommene Fehlentwicklungen oder unterschiedlichste Neuerungen, auf die reagiert werden musste.[171] Solche auslösenden Faktoren werden in den folgenden Unterkapiteln dargestellt.

[170] vgl. DKI (1986)
[171] vgl. u.a. Green et al. (2000)

3.4.1.1 Kontinuität

Ein Grund für Krankenhausplanungen liegt in einer zunächst nicht offensichtlichen Begründung, nämlich der Notwendigkeit von Kontinuität. Ewell (1976) geht beispielsweise davon aus, dass die Planungsaktivitäten nicht erst bei wahrgenommenen Neuerungen oder Fehlentwicklungen einsetzen sollten, sondern kontinuierlich durchgeführt werden müssen. „It is not a once every four or five years project".[172] Der Vorteil einer kontinuierlichen Planung wird insbesondere darin gesehen, die Planung üben zu können und mögliche Probleme rechtzeitig zu entdecken. „It is not a guarantee that the plan will work".[173] Dementsprechend fordert Diekmann (1987) anstelle einer Planung, die alle vier bis sechs Jahre neu durchgeführt wird, eine Fortschreibung des Plans alle zwei bis drei Jahre vorzunehmen. Lediglich das Land Bayern hatte damals schon eine jährliche Planung.[174] Während es heute vier Bundesländer gibt, die jährlich planen (Bayern, Hessen, Niedersachsen und Sachsen-Anhalt), schwanken die Planungszyklen der anderen Länder zwischen zwei und sechs Jahren.[175]

3.4.1.2 Unterversorgung

Der am häufigsten genannte Grund, der zur Planung von Krankenhäusern führt, ist die Unzufriedenheit mit der momentanen Versorgungssituation beziehungsweise der Wunsch, Defizite und damit Unterversorgungen im Gesundheitssystem zu vermeiden.

Obwohl es in der westlichen Welt immer häufiger zu Krankenhausschließungen kommt, werden in der Literatur doch für gewöhnlich Defizite in der medizinischen Versorgung als Begründung für die Krankenhausplanung genannt. Dies dürfte nicht zuletzt in der geringen Popularität von Krankenhausschließungen bei der Bevölkerung liegen; ändern sich doch dadurch – wie bereits beschrieben – zumeist die Anreisewege und -zeiten für die Patienten. Im Krankenhausplan des Landes Nordrhein-Westfalen wird folglich „das Bemühen um Schließung von Versorgungslücken in bestimmten Gebieten und Teilgebieten der Medizin" in den Vordergrund gestellt.[176] Auch Mühlbacher (2002) sieht besonders im Bereich chronischer Krankheiten selbst in Deutschland noch partielle Unterversorgungen.[177] Shannon et al. beschreiben wiederum die mögliche Unterversorgung in städtischen Gebieten, die allerdings häufig aufgrund der dortigen Dichte von Gesundheitseinrichtungen nicht erkannt wird.[178] Auf die zunehmende Gefahr der Unterversorgung in ländlichen Gebieten wurde oben bereits hingewiesen.

---

[172] Ewell (1976)
[173] Ewell (1976)
[174] vgl. Diekmann (1987)
[175] vgl. DKG (2002)
[176] Ministerium für Frauen, Jugend, Familie und Gesundheit des Landes Nordrhein-Westfalen (2002)
[177] vgl. Mühlbacher (2002), S. 16, Basys/I+G (2000), Ministerium für Frauen, Jugend, Familie und Gesundheit des Landes Nordrhein-Westfalen (2002)
[178] vgl. Shannon et al. (1969)

Da jedoch zu Beginn eines Planungsvorhabens der genaue Bedarf an Gesundheitseinrichtungen häufig nicht bekannt ist, sind die Begründungen für die erkannte Unterversorgung zumeist recht vage. So haben Mehrez et al. (1996) eine Unterversorgung beispielsweise mit einer nicht näher erläuterten Bettenzahl „unter dem Landesdurchschnitt“[179] und einer stark steigenden Bevölkerung begründet. Es ist jedoch aus Sicht der Verantwortlichen immer leichter, ein Planungsvorhaben mit dem Wunsch einer besseren Versorgung zu begründen.

3.4.1.3 Fehl- oder Überversorgung

In vielen Industrieländern wird inzwischen häufig aus einer Fehl-, oder einer Überversorgung heraus geplant.[180] Für Deutschland hat nicht zuletzt der Sachverständigenrat für die Konzertierte Aktion im Gesundheitswesen im Jahre 2001 bestehende Fehlverteilungen kritisiert.[181] Doherty et al. (1996) weisen für die von ihnen untersuchte Region Soweto in Südafrika darauf hin, dass die Versorgung mit Gesundheitseinrichtungen noch immer stark auf Planungen des Apartheid-Regimes basiert. Dementsprechend zeigen Studien die Fehlverteilung von Gesundheitseinrichtungen zwischen Weißen und Farbigen.[182] Shannon et al. (1969) weisen darüber hinaus auf die Fehlverteilung zwischen Stadt und Land hin, da in ländlichen Gebieten häufig eine klar erkennbare Unterversorgung besteht, während in städtischen Gebieten in der Regel eine Vielzahl von Gesundheitseinrichtungen vorhanden ist.

3.4.1.4 Kostenreduzierungen

Budgetkürzungen oder Leistungseinschränkungen werden nur sehr selten als Grund für eine Krankenhausplanung genannt, da Krankenhausschließungen zwar in der Regel von hohem öffentlichen Interesse, zumeist aber – wie bereits gesagt – sehr unpopuläre Entscheidungen sind.[183] Lediglich Parkin und Henderson (1987) nennen das Ziel der Kostenreduzierung, heben jedoch gleichzeitig hervor, dass sie dieses ohne Einschränkungen in der Erreichbarkeit erreichen wollen. Blake und Carter (2002) sehen sich hingegen mit einer in Kanada angestrebten Kostenreduzierung von 18 % in vier Jahren konfrontiert. Ihr Ansatz verfolgt jedoch eine krankenhausinterne Umstrukturierung, so dass hier leichter über zu kürzende Budgets gesprochen werden kann.

Letztendlich müssen laut Ewell (1976) aber auch solche unangenehmen Themen wie Kostenreduzierungen oder Leistungseinschränkungen berücksichtigt werden, wenn man die Krankenhausplanung optimieren will.[184] Daran hat sich bis heute sicher nichts geändert.

---

179 vgl. hierzu die Diskussion um das Hill-Burton-Programm in Kapitel 2.3.7.5

180 vgl. Bloom/Fendrik (1996), vgl. Chu/Chu (2000), Ministerium für Frauen, Jugend, Familie und Gesundheit des Landes Nordrhein-Westfalen (2002)

181 vgl. Sachverständigenrat für die Konzertierte Aktion im Gesundheitswesen (2001)

182 vgl. Doherty et al. (1996)

183 vgl. Broll (1998)

184 vgl. Ewell (1976)

3.4.1.5 Veränderung in der Bevölkerungsstruktur

Ein Beispiel zu einer sich verändernden Bevölkerungsstruktur wurde bereits im Kapitel 2.1.2.1 dargestellt. Dabei wurde deutlich, dass die junge ländliche Bevölkerung zunehmend in die Städte abwandert und das Durchschnittsalter sowie die Krankheitshäufigkeit der verbleibenden Bevölkerung steigt. Setzt sich dieser Trend in ländlichen Gebieten fort, muss beispielsweise über die stärkere Ansiedlung geriatrischer Fachabteilungen an ländlichen Krankenhäusern nachgedacht werden. Gleichzeitig könnte es zu einer Verringerung der Geburtshilfe-Abteilungen kommen. Diese Vermutungen entsprechen den Ergebnissen einer Studie von Basys/I+G, die für Nordrhein-Westfalen im Bereich Gynäkologie/Geburtshilfe von einem Rückgang der vollstationären Fälle bis zum Jahr 2010 um 19,5 % ausgehen. Ebenso wird eine Zunahme der vollstationären Fälle in der Geriatrie von 16 bis 66 % bis 2010 prognostiziert.[185]

Mehrez et al. (1996) berichten, dass die israelische Regierung beschloss, ein neues Krankenhaus zu errichten, um alle Patienten im Falle des erwarteten Ansturms von Immigranten versorgen zu können.[186] Darüber hinaus kann eine fortwährende Erweiterung der Kapazitäten und der spezifischen Einrichtungen der Krankenhäuser langfristig zu Verschiebungen in der Relation zwischen ortsansässigen und auswärtigen Patienten führen und somit das Einzugsgebiet nachhaltig verändern.[187]

Diesen Beispielen stehen jedoch viele gegenüber, bei denen die Änderung der Bevölkerungsstruktur eher schleichend verläuft. Dazu gehören insbesondere die Überalterung der Bevölkerung, sowie das zu erwartende negative Bevölkerungswachstum und damit die Veränderung in der Alterspyramide.[188] Die Änderung der Bevölkerungsstruktur wird daher in den untersuchten Modellen immer wieder angesprochen, der konkrete Umgang mit dieser Problematik jedoch häufig nicht näher beschrieben.

3.4.1.6 Notwendigkeit der Kooperation

Ewell (1976) kritisiert Zusammenschlüsse von Krankenhäusern, die durchgeführt wurden, um zusätzliche finanzielle Unterstützung oder neue Gebäude zu erhalten.[189] In der Regel ist der Ausgangspunkt von Zusammenschlüssen in der heutigen Zeit jedoch nicht die Forderung nach einem höheren Budget, sondern der Erhalt der Wettbewerbsfähigkeit. Die Gesundheitseinrichtungen und somit auch die Krankenhäuser werden durch die begrenzt zur Verfügung stehenden Mittel sowie weiterer u.g. Maßnahmen mehr oder weniger zu vermehrter Zusammenarbeit gezwungen. Dabei wird angestrebt, durch die Bildung größerer Einheiten Econo-

[185] Basys/I+G (2000)
[186] vgl. Mehrez et al. (1996).
[187] vgl. Lackinger (1979), S. 15
[188] vgl. BMGS (2005)b, Statistisches Bundesamt (2000)
[189] vgl. Ewell (1976)

mies of Scale zu realisieren. Bevor jedoch ganze Krankenhäuser kooperieren, kommt es häufiger zu partieller Zusammenarbeit wie beispielsweise im Rahmen von Standortplanungen medizinisch-technischer Großgeräte,[190] die aufgrund ihrer großen Kapazität die Konzentration auf wenige Standorte nahe legen, oder bei den bereits genannten Disease Management Programmen, die sich allerdings nur auf einzelne Krankheitsbilder konzentrieren.[191] Neben den partiellen Kooperationen erfolgen häufig zunächst auch nur partielle Zusammenlegungen von Standorten. Bei diesen werden nicht sofort alle bisherigen Standorte zugunsten eines größeren aufgegeben, sondern es erfolgt eine Zusammenlegung einzelner Abteilungen an einem Standort. Dies ergibt sich daraus, dass lokal verteilte Einheiten weiterhin benötigt werden, um die Versorgung der Patienten sicherzustellen. Da allerdings nicht alle Leistungen an allen Standorten vorgehalten werden müssen, sind partielle Zusammenlegungen grundsätzlich möglich. [192]

Die Notwendigkeit von Kooperationen ergibt sich darüber hinaus auch daraus, dass die Planungsbehörden in Deutschland darauf achten, dass es solche Kooperationen gibt.[193] Das IGSF (2002) schlägt sie im Rahmen seines für Nordrhein-Westfalen erstellten Gutachtens daher auch ausdrücklich vor.[194]

In den USA ist der Markt für Krankenhäuser offensichtlich noch stärker in Bewegung, denn Japsen (1996) schreibt: „..... this situation even may be aggravated by a restructuring and consolidation of the hospital industry taking place in the United States where decisions are made daily to close, merge, acquire, and sell"[195]

Krankenhausplanerische Relevanz bekommen die notwendigen Kooperationen immer dann, wenn im Rahmen solcher Kooperationen die Angebotsstruktur verändert wird. Je nach Zuständigkeit und Einfluss werden die staatlichen Planungsinstanzen diese Veränderungen aktiv herbeiführen, sie mit flankierenden Maßnahmen begleiten oder möglicherweise auch erst im Nachhinein negative Auswirkungen durch Planungsaktivitäten abmildern können.

3.4.1.7 Änderungen in der Zielsetzung der Krankenhausplanung

Zunächst soll an dieser Stelle noch einmal hervorgehoben werden, dass die Leistungsausweitungen in den 70-er Jahren eine Folge der damaligen politischen Grundziele im Gesundheitswesen darstellten, während in den 80-er und 90-er Jahren Kostenreduzierungen im Vordergrund standen. Dies beeinflusst indirekt auch die Krankenhausplanung, was an der Auswei-

[190] vgl. Bruckschen, S. 130
[191] vgl. Jacobs/Schulze (2000)
[192] vgl. Lynk (1995)
[193] vgl. Hoberg (1986)
[194] vgl. IGSF (2000)
[195] Japsen (1996)

tung des Leistungskataloges in den 70-er Jahren einerseits und der Reduzierung der Krankenhausbettenzahl in den 80-er und 90-er Jahren andererseits sichtbar wird.[196]

Eine Änderung in der Zielsetzung der Krankenhausplanung kann sich auch dadurch ergeben, dass die faktische Planung auf andere Entscheidungsträger übertragen wird. Hierzu lassen sich verschiedene Beispiele finden.

Der Artikel von Green et al. (2000) baut darauf auf, dass die gesamte Planung jetzt nicht mehr zentral, sondern verstärkt auch dezentral vorgenommen werden soll. Damit soll den unterschiedlichen Interessen zwischen den zentralen und den dezentralen Verwaltungseinheiten Rechnung getragen und die Planung mehr an den Bedürfnissen vor Ort ausgerichtet werden. Hierdurch verändern sich die Rahmenbedingungen für die Planung vor Ort stark.[197]

Auch in Deutschland ist mit einem faktischen Übergang der Krankenhausplanung in andere Hände zu rechnen, die seit 2004 stark von den Ergebnissen der Budgetverhandlungen abhängt und somit Betten, die zwar im Krankenhausplan stehen, jedoch von den Krankenkassen nicht budgetiert werden, langfristig keinen Bestand haben können.[198]

Ein weiteres Ziel einer sich verändernden Krankenhausplanung kann es sein, die politischen Entscheidungsträger aus der öffentlichen Diskussion weitestgehend herauszuhalten. In diesem Zusammenhang kann das schleichende „Ausbluten“ von Abteilungen genannt werden. Beispielsweise können Geburtshilfe-Abteilung mit nur noch 4 Betten und/oder weniger als 300 Geburten[199] nicht nur im Rahmen eines aktiven planerischen Aktes geschlossen werden, sondern auch durch eine schrittweise Reduzierung der Planbettenzahl.[200] Obwohl es laut Krankenhausplan Nordrhein-Westfalen (2001) vorrangig zu Schließungen ganzer Häuser kommen soll, sofern Überkapazitäten vorhanden sind, wird es auf diese Weise langfristig nicht zu einer administrativ verordneten Schließung der Abteilung oder des Hauses kommen. Statt dessen kommt es aber doch zu einer unvermeidlichen, gleichwohl letztlich eigenverantwortlichen Entscheidung des Krankenhauses selbst. Die Tendenz zur eigenverantwortlichen Abteilungsschließung kann in Teilbereichen noch dadurch beschleunigt werden, dass in steigendem Maße in den DRGs für planbare Leistungen Mindestmengen vorgesehen werden, bei deren Unterschreiten die Leistungen im Folgejahr nicht mehr abgerechnet werden dürfen.[201] Darüber hinaus ergibt sich aus dem Zwang zu unternehmerisch orientiertem Handeln für alle Krankenhäuser die Notwendigkeit, das eigene Betriebsgeschehen bewusst

[196] Merten (2003)
[197] vgl. Green et al. (2000)
[198] vgl. Bruckenberger (2002a)
[199] vgl. IGSF (2000)
[200] In der Vorschlagsliste des IGSF-Gutachtens (2002) finden sich einige Krankenhäuser, deren Abteilungen mit lediglich 2 Betten zur Schließung vorgeschlagen werden.
[201] vgl. § 137 Abs. 1 Satz 3 Nr. 3 SGB V, Fürstenberg, Heummann, Roeder (2005), Roeder, Fürstenberg, Heumann (2004)

auch nach ökonomischen Gesichtspunkten zu steuern.[202] Die Planungsverantwortung läge zwar formal immer noch beim Land, faktisch entscheiden jedoch die Krankenhäuser selbst.

3.4.1.8 Sicherstellungsauftrag

Ein weiterer Auslöser für Krankenhausplanungsaktivitäten ist in dem in Deutschland gesetzlich verankerten Sicherstellungsauftrag zu sehen.[203] Er besagt, dass die Länder beziehungsweise der Staat die Versorgung der Bevölkerung mit Krankenhäusern sicherstellen müssen. Aus dem Sicherstellungsauftrag lässt sich außerdem die Aufgabe ableiten, in angemessenen Zeitabständen die Sicherstellung der Versorgung in den unterschiedlichen Fachrichtungen zu überprüfen. Grundsätzlich übernimmt der Staat die Planung und Finanzierung für die Krankenhauskapazitäten und schafft somit die Grundlagen für die Versorgung der Einwohner mit Krankenhausleistungen.[204] In § 3 des Landeskrankenhausgesetzes von Sachsen wird dies anschaulich präzisiert. „Die Sicherstellung der Krankenhausversorgung ist nach Maßgabe dieses Gesetzes eine öffentliche Aufgabe. Findet sich kein anderer geeigneter Träger, sind die Landkreise oder Kreisfreien Städte verpflichtet, als bedarfsgerecht ausgewiesene Krankenhäuser zu errichten und zu betreiben."[205] Dies verdeutlicht, dass die Sicherstellung der Krankenhausversorgung eigentlich die Aufgabe der Länder ist, dass sie in der Realität aber nicht nur in Thüringen auf die Landkreise und Kreisfreien Städte übertragen wurde. Nach Ansicht Bruckenbergers wird der Sicherstellungsauftrag jedoch langfristig durch Konzentrationsbestrebungen aufgrund des Wettbewerbs wieder von den Kommunen auf die Länder übergehen.[206]

3.4.1.9 Anpassung an die medizinische Entwicklung

Die Anpassung an die medizinische Entwicklung wird in der Krankenhausplanung oft nur indirekt über die sich in bestimmten Regionen oder medizinischen Fachbereichen verändernden Patientenzahlen berücksichtigt. Ausnahme bilden hier Mayhew und Bowen (1984). In ihrem Modell dienen die Veränderungen in der medizinischen Entwicklung und die damit verbundene Notwendigkeit der Einrichtung von Tageskliniken als Basis für die Krankenhausplanung. Bei Davies (1985) ist der Einfluss der medizinischen Entwicklung auf die Krankenhausplanung weniger offensichtlich, obwohl auch hier die Reorganisation der Behandlungsabläufe bei chronischem Nierenversagen weitgehend aufgrund veränderter medizinischer Möglichkeiten durch Dialyse und Nierentransplantation nötig wurde.[207] Die Anpassung an die medizinische Entwicklung spielt daher zwar in vielen Fällen eine Rolle, wird jedoch durch die

[202] vgl. Hessel (2004) S. 167f
[203] vgl. § 1, Deutsches Krankenhausfinanzierungsgesetz 1991
[204] vgl. Rüschmann et al. (2000)
[205] vgl. Landeskrankenhausgesetz Sachsen vom 19. August 1993
[206] vgl. Bruckenberger (2000a), Bruckenberger (2002a)
[207] vgl. Davies (1985)

bereits angesprochenen Über-, Fehl- und vor allem Unterversorgungen überlagert und gerät somit – häufig zu Unrecht – etwas in den Hintergrund.

3.4.2 Planungsgegenstand

Nach den Auslösern für Planungsaktivitäten gilt es im zweiten Schritt die Planungsgegenstände näher zu analysieren. Diese variieren in den genannten Arbeiten stark, da es nicht immer nur um die Planung von ganzen Krankenhäusern geht. So führen Goldstein et al. (2002), Chu und Chu (2000), Mehrez et al. (1996), Segal (1992) und Stummer et al. (2004) die Planung für das gesamte Krankenhaus durch, während sich andere Arbeiten nur mit der Planung von Teilen von Krankenhäusern, also speziellen Abteilungen, befassen. Darüber hinaus konzentrieren sich Galvao et al. (2002) auf geburtshilfliche Abteilungen, Harris (1985) auf Operationssäle und den daraus abgeleiteten Bettenbedarf, Mayhew und Bowen (1984) auf Tageskliniken, Parkin und Henderson (1987) auf Akuteinrichtungen in Krankenhäusern sowie Perkoff und Anderson (1970) auf Krankenhaus-Ambulanzen. Mit dem niedergelassenen Bereich beschäftigen sich die Arbeiten von Hindle und Ngwube (1990), die den Einfluss spezialisierter Einrichtungen auf die Patientenwanderung betrachten. Auch die Arbeiten von Kohli et al. (1995) und Doherty et al. (1996) untersuchen nur Teile von Krankenhäusern, dies aber eher aufgrund der Tatsache, dass es in den untersuchten Gebieten keine Krankenhäuser im oben genannten Sinne gab. Weitere Autoren beschäftigen sich mit sektorenübergreifenden Problemen, wie Blake und Carter (2002), Branas et al. (2000), Gibbs (1978) sowie Green et al. (2000). Coverndale und Negrine (1978), Davies (1985) sowie Leff et al. (1986) versuchen im Rahmen ihrer Arbeit Lösungen im Bereich der Koordination beziehungsweise der Zusammenstellung von „Leistungspaketen" für jeweils nur eine bestimmte Krankheitsart zu finden.

3.4.3 Verwendete Daten

Zu den verwendeten Daten mag als Einleitung die Arbeit von Doherty et al. (1996) dienen. Mit dieser Arbeit sollten angesichts ihrer äußerst schlechten Datenlage und der Unsicherheit bezüglich der Konsistenz der verwendeten Daten insbesondere die Verantwortlichen in Entwicklungsländern ermutigt werden, dennoch zu planen, anstatt paralysiert von der Unvollständigkeit der Daten keine Planung vorzunehmen.

Die in der Literatur für die jeweiligen Planungsprobleme verwendeten Daten unterschieden sich auch aufgrund der unterschiedlichen Problemstellungen erwartungsgemäß stark. Da die vorhandenen Daten aber die Möglichkeiten zur Auswertung und zur Modellierung stark und zumeist einschränkend bestimmten, soll an dieser Stelle anhand von Tabelle 9 ein Überblick über die in den Literaturquellen verwendeten Daten gegeben werden.

Dabei ist zu berücksichtigen, dass die Modelle über die verwendeten Daten nicht immer umfassend Auskunft gaben. Bei der Ermittlung des jeweiligen Istzustandes konnte – je nach nationalen Datenschutzgesetzen – zum Beispiel auf Zensusdaten, Bevölkerungsregister, Sozialdaten, Pläne des öffentlichen Verkehrsnetzes[208], Ergebnisse aus Volkszählungen[209], Adressverzeichnisse[210], Verzeichnisse von Postleitzahlen[211], Verzeichnisse über die Entlassung von Patienten[212] oder Grundbücher[213] zurückgegriffen werden. Allerdings kamen nur sehr wenige der Untersuchungen ohne eigene ergänzende Erhebungen aus.[214] So wurden beispielsweise reale Fahrzeiten erhoben[215], Ärzte und Sozialarbeiter befragt[216], Fragebogen verschickt oder ausgeteilt[217] und Patientenakten untersucht[218] und jeweils mit den bereits vorhandenen Daten verknüpft. Deshalb ist darauf hinzuweisen, dass in diesem Unterkapitel die Qualität der jeweils verwendeten Daten nicht hinterfragt wird. Gleichwohl ist zu betonen, dass die Verwendung sehr heterogener Daten aus vielen verschiedenen Quellen tendenziell zu ungenaueren Ergebnissen führt als die Verwendung weniger Datenquellen.

[208] vgl. Walsh et al. (1997)
[209] vgl. Walsh et al. (1997), Love/Lindquist (1995)
[210] vgl. Walsh et al. (1997), Kohli et al. (1995)
[211] vgl. Branas et al. (2000)
[212] vgl. Branas et al. (2000)
[213] vgl. Kohli et al. (1995)
[214] vgl. DKG (2002)
[215] vgl. Branas et al. (2000)
[216] vgl. Coverndale/Negrine (1978), Harris (1985), DKG (2002)
[217] vgl. Goldstein et al. (2002), Parkin/Henderson (1987)
[218] vgl. Leff et al. (1986)

Modelle / Verwendete Daten	Branas et al.	Chu, Chu	Davies	Dökmeci	Fischer	Galvao et al.	Harris	Love, Lindquist	Marianov Taborga	Mayhew	Mehrez et al.	Moore, Revelle	Parr	Schäfer, Wachtel	Schultz	Stummer et al.	Walsh et al.	Berghmans et al.	Doherty et al.	Gibbs	Hirsch, Miller	Kohli et alt.	Leff et al.	Patel
Standorte	X	X			X	X		X	X	X	X					X	X		X			X		X
Koordinaten	X							X								X	X							
Postleitzahlen	X																X							
Einzugsgebiete	X				X	X		X	X	X	X	X	X				X	X	X	X	X	X		X
Distanz/Fahrzeit/Gehzeit	X			X	X	X		X	X	X	X	X	X		X	X	X	X						X
Fahrtkosten				X						X					X		X							
Anzahl Einrichtungen	X	X	X						X	X	X	X	X			X	X		X	X		X		X
Größe der Einrichtungen				X						X	X	X	X			X	X	X	X	X				
Bettenanzahl		X	X		X		X		X	X	X			X		X	X			X	X			
Morbidität	X		X	X										X					X		X	X	X	
Mortalität			X																			X	X	
Krankenhaushäufigkeit		X	X			X	X		X	X			X	X			X			X	X			
Bevölkerungszahlen		X	X			X			X	X	X	X	X	X			X	X	X	X	X	X	X	X
Patientenzahlen			X		X	X			X	X	X					X			X					
Verweildauer			X				X			X	X			X		X	X				X			
Budget/Ressourcen/ Personal	X	X	X	X	X				X	X	X	X	X					X	X	X	X		X	X

Tabelle 10: In der Literatur verwendete Daten
Quelle: Eigene Darstellung

Da in den Kapiteln 2.1 und 3.3.3 die Unterscheidung der entsprechenden Daten bezüglich der Art der Entfernungsmessung bereits vorgenommen wurde, kann an dieser Stelle darauf verzichtet werden. Die folgenden Punkte orientieren sich daher an folgenden Gliederungspunkten:

- Analyse bestehender Einrichtungen und potentieller neuer Standorte
- Art der Berücksichtigung von Distanz
- Morbiditäts- und Mortalitätsgrößen
- Kostengrößen

3.4.3.1 Analyse bestehender Einrichtungen und potentieller neuer Standorte

Da das Gesundheitswesen ständigen Veränderungen unterworfen ist, muss es regelmäßig diesen veränderten Bedingungen angepasst werden.[219] Parr (1979) hebt – stellvertretend für viele andere Arbeiten - in diesem Zusammenhang hervor, dass man die vorhandenen Einrichtungen nicht einfach verwerfen kann, sondern sie ggfs. so umplanen muss, dass das Ausmaß der Abweichung vom frei planbaren Optimum so gering wie möglich ist. Die Ermittlung neuer Standorte ist folglich nur dann notwendig beziehungsweise möglich, wenn in der Krankenhausplanung ergänzend zu einer Anpassungsplanung innerhalb bestehender Einrichtungen auch neue Standorte und die Schließung vorhandener Einrichtungen in Betracht gezogen werden sollen beziehungsweise können.[220] Nach Goldstein et al. (2002) können Standorte daher entweder ein gegebener (Umwelt-) Faktor oder eine strategische Entscheidungsgröße sein.[221]

In den USA ist die Ermittlung vorhandener Standorte dank guter Beschaffungsmöglichkeiten für die Adressen von Krankenhäusern zumeist kein Problem. Als Beispiel sei hier auf Walsh et al. (1997) verwiesen, die schon im Jahre 1997 die Krankenhausadressen aus dem „Annual Survey of Hospitals" verwendet haben, der die vollständigen Krankenhausadressen enthielt und somit die Geocodierung der Krankenhausstandorte zuließ. Wie oben bereits angesprochen, bedeutet die Geocodierung, dass für jedes Krankenhaus beziehungsweise für jede Adresse die Koordinaten ermittelt werden können.[222] Viele Modelle arbeiteten allerdings auch mit Krankenhausstandorten, von denen nur bekannt war, in welchem Postleitzahlengebiet sich das Krankenhaus befand, da die Standorte nicht genauer ermittelt werden konnten. Wenn solche Modelle mit Koordinaten arbeiten, werden in der Regel die Zentren der untersuchten Gebiete als Krankenhausstandort angenommen.[223]

Die Ermittlung neuer Standorte ist dagegen für den Planer schwieriger als die Arbeit mit vorhandenen Standorten. Zwar kann durch die Festlegung neuer Standorte eine bessere Versorgung für die Bevölkerung erreicht werden als dies möglich wäre, wenn ausschließlich bereits vorhandene Einrichtungen genutzt werden müssten. Allerdings wird die Freiheit bei der Festlegung neuer Standorte dadurch begrenzt beziehungsweise tritt als erschwerender Faktor hinzu, dass in der Planung zahlreiche weitere Faktoren wie zum Beispiel infrastrukturelle Gegebenheiten oder Grundstückspreise, die bei gegebenen Standorten nicht mehr Planungsgegenstand sind, berücksichtigt werden müssen.

Für die Analyse bestehender Einrichtungen im Rahmen der Krankenhausplanung müssen neben der Zahl der Krankenhäuser in der betrachteten Region und deren Gesamtgröße auch

[219] vgl. Parr (1979)
[220] vgl. Mehrez et al. (1996)
[221] vgl. Goldstein et al. (2002)
[222] vgl. Kohli et al. (1995), Marianov et al. (2001), Mehrez et al. (1996)
[223] vgl. Goldstein et al. (2002), Branas et al. (2000)

die entsprechenden Bettenzahlen nach Fachabteilungen und die apparative Ausstattung bekannt sein. Wenn langfristig entsprechend der Annahme der DKG (2002) von einer Bettenplanung zu einer Leistungsplanung übergegangen werden muss, wird die Analyse der Einrichtungen schwieriger und aufwändiger. Als problematisch nennt die DKG (2002) insbesondere die Definition relevanter Leistungen.[224] Dies dürfte sich im Krankenhausbereich durch die Einführung der DRGs etwas entschärft haben. Gelöst ist das Problem damit wahrlich nicht.

Dennoch: Viele Studien der Vergangenheit basieren noch nicht auf Leistungsdaten, sondern auf der weitaus gröberen Planungsgröße „Bettenzahl". Mayhew und Bowen (1984) geben sogar an, dass sie nicht einmal diese zur Verfügung hatten, so dass Vergleichszahlen aus England übernommen werden mussten.[225] Rispel et al. (1996) haben als Extrembeispiel angesichts der schlechten Datenlage jede der 24 Gesundheitseinrichtungen ihrer Studie einzeln aufgesucht und nach ihrem medizinischen Standard untersucht, um überhaupt einen Eindruck von der Ausstattung der Einrichtungen bekommen zu können.[226]

3.4.3.2 Kostengrößen

Bei der Analyse ökonomischer Modelle zur Krankenhausplanung sind Kostendaten in vielen Arbeiten eine wesentliche Größe und in der Regel unabhängig von der Qualität verfügbar. Allerdings werden in den veröffentlichten Artikeln nur sehr selten konkrete Angaben zu den Kosten gemacht. Eine detaillierte Auflistung von Kostengrößen findet sich bei Fischer (1978). Diese Datentiefe konnte jedoch nur mit Hilfe vieler verschiedener Quellen, wie zum Beispiel Anhaltszahlen und eigene Berechnungen sowie Schätzgleichungen, erreicht werden. Gleichwohl bietet Fischer damit einen umfassenden Überblick über die relevanten Kostengrößen und zeigt auf, wie diese Größen Eingang in eine strategische Planung finden können.[227]

3.4.3.3 Morbiditätsgrößen und Einweisungszahlen

Es ist nach wie vor schon sehr schwierig und aufwändig, den konkreten Gesundheitszustand einzelner Patienten abzubilden. Selbst die vorhandenen Fragebogen müssten im Grunde genommen je Krankheitsbild individuell entwickelt und ausgewertet werden. Morbiditätsuntersuchungen ganzer Regionen anzustellen, um daraus den Bedarf an Gesundheitseinrichtungen der Region abzuleiten, sind im Rahmen kleinerer Studien nahezu unmöglich.[228] Aus diesem Grund haben viele der untersuchten Modelle keine Morbiditätsgrößen berücksichtigt oder nicht näher dargestellt, wie sie berücksichtigt wurden.[229] Statt dessen wurden häufig die

[224] vgl. DKG (2002)
[225] vgl. Mayhew/Bowen (1984)
[226] vgl. Rispel et al. (1996)
[227] vgl. Fischer (1978) S. 96ff.
[228] vgl. Greiner (1999), S. 100ff
[229] vgl. Chu/Chu (2000), Doherty et al. (1996)

Bedarfe an Gesundheitsleistungen je Einwohner aus anderen Studien oder Expertenbefragungen übernommen und mit diesen Werten dann die räumliche (Um-) Planung des Gesundheitswesens vorgenommen.[230] So zeigt sich in Tabelle 10, dass viele Studien trotz der Verwendung eher allgemeiner Bevölkerungszahlen[231] und deren Entwicklung, zum Teil dennoch für viele Jahre in die Zukunft den Bedarf an Gesundheitseinrichtungen prognostiziert haben.[232]

Tabelle 10 zeigt außerdem einige Studien, in denen zwar die Zahl der Patienten bekannt war, diese aber zumeist nicht näher unterteilt wurden. Da die Berücksichtigung von Eintreffraten und –zeiten in der Regel exaktere Daten aus den entsprechenden Einrichtungen voraussetzt, arbeiten auch nur wenige Studien damit. So gab es nur in wenigen Fällen sogar Diagnosestatistiken,[233] welche zudem nicht immer so detailliert ausgewertet wurden, wie es möglich gewesen wäre.[234] Es gibt aber auch Gegenbeispiele, denn Walsh et al. (1997) analysierten sogar rund 2 Millionen Patientendatensätze aus 25 Krankenhäusern.

3.4.3.4 Bedarfsermittlung

Thematisch eng verwandt mit den Morbiditätsgrößen ist die Bedarfsermittlung. Der Bedarfsermittlung ist schließlich zumeist eine detaillierte Analyse des Istzustandes vorangestellt. Dabei soll zunächst festgestellt werden, wie der momentane Zustand der medizinischen Versorgung der Bevölkerung im untersuchten Gebiet ist und welche Hintergründe dieser hat.[235] Die Ermittlung des Istzustandes verläuft deshalb meist problemspezifisch. Dabei wird die konkrete Vorgehensweise nur selten detailliert beschrieben. So nennen Chu und Chu (2000) zwar bestehende Unterbedarfe als Grund für ihre Planung, erläutern aber nicht, worin diese bestehen, weil die Ermittlung des Istzustandes nicht beschrieben wird. Positive Ausnahmen bilden hingegen Doherty et al. (1996) und Parkin und Henderson (1987). Die Arbeit von Parkin und Henderson (1987) ist insofern erwähnenswert, als dass hier mit sehr einfachen Mitteln ein auch für die Autoren überraschend aussagefähiges Bild über den Istzustand gewonnen werden konnte. Dabei scheint die Ursache des Erfolges darin zu liegen, dass die richtigen Fragen gestellt wurden.

Ein weiteres Problem besteht letztendlich darin, aus der Ermittlung des Istzustandes eine geeignete Bedarfsermittlung abzuleiten. So gehen zum Beispiel Diekmann (1987) und Green et al. (2000) davon aus, dass die derzeit verfügbaren Methoden noch keine präzise Festlegung des Faktors „Bedarf" im Gesundheitswesen erlauben.[236] Folgerichtig wird die seit Beginn der

[230] vgl. DKG (2002)
[231] vgl. Hindle/Ngwube (1990), Hirsch/Miller (1974), Waller et al. (1984)
[232] vgl. Berghmans et al. (1984)
[233] vgl. Schäfer/Wachtel (1985), vgl. Walsh et al. (1997), DKG (2002), Stummer et al. (2004)
[234] vgl. Hirsch/Miller (1974)
[235] vgl. z.B. Branas et al. (2000), Kohli et al. (1995), Love/Lindquist (1995)
[236] vgl. auch Parkin/Henderson (1987)

Krankenhausplanung festzustellende Steigerung der Krankenhaushäufigkeit im Krankenhausplan von Nordrhein-Westfalen als nicht abschließend erklärbar dargestellt.[237] Die Vorgehensweise von Hill-Burton, eine bestimmte Bettenzahl je Bevölkerungszahl festzulegen, ist daher zwar ein sehr einfacher Ansatz, ermöglichte jedoch seiner Zeit entsprechend überhaupt erst eine Annäherung an das Problem des ungeklärten Bedarfs.[238]

Für Deutschland stellen Schäfer und Wachtel (1985) fest: „Das Krankenhausfinanzierungsgesetz macht den Bundesländern weder in der alten noch in der neuen Fassung Vorgaben, wie bei der Bedarfsermittlung vorzugehen sei; es wird lediglich vorgeschrieben, dass bei der Krankenhausplanung einvernehmliche Regelungen mit den unmittelbar Beteiligten anzustreben sind (§ 7 Abs. 1 KHNG).“[239] Da diese Regelung auch heute noch gültig ist, kommt es zu sehr unterschiedlichen Vorgehensweisen, da die Bundesländer bei der Bedarfsermittlung einen erheblichen Spielraum haben.[240] Dementsprechend berichten Schäfer und Wachtel, dass Bayern zum entsprechenden Zeitpunkt keine detaillierte Vorgehensweise, Berlin jedoch sogar das zu verwendende Verfahren vorgeschrieben hat. In Baden-Württemberg, wo die Studie von Schäfer und Wachtel durchgeführt wurde, waren ein größeres Gremium aus Experten und ein externes Beratungsunternehmen im Einsatz. In neuerer Zeit werden häufiger externe Gutachter beauftragt, die zwar nicht die Krankenhausplanung selbst durchführen, jedoch mit ihren Gutachten einen wichtigen Grundstein dafür legen. Auf diese Gutachten wird später noch eingegangen.

Im Folgenden soll auf weiter entwickelte Methoden eingegangen werden, mit deren Hilfe man versucht hat, sich der Bedarfsermittlung anzunähern. Körner (1981) unterscheidet zwischen einfachen Verfahren und analytischen Verfahren.

3.4.3.5 Einfache Verfahren

Man kann die Verfahren der einfachen Bedarfsermittlung in angebots- und mortalitätsorientierte Verfahren unterscheiden. Die angebotsorientierte Krankenhausplanung ist grundsätzlich kapazitätsbezogen. Die Hill-Burton-Methode entspricht der angebotsorientierten Bedarfermittlung.[241] Eichhorn sieht schon 1975 in der angebotsorientierten Bedarfsermittlung die primitivste Form, den Bedarf an Betten zu bestimmen und hält sie für völlig unzureichend, da Faktoren wie Verweildauer, Belegung und regionale Unterschiede in der Krankenhaushäufigkeit nicht adäquat beachtet werden.[242] Deshalb schlägt Körner sogar als Notlösung vor, als Indikator für Überkapazitäten oder Versorgungslücken die Belegung von Zusatz- oder

[237] vgl. Ministerium für Frauen, Jugend, Familie und Gesundheit des Landes Nordrhein-Westfalen (2002)
[238] vgl. Studnicki (1975), vgl. hierzu auch Schäfer/Wachtel (1985)
[239] Schäfer/Wachtel (1985)
[240] vgl. IGSF (2000)
[241] vgl. Körner (1981), S. 16
[242] vgl. Eichhorn (1975), S. 59

Behelfsbetten zu berücksichtigen.[243] Gleichwohl bleibt diese Vorgehensweise sehr ungenau und muss angesichts der in dieser Arbeit bereits vorgestellten Möglichkeiten der Krankenhausplanung als veraltet angesehen werden.

Ein weiteres Verfahren ist die mortalitätsorientierte Bedarfsermittlung mit der sogenannten „bed-death ratio method". Dabei unterstellt die Methode, dass der Bedarf an Gesundheitsleistungen innerhalb einer Region mit Hilfe der Sterbefälle errechenbar ist; sie geht also von einer Korrelation zwischen der Anzahl der insgesamt geleisteten Pflegetage und der Anzahl der Krankenhaussterbefälle aus.[244] Die Methode hat gegenüber der angebotsorientierten Bedarfsermittlung den Vorteil, dass Mortalitätsdaten verlässlicher zu eruieren und damit eher verfügbar sind. Allerdings werden viele Einflussfaktoren, wie die zukünftige medizinische, technologische, demographische und sozioökonomische Entwicklung, nicht berücksichtigt.[245] Es gibt zwar laut DKI (1986) tatsächlich eine Relation zwischen Sterbefällen und Bettenbedarfen[246], jedoch sind die Begründungszusammenhänge so vage, dass die mortalitätsorientierte Bedarfsermittlung als Ausdruck der Hilflosigkeit bezüglich der Bedarfsermittlung betrachtet werden muss und an dieser Stelle nur der Vollständigkeit halber aufgenommen wurde.

3.4.3.6 Analytische Verfahren

Auch die analytischen Verfahren können nach ihrer Vorgehensweise unterschieden werden. Hier sind folgende Verfahren zu nennen:

- Inanspruchnahmeorientierte Bedarfsermittlung
- Morbiditätsorientierte Bedarfsermittlung
- Ressourcenorientierte Bedarfsermittlung
- Bettenbedarfsformeln

Inanspruchnahmeorientierte Bedarfsermittlung

Bei den inanspruchnahmeorientierten Verfahren wird versucht, aus vergangenheitsbezogenen Nutzungsgrößen auf den zukünftigen Bedarf zu schließen. Dabei geht man im Vergleich zu den einfachen Verfahren nicht von monokausalen Zusammenhängen aus, sondern versucht, die Bedarfsdeterminanten - wie zum Beispiel Krankenhausfälle, Verweildauer und Belegung - zu bestimmen[247], um damit die Inanspruchnahme der Vergangenheit zu erklären.[248] Gleichzei-

---

[243] vgl. Körner (1981), S. 18
[244] vgl. Körner (1981), S. 19
[245] vgl. Eichhorn (1975), S. 58f.
[246] vgl. DKI (1986)
[247] vgl. Eichhorn (1975), S. 62
[248] vgl. Körner (1981), S.22

tig wird versucht, die Zukunftsentwicklungen der Faktoren vorauszusagen, die den Bettenbedarf beeinflussen.[249]

Diekmann (1987) schreibt beispielsweise über die Situation Mitte der 80-er Jahre in Deutschland, dass die Bundesländer die Krankenhauspläne gemäß § 6 KHG sowie auf der Basis der Landeskrankenhausgesetze erstellt haben. Fast alle führten dabei eine inanspruchnahmeorientierte Bedarfsprognose mit Bett und Pflegetag als Beurteilungsgröße durch. Die Bevölkerungszahl, die Krankenhaushäufigkeit, die Verweildauer und der Belegungsgrad waren die Größen, mit denen die Krankenhaus(betten)planung schließlich durchgeführt wurde.[250] Operationen, Diagnostik, Therapie und ähnliche Leistungen wurden als Sekundärleistungen subsummiert.

Diese Vorgehensweise bezeichnet Diekmann (1987) als unzureichend. Er nennt deshalb zahlreiche Einflussfaktoren, die seiner Meinung nach tatsächlich bei einer Krankenhausplanung berücksichtigt werden müssten. Diese seien im Folgenden kurz aufgezählt:

- Morbidität
- Veränderung des Krankheitsartenspektrums
- Erhöhung oder Senkung der Morbiditätsrate
- Stand, Organisation und Technik der Medizin
- Änderung der Diagnostik und der Therapiestrategien
- Substitution von Leistungen durch veränderte Verfahren.
- Bevölkerungsstruktur
- Soziale Netze
- Altersstruktur
- Art und Umfang der Erwerbstätigkeit
- Wohnverhältnisse
- Belastungen und Beeinträchtigungen
- Art und Umfang bestehender Leistungskapazitäten
- Struktur und Umfang der medizinisch-pflegerischen Versorgung
- Gesetzgebung

Diekmann (1987) weist insbesondere darauf hin, dass man trotz einer quantitativen Planung auch qualitative Größen berücksichtigen muss.[251] In der vorliegenden Literatur wurde jedoch keine Quelle gefunden, in der die von Diekmann vorgeschlagene Datenvielfalt annähernd vollständig zur Verfügung gestanden hätte. Gleichwohl ist anzumerken, dass in verschiedenen Studien Teile hiervon vorlagen (vgl. Tabelle 9).

---

[249] vgl. Eichhorn (1975), S. 62
[250] vgl. hierzu auch DKG (2002)
[251] vgl. Diekmann (1987), vgl. hierzu auch DKI (1986)

Morbiditätsorientierte Bedarfsermittlung

Die erste von Diekmann (1987) genannte Einflussgröße der Morbidität führt zu einem weiteren Verfahren der Bedarfsermittlung. Dementsprechend wäre laut Fischer die Betrachtung des Gesundheitszustandes der Bevölkerung einer Region eine Möglichkeit, die optimale Krankenhausgröße zu bestimmen.[252] Dies erscheint jedoch – wie bereits ausgeführt – derzeit als nicht möglich.

Körner sieht die morbiditätsorientierte Bedarfsermittlung als die „plausibelste und sachgerechteste Vorgehensweise".[253] Dabei wird das notwendige Leistungsangebot auf der Basis von definierten, stationär behandlungsbedürftigen Krankheitsbildern aus der vorhergesagten Morbidität abgeleitet. Wie oben erwähnt, schlägt Fischer diese Vorgehensweise auch für die Bestimmung der optimalen Krankenhausgröße vor.

Abgesehen vom zu erwartenden Aufwand, valide Morbiditätsdaten der Bevölkerung und ausreichende Morbiditätsstatistiken zu erhalten, gibt Eichhorn zusätzlich zu bedenken, dass schon bei einzelnen Patienten auch die Meinungen der Ärzte über Art und Umfang einer notwendigen Krankenhausversorgung häufig auseinander gehen.[254] Für ganze Krankenhäuser zu einer einigungsfähigen Lösung zu kommen, stellt sich daher als noch schwieriger dar.

Die unterschiedlichen Auffassungen werden sicher auch in Zukunft bestehen bleiben. Es erscheint jedoch möglich, durch den vermehrten Einsatz evidenzbasierter Leitlinien gravierende Fortschritte zu erreichen.[255] Diesbezüglich sei außerdem darauf hingewiesen, dass sich nicht zuletzt durch die §§ 295 und 300 ff. SGB V in den vergangenen Jahren das Vorhandensein statistischer Daten in Deutschland wesentlich verbessert hat.

Ressourcenorientierte Bedarfsermittlung

Abschließend sei noch auf die ressourcenorientierte Bedarfsermittlung hingewiesen.[256] Sie geht von einer angebotsinduzierten Nachfrage aus, bei der das vorhandene Angebot als Indikator für den tatsächlichen Bedarf angesehen wird. Wie oben erwähnt, besteht bei einer solchen Bedarfsermittlung allerdings die Gefahr zu verkennen, dass sich die Nachfrage zwangsläufig an das Angebot anpasst und somit ein verzerrtes Bild entsteht. Die Gründe, eine bestimmte Leistung oder Leistungsart anzubieten, liegen darüber hinaus häufig auch an der finanziellen Motivation der entsprechenden Leistungsanbieter.[257] Diese Motivation sauber vom medizinisch begründbaren Bedarf zu trennen, dürfte kaum möglich sein.

---

[252] vgl. Fischer (1978), S. 40f.
[253] Körner (1981), S. 24
[254] vgl. Eichhorn (1975), S. 58
[255] Arbeitsgemeinschaft der Wissenschaftlichen Medizinischen Fachgesellschaften (2004)
[256] vgl. z.B. DKI (1986), S.542
[257] vgl. u.a. DKI (1986)

Bettenbedarfsformeln

Die Literatur liefert eine Vielzahl von Formeln zur Bestimmung des Bettenbedarfs, die sich auch in aktuellen Quellen wiederfinden.[258] Als wichtiges Beispiel für eine Formel zur Bestimmung des Bettenbedarfs soll an dieser Stelle die schon häufiger erwähnte und historisch bedeutsame Hill-Burton-Formel genannt werden.

Die Hill-Burton-Formel, die in der Mitte der 40-er Jahre in den USA entwickelt wurde, ist in leicht veränderter Form ebenfalls in vielen Quellen wiederzufinden.[259] Sie setzt sich folgendermaßen zusammen: Der Bettenbedarf (BB) wird durch die Einwohnerzahl (E), die Krankenhaushäufigkeit (KH), die Verweildauer (VD) und den (normativen) Bettennutzungsgrad (BN) bestimmt. Durch diese „Bedarfsdeterminanten" ergibt sich folgende Formel:

$$Bettenbedarf = \frac{VD * KH * E}{BN * 365} \qquad (3\text{-}1)$$

wobei

$$KH = \frac{Krankenhausfälle * 1000}{Einwohnerzahl} \qquad (3\text{-}2)$$

$$VD = \frac{Pflegetage}{Krankenhausfälle} \qquad (3\text{-}3)$$

$$BN = \frac{Pflegetage}{Betten} \qquad (3\text{-}4)$$

Obwohl die begrenzte Sinnhaftigkeit der Verwendung solcher Formeln bereits in den 70-er Jahren dargestellt wurde (s.o.), berichten Love und Lindquist (1995) sogar von verschiedenen Modellen, in denen noch bis zum Jahre 1993 mit Betten-je-Einwohner-Relationen gearbeitet wurde. In Deutschland wird die Hill-Burton-Formel sogar noch heute in ca. einem Drittel der Bundesländer verwendet.

[258] vgl. z.B. Chu/Chu (2000), DKI (1986), Marks/Dasinger (1979), S. 15ff., Mayhew (1986), S. 45, 49

[259] vgl. u.a.: Marks/Dasinger (1979), S. 15, Eichhorn (1975), S. 56f., Ministerium für Frauen, Jugend, Familie und Gesundheit des Landes Nordrhein-Westfalen (2002)

Bundesland	Datengrundlage	Methodik/Gutachten	Laufzeit	Betten	
				Ausgangsbestand	Zielbestand
BW	Amtliche Statistik	Hill-Burton-Formel	2000-offen (laufende Überarbeitung)	65.053* (31.12.1999)	64.789* (Soll 99)
BAY	Amtliche Statistik, KH-Plan	Hill-Burton-Formel ohne Prognose für Fallzahl	2004	72.675	72.206
B	Diagnose- und operationsbezogene Daten	Vergleichsmethode; Hill-Burton-Formel; morbiditätsorientierte Methode	2003-2005	22.477 (Ist 31.12.2002)	21.135**
BR	Daten der AOK-Versicherten aus '98 und '99, Ist-Daten aus '00 und '01	Arbeitsgruppe; Rüschmann-Gutachten	2003-offen	15.596 (01.01.2002)	15.635 (inkl. Tageskliniken)
HB	Diagnosestatistik; Morbiditätsprognose	Bevölkerungsentwicklung; Prognosen zu Verweildauer, Fallzahl, etc.	2003-2005	6.203* und ** (Bedarf 31.12.2003)	5.872* und ** (Bedarf 31.12.2005)
HH	IGES-Gutachten, Amtliche Statistiken, Expertenmeinungen	IGES-Methode, Lenkungsgruppe Krankenhausplan	2001-2005 (Überarbeitung 2004)	12.824 (31.12.2000)	11.925 (31.12.2005)
HE	Leistungsdaten aus den Jahren 1990 bis 2001	Hill-Burton-Formel, Trendextrapolation der Fallzahl- und Verweildauerentwicklung	2004-2005	33.018*** -2.001	29.376*** (Bedarf 2005)
MVP	KH-Plan, Bevölkerungsprognose	Bedarfsprognose durch Sozialministerium	2000-2003 (Fortschr. 2004)	10.531 (01.01.2004)	derzeit offen
NIE	KH-Plan	Trendextrapolation nach tatsächlich zu versorgendem Bedarf grundsätzlich auf Landesebene; 2-Jahres-Prognose	2004	46.872 * und *** (Prognose 2003)	45.173 * und *** (Prognose 2004)
NRW	Diagnosestatistik	Basis: Hill-Burton-Formel	2002-2003 (u. Bea.)	118.900 (31.12.2000; o. P.)	ca. [illegible]
RP	Amtliche Statistiken; Einschätzungen von Experten	Gebera-Gutachten; Hill-Burton-Formel	2003-2007	25.877**	24.084**
SAAR	KH-Plan	Rüschmann-Methode	2001-2004	8.267	7.578 (2004)
SA	KH-Plan	Hill-Burton-Formel	2002-2004	29.124	28.740
SAA	Krankenhausperspektivplan 2004; Entwicklung der letzten Jahre	Rüschmann-Methode; Einschätzung des Ministeriums	2003 (gilt fort)	17.339	17.385
SH	KH-Plan	Rüschmann-Methode	2001-2005	15.946	2001: 15.561*** 2005: 15.339***
TH	KH-Plan; Amtliche Statistiken (KUSF-Gutachten)	Beske-Methode	2002-2004 (gilt fort***)	16.6[illegible] (s. 3. KH-Plan)	15.892

Tabelle 11: Vorgehensweise bei der Krankenhausplanung in den Bundesländern
Quelle: DKG (2004)

Gleichwohl wurde laut Diekmann (1985) anlässlich der Fortschreibung des Krankenhausplanes in Baden-Württemberg bei der Bestimmung der Bedarfsdeterminanten „Krankenhaushäufigkeit" und „Verweildauer" mit Hilfe der Formel festgestellt, dass die Verkürzung der Verweildauer durch die gegenläufige Entwicklung der Krankenhaushäufigkeit nicht ausgeglichen wird. Durch Einsetzen dieser Werte in die Hill-Burton-Formel zur Errechnung des Bettenbedarfs wurde sichtbar, dass in Zukunft eine geringere Bettenzahl benötigt wird.[260] Allerdings wurde nicht berücksichtigt, ob die verwendeten Inputgrößen so unabhängig voneinander sind, wie es durch die Formel eigentlich vorausgesetzt wird.[261] Ein weiteres Beispiel für die Verwendung der Hill-Burton-Formel findet sich – im Widerspruch zu Tabelle 11 - in der Dornier/IGES-Studie für das Bundesland Hamburg.[262]

Durch die hier erfolgte Darstellung unterschiedlicher Möglichkeiten zur Ermittlung des Bettenbedarfs soll ein Überblick darüber gegeben werden, wie vielfältig die diesbezüglich in der Literatur zu findenden Ansätze sind. Die genannten Literaturquellen sind zwar zum Teil Regel schon älter, aber offenbar immer noch relevant, da die Kriterien, die Green et al. (2000)

[260] Schäfer/Wachtel (1985)
[261] vgl. DKI (1986)
[262] vgl. DKG (2002)

als notwendig für eine wirklich einsetzbare Bedarfsermittlung nennen, nahezu identisch mit denen von Diekmann (1987) aus dem Jahre 1987 sind.

Es kann abschließend festgehalten werden, dass keiner der Ansätze eine optimale Lösung zur Ermittlung des konkreten Bedarfs liefert und dass es auch in Zukunft schwierig sein wird, diesbezüglich einen Konsens zu erzielen. Die Diskussionen der Krankenhausärzte und der Ärzte vom Medizinischen Dienst der Krankenkassen insbesondere in den Jahren vor Einführung der DRGs verdeutlichen dies. Eine sachgerechte Analyse der Notwendigkeit von Krankenhausbehandlungen scheint analytisch und insbesondere für aggregierte Patientendaten in naher Zukunft nicht möglich.[263]

Als unbefriedigendes Ergebnis kann abschließend die von Green et al. (2000) aufgestellte These dienen, nach der zur Zeit keine Methode verfügbar ist, die praktisch umgesetzt und mit welcher der tatsächliche Bedarf an Gesundheitsleistungen und Gesundheitseinrichtungen hinreichend genau prognostiziert werden kann.[264]

3.4.4 Planungsziele

Bevor näher auf die Planungsziele eingegangen wird soll an dieser Stelle hervorgehoben werden, dass sie sich in den meisten Fällen aus den oben genannten Mißständen herleiten. Dabei sei darauf hingewiesen, dass es zu inhaltlichen Überschneidungen mit den die Planung auslösenden Faktoren kommen kann, weil einerseits ein bestehender Mißstand eine Planung auslöst und andererseits die Beseitigung des erkannten Problems später eines der wichtigsten Ziele der Planung ist.

Die folgende Tabelle 12 ermöglicht einen Überblick über die Vielfalt der in den einzelnen Arbeiten zugrunde gelegten Planungsziele, bevor im Anschluss daran auf bestimmte Ziele näher eingegangen werden soll.

[263] Die gesetzliche Grundlage für Prüfungen durch den MDK findet sich in § 275 Absl Nr. 1 SGB V, die Erfahrung in der praktischen Umsetzung zieht der Autor aus seiner Erfahrung als Krankenhausbudgetverhandler, wodurch er regelmäßig Auftraggeber entsprechender Prüfungen war.

[264] vgl. hierzu auch Parkin/Henderson (1987)

Autor(en)	Ziele des Papers	Anmerkungen
Berghmans et al. (1984)	Festlegung von Zahl, Größe und Standort von Gesundheitszentren in einer modular aufgebauten, im Aufbau befindlichen, Stadt in Abhängigkeit von den Errichtungskosten und einer maximal vorgegebenen Entfernung.	Die beschriebenen Umstände erlauben eine Planung ohne Berücksichtigung von vorhandenen Einrichtungen. Ein netzwerkbasierter Ansatz wurde gewählt, um die vorgegebene maximale Entfernung für die Patienten einzuhalten.
Blake, Carter (2003)	Finden eines geeigneten Kompromisses zwischen Case Mix und Fallkosten auf der einen Seite und Arzteinkommen und Störungen der Arbeitsabläufe auf der anderen Seite in einem kanadischen Krankenhaus.	Case Mix Selektionen für Krankenhäuser mit gesicherter Finanzierung erlauben jeden Case Mix, der die gesicherte Finanzierung nicht überschreitet. Da die Annahme zugrunde lag, die Ärzte seien „Profit Satisfier", nicht „Profitmaximierer", war es schwierig, den geeigneten Case Mix zu finden.
Branas et al. (2000)	Mit Hilfe einer ganzzahligen- und einer heuristischen Programmierung sollten Zahl und Standort von Rettungswagen und Rettungshubschraubern in einer vorgegebenen Region festgelegt werden.	Das Problem wird durch die Kombination aus maximal möglicher Gebietsabdeckung mit möglichst geringen Kosten bei unterschiedlichen Geschwindigkeiten der boden- und luftgebundenen Rettungsmittel charakterisiert.
Chu, Chu (2000)	Es sollte ein allgemeines System zur Standortplanung von öffentlichen Krankenhäusern in Hong Kong mit Hilfe des Goal-Programming-Ansatzes erstellt werden, das eine ausreichende Versorgung mit Krankenhausbetten bis 2006 sicherstellt.	Aufbauend auf der Annahme exogen vorgegebener Bedarfe sollten Standortplanungen vorgenommen werden, die neue und existierende Standorte berücksichtigen, dabei aber beachten, dass bereits vorab einige Entscheidungen über zukünftige Standorte getroffen waren.
Coverndale, Negrine (1978)	Es sollten geeignete Niveaus für soziale Leistungen festgelegt werden, die als Leistungspakete auf der Basis von Erfahrungswerten geplant wurden.	Durch hohe Aggregationslevels war es schwierig, das Modell zu kalibrieren, damit realitätsnahe Vorhersagen generiert werden konnten.
Davies (1985)	Analyse des Bedarfs und der Inanspruchnahme von Ressourcen für die Behandlung von Patienten mit irreversiblem Nierenversagen unterschiedlicher Priorität, die ebenso unterschiedlicher Behandlungen bedürfen.	Das Modell verwendet Schattenentitäten z.B. für Patienten, die behandelt werden, gleichzeitig aber auf eine Nierentransplantation warten.
Doherty et al. (1996); (Teil II zu Rispel et al.)	In Teil II eines zweiteiligen Papers wird der technische Teil eines Planungsvorhabens in Soweto erläutert, das mit sehr wenigen Daten planen musste. In diesem Teil werden Größe und Standort der Kliniken unter Beachtung einer vorgegebenen maximalen Entfernung geplant.	Entfernung wurde als ein sehr wichtiger Faktor für die Erreichbarkeit von Gesundheitseinrichtungen erkannt und daher als entscheidender Faktor für die Planung festgelegt. Abhängig von der Personenzahl, die im festgelegten Umkreis wohnten, ist dann die Größe der Einrichtungen errechnet worden.
Galvao et al. (2002)	Die Säuglingssterblichkeit in Rio de Janeiro sollte reduziert werden. Zu diesem Zweck wird eine 3-stufige hierarchische Heuristik vorgestellt, mit deren Hilfe die Standorte von Geburts- und Säuglingsstationen festgelegt wurden.	Das NP-harte P-Median-Problem wurde unter Berücksichtigung von Errichtungskosten, der zu erwartenden Zahl werdender Mütter und ihrer Reiseentfernungen gelöst.

Gibbs (1978)	Es sollten Handlungsalternativen in einem hierarchisch organisierten Gesundheitswesen untersucht werden, in dem einerseits die lokalen Planungsinstanzen eine beachtliche Autonomie gegenüber der zentralen aufweisen und in dem andererseits der Output nicht verlässlich gemessen werden konnte.	Mit Hilfe einer Simulation unter interaktiver Einbindung der zentralen Planungsinstanzen sollten die Schwierigkeiten einer nationalen Planung mit gleichzeitig inakzeptablen regionalen Auswirkungen vermieden werden.
Goldstein et al. (2002)	Untersuchung der Auswirkungen von Strategie, Standort und technologischer Ausstattung auf die Leistungsfähigkeit von Krankenhäusern.	Vier Hypothesen bezüglich des Einflusses a) ländlich vs. städtisch b) der Strategie c) des Standortes und d) des Einflusses der apparativen Ausstattung auf die Leistungsfähigkeit der Krankenhäuser wurden untersucht.
Green et al. (2000)	Entwicklung eines bedarfsorientierten Ressourcen-Allokations- und budgetierungssystems, das die dezentralen Planungsinstanzen stärkt und das gleichzeitig eine Implementierung unter den existierenden technischen Beschränkungen ermöglicht.	Unklare Kompetenzen hindern die Stärkung der regionalen Planungsinstanzen. Daher wurden vier unterschiedlich detaillierte Modelle zur Neuregelung der Ressourcen-Allokation von nationaler zu regionaler Ebene vorgestellt .
Harris (1985)	Entwicklung eines Simulationsmodells zur Entscheidungsunterstützung bei der Planung von Operationssälen und der korrespondierenden Bettenbedarfe.	Das Paper offenbart die Schwierigkeit, zwischen den unterschiedlichen Interessen der Ärzte und „des Krankenhauses" zu vermitteln und gleichzeitig die optimale Bettenausnutzung zu erreichen.
Hindle, Ngwube (1990)	Analyse von Angebot und Nachfrage spezialisierter Leistungen in verschiedenen Distrikten Englands in Abhängigkeit von Erreichbarkeit und Verfügbarkeit.	Das Paper zeigt, dass es ein schwieriges Unterfangen ist, in festgelegten Regionen die optimale Verteilung spezialisierter Einrichtungen im Vergleich zu normalen Einrichtungen zu erreichen.
Hirsch, Miller (1974)	Entwicklung eines Simulationsmodells zur Umwandlung eines Kinder- und Jugendprojektes zu einer Health Maintenance Organisation unter Beachtung der Wirkung verschiedener Marketingansätze wie zum Beispiel Fitness- und Bonusprogrammen.	Unterschiedliche Angebots- und Premienniveaus führen zu unterschiedlichen Personenkreisen, die sich in eine HMO einschreiben und daraus folgend zu unterschiedlichen Bedarfen an Krankenhausleistungen.
Kohli et al. (1995)	Untersuchung der Entfernung der Bevölkerung zu den ambulanten Leistungsanbietern basierend auf Daten des schwedischen Zentralen Statistischen Amtes, indem jede Person mit Hilfe eines GIS dem Zentrum eines Gebietes zugeordnet wurde.	Die Inanspruchnahme von Gesundheitseinrichtungen hängt stark von der Entfernung ab. Das Paper untersucht unterschiedliche Aspekte von Entfernung und räumlicher Verteilung von Patienten und Gesundheitseinrichtungen unter Verwendung euklidischer Distanzen.
Leff et al. (1986)	Erstellung eines LP-Modells zur Versorgung aggregierter Gruppen psychisch kranker Patienten unterschiedlicher Fähigkeiten und Servicebedarfe mit entsprechenden Leistungspaketen.	Übergangswahrscheinlichkeiten steuern die Wechsel zwischen den 7 relevanten Serviceniveaus.
Love et al. (1995)	Mit Hilfe von detaillierten Zensusdaten und einem Geoinformationssystem sollte die Erreichbarkeit von Krankenhäusern für die ältere Bevölkerung in Illinois gemessen und dargestellt werden.	Geoinformationssysteme und ähnliche Tools erlaubten es den Autoren nichträumliche Zensusdaten mit Patientenadressen zu kombinieren und daraus die reale und potentielle Erreichbarkeit zu ermitteln.

Lynk (1995)	Analyse der durch Krankenhauszusammenlegungen erreichten Effizienzen, die gemeinhin der Zusammenlegung gleicher Abteilungen und somit den economies of scale zugeordnet werden, wobei in der Regel die Reduktion von Belegungsspitzen übersehen wird.	Anhand einmonatiger Perioden analysiert der Autor die notwendige Personalüberausstattung vor und nach der Zusammenlegung von Abteilungen, anhand derer deutlich wird, welchen Wert die Vermeidung von Belastungsspitzen bei der Erreichung von Effizienzgewinnen durch Krankenhauszusammenlegungen haben.
Marianov, Taborga (2001)	Erstellung eines heuristischen Modells zur Ermittlung einer effizienten Standortbestimmung des Angebots von Nicht-Notfall-Leistungen in Konkurrenz zu privaten Gesundheitszentren.	Die Gesundheitsplaner in Santiago, Chile, hatten sich mit dem Problem zu befassen, Größen und Standorte für öffentliche Einrichtungen festzulegen, obwohl nicht alle Personen die in Anspruch genommenen Leistungen auch würden bezahlen können
Mehrez et al. (1996)	Diverse Modelle zur Standortplanung eines neuen Krankenhauses unter Annahme von zukünftig 400.000 Immigranten in der Negev-Region, Israel, werden vorgestellt.	Die Modelle unterscheiden sich hinsichtlich der Entfernungsmessung und der Berücksichtigung der Kosten. Die endgültige Entscheidung wurde jedoch stark von den subjektiven Kriterien innerhalb eines Expertenteams beeinflusst.
Nooraly et al. (1999)	Analyse des Zusammenhangs zwischen der Kindersterblichkeit durch normale Kinderkrankheiten und der Entfernung von Gesundheitseinrichtungen in Pakistan.	Die Autoren haben die Entfernung als einen wichtigen Faktor für die Inanspruchnahme von Gesundheitsleistungen ermittelt, jedoch weniger wichtig als die Behandlungskosten.
Parkin, Henderson (1987)	Festlegung des Standortes einer neuen Akutbehandlungseinrichtung unter Berücksichtigung des Einflusses von Entfernung und Anreisekosten für Patienten, Begleiter und Besucher.	Statt der Verwendung von GIS und statistischen Daten basiert diese Untersuchung auf Fragebogen. Die Autoren waren selbst überrascht, mit dieser simplen Methode derartig aussagekräftige Ergebnisse zu erzielen.
Perkoff, Anderson (1970)	Analyse des Einflusses der demographischen Daten, der Hauptbeschwerden der Patienten und deren Wohnort auf die Standortfestlegung einer Gesundheitseinrichtung.	Eine simple aber effektive Methode ist dadurch gefunden worden, dass Patienten nach ihren Hauptbeschwerden gefragt und die Antworten mit demographischen Daten kombiniert wurden, um daraus die Inanspruchnahme von Krankenhäusern zu untersuchen.
Rispel et al. (1996) (Teil I zu Doherty et al.)	In Teil I eines zweiteiligen Papers wird die Entwicklung eines praktikablen Konzepts zur Planung von Gesundheitseinrichtungen für Soweto mit Hilfe eines patizipatorischen Ansatzes, an dem so viele der relevanten Personengruppen wie möglich beteiligt werden sollten, beschrieben.	Das Paper zeigt die Schwierigkeiten, die während der Entwicklung und Verhandlung über den zu erstellenden Plan sowohl innerhalb als auch außerhalb des Planungsteams zu überwinden waren.
Segall (1992)	Präsentation mathematischer Formulierungen deterministischer, nichtlinearer Modelle zur Planung der räumlichen Verteilung und Nutzung von öffentlichen Serviceeinrichtungen.	Die verschiedenen mathematischen Modelle basieren auf verschiedenen Familien von Modellen (DRAM, RAMOS, DRAMOS), die sich alle mit Ressourcen-Allokationen und deren räumlicher Verteilungen beschäftigen.

Segall (2000)	Präsentation einiger quantitativer Methoden zur Festlegung optimaler Standorte und Kapazitäten von Notfalleinrichtungen in Regionen unter militärischem Beschuss.	Erreichbarkeit – im zivilen Sektor beschreibbar durch z.B. Größe, Standort, Demographie und Morbidität – muss für den militärischen Bereich neu definiert werden, da die jederzeit mögliche Zerstörung von Einrichtungen berücksichtigt werden muss.
Stevens, Whitt (1983)	Entwicklung eines Planungstools für lokale Planungen von Gesundheitseinrichtungen unter Betonung der Möglichkeiten des Einsatzes von Computern statt derer ausgewiesener Spezialisten.	Das erstellte Programm erlaubt die interaktive Erstellung von Prognosen über Bedarfe und Angebote an Gesundheitseinrichtungen auf regionaler Ebene.
Studnicki (1975)	Eröffnung tiefer Einblicke in den regionalen Kontext zwischen Standortentscheidungen, Einzugsgebieten, Entfernung und Verfügbarkeit von Gesundheitseinrichtungen.	Die Festlegung von Standorten für Krankenhäuser bedarf valider Informationen über die räumliche Verteilung der Bevölkerung einer Region, um das Einzugsgebiet und die Erreichbarkeit angemessen ausbalancieren zu können.
Stummer et al. (2004)	Für ein bestehendes Netzwerk aus fünf Krankenhäusern wurden basierend auf umfangreichen Patientendaten und insbesondere deren Wohnorten optimale Abteilungsstandorte und -größen, somit auch optimale Layouts für ganze Krankenhäuser ermittelt.	Der interaktive und multikriterielle Ansatz ermöglicht es dem Planer, direkt, jedoch ohne eine a priori-Gewichtung der relevanten Kriterien in die Entscheidungsfindung einzugreifen.
Waller et al. (1984)	Nachweis der Wichtigkeit einer parallelen Planung aller gesundheitsrelevanten Ressourcen in einer Region, indem die Effekte der Änderung jedes einzelnen Teils des gesamten Systems gezeigt werden.	Für einen speziellen englischen Distrikt wurde eine Patientenflusssimulation für unterschiedliche Leistungsanbieter im Gesundheitswesen mit dreimonatigen Perioden berechnet.
de Winter (1992)	Untersuchung des Einflusses der Bevölkerungsdichte auf die Verfügbarkeit von Gesundheitseinrichtungen.	Drastische Beispiele illustrieren die Unterschiede in den berechneten Einzugsgebieten und Verfügbarkeiten zwischen unterschiedlichen Ländern.

Tabelle 12: Planungsziele der in dieser Arbeit verwendeten Modelle
Quelle: Eigene Darstellung

Tabelle 12 verdeutlicht, dass die Literatur bezüglich der Planung von Gesundheitseinrichtungen ein vielfältiges Spektrum möglicher Zielgrößen liefert. Dabei bestimmt vielfach die Planungsebene die zugrunde zu legenden Zielgrößen. So unterscheidet beispielsweise Fischer sehr deutlich zwischen solchen Zielgrößen, die für eine krankenhausinterne Planung und solchen, die für eine krankenhausübergreifende Planung relevant sind. Als erstes Ziel nennt er dabei die Minimierung der Kosten im Krankenhaussystem, jedoch schränkt er dies wieder ein, indem er hervorhebt, dass die Kostenminimierung nur dann als erstes Ziel angemessen ist, wenn es dem Planer gelingt, den Bedarf korrekt zu prognostizieren und genügend Sicherheiten einzubauen.[265]

Als ein zentrales Ziel der Krankenhausplanung ist oben die Festlegung der Zahl der vorzuhaltenden Krankenhäuser und Fachabteilungen in den untersuchten Planungsregionen für einen

[265] vgl. Fischer (1978), S. 86ff

bestimmten Planungszeitraum herausgestellt worden.[266] In diesem Zusammenhang ist ebenfalls bereits erwähnt worden, dass die sich anschließende Standort(neu)planung nur dann wirklich möglich und sinnvoll ist, wenn die bereits vorhandenen Standorte nicht ausnahmslos erhalten bleiben müssen.

3.4.4.1 Zahl und Größe der Einrichtungen

Da Krankenhäuser zumeist hohe Fixkostenblöcke aufweisen, ist es ratsam, zunächst einmal die Zahl der Einrichtungen festzulegen und dann ihre Dimensionierung vorzunehmen.[267] Harfner (1999) verwendet in diesem Zusammenhang Schaltvariablen, mit denen vor der Dimensionierung der Einrichtung oder der Abteilung entschieden wird, ob eine Einrichtung beziehungsweise eine Abteilung überhaupt errichtet wird.[268] Chu und Chu (2000) gehen ähnlich vor (s.u.).

Zahl der Einrichtungen

Die Festlegung ausschließlich der Zahl der Einrichtungen, das heißt ohne Standort- und Bettenzahlfestlegung, stellt einen recht groben Ansatz dar, dessen Anwendung nur dann sinnvoll erscheint, wenn die Einrichtungen, die geplant werden sollen, nahezu identisch dimensioniert sind. Diesem Sonderfall kommen Berghmans et al. (1984) nahe, die die Planung von Gesundheitseinrichtungen für eine neu zu bauende, also weitgehend am Reißbrett entstandene Stadt, vorgenommen haben. Nur dadurch war es möglich, die Entfernungen zwischen den Einrichtungen so festzulegen, dass die Einrichtungen nahezu identisch ausgestattet werden konnten. Unter Beachtung der Erreichbarkeit der Gesundheitszentren wurde die Stadt in die bereits weiter oben angesprochenen 36 Module eingeteilt, die jeweils ungefähr dieselbe Bevölkerungszahl beinhalteten. Gleichzeitig wurde von einer stabilen Einwohner/Einrichtungs-Relation ausgegangen, so dass die Größen der Einzugsgebiete sehr ähnlich waren. Da die Stadt neu errichtet wurde, musste im vorliegenden Fall keine Rücksicht auf bereits bestehende Strukturen genommen werden und die optimalen Standorte für Krankenhäuser und andere Gesundheitseinrichtungen konnten frei bestimmt werden. Allerdings wurde nicht von einer gleichmäßigen Verteilung der Bevölkerung ausgegangen, so dass die Standorte nicht einfach symmetrisch verteilt werden konnten, sondern eine individuelle Standortplanung parallel auch durchgeführt wurde.[269]

---

[266] vgl. dazu auch DKI (1986), Ministerium für Frauen, Jugend, Familie und Gesundheit des Landes Nordrhein-Westfalen (2002), IGSF (2000), Basys/I+G (2000)
[267] vgl. Mayhew/Bowen (1984)
[268] vgl. Harfner (1999), S. 69 ff
[269] vgl. Berghmans et al. (1984)

Größe der Einrichtungen

Bei extern vorgegebenen Standorten kann im Anschluss an die Festlegung der Zahl der Einrichtungen auch deren Größe geplant werden.[270] Dazu ist zunächst der Faktor zu benennen, nach dem die Größe bemessen werden soll. In der Regel werden die Krankenhausgrößen auch heute noch in Bettenzahlen angegeben, wobei die apparative Ausstattung zumeist vernachlässigt wird. Fischer diskutiert dieses Thema sehr intensiv, denn in der Literatur finden sich viele kritische Anmerkungen zum „Bett" als Indikator für die Größe einer Einrichtung. Letztlich verwendet aber auch Fischer die Bettenzahl.[271] Weitere Arbeiten, die die Bettenzahl als Indikator der Größe einer Einrichtung verwenden, sind Chu und Chu (2000)[272] und Harris (1985), der in seiner Arbeit die notwendige Bettenzahl auf die Zahl stattfindender Operationen abstimmt.[273] Chu und Chu (2000) befassen sich mit der Krankenhausplanung in Hong Kong.[274] Sie stellten das HLSAP-Modell auf, das „Hospital Location with Service Allocation Planning Model"[275], um die Nachfrage nach öffentlichen Krankenhausbetten bis zum Jahr 2006 mit dem Angebot daran zu vereinbaren. Das Modell berechnet mittels Goal-Programming unter Verwendung von Zahlen über den Bettenbedarf und das Bettenangebot Standortvariablen, welche das Eröffnen oder Nicht-Eröffnen eines geplanten Krankenhauses anzeigen. Das bedeutet, dass auch hier die Standorte vorgegeben waren und lediglich berechnet wurde, ob an den möglichen Standorten ein Haus eröffnet wird oder nicht.

Einen Sonderfall untersucht Lynk (1995), der den Einfluss von Krankenhaus- und Stationszusammenlegungen auf die Effizienz untersuchte. Durch solche Maßnahmen wird die Größe der Einrichtung und die Krankenhausstruktur in der betreffenden Region nachhaltig verändert, obwohl die Standorte der verbleibenden Krankenhäuser dabei zunächst nicht verändert werden.

In Deutschland zeichnet sich – wie bereits angesprochen – ein Trend zu einer Leistungsplanung ab, so dass zukünftig die Zahl der erbrachten Leistungen Planungsgröße werden sollte.[276]

3.4.4.2 Standortbestimmung

In der Regel müssen bei der Standortplanung bereits vorhandene Gesundheitseinrichtungen berücksichtigt werden.[277] In den Modellen, die auf der Theorie von Christaller aufbauen sind

[270] vgl. Stummer et al. (2004)
[271] vgl. Fischer (1978), S. 36 ff
[272] vgl. Chu/Chu (2000)
[273] vgl. Harris (1985)
[274] vgl. Chu/Chu (2000)
[275] Chu/Chu (2000)
[276] vgl. IGSF (2000), Ministerium für Frauen, Jugend, Familie und Gesundheit des Landes Nordrhein-Westfalen (2002), GS_bG (2000), Basys/I+G (2000)
[277] vgl. Galvao et al. (2002), Mehrez et al. (1996), Mayhew/Bowen (1984)

die Standorte ja bereits durch die Sechseckstruktur vorgegeben. Doch auch Chu und Chu (2000) und Doherty et al. (1996) müssen in ihren Modellen die bestehenden Einrichtungen berücksichtigen. Abweichende Beispiele, wie sie zum Beispiel bei Berghmans et al. (1984) zu finden sind, stellen seltene Ausnahmen dar.[278] Branas et al. (2000) erstellen zwar exemplarisch eine Planung für eine „clean area", können aber insbesondere aus Kostengründen in ihrem Modell die in der Planungsregion vorhandenen Einrichtungen –hier Traumazentren – auch nicht ignorieren.[279] Geht man dennoch davon aus, dass eine Krankenhausstruktur noch nicht besteht, dann ist die Standortbestimmung und mit ihr die Gewährleistung einer flächendeckenden wohnortnahen medizinischen Versorgung der Bevölkerung das wesentliche Ziel der Krankenhausplanung. Bei der Standortbestimmung geht es folglich darum, den Bedarf der Bevölkerung nach medizinischer Versorgung unter Berücksichtigung räumlicher Aspekte abzudecken. Die Beachtung räumlicher Aspekte ist deshalb relevant, weil – wie in Abbildung 14 und Abbildung 15 gezeigt – Berge und Flussläufe bei der Errichtung von Krankenhäusern berücksichtigt werden müssen.[280] Außerdem müssen in der Regel regionale und infrastrukturelle Besonderheiten berücksichtigt werden. So haben Mehrez et al. (1996) – wie bereits angesprochen – im Hinblick auf zukünftige, von weit her anreisende Patienten bewusst einen Standort am Stadtrand gewählt. Segal (2000) musste sogar die Standorte im Hinblick auf die militärische Bedrohung bestimmter Gebiete auswählen. Ähnliches ist auch im Modell von Marianov und Taborga (2001) zu finden, in dem sich zeigte, dass die Versorgung der ärmeren und in der Regel nicht zahlungsfähigen Bevölkerung nur dadurch gesichert werden konnte, dass die Standorte für die zahlungskräftige Bevölkerung optimiert wurden.[281] Neben den räumlichen Faktoren kommt den in Kapitel 2 angesprochenen Zielen, wie z.B. Optimierung des Einzugsgebietes, Minimierung der Fahrzeiten oder Einhaltung einer maximalen Distanz als Unterziele der Standortplanung große Bedeutung zu.

Der Ansatz von Dökmeci (1977) kann hier als Beispiel für ein Modell genannt werden, bei dem sowohl die Größe als auch der Standort der Einrichtungen berücksichtigt wird. Dabei besteht das Ziel des Modells darin, die Wirtschaftlichkeit der Einrichtung über ihre Größe zu gewährleisten und gleichzeitig darauf zu achten, dass der lokale Zugang zu den Einrichtungen gegeben ist, um die medizinische Versorgung insbesondere für diejenigen Menschen zu sichern, für die längere Anfahrtswege problematisch sind.[282]

[278] vgl. Mayhew/Bowen (1984)
[279] vgl. Branas et al. (2000), Doherty et al. (1996)
[280] vgl. Doherty et al. (1996)
[281] vgl. Marianov/Taborga (2001)
[282] vgl. Dökmeci (1977)

3.4.4.3 Bessere Koordination

Die meisten Planungen beziehen sich auch heute noch isoliert auf einen Bereich des Gesundheitswesens.[283] Sektorübergreifende Planungen sind weiterhin selten zu finden und sogar Mayhew und Bowen (1984), die mit Tageskliniken Einrichtungen untersucht haben, die genau zwischen dem stationären und dem ambulanten Sektor angesiedelt sind, haben sich ausschließlich auf die Bedarfsentwicklung im Bereich der Tageskliniken beschränkt. In neueren Planungsansätzen wird zwar häufig das Ziel einer besseren Koordination zwischen den Leistungsanbietern verfolgt. So planen Branas et al. (2000) Hubschrauberstandorte und Traumazentren, die bisher immer getrennt voneinander geplant wurden, parallel. Dadurch sollte verunfallten Patienten einerseits ein schnellerer Transport zu den Traumazentren gewährleistet werden, andererseits aber auch die Abstimmung zwischen bodengebundener und luftgebundener Rettung und anschließender traumatologischer Versorgung von Unfallpatienten verbessert werden.[284]

Modelle, die eine bessere Koordination der verschiedenen Leistungsanbieter verfolgen, beschränken sich jedoch zumeist auf die Behandlung spezieller Krankheitsarten-Gruppen. So beschäftigten sich Leff et al. (1986) mit Behandlungspaketen für psychisch Kranke und untersuchten, wie man die unterschiedlichen Behandlungspakete, die psychisch Kranke benötigen, in einer Region besser anbieten kann. Interessanterweise ergab dieses Modell, dass an Stelle einzelner Komplettanbieter eher dezentralisierte Leistungsanbieter die Versorgung vornehmen sollten.[285] Auch Galvao et al. (2002) haben sich auf einen speziellen medizinischen Bereich – hier den der Geburtskliniken – konzentriert. Demgegenüber wählten Coverndale und Negrine (1978) einen übergreifenden Ansatz. Dabei ist jedoch zu bemerken, dass sie von großen Schwierigkeiten bei der Kalibrierung des Modells berichten und kein praktisches Beispiel angeben. Insofern bleibt offen, ob das Modell überhaupt eine praktische Relevanz besitzt.

Auch in Deutschland sind die bestehenden sektorenübergreifenden Kooperationen und Netzwerke zumeist auf einzelne Krankheitsbilder beschränkt.[286] Dies zeigt sich insbesondere an den bisher umgesetzten Modellen der integrierten Versorgung gemäß §§ 140 ff SGB V. Solche Modelle können grundsätzlich nach der Integrationsbreite, das heißt der Zahl der beteiligten Sektoren und nach der Integrationstiefe, das heißt der Zahl der einbezogenen Indikationen unterschieden werden. Diesbezüglich zeigen Strang/Schulze (2004), dass es bereits zahlreiche Verträge nach § 140a SGB V auf Basis eines sektorübergreifenden Konzepts gibt, zum Beispiel Operationen mit anschließender Rehabilitation.[287] Allerdings

[283] vgl. Berghmans (1984), vgl. Moore/Revelle (1982)
[284] vgl. Branas et al. (2000)
[285] vgl. Leff et al. (1986)
[286] vgl. Jacobs/Schulze (2004)
[287] vgl. Strang/Schulze (2004)

handelt es sich dabei in der Regel um indikationsbezogene Modelle. Auch Disease-Management-Programme sind sektorübergreifend, beziehen sich aber jeweils nur auf eine einzelne Krankheit (vgl. Kapitel 3.4.1.6.) Insgesamt sind solche indikationsspezifischen integrierten Versorgungsmodelle aber nur kleinteilig, da sie das eigentliche Ziel der § 140 ff SGB V, eine „populationsbezogene integrierte Vollversorgung“[288] über alle Indikationen und Sektoren, nicht umsetzen. Dies liegt insbesondere daran, dass zur Entwicklung eines solchen Modells zahlreiche grundlegende Aufgaben zu bewältigen sind, zum Beispiel die Entwicklung geeigneter Verträge und Vergütungsregelungen. Dies erfordert allerdings Zeit, Innovationsbereitschaft und erhebliche Investitionen. Dass umfassende Modelle trotzdem möglich sind, zeigt die Bundesknappschaft mit „Prosper - Gesund im Verbund“.[289] In diesem medizinischen Netz der Knappschaft, an dem Ärzte, Rehabilitationskliniken, Krankenhäuser sowie sozialmedizinische Dienststellen beteiligt sind, erhalten die Patienten eine „echte“ integrierte Vollversorgung.[290] Modelle, die gleichzeitig eine räumliche und eine kapazitive Planung solcher Versorgungsformen durchführen, finden sich in der Literatur jedoch wenig.

3.4.4.4 Nebenziele

Nebenziele als Planungsziele zu verwenden scheint nicht sofort einleuchtend. Es zeigt sich jedoch schon am Beispiel von Marianov und Taborga (2001)[291], dass ein Nebenziel – hier das Ziel der Optimierung der Versorgung für die zahlungskräftige Bevölkerung – so bedeutend werden kann, dass es letztlich zum Hauptziel wird. Nur so konnte schließlich auch die Versorgung der nicht zahlungsfähigen Bevölkerung optimiert werden.

Die möglichen Nebenziele können nach ihrer Relevanz für das eigentliche planerische Problem unterschieden werden. Somit können die günstigen klimatischen Bedingungen, die bei Mehrez et al. (1996) für ein Krankenhaus in einer bestimmten Stadt sprachen, noch als medizinisch begründet angesehen werden. Die Möglichkeit einer Reduzierung der Arbeitslosigkeit, die für eine andere Stadt sprach, ist aus Sicht der reinen Krankenhausplanung weniger nachvollziehbar. Obwohl die existierende Infrastruktur einen wesentlichen Beitrag zur schnelleren Erreichbarkeit des Krankenhauses liefert, wurde sie in dieser Studie noch geringer gewichtet als die bereits genannten Faktoren. Diekmann (1987) erklärt die Berücksichtigung von Größen wie Arbeitslosigkeit mit „politischen Gründen“, wie der Arbeitsmarktpolitik, der Berufspolitik der Facharztausbildung, der Finanzpolitik sowie der Politik der Krankenkassen.[292] „Obwohl die Beteiligten des Gesundheitswesens mit den Interessen der Patienten argumentieren, stehen wirtschaftliche, berufspolitische und gewerkschaftliche Interessen, die

[288] vgl. Jacobs/Schulze (2004)
[289] vgl. Tophoven (2005)
[290] Bundesknappschaft (2005)
[291] vgl. Marianov/Taborga (2001)
[292] vgl. Diekmann (1987)

zweifellos ihre Berechtigung besitzen, häufig im Vordergrund der Diskussion."[293] Bei Rispel et al. (1996) musste sogar der gesamte Planungshorizont verändert werden, weil die politischen Verhältnisse von den Planern als so instabil eingestuft wurden, dass bestimmte Planungsziele noch vor einem potentiellen Regierungswechsel durchgesetzt werden sollten.[294] Diese Ausführungen unterstreichen noch einmal, dass die Krankenhausplanung nur selten losgelöst von den jeweiligen Bedingungen im Umfeld der Einrichtungen gesehen werden kann.

Abgesehen davon, dass Nebenziele zu Hauptzielen werden können, ist es ebenfalls möglich, dass Hauptziele in den Modellen zu Nebenzielen gemacht werden müssen. Nach Gibbs (1978) kann insbesondere die Vielzahl von Restriktionen, die im Modell berücksichtigt werden müssen, dazu führen, dass Ziele umformuliert werden müssen. Außerdem ist es möglich, dass das eigentliche Ziel des Modells nicht operationalisiert und somit auch nicht als direktes Ziel im Modell formuliert werden kann. Dieses Problem zeigt sich bei Gibbs (1978), der in seinem Modell versucht, die vorhandenen Ressourcen so einzusetzen, dass der Nutzen maximiert wird. Da ihm dabei die Outputmessung nicht zufriedenstellend gelingt und es somit nahezu unmöglich ist, zu ermitteln, inwieweit das festgesetzte Ziel erreicht wurde, kann dieses Ziel auch nicht als solches im Modell dienen.[295]

3.4.5 Verwendete Methoden

In den Operations-Research-Modellen zur Krankenhausplanung kommen die verschiedensten Methoden zur Problemlösung zum Einsatz. Lineare Programmierung, nichtlineare Programmierung, Goal-Programming, Simulation, Tabu Search, Clustering, Prognoserechnung und das absolute p-centre-Problem, sind die Methoden des Operations Research, die sich in den Modellen fanden. Aufgrund der verwendeten Literatur entsteht der Eindruck, dass in der Krankenhausplanung hauptsächlich geographische Informationssysteme, die lineare Programmierung und die Simulation zur Lösung der Planungsprobleme eingesetzt werden. Geographische Informationssysteme werden in der Krankenhausplanung jedoch erst seit den 90-er Jahren verwendet. Die Annahme, dass bestimmte Methoden oft oder überwiegend zur Erreichung bestimmter Ziele eingesetzt werden, kann aus den vorliegenden Arbeiten jedoch nicht begründet werden.

Mit Hilfe von Tabelle 13 soll ein Überblick über die verschiedenen Methoden der Modelle gegeben werden. Es sei angemerkt, dass einige Autoren verschiedene Modelle zum gleichen Problemkreis erstellt, oder im Rahmen eines Modells verschiedene Methoden verwendet haben, was in Tabelle 13 möglicherweise nicht direkt sichtbar wird.

[293] Diekmann (1987)
[294] vgl. Rispel et al. (1996)
[295] vgl. Gibbs (1978)

Methoden \ Modelle	Branas et al.	Chu, Chu	Davies	Dökmeci	Fischer	Galvao et al.	Harris	Love, Lindquist	Marianov	Mayhew	Mehrez et al.	Moore, Revelle	Parr	Schäfer, Wachtel	Schultz	Stummer et al.	Walsh et al.	Berghmans et	Doherty et al.	Gibbs	Hirsch, Miller	Kohli et alt.	Leff et al.	Patel
Distanzermittlung mittels GIS	X							X								X	X					X		
Euklidische Distanzfunktion				X				X	X	X	X		X		X	X			X			X		
Gravity Distance Function										X	X													
Analytical Hierarchy Process											X													
Lineare Programmierung	X				X				X		X	X								X			X	X
Nichtlineare Programmierung				X																				X
Goal-Programming		X								X														
Simulation			X			X	X		X								X			X	X			
Tabu Search																X								
Prognoserechnung														X										
p-centres problem						X												X						

Tabelle 13: Methoden verschiedener Modelle der Krankenhausplanung
Quelle: Eigene Darstellung

Auf die Verwendung euklidischer Distanzen ist ja bereits mehrfach hingewiesen worden. Tabelle 13 zeigt darüber hinaus deutlich, dass auch die lineare Programmierung von sehr vielen Autoren verwendet wurde.[296] Branas et al. (2000) schalteten vor die lineare Programmierung noch eine Heuristik, weil sonst der Lösungsraum zu groß gewesen wäre.

Methodisch eng verwandt mit der linearen Programmierung ist das Goal-Programming, das zum Beispiel Chu und Chu (2000) verwendet haben. Eine Abwandlung davon haben Blake und Carter (2002) angewendet und bezeichnen sie als „Lexigraphical Goal Programming". Die in der mathematischen Formulierung des Goal Programming üblichen Abweichungsvariablen wurden hier verbal ausformuliert. Die Arbeit wurde jedoch nicht in Tabelle 13 aufgenommen, da sie sich eher mit einer krankenhausinternen Sichtweise beschäftigt.

Aus Tabelle 13 ist ebenfalls ersichtlich, dass sich viele Arbeiten auch einer Simulation bedient haben. In der Arbeit von Davies (1985) wird der Bedarf von nierenkranken Patienten an Krankenhausbetten und Dialyseapparaten beispielsweise mit Hilfe einer Discrete-Event-Simulation auf Basis einer tageweisen Planung dargestellt. Eine Besonderheit des Modells ist, dass Schattenidentitäten verwendet wurden, um die Patienten abbilden zu können, die in

[296] vgl. Gibbs (1978), Branas et al. (2000)

Warteschlangen stehen, derweil aber andere Leistungen in Anspruch nehmen.[297] Auch Waller und Burdett (1984) und Walsh et al. (1997), Hirsch und Miller (1974) und Harris (1985) haben eine Simulation verwendet, jedoch haben nicht alle im Detail angegeben, wie die Simulation durchgeführt wurde. Lediglich Hirsch und Miller (1974) geben an, System Dynamics verwendet zu haben.

Markov-Ketten bieten die Möglichkeit, mittels vorgegebener Wahrscheinlichkeiten die Wege von Patienten durch ein System simulieren zu können. Da an jeder Stufe des „Weges" die Alternativen der nächsten Stufe mit einer vorgegebenen Wahrscheinlichkeit gewählt werden, ist der Weg des einzelnen Patienten nicht deterministisch vorgegeben. Das Beispiel von Dökmeci (1977) beschreibt, wie man mit Hilfe von Markov-Ketten die Patientenwanderungen zwischen den 4 Service-Levels, die er in seiner Arbeit berücksichtigt, darstellen kann.

Berghmans et al. (1984) haben das p-centres-Problem verwendet. Dabei geht es darum, p-Einrichtungen in einem Netzwerk so anzuordnen, dass die größte Entfernung, die ein Patient zu einer Einrichtung gehen muss, minimiert wird. Eine Variante davon wäre das p-median-Problem, bei dem es ebenfalls darum geht, eine Einrichtung in einem Netzwerk anzuordnen, jedoch mit dem Ziel, die durchschnittliche Entfernung aller Patienten zu minimieren. Jeder Patient wird dabei genau einer Einrichtung zugeordnet, zu der er – je nach Zielrichtung – entweder den kürzesten Weg oder aber die kürzeste Zeit benötigt. Berghmans et al. (1984) haben das p-centres-Problem noch dadurch erweitert, dass jeder der festgelegten Punkte im untersuchten Netzwerk innerhalb des vorgegebenen Radius liegen musste.

Eine Krankenhausplanung muss selbstverständlich nicht immer mit einem klassischen OR-Ansatz durchgeführt werden. Das zeigen Doherty et al. (1996), die ihren Ansatz als partizipatorischen Ansatz bezeichnen. Ob hier auch mathematische Methoden zum Einsatz kamen oder ob eher intuitiv gearbeitet wurde, sagt der Artikel nicht, allerdings geht er sehr detailliert auf die verschiedenen Phasen von der Bedarfsermittlung bis zur Ergebnispräsentation ein. Besonders hervorzuheben ist diesbezüglich, dass nicht nur subjektive und objektive Einflussgrößen berücksichtigt werden, sondern auch die verschiedenen Interessen der Stakeholder-Gruppen. Daher zeichnet sich die durchgeführte Planung methodisch durch die Berücksichtigung verhandlungstaktischer Gesichtspunkte aus. Dazu gehörte – wie gesagt – auch, die Verhandlungen zu beschleunigen, da die Entwicklung der politischen Kräfte eine Umsetzung zu einem späteren Zeitpunkt fraglich erscheinen ließ.

Die Berücksichtigung der Interessen von Stakeholder-Gruppen ist im Modell von Stummer et al. (2004) darüber hinaus sogar noch während des Programmlaufs denkbar. Die relevanten Stakeholder-Gruppen könnten folglich gemeinsam die Wahl der entsprechenden Cluster im Lösungsraum vornehmen, so dass alle Beteiligten bereits vor und während der Berechnung in

[297] vgl. Davies (1985)

die Entscheidungsfindung eingebunden werden könnten. und nicht erst bei der Interpretation der Berechnungsergebnisse.[298]

Eine weitere Methode, die häufiger in der Krankenhausplanungs-Literatur erwähnt und zum Teil auch verwendet wurde, ist die Gravity-Distance-Methode. Der Grundgedanke dieser Methode ist das aus der Physik stammende Prinzip der Anziehungskraft zwischen zwei Körpern im Raum. Um die Patientenflüsse, die zwischen den Sektoren pendeln, abbilden zu können, wurde die Gravity Hypothesis entwickelt. Dabei wurde eine Proportionalität zwischen dem Angebot in Einrichtung i und der Nachfrage in Abteilung j nachgewiesen. Dies ist jedoch genau invers proportional zu den Kosten, die für die Patienten entstehen, um von i nach j zu kommen. Der Einfluss der Entfernung ist im Rahmen dieser Arbeit bereits hinlänglich untersucht worden. Die Gravity-Methode erweitert dieses Konzept jedoch um den Gedanken, dass eine Einrichtung um so mehr Anziehungskraft auf einen Patienten ausübt, je attraktiver sie ist. Studnicki (1975) sieht jedoch zu Recht ein Problem in der Anwendung der Newtonschen Gesetze und der Notwendigkeit, die „Masse" in diesem sozialen Zusammenhang richtig zu bemessen. Auch der Einfluss der Entfernung spielt, wie oben dargestellt, je nach Krankheit und Krankheitsart eine unterschiedliche Rolle. Trotz der genannten Probleme beschäftigen sich viele Arbeiten mit diesem Konzept.[299]

Mathematisch kann die Gravity-Methode anhand des Originalmodells, das von Reilly im Jahre 1931 aus den Newton'schen Gravitationsgesetzen abgeleitet und für den Einzelhandel angewendet wurde, folgendermaßen beschrieben werden:

$$I_{ij} = \frac{P_i P_j}{d_{ij}^b} \qquad (3\text{-}4)$$

I_{ij} = Interaktion zwischen zwei Regionen i und j

P_i, P_j = Bevölkerung der Regionen i und j
d_{ij} = Distanz zwischen den Regionen i und j

b = Entfernungsexponent: Je größer der Exponent desto stärker wirkt sich die Entfernung aus

Häufig wird im Zähler vor P_i P_j noch ein konstanter Proportionalitätsfaktor gesetzt.[300] Da dieses Modell aus dem Handel stammt, geht es dabei nicht um die oben beschriebene Anziehungskraft, sondern um den Austausch von Waren zwischen zwei Gebieten. Der Anwendung auf Krankenhäuser tut das aber keinen Abbruch, denn je mehr Patienten auf ein größeres Krankenhaus treffen, um so stärker wird der Patientenfluss sein.

---

[298] Vgl. Stummer et al. (2004)
[299] vgl. Studnicki (1975)
[300] vgl. Paas (2002)a , vgl. Paas (2002)b

In der Krankenhausplanungs-Literatur setzen sich vor allem Mehrez et al. (1996) und Mayhew und Bowen (1984) mit dem Konzept der Gravity Distance Methode auseinander. Weitere Anmerkungen dazu fanden sich auch bei Morril und Earickson (1968) und Shannon et al. (1973).

3.4.6 Restriktionen

Neben der Zielformulierung und der Wahl der Methode spielen die zu berücksichtigenden Restriktionen eine wesentliche Rolle bei der Ergebnisfindung. So muss im Hinblick auf die Größe eines Krankenhauses neben dem Einzugsgebiet auch das zumeist begrenzte finanzielle Budget zum Bau eines Krankenhauses beachtet werden. Außerdem müssen bei der Planung von Krankenhausbetten nicht nur die Anzahl der Betten, sondern auch der Ärzte und Pflegekräfte, die die Patienten betreuen können, berücksichtigt werden. Allerdings variiert die Berücksichtigung solcher Faktoren je nach Planungstiefe des Modells sehr stark.

Die konkret verwendeten Restriktionen sind im Wesentlichen bereits hergeleitet, sollen aber an dieser Stelle kurz wiederholt werden. Tabelle 14 veranschaulicht noch einmal solche Restriktionen, mit denen die Krankenhausplaner konfrontiert sind, wobei nur diejenigen in die Tabelle aufgenommen wurden, die besonders häufig auftreten.

Modelle / Restriktionen	Branas et al.	Chu, Chu	Davies	Dökmeci	Fischer	Galvao et al.	Harris	Love, Lindquist	Marianov,	Mayhew	Mehrez et al.	Moore, Revelle	Parr	Schäfer, Wachtel	Schultz	Stummer et al.	Walsh et al.	Berghmans et al.	Doherty et al.	Gibbs	Hirsch, Miller	Kohli et al.	Leff et al.	Patel
Maximale Distanz	X				X			X		X	X		X		X			X	X					X
Anzahl von Einrichtungen		X				X					X	X	X		X		X					X		
Bettenzahl			X				X			X						X	X						X	
Budget/ Ressourcen/Personal		X	X	X					X	X		X		X			X	X	X	X	X		X	X

Tabelle 14: Restriktionen
Quelle: Eigene Darstellung

Budgetbeschränkungen stellen die am weitesten verbreitete Restriktion dar.[301] Daraus ergibt sich häufig auch eine Einschränkung der Anzahl möglicher Standorte beziehungsweise der Zwang, vorhandene Standorte zu verwenden. Auch die Berücksichtigung einer maximal zulässigen Distanz spielt in der Krankenhausplanungs-Literatur eine wichtige Rolle. Weitere Restriktionen, die zum Teil ähnlich wirken wie die Tatsache, dass bei der Standortplanung in

[301] vgl. Marianov/Taborga (2001)

Deutschland die Raumordnung berücksichtigt werden muss, sind in der Tabelle nicht aufgeführt worden.[302]

Darüber hinaus bleibt die Variation innerhalb der einzelnen Restriktionen, die sich zum Beispiel aus den räumlichen und finanziellen Gegebenheiten vor Ort herleitet, in Tabelle 14 unberücksichtigt. Fischer (1978) arbeitet beispielsweise mit einer maximalen Distanz von 3 km[303], da er davon ausgeht, dass die Mehrzahl der Patienten mit dem Auto zum Krankenhaus fährt, während Berghmans et al. (1984) mit 750 m eine Entfernung zugrunde legen, die auch zu Fuß zurückgelegt werden kann. Moore und Revelle (1982) gaben die Radien für die Einzugsgebiete der Einrichtungen je nach Stufe sogar mit 2 km, 3 km und 6,25 km an.[304]

Mehrez et al. (1996) arbeiten an Stelle der Entfernung mit einer halben Stunde Fahrzeit. Diese Fahrzeit wird dabei als gerade noch zulässig angesehen, um Notfälle ausreichend behandeln zu können. Patel (1979) berichtet dagegen, dass in Indien sogar Anreisezeiten von 1½ Stunden verwendet werden müssen.[305] Verglichen mit europäischen oder amerikanischen Standards, zum Beispiel mit Branas et al. (2000), die eine maximale Fahrzeit von 15 Minuten anstreben,[306] erscheint diese maximal zulässige Fahrzeit besonders in Notfällen viel zu lang.[307] Die Sinnhaftigkeit der jeweiligen Restriktionen lässt sich also nur am untersuchten Problem und an den gegebenen Umständen wirklich nachvollziehen.

Eine Mindestgröße der Abteilungen oder der Krankenhäuser, die möglicherweise aus qualitativen Gründen notwendig gewesen wäre[308], haben nur Mayhew und Bowen (1984) sowie Mehrez et al. (1996) verwendet.[309] Die Qualität spielte somit in kaum einer Arbeit explizit eine Rolle.

Eine Nebenbedingung, die in der Krankenhausplanung Deutschlands zukünftig zu berücksichtigen ist, stellen die bereits angesprochenen Mindestmengen bei DRGs dar. Diese könnten sich bei weiterer Ausdehnung auf mehr Krankheitsbilder und Fachrichtungen zu mehr als nur einer Nebenbedingung entwickeln. Insbesondere Bruckenberger sieht die Mindestmengen als einen wesentlichen Grund für den Konzentrationsbedarf im Krankenhaussektor.[310] Bis die Mindestmengen jedoch einen ausreichenden „Hebel" entwickeln, dass sich ganze Krankenhausstrukturen dadurch verändern, müssen die Mindestmengenregelungen noch deutlich ausgedehnt werden.

---

302 vgl. Goeschel (1979), S. 39
303 vgl. Fischer (1978), S. 183
304 vgl. Moore/Revelle (1982)
305 vgl. Patel (1979)
306 vgl. Branas et al. (2000)
307 In Nordrhein-Westfalen werden Einsatzzeiten von überwiegend 8-12 Minuten eingehalten, wobei es sich in Nordrhein-Westfalen auch um sehr dicht besiedeltes Gebiet handelt, vgl. Ministerium für Frauen, Jugend, Familie und Gesundheit des Landes Nordrhein-Westfalen (2002)
308 vgl. Basys/I+G (2000), IGSF (2000)
309 vgl. Mayhew/Bowen (1984)
310 vgl. Bruckenberger (2000a)

3.4.7 Ergebnisse

Die in den einzelnen Studien ermittelten Ergebnisse sind wiederum in Tabelle 15 zusammengefasst. Hierbei wird eine Überschneidung zwischen den zugrunde gelegten Daten und den Ergebnissen der Studie sichtbar. Diese ergibt sich daraus, dass die Daten, die erhoben wurden, häufig direkt oder nur mit geringen Überarbeitungen in die Ergebnisse der Studie eingeflossen sind. Häufig handelt es sich dabei um Daten, die für die Ermittlung des Istzustandes zusammengetragen, mit anderen Daten, zum Beispiel den entsprechenden Wachstumsraten[311], kombiniert und anschließend als Ergebnis angegeben wurden. Inhaltlich sind die Ergebnisse erwartungsgemäß so unterschiedlich wie die zugrunde liegenden Problemstellungen.

Modelle / Ergebnisse	Branas et al.	Chu, Chu	Davies	Dökmeci	Fischer	Galvao et al.	Harris	Love,	Marianov	Mayhew	Mehrez et	Moore,	Parr	Schäfer	Schultz	Stummer et	Walsh et al.	Berghmans	Doherty et	Gibbs	Hirsch,	Kohli et alt.	Leff et al.	Patel
Anzahl von Einrichtungen	X	X		X			X		X	X	X	X	X		X			X	X					X
Größe einer Einrichtung		X		X	X	X	X			X	X		X		X	X		X	X					
Bettenbedarf		X	X	X			X			X				X		X	X			X	X		X	
Standorte	X	X		X		X			X	X	X	X	X		X	X		X	X					X
Einzugsgebiete								X		X	X	X	X		X		X		X					
Distanz/Fahrzeit/Gehzeit						X		X	X	X	X	X					X					X		
Fahrtkosten					X																			
Krankenhaushäufigkeit			X				X			X				X							X			
Verweildauer			X				X							X										
Budget/Ressourcen/ Personal		X	X	X	X		X		X	X	X	X						X		X	X		X	X

Tabelle 15: Ergebnisse verschiedener Studien
Quelle: Eigene Darstellung

Die in der Tabelle 15 vorgenommene Unterscheidung zwischen „Größe einer Einrichtung" und „Bettenbedarf" kann aus zweierlei Gründen resultieren. Auf der einen Seite sind nicht alle untersuchten Einrichtungstypen auch bettenführende Einrichtungen, so dass die Bettenzahl dann auch keine Ergebnisgröße sein kann. Auf der anderen Seite ist die Größe einer Einrichtung immer auf die gesamte Einrichtung bezogen, so dass kein Kreuz bei der „Größe der Einrichtung" gemacht wird, wenn nur Teile der Einrichtung – wie im Fall von Davies (1985) die ambulante und stationäre Dialyseeinheiten oder im Fall von Leff et al. (1986) nur die psychiatrischen Betten – untersucht werden. Des Weiteren sind die ermittelten Distanzen und Fahrzeiten nur dort aufgeführt, wo sie auch Ergebnisse der Studien waren und nicht lediglich zur Ermittlung der Gesamtkosten der Allokationsentscheidung eingeflossen sind. Daher kann auch nur Fischer (1978) als eine Quelle angegeben werden, bei der die Fahrtkosten wirklich im Modell selbst ermittelt wurden, da er aus den Einzelkosten der Anreise in

[311] vgl. DKI (1986)

Verbindung mit der Patientenzahl, die sich aus der Lösung des Modells ergab, die im System entstehenden Fahrtkosten errechnet hat.

Tabelle 15 zeigt deutlich, dass die meisten Autoren die Kosten der jeweils vorgeschlagenen Allokationsentscheidungen ermittelt haben.

Ein Ansatz, dessen Ergebnisse nahezu der Reihenfolge der Tabelle 15 entsprechen, ist das Modell von Dökmeci (1977).[312] In diesem werden zunächst die Anzahl der Einrichtungen, anschließend deren Koordinaten und schließlich die auf die einzelnen Einrichtungen entfallenden Patientenzahlen festgelegt. Das bedeutet, dass im Modell Größe, Standort und Bettenzahl einer Einrichtung simultan ermittelt werden. Dabei hat Dökmeci (1977) – wie bereits erwähnt – die Standorte frei errechnet und auch Branas et al. (2000) legen in einer der beiden Lösungsvarianten für die untersuchten Traumazentren die Anzahl und die Standorte frei fest, jedoch ohne die Größe zu planen. In einer zweiten Lösung werden jedoch auch die bereits vorhandenen Einrichtungen berücksichtigt.[313]

Walsh et al. (1996) nehmen die Standorte der 25 untersuchten Krankenhäuser als gegeben an und ermitteln lediglich die Distanzen und Fahrzeiten sowie die Einzugsgebiete der Krankenhäuser. Durch die normative Vorgabe, die Entfernungen für die Patienten so gering wie möglich zu halten, fallen die meisten Einzugsgebiete eher rund aus. Lediglich im ländlichen Bereich, in dem nicht immer das geeignete Bett in jedem Krankenhaus vorgehalten wird, sind häufiger unrunde Einzugsgebiete zu finden. Die Standortbestimmung und Dimensionierung der Einrichtungen spielt in diesem Modell keine Rolle.

Auch Love und Lindquist (1995) nehmen die Standorte der geriatrischen Einrichtungen als gegeben an und ermitteln dann, in welchem Abstand die älteren Personen um die adäquate Gesundheitseinrichtung herum wohnen. Dabei arbeiten sie mit vorgegebenen Radien um die Einrichtungen und ermitteln, dass mehr als 50 % der Landfläche außerhalb dieser vorgegebenen Radien und damit außerhalb einer adäquaten Versorgung liegen. Love und Lindquist zeigen auch, wie groß der Unterschied zwischen ländlichen und städtischen Regionen ist. So leben in der Stadt 80 % im Umkreis von 6,7 Meilen um ein geriatrisches Zentrum herum, während im ländlichen Bereich 80 % mehr als 11,7 Meilen Abstand dazu haben. Die Radien werden also im ländlichen Bereich größer, was im Einklang steht mit dem Ergebnis der Untersuchungen in Kapitel 2.1.2.1. Auch Kohli et al. (1995) kommen zu vergleichbaren Ergebnissen.[314]

Harris (1985) plant im Gegensatz zu vielen Krankenhausplanungsmodellen auf Basis einzelner Betten und ermittelt gleichzeitig, wie sich die Bettenauslastung im Zeitverlauf

---

[312] vgl. Dökmeci (1977)

[313] Es wurde jedoch auch eine zweite Alternative vorgestellt, in der die vorhandenen Einrichtungen mit berücksichtigt wurden.

[314] vgl. Kohli et al. (1995).

verändert. Dabei werden nicht nur die durchschnittlichen, minimalen und maximalen Bettenauslastungen ermittelt, sondern darüber hinaus auch Profile erstellt, die die tägliche Bettennutzung darstellen.[315] Im Modell von Stummer et al. (2004) finden derartige Berechnungen im Hintergrund ebtenfalls statt.[316] Auf dieser Planungsebene lassen sich sogar tägliche Veränderungen in der Bettenzahl, zum Beispiel am Wochenende, simulieren und deren Auswirkungen darstellen. Dabei ist jedoch anzumerken, dass hier nur die Auswirkungen einer optimierten Operationssaalauslastung auf die Bettenauslastung und Bettenvorhaltung, jedoch weder Einzugsgebiete noch Bevölkerungszahlen berücksichtigt werden. Darüber hinaus haben Chu und Chu (2000) ihr Krankenhausplanungsmodell nicht nur auf Basis einzelner Betten, sondern auch auf Basis der zur Patientenversorgung notwendigen Personalzahlen, die noch nach Personalgruppen unterschieden werden, durchgeführt. Damit ist für Krankenhausplanungsmodelle eine ungewöhnliche Planungstiefe erreicht worden.

Abschließend verfolgen Davies (1985) und Leff et al. (1986) wiederum einen anderen Ansatz, indem sie mit ihren Modellen übergreifend über die Leistungsanbieter die notwendigen Strukturen und Kapazitäten für ein spezielles Krankheitsartenspektrum determinieren. Dabei ermittelt Davies (1985) zwar zum Beispiel die notwendigen Dialyseplätze, lässt aber die Verteilung der Kapazitäten innerhalb der Region offen. Auch Leff et al. (1986) ermitteln die notwendigen Einrichtungstypen und deren Dimensionierung und lassen gleichermaßen die räumliche Verteilung offen.

Es wurde eine größere Bandbreite von Arbeiten betrachtet, die sich mit der Krankenhausplanung beschäftigen. Dabei hervorzuheben wäre, dass die Modellergebnisse nicht immer identisch sind mit den in der Praxis tatsächlich umgesetzten Maßnahmen. Obwohl die meisten Autoren nur selten und zögerlich darauf hinweisen, haben sich bei vielen Modellen insbesondere aus „politischen Gründen“ Abweichungen ergeben. Dementsprechend kommen im Projekt von Mehrez et al. (1996) nicht näher bezeichnete neue Informationen noch kurz vor Abschluss des Projektes hinzu, die das bisherige Planungsergebnis verändern und laut Mehrez et al. (1996) subjektive über objektive Ziele stellen. So wird beispielsweise die im Modell als maximale festgelegte Reisezeit von 30 Minuten von den Mitgliedern des Entscheidungskomitees willkürlich auf 40 Minuten erhöht, um dadurch einen bestimmten Standort zu erzwingen und den Neubau von insgesamt 3 neuen Krankenhäusern zu verhindern. Auch Rispel et al. (1996) berichten von mangelnder Erfahrung und Mißtrauen der einzelnen Behörden untereinander, die die Ergebnisfindung stark erschweren. Chu und Chu (2000) liefern mit ihrem Modell zur Planung von Krankenhausbetten in Hong Kong die Grundlage für die Entscheidungsfindung durch die für das Gesundheitssystem Verantwortlichen.[317] Auch hier wird die

[315] vgl. Harris (1985)
[316] vgl. Stummer et al. (2004)
[317] vgl. Chu/Chu (2000).

Trennung zwischen Modell und tatsächlicher Umsetzung unterstrichen, die tatsächliche Abweichung aber nicht explizit ausgeführt.

Bei Modellen, die lediglich zu Anschauungszwecken erstellt werden, um beispielsweise Zusammenhänge zu verdeutlichen, wird die praktische Umsetzung kein Kriterium für den Erfolg oder Mißerfolg des Modells sein. Da jedoch die oben dargestellten Modelle zumeist das Ziel verfolgen, die regionale Versorgung zu verbessern, ist deren Umsetzbarkeit ein wesentliches Kriterium. Die Ergebnisse der Krankenhausplanungsmodelle gewinnen demnach dadurch an Wert, dass die maßgeblichen Entscheidungsträger frühzeitig in den Entscheidungsprozess eingebunden und die Ergebnisse nachvollziehbar und praktisch umsetzbar präsentiert werden.[318]

3.4.8 Resümee zur internationalen Krankenhausplanung

Häufig wird Krankenhausplanung als Mittel zur Lösung der medizinischen Versorgungsprobleme der Bevölkerung gesehen. Im Laufe dieses Kapitels wurde jedoch die Komplexität des Planungsproblems deutlich, die dazu führt, dass in den Modellen stark vereinfachende Annahmen über die Wirklichkeit getroffen werden. Aus diesem Grund ist die Umsetzung der Ergebnisse in der komplexen Realität häufig problematisch. Bruckenberger spricht hierzu auch von einer „virtuellen Realität", die sich daraus ergibt, dass sich selbst die Krankenhausplaner in ihr nicht mehr auskennen.[319] Häufig werden die Wissenschaftler und Planer nicht nur an natürliche Grenzen oder Budget-Restriktionen stoßen, sondern auch an gesellschaftlich bedingte Probleme. Die Literatur zur Krankenhausplanung liefert hierzu nur selten klare Aussagen.[320]

Das Problem der Krankenhausplanung wird darüber hinaus zunehmend komplexer, da der Bevölkerung trotz knapper Ressourcen neue und häufig kostenintensive Behandlungsmethoden zur Verfügung gestellt werden müssen.

Verfolgt man die Krankenhausplanung im Wandel der Zeit, so ist festzustellen, dass wichtige Impulse für sie sowohl aus dem deutschsprachigen Raum mit Christaller, als auch aus dem amerikanischen Raum durch das Hill-Burton Programm oder die erste Patientenstromanalyse kamen. Die beiden Kontinente haben sich also mit ihren Lösungsansätzen gegenseitig rege beeinflusst.

---

[318] vgl. Green et al. (2000), Leff et al. (1986)
[319] vgl. Bruckenberger (2000a)
[320] vgl. Birch (1997)

3.5 Krankenhausplanung in Deutschland

Da das im Rahmen dieser Arbeit vorgestellte Modell für die deutschen Verhältnisse erstellt worden ist und auf deutschen Daten basiert, erscheint eine kurze Darstellung der Krankenhausplanung in Deutschland unerlässlich. Da die deutschen Besonderheiten im Kapitel der internationalen Krankenhausplanung möglicherweise untergegangen wären, wird ihnen im Folgenden ein gesondertes Unterkapitel gewidmet.

3.5.1 Entwicklung der Krankenhausplanung in Deutschland

Die Darstellung der Entwicklung der Krankenhausplanung in Deutschland bedarf eines eigenen Kapitels, da sich die Vorgehensweise stark von den oben genannten Methoden unterscheidet.

Die grundlegendste Veränderung in der Krankenhausplanung hat sich 1972 durch die Einführung des Krankenhausfinanzierungsgesetzes ergeben. Dabei stellt das Krankenhausfinanzierungsgesetz lediglich den Rahmen für die Krankenhausplanung und -finanzierung dar, welcher in den Landeskrankenhausgesetzen noch konkretisiert werden muss.[321] Göschel schreibt, dass sich in Deutschland die Methoden in der Krankenhausplanung bis zum Ende der 70-er Jahre dahingehend verändert haben, dass die Bestimmung des Bedarfs an Krankenhausversorgung nicht mehr nur durch allgemeine Zahlen der Inanspruchnahme erfolgte. Dies war insbesondere deshalb problematisch, weil dabei nicht berücksichtigt wurde, dass verschiedene Bevölkerungsgruppen unterschiedlich häufig eine Krankenhausversorgung in Anspruch nehmen. So weisen Frauen und ältere Menschen eine vergleichsweise höhere Inanspruchnahme auf, wohingegen Landwirte, Arbeiter und Bewohner kleinerer Gemeinden die gesundheitliche Versorgung durch ein Krankenhaus seltener, teilweise sogar zu selten in Anspruch nehmen.[322]

Die wesentlichste Veränderung der deutschen Krankenhausplanung der letzten 25 Jahre stellt laut Bruckenberger (1997) jedoch der Übergang von einer angebotsorientierten Krankenhausplanung der Länder in Form von standortbezogenen Abteilungs- und Bettenverteilungen[323] zu einer Steuerung der Leistungen über Vergütungsregelungen durch die Vertragsparteien Krankenhaus und Krankenkassen dar.[324] Der aktuelle Krankenhausplan in Sachsen-Anhalt stellt beispielsweise die erste Krankenhausplanung dar, die nicht mehr auf einer Bettenplanung beruht. Anstelle der Berechnung der Planbetten beschränkt sich das Land nur auf die Vorgabe der Rahmenbedingungen, indem es lediglich in Form eines Krankenhausrahmenpla-

[321] vgl. DKG (2002)
[322] vgl. Goeschel, (1979), S.40
[323] vgl. Bruckenberger (2000a)
[324] vgl. Bruckenberger (1997)

nes Klinikstandorte und deren Fachabteilungsstrukturen, Versorgungsstufen und Zentren festlegt.[325]

Seit 1985 müssen die Vertragsparteien, die das Jahresbudget der Kliniken aushandeln, die voraussichtliche Belegung der Krankenhäuser festlegen, also den tatsächlich zu versorgenden Bedarf und damit die am Bedarf orientierte Bettenzahl.[326] Während von dieser Möglichkeit in der Vergangenheit jedoch nur wenig Gebrauch gemacht wurde, gewinnt die Mengenplanung in den Budgetverhandlungen seit Einführung der DRGs zum 1.1.2004 (s.u.) massiv an Bedeutung. Die Krankenhausplanung der Länder ist dadurch nicht abgeschafft, verliert aber zunehmend an Einfluss. Dies zeigt sich daran, dass das Bundesland zwar weiterhin die Bettenzahl festlegt, für die das Krankenhaus gemäß § 8 Krankenhausfinanzierungsgesetz (KHG) einen jährlichen Zuschuss erhält,[327] dass nicht belegte Betten aber langfristig aus dem Krankenhausplan gestrichen werden können. Dies ergibt sich dann, wenn die Betten über mehrere Jahre hintereinander nicht ausgelastet werden[328], weil sich die Vertragsparteien gemäß § 18 KHG auf eine zu geringe Fallzahl geeinigt haben um damit die mit dem Land vereinbarten Bettenzahlen auch tatsächlich auszulasten. Dieser Effekt wirkt für Bettenzahlsteigerungen umgekehrt gleichermaßen, so dass es zwar eine Landesplanung gibt, diese aber regelmäßig durch die Verhandlungsergebnisse ausgehebelt werden kann.[329] Damit wird die Leistungsplanung in steigendem Maße von den Vertragsparteien beeinflusst, während die Länder nur noch eine Rahmenplanung vornehmen und wenige Grunddaten wie z.B. Standorte und Fachabteilungen vorgeben.[330]

Der soeben beschriebene Mechanismus führt außerdem dazu, dass es immer wieder gelingt, eine Aufnahme in den Krankenhausplan entgegen der Landesplanung zu erzwingen. Sobald nämlich ein zwar zugelassenes, jedoch nicht in den Krankenhausplan aufgenommenes Krankenhaus (oder eine Abteilung) Leistungen anbietet, die regelmässig im Rahmen von Einzelfallregelungen nach § 7 Nr. 2 KHEntgG von den Krankenkassen vergütet werden, kann es nach einer gewissen Zeit den „offensichtlichen" Bedarf anhand der Fallzahlen nachweisen und so die Aufnahme des Krankenhauses oder der Abteilung in den Krankenhausplan verlangen.[331] Gleichzeitig führte diese Entwicklung auch dazu, dass vermindert Tageskliniken und tagesklinische Betten entstanden. In Deutschland konnten diese durch bewusste Patientensteuerung lange verhindert werden, da die Vertragsparteien nur von den tatsächlichen

---

[325] vgl. Fleischer, P. (2004)

[326] vgl. Bruckenberger (2000a)

[327] Eine Aufzählung der im Rahmen der pauschalen Förderung von den einzelnen Bundesländern bezahlten Beträge von 1972-1998 findet sich bei Bruckenberger (1999), was inhaltlich zur Investitionsfinanzierung gehört, kann bei der DKG (2002) nachgelesen werden

[328] vgl. Ministerium für Frauen, Jugend, Familie und Gesundheit des Landes Nordrhein-Westfalen (2002)

[329] vgl. Bruckenberger (2000a)

[330] vgl. Bruckenberger (2000a)

[331] Der Autor hat im Rahmen seiner Tätigkeit als Budgetverhandler für die Krankenkassen mehrfach solche Effekte beobachten können.

Belegungen der Vergangenheit ausgehend planen konnten. Da sehr frühe Entlassungen offensichtlich nicht möglich seien, bräuchte man auch keine tagesklinischen Betten."[332] Die Betrachtung der jeweiligen Verweildauer zeigte dabei, dass es viele 1 bis 2-Tages-Fälle gab, die immer wieder als Hinweis auf nicht notwendige Krankenhauseinweisungen gelten. Wenige Patienten mit einer Verweildauer von 3-4 Tagen zeigen wiederum, dass es in den betreffenden Abteilungen eigentlich kaum Patienten mit kurzen Verweildauern gibt, wenn darüber hinaus wieder mehr Patienten mit einer längeren Verweildauer vorhanden sind. Dies kann zumindest als ein Indiz für eine bewusste Steuerung herangezogen werden. Mayew und Bowen beschreiben dagegen 1984, dass in England fast jedes Krankenhaus bereits über tagesklinische Betten verfügt und dass tagesklinische Betten von ihrer Ausrichtung her die stationären Betten ersetzen sollen.[333] Medizinisch hätte daher die Möglichkeit zur Bildung von tagesklinischen Betten auch in Deutschland schon bestehen müssen.

Diese obigen Ausführungen erklären, weshalb es aus Deutschland praktisch keine aktuellen Operations-Research-Ansätze für Krankenhausplanungsmodelle gibt. Ein ökonometrisches Modell könnte die Verhandlungsergebnisse in den einzelnen Krankenhäusern kaum antizipieren, und die Ergebnisse eines solchen Modells sind in den Budgetverhandlungen und in den sich bei Nichteinigung möglicherweise anschließenden Schiedsstellenverhandlungen nach § 19 BPflV[334] nur schwer gegen den Willen einer Partei umsetzbar, sofern sie nicht schlüssig und transparent vorgetragen werden.

3.5.2 Bundesverwaltungsgerichtsurteil

Die wohl bedeutendste Besonderheit der deutschen Krankenhausplanung liegt auch heute noch in einem Urteil des Bundesverwaltungsgerichts (BVG) von 1985 begründet.[335] Gemäß diesem Urteil ist als Bedarf in der Krankenhausplanung nur der „tatsächliche" und nicht der „durchschnittliche" oder gar „erwünschte" Bedarf anzusetzen.

Auf die Schwierigkeiten bei der Ermittlung des tatsächlichen „Bedarfs" ist bereits in Punkt 3.4.3.4 eingegangen worden. Insofern kann auch für Deutschland davon ausgegangen werden, dass die Ermittlung dieses Bedarfs durch Faktoren wie Morbiditäts- und Bevölkerungsentwicklungen und Entwicklungen des medizinischen Fortschritts nur sehr eingeschränkt möglich ist. Selbst wenn es eine Methode gäbe, die als geeignet angesehen würde, könnte das Ergebnis nach dem BVG-Urteil im Grunde genommen nicht Bestandteil einer bedarfsorien-

[332] Die Errichtung von Tageskliniken und tagesklinischen Betten war in der Zeit, in der der Autor Budgetverhandlungen mit den Krankenhäusern geführt hat, eines der kritischen Themen, über das in der Regel wie angegeben diskutiert wurde beziehungsweise werden musste. Mayhew und Bowen (1984) geben jedoch auch andere internationale Quellen an, die dies belegen.

[333] vgl. Mayhew/Bowen (1984)

[334] Bundespflegesatzverordnung

[335] BVerwG vom 14.11.1985, KHE 85.11.14, OVG Niedersachsen vom 15.12.1998, Az.: 11 L 6820/96

tierten Krankenhausplanung werden. Daher lässt sich nach Interpretation des BVG-Urteils nur anhand von Vergangenheitswerten ermitteln, welcher Bedarf tatsächlich existierte, weil nur dieser Bedarf als nachgewiesen anerkannt werden kann.

Für die Krankenhausplanung in Deutschland lässt sich daraus folgern, dass eine Standortplanung nicht durchgeführt werden kann, da ein modellhaft errechneter Standort – unabhängig davon, auf welche Weise er ermittelt wurde – nie einen „tatsächlich existierenden Bedarf" nachweisen könnte. Bei strenger Einhaltung des Urteils führt dies dazu, dass eine Umstrukturierung der Krankenhauslandschaft durch eine Krankenhausplanung der Länder kaum möglich ist, weil auch hierbei nur auf der Basis von „wünschbaren" oder „berechneten" Bedarfen, nicht aber auf der Basis des tatsächlichen Bedarfs geplant würde.

In der Krankenhausplanung in Deutschland spielt daher die Standortfrage faktisch keine Rolle. Ausnahmen gibt es hier nur, wenn es um die durch die Landesplanung erzwungene Schließung von ganzen Krankenhäusern geht. Die verschiedenen Planungsansätze, die im Folgenden analysiert und beschrieben werden, haben daher in der Regel keine Vorschläge für Standortveränderungen oder gar Stationsverlegungen gemacht. Lediglich Bruckenberger, der bis 2004 für die Krankenhausplanung in Niedersachsen zuständig war, macht in seinem Krankenhausplan für 2003 auch Vorschläge für Krankenhauszusammenlegungen, kann diese aber aus den genannten Gründen auch nicht durch Umsetzung im Krankenhausplan erzwingen.[336]

Das bedeutet jedoch nicht, dass es überhaupt keine neuen Standorte und keine Krankenhausschließungen geben kann. Schließlich ist der Mechanismus, dass Krankenhäuser oder Reha-Kliniken den Bedarf indirekt nachweisen, indem sie die Leistungen einfach anbieten und die Krankenkassen sie im Zuge von Einzelfallentscheidungen finanzieren, ein Mittel, auch neue Krankenhausstandorte zu etablieren.[337] Im Zuge der rückläufigen Krankenhausbelegungen[338] wird es zwar schwieriger, auf diese Weise Krankenhäuser oder Fachabteilungen neu zu etablieren, aber es gibt einzelne Beispiele dafür. Ebenso ist es auch in anderer Richtung möglich, Krankenhäuser, die aufgrund geringer Belegungen offensichtlich nicht mehr benötigt werden, zu schließen. Dies ist jedoch entsprechend dem bestehenden Gerichtsurteil nicht im Rahmen einer Krankenhausplanung möglich, sondern nur, wenn sich die Krankenhäuser beispielsweise aus ökonomischen Gründen selbst dazu entschließen.[330]

Es wird deutlich, dass eine Krankenhausplanung in Deutschland insbesondere aufgrund des Bundesverwaltungsgerichtsurteils anders aufgebaut ist als dies im Kapitel zur internationalen Krankenhausplanung beschrieben wurde. Für das Verständnis des in dieser Arbeit vorgestell-

---

[336] Niedersächsischer Krankenhausplan 2003
[337] § 108 Nr.3 SGB V
[338] Statistisches Monatsheft Baden-Württemberg 3/2005

ten Modells erscheint es jedoch notwendig, die praktische Krankenhausplanung in Deutschland näher zu betrachten.

3.5.3 Krankenhausplanung ist Ländersache

Die Krankenhausplanung gibt es in Deutschland nicht. Dies liegt insbesondere daran, dass das Krankenhausfinanzierungsgesetz (KHG) lediglich den Rahmen vorgibt, die konkrete Krankenhausplanung jedoch gemäß § 6 Abs. 1 Krankenhausfinanzierungsgesetz (KHG) Aufgabe der Bundesländer ist. Die Krankenhausplanung der Bundesländer zeichnet sich dabei durch sehr unterschiedliche Vorgehensweisen aus.[339] Das Interesse beziehungsweise die Notwendigkeit der Länder, die Krankenhausplanung aktiv zu gestalten, leitet sich insbesondere daraus ab, dass die Bundesländer sowohl bei vorhandenen Überkapazitäten als auch bei erkannten Unterversorgungen eingreifen müssen.

Allerdings befinden sich die Länder in einem Interessenkonflikt. Einerseits haben sie den Sicherstellungsauftrag für die Krankenhausversorgung und müssen ausreichende Krankenhauskapazitäten bereitstellen, sofern Unterversorgungen erkannt werden. Andererseits haben die Bundesländer ein rein finanzielles Interesse an der Krankenhausplanung. Dies ergibt sich daraus, dass im Rahmen der dualen Finanzierung die laufenden Kosten der Krankenhäuser von den Krankenkassen übernommen werden, während die Investitionen grundsätzlich von den Bundesländern getragen werden. Die Investitionsfinanzierung ist wiederum zum großen Teil an die Planbettenzahl gebunden. Daher versuchen die Länder, durch fortwährende Reduzierungen der Planbettenzahlen (von 1991 bis 2000 beispielsweise um ca. 15 %) ihre Ausgaben weiter zu reduzieren.[340] Angesichts der in verschiedenen Bundesländern zu erkennenden Überkapazitäten steht daher seit Mitte der 80-er Jahre im Zuge allgemeiner Reduktionen von Gesundheitsausgaben nicht der Sicherstellungsauftrag, sondern die Möglichkeit, durch Bettenzahlreduzierungen die knappen Mittel der Länder zu schonen, im Mittelpunkt des Interesses der Bundesländer. Abbildung 16 zeigt die Entwicklung der Bettenzahlen im Vergleich zu Fallzahl, Verweildauern und Fällen je 1.000 Einwohnern.

[339] vgl. hierzu insbesondere DKG (2002)
[340] vgl. Bruckenberger (2002a)

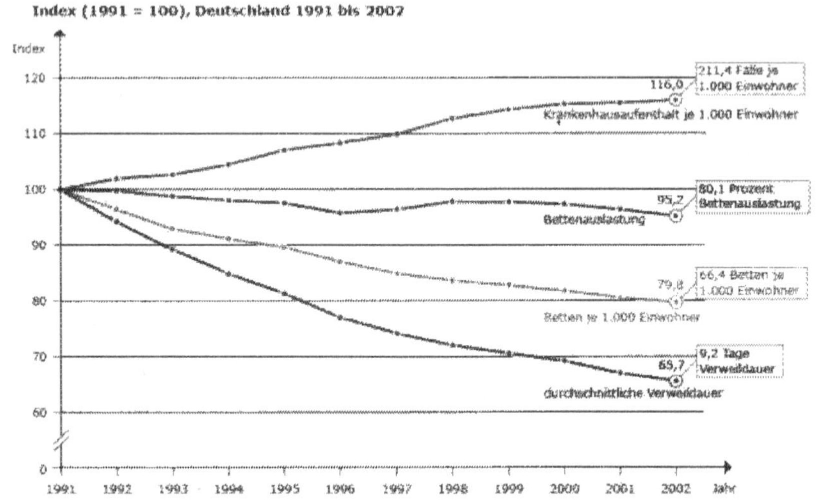

Abbildung 16: Entwicklung von Fallzahlen, Bettenzahlen Auslastungen und Verweildauern seit 1991
Quelle: Statistisches Bundesamt 2004

3.5.4 Vorgehensweise in der deutschen Krankenhausplanung

Die Krankenhausplanung in den einzelnen Bundesländern wird fast nie vom Ministerium allein durchgeführt. Neben den Ministerien beteiligen sich in der Regel Landeskrankenhausausschüsse, Landeskonferenzen und Regionalkonferenzen, die sich aus Beteiligten des Gesundheitswesens zusammensetzen. Die Vertreter der Krankenhausgesellschaften wie auch der Krankenkassen und ihrer Verbände sind häufig ebenfalls beteiligt.[341] In Nordrhein-Westfalen kommen noch Vertreter der Kommunen, der Kirchen sowie der privaten Krankenversicherungen hinzu.[342] Die endgültige Entscheidung trifft zwar das Ministerium selbst, jedoch werden die Beteiligten in Anhörungsrunden unterschiedlicher Planungsebenen nach ihren Ansichten befragt.[343]

Bei der Erstellung der Krankenhauspläne wird eine Vielzahl von Kriterien zugrunde gelegt, die an dieser Stelle nicht umfassend aufgeführt werden können. Um jedoch die Komplexität der Erstellung eines Krankenhausplanes zu verdeutlichen, werden alle Faktoren angegeben, die laut DKG (2002) in den Bundesländern Berücksichtigung finden:

[341] vgl. DKG (2002)
[342] vgl. Ministerium für Frauen, Jugend, Familie und Gesundheit des Landes Nordrhein-Westfalen (2002)
[343] vgl. DKG (2002)

- In einigen Ländern wird nach Versorgungsstufen unterschieden
- Zahl der Planbetten
    1. je Krankenhaus
    2. je Fachrichtung
    3. je Region
- Entwicklung der Bevölkerungszahlen (häufig mit Trendextrapolationen)
- Bevölkerungsstruktur
- Krankenhaushäufigkeit
- Verweildauer
- Bettennutzungsgrad
- Vor- und nachstationäre Leistungsangebote
- Zahl der Tagesklinikplätze sowie Plätze für ambulante Operationen und medizinische Großgeräte
- Versorgungsregionen wurden in einigen Ländern unterschieden
- Patientenwanderungen zum Teil nur über die Bundeslandesgrenzen hinaus, zum Teil jedoch auch auf „feinerer" Basis.
- Kooperationen mit den Nachbarbundesländern wurden nur zwischen Berlin und Brandenburg sowie zwischen Hamburg und Schleswig-Holstein vereinbart.
- Trägervielfalt wird überall gemäß § 1 KHG beachtet
- Zum Teil wurde parallel auch die Investitionsplanung durchgeführt.
- Befragungen medizinischer Experten.

Sehr häufig spielen auch die normativen Auslastungswerte eine große Rolle, die mit einigen Ausnahmen um die 85 % liegen. Die normativ festgelegte aggregierte Auslastung unterhalb von 100 % hat dabei die Funktion, unvermeidbare Auslastungsschwankungen abfangen zu können. Da die nicht planbaren Fälle jedoch je Fachabteilung sehr stark variieren, wird hier in den Bundesländern mit sehr unterschiedlichen Werten gearbeitet. Diese schwanken jedoch alle grob um einen Wert von 85 % herum.[344]

3.5.5 Gutachten

Eine weitere Möglichkeit zur Unterstützung der Krankenhausplanung liegt darin, Gutachten bei Unternehmensberatungen oder wissenschaftlichen Instituten in Auftrag zu geben. Diese sollen im Folgenden näher untersucht werden, da durch die Darstellung der Vorgehensweise in den Gutachten der Stand der Krankenhausplanung in Deutschland transparenter wird, als das in den einzelnen Krankenhausplänen der Fall ist. Letztere beschränken sich zumeist auf die Präsentation der Ergebnisse und geben nur wenig zusätzliche Informationen preis. Die Analyse beschränkt sich dabei auf zwei Gutachten aus Nordrhein-Westfalen aufgrund der besonderen Beziehung zwischen eben diesen sowie auf ein Gutachten aus dem Saarland, das sich durch eine besondere Herangehensweise auszeichnet.

Das Gutachten des IGSF, Institut für Gesundheits-System-Forschung GmbH in Kiel, wurde von der Arbeitsgemeinschaft der Verbände der Krankenkassen in Westfalen-Lippe in Auftrag gegeben, um die Möglichkeiten einer Neustrukturierung der Krankenhausversorgung in

Westfalen-Lippe zu analysieren. Die Untersuchung umfasste 240 Krankenhäuser, von denen 170 in ländlichen Gebieten lagen, und fand in zwei Phasen statt. Zunächst wurde der Bedarf an zukünftigen Betten nach Fachgebieten und Regierungsbezirken ermittelt und anschließend verschiedene Vorschläge zur Neustrukturierung der Krankenhausversorgung in Westfalen-Lippe erarbeitet.

Ein weiteres Gutachten für Nordrhein-Westfalen, diesmal jedoch für ganz Nordrhein-Westfalen, wurde im Auftrag der Krankenhausgesellschaft und der Ärztekammern Nordrhein und Westfalen-Lippe von Basys/I+G erstellt. Dieses Gutachten kann als „Gegengutachten" zum IGSF-Gutachten gesehen werden. Dies wird unter anderem daran deutlich, dass die Krankenhäuser, vertreten durch die Krankenhausgesellschaft, selbst Auftraggeber waren. Somit standen Basys/I+G auch Daten von den Krankenhäusern zur Verfügung, so dass die Voraussetzungen für eine Untersuchung besser waren als im Gutachten des IGSF.

Der Krankenhausplan Nordrhein-Westfalens wurde nach Beendigung der beiden vorgenannten Gutachten erstellt, so dass vermutlich beide Gutachten diesen beeinflusst haben beziehungsweise dies sollten. Es wird im Krankenhausplan Nordrhein-Westfalens schließlich auch auf beide Gutachten Bezug genommen, jedoch nicht dargestellt, inwieweit man sich von ihnen hat leiten lassen.[345]

Ein weiteres Gutachten wurde von der GS$_b$G, Gesellschaft für Systemberatung im Gesundheitswesen, Kiel, erarbeitet. Das Gutachten prognostiziert die Bettenkapazitäten für das Saarland und berücksichtigt dabei die zu erwartenden Veränderungen durch die seit dem 1.1.2003 mögliche und seit dem 1.1.2004 zwingend vorgeschriebene Abrechnungen von DRGs (AR-DRG).

Da diese Gutachten inzwischen mehr als eine Art Sonderform der deutschen Krankenhausplanung darstellen, werden sie ausführlicher in die folgene Analyse einbezogen. Tabelle 16 fasst daher noch einmal die Besonderheiten der drei Gutachten zusammen.

	IGSF	**Basys / I&G**	**GS$_b$G**
Auftraggeber	• Arbeitsgemeinschaft der Verbände der Krankenkassen in Westfalen-Lippe	• Krankenhausgesellschaft und Ärztekammern Nordrhein und Westfalen-Lippe	• Saarland
Planungsgebiet	• Westfalen-Lippe (teilweise)	• Nordrhein-Westfalen	• Saarland
Aufgabe	• Bedarfsermittlung • Neustrukturierung	• Bedarfsermittlung • Neustrukturierung	• Bedarfsermittlung • Neustrukturierung
Datengrundlage	• Daten aus der Leistungs- und Kalkulationsaufstellung der Krankenhäuser • Krankenhausinterne Daten	• Krankenhausinterne Daten, insb. Befragung der Krankenhäuser • Externe Daten aus: 1. Bundesgesundheitssurvey 1998 2. Healthcare Access Panel • KGNW-Daten	• detaillierte patientenbezogene Daten gemäß § 301 SGB V • Daten aus anderen Bundesländern (Benchmarking)

[344] vgl. Eichhorn (1975)
[345] vgl. Ministerium für Frauen, Jugend, Familie und Gesundheit des Landes Nordrhein-Westfalen (2002)

Methoden	• Hill-Burton als Grundlage • Planung nach einzelnen Versorgungsgebieten • Logarithmische Trendextrapolationen	• Morbidität als Grundlage • Einfluss der Demographie • Planung nach einzelnen Versorgungsgebieten	• Leistungsplanung in verschiedenen Stufen • Benchmarking
Ergebnis	• Zu erwartende Veränderungen und Einflussgrößen je Fachabteilung • Prognosewerte für die Verweildauer	• Zu erwartende Veränderungen von Fachabteilung und vollstationären Pflegetagen	• Zu erwartende Veränderungen von Fachabteilung und vollstationären Pflegetagen

Tabelle 16: Gutachten zur Krankenhausplanung
Quelle: Eigene Darstellung

Unabhängig davon, ob die Länder die Krankenhausplanung selbst oder mit Unterstützung von Gutachten vornehmen, wird die konkrete Vorgehensweise in der Regel nicht detailliert veröffentlicht. Daher müssen sich die folgenden Ausführungen auf das beschränken, was bezüglich der Krankenhausplanung öffentlich zugänglich ist.

3.5.6 Zielsetzung

„Der eigentliche Zweck des Krankenhausfinanzierungsgesetzes (KHG) ist nicht die Planung von Krankenhauskapazitäten, sondern die wirtschaftliche Sicherung der Krankenhäuser (vgl. § 1 KHG) mit Hilfe einer Mittelverwendungsplanung in Form der Investitionsprogramme als Folge der dualistischen Finanzierung.“[346] Der im Zusammenhang mit der dualistischen Finanzierung von den Ländern zu tragende Teil hat sich jedoch angesichts der finanziellen Situation der Länder im Zeitraum von 1973 bis 2002 von durchschnittlich 17 % auf mittlerweile durchschnittlich 9 % reduziert.

Die Länder müssen jedoch unabhängig davon die Bedarfsdeckung gewährleisten und die Wirtschaftlichkeit erst danach betrachten. Krankenhausschließungen aus wirtschaftlichen Gründen sind daher nur statthaft, wenn der Bedarf weiterhin gedeckt ist. Ebenso ist es erst dann möglich, ein wirtschaftlicheres Krankenhaus einem unwirtschaftlicheren vorzuziehen, wenn die Kapazitäten den Bedarf überschreiten, wobei selbst dann noch die Erhaltung der Trägervielfalt gemäß § 1 KHG zu beachten ist. Die Wirtschaftlichkeit ist somit nicht als eine absolute Größe zu sehen, sondern als eine Größe, die erst im Vergleich zu den Krankenhäusern der Region Bedeutung erlangt.[347] Dies führt dazu, dass die Krankenhausplanung in Deutschland und damit auch das in dieser Arbeit vorgestellte Modell die regionale Sichtweise berücksichtigen müssen. Darüber hinaus sei darauf hingewiesen dass – wie oben bereits erläutert – eine qualitätsorientierte Krankenhausplanung kaum möglich ist, so dass die Qualität in der Krankenhausplanung lediglich über Mindestfallzahlen oder Richtwerte für Stationsgrößen eine Rolle spielt.

[346] Bruckenberger (2002a)
[347] vgl. Ministerium für Frauen, Jugend, Familie und Gesundheit des Landes Nordrhein-Westfalen (2002)

Die Zielsetzung des IGSF-Gutachtens bestand nun darin, eine bedarfsgerechte Versorgung der Bevölkerung mit Krankenhäusern zu gewährleisten. Dies impliziert zunächst, sowohl Über- als auch Unterversorgungen zu beseitigen. So wurde beispielsweise im Intensivbereich darauf hingewiesen, dass partielle Unterversorgungen und damit zusätzliche Bettenbedarfe bestehen. Außerdem sollten bei Feststellung von Überkapazitäten Vorschläge für einen Bettenabbau vorgelegt werden, mit denen sowohl die Erreichbarkeit als auch die Trägervielfalt gewahrt werden konnten.[348]

Ein wesentliches Ziel der Studie von Basys/I+G war neben der Berücksichtigung des stationären Bereichs auch die Betrachtung des Umfeldes eines Krankenhauses. So sollten neben dem Gesundheitszustand der Bevölkerung auch externe Daten der Krankenhäuser in die Untersuchung einfließen, da die internen Daten der Krankenhäuser lediglich das tatsächlich behandelte Patientenspektrum, jedoch nicht den realen Bedarf wiedergeben können. Deutlich wird dies insbesondere daran, dass in krankenhausinternen Daten in der Regel Warteschlangen nicht berücksichtigt werden. Darüber hinaus sollte auch dieses Gutachten strukturelle Maßnahmen vorschlagen. Eine Besonderheit der Studie lag darin, dass darauf geachtet wurde, dass die 16 Regionen des Landes Nordrhein-Westfalen selbst in der Lage sein sollten, wenigstens alle örtlichen und überörtlichen Leistungen anbieten zu können.[349] Aus diesem Grund wird auch im Krankenhausplan von Nordrhein-Westfalen festgelegt, dass neben der Wirtschaftlichkeit auch insbesondere die Erreichbarkeit und die Trägervielfalt zu beachten sind.[350]

Im GS_bG-Gutachten (2000) wird herausgestellt, dass man keine Bettenplanung sondern eine Leistungsplanung angestrebt hat. Leistungen sind in diesem Zusammenhang die Diagnosebezogenen Gruppen (DRGs) Darüber hinaus sollte keine normative Bettenplanung auf Einzelkrankenhausbasis, sondern eine Planung auf höherer Ebene durchgeführt und dann auf regionaler Ebene konkretisiert werden. Letztendlich wollte die Studie noch die Leistungsfähigkeit der besten 25 % der Krankenhäuser in die Krankenhausplanung einfließen lassen, um zeigen zu können, wie sich die Bettenbedarfe entwickeln würden, wenn alle Krankenhäuser eine Leistungsfähigkeit auf diesem Niveau erreichen würden. Das Gutachten spricht in diesem Zusammenhang von der Entwicklung „innovativer Patientenkarrieren".[351]

3.5.7 Datengrundlage

Für die Krankenhausplanung in Deutschland spielt die im Jahre 1990 in Kraft getretene Bundeskrankenhausstatistikverordnung (KHStVO) eine große Rolle, obwohl ihr Potential für

348 vgl. IGSF (2000)
349 vgl. Basys/I+G (2000)
350 vgl. Ministerium für Frauen, Jugend, Familie und Gesundheit des Landes Nordrhein-Westfalen (2002)
351 vgl. GS_bG (2000)

die Krankenhausplanung nicht vollständig genutzt werden kann. Auf Basis dieser Verordnung werden zahlreiche patientenbezogene Daten gesammelt, wie z.B. auch Diagnosen und Operationen. Diese dürfen jedoch zum Teil zwar wissenschaftlich, jedoch nicht von den Landesbehörden zu Planungszwecken verwendet werden, um mögliche Rückschlüsse auf einzelne Personen zu verhindern.

Im Krankenhausplan des Landes Nordrhein-Westfalen für 2001 wird daher ausdrücklich bedauert, dass durch das Verbot der Verwendung patientenbezogener Daten keine Wanderungsstatistik mehr erstellt werden konnte. Die Herkunft der Patienten und damit ihre „Wege" in die Krankenhäuser durften nicht mehr nachvollzogen werden. Es konnte lediglich über die Veränderung der Pflegetagevolumina indirekt ermittelt werden, wo Wanderungsgewinne und Wanderungsverluste durch Patientenflüsse entstehen. Vergangenheitsbezogene Daten gewannen damit an Wert, da hierin die tatsächlichen Wanderungsbewegungen (der Vergangenheit) berücksichtigt sind. Immerhin wurden laut Krankenhausstatistikverordnung seit über 10 Jahren Daten wie Krankenhaushäufigkeit, Verweildauer oder Bettennutzung gesammelt, so dass hierüber inzwischen Zeitreihen in angemessener Qualität verfügbar sind.[352] Das Fehlen entsprechender Wanderungsstatistiken kann damit aber nur unzureichend kompensiert werden.

Die Gutachten sind von dieser Beschränkung zunächst einmal nicht betroffen. So konnte das IGSF sogar auf Daten aus der Leistungs- und Kalkulationsaufstellung der Krankenhäuser zurückgreifen, welche bis zur Einführung der DRGs verwendet wurden und normalerweise nur den Vertragsparteien in den Budgetverhandlungen zur Verfügung standen.[353] Diese Vorgehensweise des IGSF (2002) wurde sogar im Krankenhausplan von Nordrhein-Westfalen gesondert erwähnt und zu Recht kritisiert, weil zwischen der LKA-Systematik und den tatsächlichen Kosten eines Krankenhauses eine vollständige Entkopplung herrschte.[354]

Das Budget der Krankenhäuser sollte schließlich keine Kostendeckung garantieren, sondern eine wirtschaftliche Betriebsführung auch im Vergleich zu anderen Häusern gewährleisten. Unwirtschaftliche Häuser sollten durchaus Verluste machen. Da das IGSF (2002) sein Gutachten jedoch auf Basis der LKA-Daten und der daraus errechenbaren „Fallkosten" erstellt hat, fanden die Ergebnisse wenig Akzeptanz,[355] obwohl alle dem Landesamt für Datenverarbeitung und Statistik des Landes Nordrhein-Westfalen zur Krankenhausversorgung vorliegenden Daten aggregiert ausgewertet werden konnten.

[352] vgl. Ministerium für Frauen, Jugend, Familie und Gesundheit des Landes Nordrhein-Westfalen (2002)
[353] vgl. Ministerium für Frauen, Jugend, Familie und Gesundheit des Landes Nordrhein-Westfalen (2002)
[354] vgl. allgemein auch Tuschen/Philippi 2000
[355] vgl. Ministerium für Frauen, Jugend, Familie und Gesundheit des Landes Nordrhein-Westfalen (2002), DKG (2002)

Das IGSF bezeichnet sein Verfahren als „komplexes Bewertungsverfahren", da umfangreiches Datenmaterial eingeflossen ist. Die Art und Weise, in der diese Daten verknüpft wurden, wird auszugsweise im Anschluss an das Gutachten in Tabellen wiedergegeben. Die verwendeten Bevölkerungszahlen wurden aus Prognosen des Bundes bis zum Jahr 2005 entnommen, die Krankenhaushäufigkeit aus der Diagnosestatistik nach Altersgruppen ermittelt. Bei der Analyse des Einflusses des medizinischen Fortschritts auf die Entwicklung der Fallzahlen wurde auf das Gutachten des Sachverständigenrates für die Konzertierte Aktion im Gesundheitswesen sowie auf Delphi-Befragungen nationaler und internationaler Experten zurückgegriffen. Dabei wurden zwar auch Trends einbezogen, die im Ergebnis jedoch offensichtlich nicht bis zur Entscheidungsreife durchkalkuliert wurden.[356] Dies äußert sich in folgender Formulierung: „Generell können die zu erwartenden Entwicklungen in der Medizin den Bedarf an Krankenhausbetten sowohl verringern als auch erhöhen."[357]

In die Studien von Basys/I+G flossen die Ergebnisse verschiedener Untersuchungen ein. So verwendete man die Ergebnisse des Bundesgesundheitssurveys 1998, der mit 7.000 Personen der Wohnbevölkerung Deutschlands durchgeführt wurde, und dem Healthcare Access Panel, das die I+G 1998 und 1999 erstellt hat. Letzterer basierte auf einer Stichprobe von 78.600 Personen. Der Bundesgesundheitssurvey zeigte Zwölf-Monats- und Lebenszeitprävalenzen, das heißt die Krankheitsbelastung der befragten Personen in den letzten 12 Monaten beziehungsweise des gesamten Lebens.[358] Dadurch war es möglich, die Krankheitsbelastung der Bevölkerung anhand ausgewählter Gesundheitsmerkmale im Vergleich zu anderen Bundesländern zu betrachten und somit die Krankenhaushäufigkeit in Nordrhein-Westfalen relativ zur Krankheitsbelastung der Gesamtbevölkerung zu betrachten. Dies stellt methodisch einen wesentlichen Schritt dar, um sich dem tatsächlichen Bedarf der Bevölkerung an Gesundheitsleistungen anzunähern.

Die Basys/I+G-Studie basiert darüber hinaus auf einer Befragung der Krankenhäuser. Sie wurde als zweite Studie *nach* dem IGSF-Gutachten erstellt und die Fragebogen mit ausdrücklicher Unterstützung der Krankenhausgesellschaft Nordrhein-Westfalens versandt. Allerdings müssen zumindest diese Ergebnisse in Frage gestellt werden, da die Expertenbefragung nur auf Experten (also zum großen Teil Krankenhausärzte) des Landes Nordrhein-Westfalen beschränkt wurde, wodurch es jedoch laut Basys/I+G aufgrund der persönlichen Betroffenheit zu einer intensiveren Mitarbeit kam, als das bei Experten anderer Bundesländer gewesen wäre. Des Weiteren wurden verschiedene Sonderauswertungen vom Landesamt für Datenver-

---

356 vgl. IGSF (2000)
357 IGSF (2000)
358 Die Prävalenz einer Krankheit gibt die Anzahl der Erkrankten je 100 Personen in einer Population in einem definierten Zeitraum an.

arbeitung und Statistik durchgeführt und die Krankenhausdatei der Krankenhausgesellschaft Nordrhein-Westfalen einbezogen.[359]

Dem GS_bG-Gutachten liegen detaillierte patientenbezogene Daten zugrunde, die im Wesentlichen auf Daten gemäß § 301 SGB V basieren. Darüber hinaus waren Daten aus anderen Bundesländern bezüglich Verweildauern verfügbar. Diese dienten insbesondere der Durchführung eines Benchmarking. Das Benchmarking soll dazu beitragen, eine leistungsorientierte Krankenhausplanung sicherzustellen. Aus diesem Grund wird jedes Krankenhaus oder jede Versorgungslösung an den jeweils besten vorhandenen Möglichkeiten gemessen. Für den Vergleich werden alle Krankenhäuser eines Landes berücksichtigt. Als Benchmarking-Richtwert wird im Gutachten die Leistung der besten 25 % der Krankenhäuser zugrunde gelegt und angenommen, dass jedes andere Krankenhaus dieses Niveau ebenfalls erreichen kann. Letztendlich sollen der Leistungsvergleich und die Orientierung an den Besten auch dazu führen, die Qualität in der Gesundheitsversorgung zu erhöhen.

3.5.8 Methoden

Die Methodik der Krankenhausplanung in Deutschland ist – wie bereits angedeutet – durch die Entwicklung von der konkreten Vorgabe der Bettenzahlen auf Einzelkrankenhausebene zu einer Rahmenplanung gekennzeichnet.[360] Die Rahmenvorgaben, die die Vorgaben für die notwendigen Versorgungsangebote nach Art, Zahl und Qualität sowie regionaler Verteilung festlegen, müssen jedoch immer vor Ort konkretisiert werden.[361] Dabei ist schwer zu ergründen, bis zu welcher Ebene noch seitens der Länder geplant wird und was bereits unter die regionale Planung fällt. Zwar wird im Krankenhausplan von Nordrhein-Westfalen für 2001 wie auch im Basys/I+G-Gutachten von 16 verschiedenen Versorgungs*gebieten* ausgegangen, für die geplant wird, jedoch ist offen geblieben, was eine „Region“ im Sinne der regionalen Planung ausmacht.[362]

Genauer definiert sind da schon die Entfernungen, die die Bewohner eines Gebietes maximal zu einem Krankenhaus zurückzulegen haben. Die geforderte Wohnortnähe umfasst demnach einen Stadtteil oder eine kreisangehörige Gemeinde, während über die Wohnortnähe hinaus Kreis und kreisfreie Stadt gemeint sind.[363] Im Landesplan von Nordrhein-Westfalen wird der Rahmen der Planung ausdrücklich festgelegt, indem die maximale Entfernung auf 15-20 km festgelegt wurde. Das heißt, jeder Einwohner sollte in 15-20 km ein Krankenhaus erreichen können, sofern nicht aufgrund verkehrsinfrastruktureller Bedingungen eine kürzere Distanz

[359] vgl. Basys/I+G (2000)
[360] vgl. GS_bG (2000)
[361] vgl. Ministerium für Frauen, Jugend, Familie und Gesundheit des Landes Nordrhein-Westfalen (2002), Bruckenberger (2002a), GS_bG (2000)
[362] vgl. Ministerium für Frauen, Jugend, Familie und Gesundheit des Landes Nordrhein-Westfalen (2002)
[363] vgl. Basys/I+G (2000)

angemessen ist, um eine angemessene Reisezeit (vgl. Kapitel 2.1.1.2) zu gewährleisten.[364] Schließlich kann sich die Entfernung bei einigen Krankheiten oder Operationen auch auf die Ergebnisqualität auswirken.[365]

Eine der am längsten und am häufigsten verwendeten Methoden ist – wie schon angesprochen – die Hill-Burton-Formel. Sie wird in vielen Bundesländern noch immer zur Krankenhausplanung verwendet (vgl. Tabelle 11). Auch das IGSF-Gutachten arbeitet unter anderem mit der Hill-Burton-Formel. Bekanntermaßen wurde die Formel häufig kritisiert, zum Beispiel weil die Verweildauer und der aggregierte Auslastungsgrad, also die wesentlichen Größen der Hill-Burton-Formel, wenig aussagefähig seien.[366] Aus diesem Grund wird die Formel ohne Anpassungen oder Erweiterungen nur noch selten angewendet. Auch in den Gutachten wurden zahlreiche alternative beziehungsweise ergänzende Methoden entwickelt. So wird die Hill-Burton-Formel im Basys/I+G-Gutachten durch die Berücksichtigung von für die Zukunft prognostizierten Bedarfsdeterminanten Krankenhaushäufigkeit, Verweildauer[367], Zahl der zu versorgenden Bevölkerung und einer normativ festgelegten aggregierten Auslastung erweitert.

Außerdem wurde in allen Gutachten also auch letztlich im Krankenhausplan nach unterschiedlichen Versorgungsstufen (örtlich, überörtlich und überregional) unterschieden. Im Basys/I+G-Gutachten wurde auch noch zwischen Basis- und Spezialleistungen[368] und im GS_bG-Gutachten zwischen Basis-, Schwerpunkt- und Spezialleistungen differenziert, auf deren konkrete Unterscheidung jedoch später noch kurz eingegangen werden soll.

Eine weitere an Hill-Burton erinnernde Methode der Krankenhausplanung ist die Unterteilung des gesamten Planungsgebietes in einzelne Versorgungsgebiete, für die jeweils geplant wird. Diese Methode wird sowohl im IGSF- als auch im Basys/I+G-Gutachten verwendet. Dabei ist anzumerken, dass in der IGSF-Studie vom Standort der Behandlung, nicht vom Wohnort der Patienten ausgegangen wurde. Dadurch könnte jedoch der Eindruck entstehen, dass die Fallzahl je X Einwohner in Regionen, in denen sehr spezialisierte Leistungen erbracht werden, deutlich höher ist, weil die Patienten zum Teil aus weiter entlegenen Gebieten kommen.[369] Die Basys/I+G-Studie geht aus diesem Grund von den Wohnorten der Patienten aus, die sie auf die 16 Gebiete Nordrhein-Westfalens aufgeteilt haben. In der Studie konnten dadurch Patientenflüsse (auch fachabteilungsbezogen) zwischen diesen Gebieten abgebildet werden, die zum Teil beachtliche Dimensionen annehmen.[370] Darüber hinaus wird in der

364 vgl. Ministerium für Frauen, Jugend, Familie und Gesundheit des Landes Nordrhein-Westfalen (2002)
365 vgl. Bruckenberger (2003)
366 vgl. Basys/I+G (2000)
367 gemäß Trendanalyse und Weiterentwicklung der Medizin angepasst
368 vgl. Basys/I+G (2000)
369 vgl. IGSF (2000)
370 vgl. Basys/I+G (2000)

Basys/I+G- Studie auch veröffentlicht, wie die regionale Aufteilung vorgenommen wurde, was im IGSF-Gutachten weitgehend unklar bleibt.

Eine spezielle Methode des IGSF ist die Ermittlung der Prognosewerte für die Verweildauer mit Hilfe von logarithmischen Trendextrapolationen. Dabei wird darauf hingewiesen, dass Ungenauigkeiten entstehen können, insbesondere wenn der Planungszeitraum lang, jedoch der Zeitraum, aus dem die Daten zur Trendextrapolation gezogen werden, kurz ist.[371] Letztendlich bleibt die dargestellte Methode des IGSF unbefriedigend, weil aus allen genannten Parametern jeweils eine Schätzung der zu erwartenden Pflegetage vorgenommen werden muss. Wie genau die Ergebnisse ermittelt wurden und welche Gewichtungen dabei vorgenommen wurden, bleibt unklar.[372]

Die Methodik der Basys/I+G –Studie ist durch die Berücksichtigung des institutionellen Rahmens, also der Einbindung der Krankenhäuser in das Gesamtsystem, zu dem auch der niedergelassene Bereich, das ambulante Operieren, Auswirkungen der integrierten Versorgung und der Telekommunikation gehören, gekennzeichnet. So konnte dadurch festgestellt werden, dass in Regionen mit einer hohen Arztdichte die Krankenhaushäufigkeit deutlich geringer ist als in Regionen mit niedriger Arztdichte.[373]

Eine Besonderheit des GS_bG-Systems ist, dass die Studie in verschiedenen Stufen verläuft. Zunächst werden die ambulanten Substitutionspotentiale analysiert, Verweildaueranalysen sowie eine Analyse der Morbiditätsentwicklung durchgeführt und anschließend das bereits angesprochene Benchmarking vorgenommen, das auch Erfahrungswerte anderer Bundesländer beinhaltet. Dabei stellen die Gutachter heraus, dass noch vor Einführung der Fallpauschalen die Leistungen der Krankenhäuser so umstrukturiert wurden, dass ein Benchmarking auf deren Basis ermöglicht wurde. In diesem Zusammenhang wurden die Leistungen in Basisleistungen (erbringen 60 % und mehr aller zugehörigen Krankenhausabteilungen), Schwerpunktleistungen (erbringen mehr als 10 % und weniger als 60 % der Krankenhausabteilungen) und Spezialleistungen (erbringen 10 % oder weniger der Krankenhausabteilungen) unterteilt. Darüber hinaus wollte die Studie die sich abzeichnenden Änderungen der Patientenpfade nachvollziehen beziehungsweise aktiv gestalten. Im Weiteren wurden 23,2 % aller Fälle als Schweregradpatienten definiert und aus der Benchmarkanalyse herausgenommen. Demgegenüber wurden beispielsweise für die Innere, die Chirurgie und die Gynäkologie und Geburtshilfe auch Patienten, die einen Wohnort außerhalb der Region hatten, einbezogen.[374]

Allen Methoden gemein ist aber, dass es dem Leser der Gutachten beziehungsweise der Krankenhauspläne nicht möglich ist, die Ergebnisse konkret und auf das einzelne Haus

---

[371] vgl. IGSF (2000)
[372] vgl. IGSF (2000)
[373] vgl. Basys/I+G (2000)
[374] vgl. GS_bG (2000)

bezogen nachzuvollziehen. Mit Hilfe der in Kapitel 3.4.5 schon angesprochenen Discrete-Event-Simulationen wäre es beispielsweise möglich, auf Basis einzelner, wenn auch nur simulierter Patienten nachzuvollziehen, wie sich aufgrund der Planungsergebnisse das Patientenverhalten verändern würde oder sollte. Dass dabei eine Simulation immer vereinfachende Annahmen treffen muss bleibt selbstverständlich unbenommen. Das Problem hatten aber die Gutachten durchweg auch zu bewältigen. Sie sind jedoch – das wurde in diesem Zusammenhang auch deutlich – sehr unterschiedlich damit umgegangen. Im Ergebnis bleibt festzustellen, dass die Akzeptanz der Modelle und Gutachten deutlich steigen würde, wenn die Wege zum Ziel transparenter gemacht würden. Das IGSF kommt dieser Forderung noch am nächsten.

3.5.9 Ergebnisse und deren Präsentation

Das IGSF hat für jedes Fachgebiet eine Tabelle aufgestellt, in der die relevanten Einflussgrößen mit ihrem aktuellen Stand, den zu erwartenden Veränderungen und den Annahmen, auf denen diese basieren, sowie mit der Prognose für das Jahr 2003 – das heißt dem Ende des Prognosezeitraums – angegeben werden. Sofern die umsetzende Landesbehörde mit verschiedenen Größen nicht einverstanden gewesen wäre, hätte sie Korrekturen an den Werten vornehmen und schließlich das Ergebnis gleich ablesen können. Darüber hinaus wurden vier Varianten gerechnet, um den Prognoseirrtum so gering wie möglich zu halten. Zwar wurden alle Varianten präsentiert, jedoch nur diejenige vorgeschlagen, die den höchsten Bettenbedarf nach sich zog. Außerdem wurden Vergleichswerte zu anderen Bundesländern präsentiert und mit einem 25 %-Perzentil auf Westfalen-Lippe umgerechnet. Anschließend wurden sie den von den Gutachtern gewählten Prognosen gegenübergestellt.

Die Auswertungen, die vom IGSF je Fachabteilung vorgestellt wurden, gliedern sich in der Regel folgendermaßen:

- Stand und bisherige Entwicklung des medizinischen Fortschritts
- Morbiditätsentwicklung
- Neue Vergütungs- und Behandlungsformen
- Entwicklung der Krankenhaushäufigkeit
- Entwicklung der Verweildauer
- Entwicklung der Pflegetage
- Entwicklung des Bettenbedarfs
- Zusammenfassende Darstellung.

Hervorzuheben ist hierbei, dass auch die Kosten aus Kassensicht berücksichtigt wurden, [375] denn Bruckenberger kritisiert, dass die meisten Untersuchungen ohne die Berücksichtigung von Kosten für die Krankenkassen arbeiten.[376] Auf die Herkunft und damit die Qualität der Daten wurde bereits verwiesen. Die Auswahlentscheidung, das heißt die Entscheidung darüber, welches Krankenhaus geschlossen werden soll, wird ebenfalls erläutert. Ein wichtiger Einflussfaktor für diese Entscheidung war dabei die Fallzahl des Krankenhauses beziehungsweise der Abteilung. So wurde davon ausgegangen, dass eine hohe Fallzahl tendenziell eine hohe Akzeptanz der Abteilung widerspiegelt. Diese Annahme wurde als noch bedeutender eingestuft als der rechnerische Bedarf, der sich aus der Einwohnerzahl im Einzugsgebiet ergeben hätte. Auch hier wurde also dem BVG-Urteil Rechnung getragen, da der „tatsächlich nachgewiesene Bedarf" höher bewertet wurde als ein rechnerischer. Außerdem wurde auf eine flächendeckende Verteilung der Krankenhäuser und die Trägervielfalt geachtet. Verschiedene Tabellen zeigen die Krankenhäuser oder die einzelnen Abteilungen, die zur Schließung vorgeschlagen wurden. Abschließend wurden auch Vorschläge für eine Zusammenlegung von Krankenhäusern gemacht. [377] Das zahlenmäßige Ergebnis beurteilen Schumacher und Brenn (2001) jedoch als „Streichliste der Kassen", da das Gutachten fordert, 38 Kliniken und 70 Fachabteilungen allein in Westfalen-Lippe zu schließen.[378] Das von Krankenkassen in Auftrag gegebene Gutachten sieht daher im Ergebnis die Notwendigkeit, starke Reduzierungen der Krankenhauskapazitäten vorzunehmen.

Die Ergebnisse des Basys/I+G-Gutachtens liefern eine Übersicht über die Veränderungen des Versorgungsbedarfs nach Diagnosehauptgruppen, nach den 16 Regionen und nach Fachgebieten. Damit werden die vollstationären Pflegetage je medizinischer Fachrichtung bis zum Jahr 2010 prognostiziert wiedergegeben. Außerdem enthält die Basys/I+G-Studie eine Tabelle zur Entwicklung der vollstationären Patiententage. Darin wird jedoch nicht transparent, welchen Einfluss die medizinische Entwicklung hatte, da in die Tabelle verschiedene Werte eingeflossen sind. Aus diesem Grund ist für die Bettenprognose bei unterschiedlichen Varianten stets diejenige Alternative gewählt worden, die den jeweils höheren Bettenbedarf nach sich gezogen hat. Gleichwohl ist auch diese Methode kritisch zu betrachten, weil neben der bereits erwähnten Befragung von Experten aus Krankenhäusern der Region auch die Krankenhäuser selbst befragt wurden, in welcher einzelnen medizinischen Fachrichtung sie Änderungen in den Bettenbedarfen sehen. Somit kann nicht ausgeschlossen werden, dass lediglich die bereits geplanten Bettenzahlanpassungen der Krankenhäuser in die Bettenprognose des Gutachtens eingeflossen sind. Schließlich wird noch auf die Entwicklung der institutionellen Rahmenbe-

[375] vgl. IGSF (2000)
[376] vgl. Bruckenberger (2002a)
[377] vgl. IGSF (2000)
[378] vgl. Schumacher/Brenn (2001)

dingungen und Auswirkungen der Fallpauschalen und der Qualitätssicherung in Form von medizinischen Leitlinien eingegangen.

Das Basys/I+G-Gutachten enthält eine Darstellung der Analyseergebnisse mit einer vergangenheitsbezogenen Präsentation der jeweiligen Besonderheiten bezüglich der behandelten Morbidität je Fachabteilung. Dabei unterscheidet die Studie zwischen behandelter und nicht behandelter Morbidität. Die behandelte Morbidität ist diejenige, die tatsächlich in den Krankenhäusern behandelt wurde; die nicht behandelte Morbidität spiegelt den Gesundheitszustand der Bevölkerung in den entsprechenden Regionen wider und muss daraufhin untersucht werden, ob das Angebot dem Bedarf gerecht wird. Bis auf ihre Bezeichnung unterscheidet sich diese Vorgehensweise jedoch nicht von derjenigen der anderen Gutachten. Darüber hinaus werden die Pflegetageentwicklungen häufiger mit Hilfe von Diagnosen präsentiert und die gebietsbezogenen Besonderheiten dargestellt. Die zukünftige Entwicklung jedes Fachgebietes einschließlich angrenzender Bereiche wie Rehabilitation und ambulanter sowie teilstationärer Leistungen wird ebenfalls skizziert. Zur Visualisierung wird insbesondere ein Schaubild mit Regressionsgleichungen zur Darstellung der bisherigen Verweildauerentwicklung oder eine schraffierte Landkarte, die die regionale Verteilung der Bettenzahlen zeigt, verwendet. Der Vergleich mit anderen Bundesländern ist zwar nicht neu, aber zur Einordnung der Ergebnisse in Nordrhein-Westfalen notwendig. Interessant ist aber – besonders im Gegensatz zum Gutachten des IGSF –, dass das von der Krankenhausgesellschaft und der Ärztekammer Nordrhein-Westfalen in Auftrag gegebene Gutachten zu dem Ergebnis kommt, dass aufgrund der erhöhten Krankheitsbelastung im Lande die bestehenden Kapazitäten als notwendig und angemessen zu betrachten seien.[379]

Das GS_bG-Gutachten liefert neben anderen Auswertungen auch die Entwicklungen der Fallzahlen und der korrespondierenden Kapazitäten. Die GS_bG (2000) empfiehlt, sich bezüglich der Einführung der Fallpauschalen im Jahr 2003 an den Benchmarking-Ergebnissen zu orientieren, die dazu führen, dass einerseits Fallzahlreduzierungen, aber andererseits auch Reduzierungen der korrespondierenden Kapazitätsbedarfe von immerhin 20 % zu erwarten sind. Die Auswertung der Daten zeigt in der Übergangsphase von 2000 bis 2003 noch Betten als die bestimmende Leistungsgröße an, obwohl man eigentlich in Leistungsdimensionen planen wollte, da erst 2003 die Fallpauschalen eingeführt werden sollten. Dementsprechend werden für diese Zeit auch noch Verweildauer-Benchmarks angegeben. Die möglichen Auswirkungen des Benchmarking werden unter anderem nach Fallzahlen und Verweildauern angegeben.

---

[379] vgl. Basys/I+G (2000)

Zusammenfassend lässt sich feststellen, dass die vorgestellten Gutachten mit einer sehr unterschiedlichen Datenbasis arbeiten mussten und folglich auf unterschiedlichen Wegen zu den Ergebnissen gekommen sind. Bei allen Gutachten sind viele Datenquellen ausgewertet worden, um dem nicht exakt bestimmbaren Bedarf im Gesundheitswesen nahe zu kommen. Damit war es zumeist möglich, sehr viel detailliertere Prognosen über den Bedarf anzustellen, als dies durch eine reine Fortschreibung des Trends der Vergangenheit möglich gewesen wäre. Gleichwohl ist zumeist offen geblieben, wie die nicht quantifizierbaren Größen letztlich in die Entscheidungsprozesse eingeflossen sind. Ebenso ist die Berücksichtigung der quantifizierbaren Größen nicht überall gleich gut nachvollziehbar gewesen. Außerdem konnten auch die Gutachten keinen eindeutigen Zusammenhang zwischen Krankheitsbelastung und Krankenhausnachfrage liefern.[380] Zwar wurde in der Basys/I+G-Studie zumindest beobachtet, dass die Krankenhaushäufigkeit dort niedriger war, wo die Arztdichte im niedergelassenen Bereich besonders hoch war. Ein eindeutiger Zusammenhang konnte daraus jedoch auch nicht abgeleitet werden.[381] In einer auf den Krankenhaussektor beschränkten Betrachtungsweise wird laut Basys/I+G der Zusammenhang zwischen Bedarf und Inanspruchnahme immer schwierig zu ermitteln sein. Dies liegt insbesondere daran, dass beispielsweise trotz Verweildauerreduzierungen von 1991 bis 2000 um durchschnittlich 30,7 % mit weiter sinkender Tendenz[382] bei vollständiger Umverlagerung kurzzeitstationärer Patienten in ambulante Behandlungsformen die Verweildauer im Krankenhausbereich statistisch ansteigen wird.[383] Obwohl also die Basys/I+G-Studie darauf hinweist, dass die Versorgungskapazitäten im ambulanten und stationären Bereich sowie innerhalb und zwischen den Fachdisziplinen, aber auch zwischen den Versorgungsregionen abgestimmt werden müssen, geht das Basys/I+G-Gutachten von einer sauberen Trennung zwischen beispielsweise dem vollstationären Bereich und dem ambulanten Operieren oder dem Bedarf an vor- und nachstationärer Versorgung aus. Diese Trennung war jedoch notwendig, um den Planungsgrundsätzen des Landes Nordrhein-Westfalen Rechnung zu tragen. Gleichwohl zeigt das Gutachten in tabellarischen Aufstellungen durchaus, wo Möglichkeiten zur Verlagerung stationärer in teilstationäre und ambulante Leistungen bestehen.[384] Die Bedarfsermittlung musste folglich auf indirekte Größen verlagert werden.

Im GS_bG-Gutachten wird diesbezüglich ausdrücklich erwähnt, dass es für das Saarland keine gültigen epidemiologisch erstellten Morbiditätszahlen gibt, weder für die „Volkskrankheiten" noch als flächendeckende Anhaltszahlen. Daher wurden die Fallzahlen für das Saarland von

[380] vgl. IGSF (2000)
[381] vgl. Basys/I+G (2000)
[382] vgl. Bruckenberger (2002b)
[383] vgl. Ministerium für Frauen, Jugend, Familie und Gesundheit des Landes Nordrhein-Westfalen (2002)
[384] vgl. Basys/I+G (2000)

1994-1998 diagnose- und fachabteilungsbezogen analysiert und zu einem Morbiditätsfaktor aggregiert. Wie auch in den anderen Gutachten, gehen Altersgruppenverteilungen mit ein, die Geburtenzahlen, veränderte Therapieansätze, neue Behandlungsformen, aber wie dies konkret umgesetzt wurde, bleibt wiederum größtenteils offen. Dass hier zumeist auch nicht quantifizierbare und zum Teil äußerst subjektive Größen einfließen, kann indirekt aus der Tatsache geschlossen werden, dass im GS_bG-Gutachten zwar rechnerisch ermittelte Bettenzahlen aufgeführt sind, dass diese aber – wie bereits erwähnt – ausdrücklich keine normativen Bettenzahlvorgaben darstellen sollen.[385]

Aus den Ausführungen über die deutsche Krankenhausplanung beziehungsweise den vorgestellten Gutachten sind für die weitere Vorgehensweise in dieser Arbeit noch einige Punkte von Bedeutung, die deshalb noch einmal besonders herausgestellt werden sollen:

1. Bundesverwaltungsgerichtsurteil: Dieses stellt eine wesentliche Beschränkung in der Krankenhausplanung in Deutschland dar. Es lässt eine Standortplanung und damit eine grundsätzliche Umstrukturierung der Krankenhauslandschaft durch einen planerischen Akt im Grunde genommen nicht zu. Daher müssen sich die planerischen Aktivitäten der Bundesländer auf die Umstrukturierung der Krankenhäuser und Abteilungen unter Beibehaltung der bestehenden Krankenhausstandorte beschränken.

2. Planung in den Gutachten: Dieser liegen zumeist relativ große Gebiete zugrunde, so dass eine Patientenstromanalyse auf Basis von Einzelpatientendaten bislang noch nicht durchgeführt wurde. Hinzu kommt, dass Patientenströme zwischen Regionen nur aggregiert dargestellt werden können, wenn die Patientenherkünfte nur auf Basis großer Gebiete bekannt sind. Dies wurde im Rahmen der internationalen Krankenhausplanung bereits hinlänglich kritisiert. Besteht darüber hinaus – wie im Landesplan Nordrhein-Westfalen angesprochen – ein Verbot, detailliertere Daten zu verwenden, müssen Patientenwanderungen – wie oben erläutert – erst indirekt und nur zwischen den Gebieten herausgerechnet werden. Die Verwendung feiner aufgeschlüsselter Daten wäre daher wünschenswert.

3. Bettenzahlen: Die Krankenhausplanung, die immer mehr zu einer Rahmenplanung wird, legt die Bettenzahlen nur auf der Basis größerer Regionen fest. Für die genaue Festlegung der Bettenzahlen fehlen den Gutachtern entsprechende Daten und adäquate Instrumente. Es wäre daher sinnvoll, in kleineren Regionen mit feiner aufgeschlüsselten Datensätzen und beispielsweise nachvollziehbaren Simulationstechniken zu arbeiten, um die konkrete Ausgestaltung der Planwerte auf eine transparentere Basis zu stellen. Bislang ist aus den Gutachten nur unzureichend zu erkennen, wie letztlich der Rahmenplan in konkrete Bettenverteilungen umgesetzt wurde.

---

[385] vgl. GS_bG (2000)

4. Beteiligung der Krankenhäuser: Durch die unzureichende Nachvollziehbarkeit der Ausgestaltung der Betten- oder Leistungsplanung sollten die Krankenhäuser ein großes Interesse daran haben, hierauf selbst Einfluss zu nehmen, um sich vor den subjektiven und politischen Entscheidungen zu schützen. Sofern der zukünftige Bedarf mit eigenen, häufig detaillierteren und auf individuellen Patientenadressen basierenden Daten durch operationale Größen nachgewiesen werden kann, wird es für die Landesbehörde schwieriger, die Bettenzahlen willkürlich und nicht nachvollziehbar zu reduzieren. Die Unterschiedlichkeit der beiden Gutachten aus Nordrhein-Westfalen hat schließlich unterstrichen, dass auch bestehende Gutachten oder Modellrechnungen noch einmal hinterfragt werden sollten. Darüber hinaus wäre es durch eine Einbeziehung der Krankenhäuser leichter, die Planbetten nicht nur für Fachabteilungen, in denen sie politisch durchsetzbar sind, zugesprochen zu bekommen, sondern auch in Bereichen, in denen sie wirklich gebraucht werden. Im Krankenhausplan von Nordrhein-Westfalen wird in § 16 sogar ausdrücklich darauf hingewiesen, dass sich die entsprechenden Institutionen, insbesondere die Krankenhäuser, an einer regionalen Planungskonferenz beteiligen und somit die Rahmenplanung regional ausgestalten sollen.

3.5.10 DRGs und deren Folgen für die deutsche Krankenhausplanung

Zu den bereits genannten Veränderungen im Gesundheitswesen zeichnet sich in der Krankenhausplanung in Deutschland ein weiterer Wandel ab, der auch in den Gutachten schon angesprochen wurde. Seit dem 1.1.2004 sind die Krankenhäuser verpflichtet, ihre Leistungen in Form von Diagnosebezogenen Gruppen (DRGs) abzurechnen.

Im GS_bG-Gutachten ist bereits angesprochen worden, dass das Ziel nicht mehr eine Bettenplanung, sondern eine Leistungsplanung auf Basis der DRGs nach der AR-DRG Systematik war. Dennoch soll laut Bruckenberger weiterhin das eigenverantwortlich wirtschaftende Krankenhaus und nicht die einzelne Krankenhausleistung gemäß KHG gesichert werden. Eine Krankenhausplanung der Länder auf Basis einzelner Leistungen ist demnach zwar durchaus möglich, jedoch ist das Ergebnis laut Bruckenberger keine Leistungsplanung sondern weiterhin eine Krankenhausplanung.[386]

In der Krankenhausfinanzierung – namentlich in den Budgetverhandlungen – wird es jedoch ganz konkret zu einer veränderten Sichtweise, und zwar weg von einer (abteilungsweise) pauschalen hin zu einer streng leistungsbezogenen Betrachtung kommen. So liegt ein wichtiger Unterschied zur Situation vor den DRGs darin, dass bisher nur etwa 25 % der Krankenhausleistungen durch Fallpauschalen abgedeckt wurden.[387] Bisher bestand eine

[386] vgl. Bruckenberger (2002b)
[387] vgl. BMGS (2002)

konkrete Leistungsplanung dementsprechend nur für einen Teil des Leistungsspektrums eines Krankenhauses. Die restlichen Leistungen wurden in Abteilungs- und Basispflegesätzen subsummiert, für die folglich weder eine mengen- noch eine preismäßige Festlegung auf Basis von Einzelleistungen getroffen wurde. Werden jedoch alle Leistungen eines Krankenhauses über individuell festzulegende Fallzahlen für jede einzelne DRG abgedeckt, so entspricht die Leistungsmengenfestlegung mit den Kostenträgern in den Budgetverhandlungen einer gleichzeitigen Rationierung der Leistungszahlen.[388] Der Ausgleich von Mehr- oder Minderleistungen wird in ungleichen Stufen in den Jahren 2005 bis 2009 von 33 auf 100 % gesteigert.[389] Damit sind die in den Budgetverhandlungen festgelegten Grenzen zwar nicht hart, jedoch – wenn auch im Laufe der Konvergenzphase abnehmend – sehr wirkungsvoll.[390]

Darüber hinaus führt eine Festlegung von Mindestmengen bei (zur Zeit noch wenigen, aber vermutlich in Zukunft zunehmenden) planbaren DRGs dazu, dass Krankenhäuser, die diese Mindestmengen nicht erreichen, die Leistungen im Folgejahr nicht mehr anbieten dürfen. Durch die Vertragspartner vor Ort und die Mindestmengen kann die Krankenhausplanung somit noch stärker ausgehebelt werden.[391]

Die Wirkung der Mindestmengenregelung ist ex ante nicht abschließend prognostizierbar. Grundsätzlich werden die Mindestmengen ausschließlich aus qualitativen und nicht aus wirtschaftlichen Gesichtspunkten begründet, obwohl der Zusammenhang zwischen Leistungsmenge und Wirtschaftlichkeit als leichter nachweisbar gilt als der zwischen Leistungsmenge und Qualität. Auch Bruckenberger bezweifelt den linearen Zusammenhang zwischen Qualität und Quantität der Leistungen, weil dabei sowohl das Alter der Patienten, verschiedene Hygienevorschriften, die Frage, ob die Leistung überhaupt erfolgreich war, oder der Anteil des Krankenhauses am Zustandekommen der Leistung nicht berücksichtigt werden. Bruckenberger fragt in diesem Zusammenhang auch, warum der lineare Zusammenhang, der bei den planbaren Leistungen zwischen Qualität und Quantität unterstellt und damit eine Mindestqualität erzwungen wird, nicht auch bei den nicht planbaren Leistungen angesetzt wird. Außerdem stellt er die Mindestmengendiskussion durch schlichte Mengenangaben in Frage: „Deutlich mehr als die Hälfte aller Krankenhäuser weisen bei bis zu 80 % aller erbrachten Leistungen eine Jahresfrequenz von weniger als 20 Leistungen auf. (...) Nur rund 40 Indikationen von 977 (Anm.: auf Basis des ICD-9 Schlüssels) werden in jedem Landkreis mindestens 20 mal jährlich erbracht.“[392]

---

[388] vgl. Bruckenberger (2002b)
[389] vgl. Hensen/Roeder/Rau (2005)
[390] Auch für die Mindestmengen bei planbaren Fallpauschalen gibt es schließlich Ausnahmetatbestände
[391] Der weit wirksamere „Hebel“ liegt dabei allerdings in den Budgetverhandlungen, nicht in den Mindestmengen.
[392] vgl. Bruckenberger (2002b)

Das Wechselspiel zwischen Qualität und Wirtschaftlichkeit kann für das einzelne Krankenhaus verschiedene Auswirkungen haben: „Liegt die geforderte Mindestmenge für die Qualitätssicherung bei 40, die Mindestmenge für die Wirtschaftlichkeit bei 20, darf die Leistung aus Gründen der Qualitätssicherung nicht mehr erbracht werden. Liegt die Mindestmenge für die Qualitätssicherung bei 20, die Mindestmenge für die Wirtschaftlichkeit bei 40, kann das Krankenhaus diese Leistung bis zu einer Fallzahl von 40 nur unter Inkaufnahme von Verlusten anbieten. Es wird sie also ggfs. unterlassen. Da bei den meisten Fallpauschalen die Jahresfrequenz von 20 unterschritten wird, wird diese Konfliktsituation der Normalfall und nicht der Ausnahmefall sein. Konflikte über die Frage, ob die Krankenhäuser unwirtschaftliche Leistungsmengen erbringen müssen, wenn sie den Mindestmengen aus Gründen der Qualitätssicherung entsprechen, sind deshalb zu erwarten.“[393]

Um nun also eine ausreichende Versorgung der Bevölkerung zu gewährleisten, können laut § 17b Abs. 1 Satz 4 KHG auch für geringere Leistungsmengen, die nicht mehr wirtschaftlich erbracht werden, Zuschläge vereinbart werden. Damit könnten aber wiederum die durch § 137 Abs. 1 SGB V aufgestellten „Qualitätsmaßstäbe“ unterwandert werden.

Ob nun aufgrund der größeren Kostentransparenz mit Hilfe der InEK-Referenzwerte[394] oder aufgrund von Mindestmengen: Als sicher gilt schon heute, dass es entweder aus wirtschaftlichen oder aus qualitativen Gründen zu Leistungskonzentrationen kommen wird.[395] Da insbesondere im Laufe der Konvergenzphase alle Krankenhäuser von ihrer individuellen Baserate an die landesweite Baserate angepasst werden, ist damit zu rechnen, dass einige der Krankenhäuser, die zur Zeit noch hohe Zahl-Baserates zu verzeichnen haben, diesen Anpassungsprozess nur durch konsequente Konzentration auf kostendeckende Leistungen überleben werden.[396] Je kleiner zusätzlich die einzelnen Krankenhäuser sind, desto stärker sind sie auch gefährdet, die daraus resultierenden Konzentrationstendenzen nicht zu überleben.[397]

Der Wettbewerbsdruck auf die Krankenhäuser und damit die Notwendigkeit, sich mit anderen Leistungsanbietern abzustimmen, wird demnach zunehmen.[398] Krankenhäuser, die einen räumlichen Bezug zueinander haben, müssen sich deshalb verstärkt im Voraus absprechen, welches Krankenhaus zukünftig welche (planbaren) Leistungen erbringen soll. Ob die Einhaltung bestimmter Mindestmengen nun auf gesetzlicher Grundlage erzwungen oder aus wirtschaftlichen Gesichtspunkten ratsam erscheint, ist dabei weniger relevant. Es kann als sicher angenommen werden, dass bisher nahezu undenkbare Leistungsmengenabsprachen

---

393 Bruckenberger (2002b)
394 vgl. InEK (2004), S. 3
395 vgl. BMGS (2002)
396 vgl. Püllen et al. (2005), S. 56
397 vgl. Bruckenberger (2002a)
398 vgl. IGSF (2000)

zwischen nahegelegenen Krankenhäusern jetzt verstärkt in das Interesse der Häuser selbst geraten werden.

In anderen Branchen als im Krankenhaussektor würde man zwar versuchen, die Leistungsmengen durch Hinzugewinnung neuer Kunden auf ein wirtschaftliches Maß zu steigern, im Krankenhaussektor muss man dagegen aufgrund fehlender Möglichkeiten zur Patientengenerierung versuchen, im Vergleich zu den anderen Krankenhäusern einen möglichst großen Anteil an den vorhandenen Patienten zu erreichen.

Diese Konzentrationstendenzen werden jedoch nicht ausschließlich durch die DRGs gestützt, denn im Krankenhausplan von Nordrhein-Westfalen werden auch schon konkrete Richtwerte für Abteilungsgrößen je Fachabteilung angegeben. „Der Landesausschuß hat sich darauf verständigt, von Richtgrößen für Abteilungen auszugehen und nicht optimale Abteilungsgrößen zu empfehlen.“[399] Das heißt, dass der Gedanke der Qualitätssicherung über Mindestgrößen auch schon in der Krankenhausplanung relevant ist, jedoch zur Zeit noch eher vorsichtig angegangen wird.

Die DRGs werden die Struktur des deutschen Gesundheitswesens nicht nur bezüglich der planbaren Leistungen verändern. Die Krankenhäuser werden gezwungen sein, alle Fallpauschalen, die nicht mehr kostendeckend sind, nicht mehr zu erbringen oder auf ein Minimum zu reduzieren.[400] Die Krankenhäuser werden deshalb die Gestaltungsspielräume für die Beeinflussung des Leistungsspektrums auch in den Budgetverhandlungen zunehmend nutzen. Hierzu sind jedoch Instrumente nötig, die eine Planung auf Leistungsebene ermöglichen und die Wechselwirkung zwischen Qualität und Leistungsmengen berücksichtigen. Nur so kann schließlich überzeugend dargelegt werden, dass bestimmte DRGs eher (und besser!) im eigenen Haus als beispielsweise im Nachbarkrankenhaus erbracht werden sollten. Dies schlüssig nachweisen zu können, wird an Bedeutung gewinnen.

Im Zuge der Gravity-Distance-Methode (vgl. Kapitel 3.4.5) ist zusätzlich bereits angesprochen worden, dass große Krankenhäuser in der öffentlichen Wahrnehmung eher eine Chance haben, attraktiver zu erscheinen. Durch die Veröffentlichung von Leistungszahlen in den Qualitätsberichten nach § 137 SGB V wird diese öffentliche Wahrnehmung und folglich die Anziehungskraft hoher Fallzahlen möglicherweise noch zunehmen. Letztlich ist aus den genannten Gründen damit zu rechnen, dass sich die deutsche Krankenhauslandschaft durch Schließungen, Fusionen, Kooperationen auf Krankenhausebene oder durch die Bildung sektorenübergreifender Angebotsstrukturen gemäß § 140 a ff. SGB V stark verändern wird.[401] Die Landesbehörden können diese Abstimmungen jedoch nicht vorschreiben.[402]

---

[399] Ministerium für Frauen, Jugend, Familie und Gesundheit des Landes Nordrhein-Westfalen (2002)
[400] vgl. Bruckenberger (2002b)
[401] vgl. Bruckenberger (2002a), Basys/I+G (2000)
[402] vgl. Bruckenberger (2003)

Für das im Rahmen dieser Arbeit vorgestellte Modell ist es daher wichtig, noch einmal darauf hinzuweisen, dass die krankenhausplanerischen Aktivitäten in Zukunft nicht mehr ausschließlich von den Landesbehörden ausgehen werden. Durch die sich abzeichnende Notwendigkeit, die Leistungen oder zumindest Leistungsbündel zwischen den Krankenhäusern abzustimmen, wird ein Instrumentarium benötigt, das es den Krankenhäusern ermöglicht, die strukturellen Maßnahmen für sinnvolle Kooperationen rechtzeitig und zielgerichtet einzuleiten. So aufwändige und kostspielige Gutachten, wie die in diesem Kapitel beschriebenen, werden sich aber nur wenige kooperationswillige Krankenhäuser leisten können. Die Bedeutung von finanzierbaren Methoden, die vor Ort eingesetzt und mit denen vor allem auch die Planungsziele der Häuser begründet und durchgesetzt werden können, wird daher in Zukunft noch stark zunehmen.

4 Zwischenfazit

Wie in der Einleitung deutlich geworden ist, verändert sich das Verhalten der Leistungsanbieter mit Veränderungen in der Anreizstruktur zur Leistungserbringung erheblich. Ebenfalls wurden anhand der amerikanischen Einsparbemühungen die Grenzen, aber auch die Möglichkeiten aufgezeigt, die Kosten im Gesundheitswesen zu reduzieren. Die Verweildauerreduzierungen, die in Deutschland im Jahre 1996 möglich waren,[403] zeigen, dass es sich dabei nicht nur um amerikanische Erscheinungen handelt. Dabei sei darauf hingewiesen, dass diese Verweildauerreduzierungen nicht zu einer besonders schlechten Versorgungslage in Deutschland geführt haben. Diese Ausführungen zeigen daher, dass noch immer Möglichkeiten gesehen werden, durch Einflussnahme auf individuelle Entscheidungen das Leistungsgeschehen im Gesundheitswesen zu beeinflussen. Sie zeigen aber auch, dass offensichtlich immer noch Spielräume zu Kostenreduzierungen bestehen. Häufig genügten sogar nur die Ankündigungen von Gesetzesänderungen, dass ein Teil dieser Spielräume offengelegt wurde. Ob die dadurch hervorgerufenen Veränderungen möglicherweise auf dem Rücken bestimmter Personengruppen ausgetragen wurden, bleibt dabei natürlich zunächst unberücksichtigt.

Des Weiteren wurde angesichts der Diskussion über den Einfluss der Entfernung auf die Krankenhauswahl sichtbar, dass aufgrund der großen Zahl der Einflussfaktoren von Trade-offs zwischen verschiedenen, entfernungsrelevanten und nicht entfernungsrelevanten Größen ausgegangen werden muss.[404] Die Eignung beziehungsweise die Qualität – und sei es nur die subjektiv wahrgenommene – spielt bei der Entscheidung immer auch eine große Rolle. Wird darüber hinaus ein Patient von einem Arzt eingewiesen, so spielt auch die Wahrnehmung dieses Arztes über die Qualität der Klinik eine wichtige Rolle.[405] Es bleibt daher abzuwarten, wie zukünftig die Entscheidungen über die Krankenhauswahl getroffen werden.

Der angesprochene Spielraum für Veränderungen besteht jedoch nicht nur auf der Nachfrageseite. So verdeutlichen die unterschiedlichen Ergebnisse der Gutachten zur Krankenhausplanung in Nordrhein-Westfalen, dass auch in der Angebotssteuerung Spielräume zur Auswahl und zur Bewertung der als relevant erachteten Kriterien bestehen, die individuell ausgestaltet werden können.

Die Planung nach der Hill-Burton-Formel, nach der bekanntlich Patientenwanderungen zwischen den unterschiedlichen Versorgungsgebieten nicht abbildbar sind, sollte heute eigentlich der Vergangenheit angehören. Wie aber angesichts der aktuellen Krankenhausplanung in Deutschland gezeigt werden konnte, wird die Formel noch heute in vielen Bundes-

[403] vgl. Ministerium für Frauen, Jugend, Familie und Gesundheit des Landes Nordrhein-Westfalen (2002)
[404] vgl. McGuirk/Porell (1984); Kohli et al. (1995)
[405] vgl. Studnicki (1975), Ministerium für Frauen, Jugend, Familie und Gesundheit des Landes Nordrhein-Westfalen (2002)

ländern verwendet, obwohl sich in vielen Gutachten und Studien gezeigt hat, dass es Patientenwanderungen gibt, die abgebildet werden sollten.

Die auf der Theorie von Christaller basierenden Modelle haben zwar die Einschränkungen der abgeschlossenen Gebiete überwunden und die Krankenhausplanung um die Dimension einer gestuften Krankenhausversorgung erweitert, sind dabei aber vereinfachend davon ausgegangen, dass die Bevölkerung trotz ihrer Unterschiede in den Leistungsbedarfen über die Fläche gleichverteilt ist. Diese Modelle stellen somit noch keine befriedigende Lösung für das Krankenhausplanungsproblem dar.

Eine Krankenhausplanung benötigt heute folglich ein Geoinformationssystem zur Analyse der Herkunft der Patienten. Die Möglichkeiten, die darauf aufbauende Patientenflussmodelle bieten, werden allerdings in den Modellen der Krankenhausplanung sehr unterschiedlich genutzt. Dies ist in den meisten Fällen mit den sehr unterschiedlich verfügbaren Daten und den unterschiedlichen Zielsetzungen zu erklären.

Für den weiteren Fortgang dieser Arbeit ist es jedoch wichtig, noch einmal darauf hinzuweisen, dass eine Krankenhausplanung aus heutiger Sicht möglichst viele der unten genannten Kriterien erfüllen sollte, wobei keines der gezeigten Patientenflussmodelle alle Kriterien gleichzeitig erfüllt hat:

1. Entfernungsmessung oder Zeitmessung mit Hilfe eines Geoinformationssystems
2. Berücksichtigung der Patientenherkunft auf Basis privater Adressen, nicht Postleitzahlen oder noch gröberer Gebietseinteilungen.
3. Unterscheidung der Patienten nach Strukturmerkmalen, wie Alter, Geschlecht etc.
4. Unterscheidung der Patienten zusätzlich nach Diagnosegruppen beziehungsweise sogar Diagnosen
5. Berücksichtigung einer zeitlichen Dimension unterhalb des Prognosezeitraumes, z.B. von Tagen oder Wochen.
6. Verknüpfung der Patientendaten mit anderen statistischen Daten

Die Planungsaktivitäten wurden zumeist mit einer Unterversorgung beziehungsweise einer Fehlversorgung begründet. Dennoch sind derzeit in der westlichen Welt zumeist erkannte Überversorgungen und damit Bettenreduzierungen das Ergebnis von Krankenhausplanungen. Auch in Deutschland wird daher von der Möglichkeit ausgegangen, die Bettenzahlen stark zu reduzieren, allerdings eher aufgrund der sich abzeichnenden Verweildauerreduzierungen durch die DRGs als aufgrund einer Veränderung des Bedarfs, denn der eigentliche „Bedarf" ist immer noch nicht gültig messbar und wegen der demographischen Entwicklung eher als steigend zu erwarten

Deshalb wurde auf die Probleme der Bedarfsermittlung sehr detailliert eingegangen. Sie stellen noch immer die größten Probleme im Rahmen der Krankenhausplanung dar. In den Gutachten zur deutschen Krankenhausplanung wurde daher sehr ausführlich die Analyse des Istzustandes beschrieben und selbstverständlich wurden auch Handlungsempfehlungen gegeben. Bei der Beschreibung der Bedarfsermittlung wurden jedoch sowohl die Gutachten als auch die vorgestellten Modelle der internationalen Krankenhausplanungs-Literatur ungenauer oder sie ließen diesen Teil ganz aus. Einigkeit besteht jedoch darin, dass eine monokausale Bedarfsanalyse nicht zielführend ist. Daher wurde in den Modellen und Gutachten eine Vielzahl von Determinanten berücksichtigt, jedoch ist häufig nur unzureichend erklärt worden, wie die Verarbeitung der Bedarfsdeterminanten erfolgt ist.

Das bis heute ungelöste Problem der Bedarfsermittlung wird auch im Rahmen dieser Arbeit nicht gelöst, denn das vorgestellte Modell stellt in seiner noch vielfältig adaptierbaren Ausgangsform keine Prognosen für die Zukunft auf und benötigt daher keine detaillierte Bedarfsanalyse. Durch die Gestaltung des Modells tritt das Problem folglich nicht so offenkundig in Erscheinung. Eine zur Bedarfsermittlung geeignete Methode wird somit nicht dargestellt. Einer Definition von Bruckenberger folgend können jedoch die Krankenhausleistungen als bedarfsnotwendig angesehen werden, die von einem Arzt durch Einweisung angeordnet und von einer Krankenkasse durch Zahlung anerkannt wurden.[406] Diese Bedingungen sind für die dieser Untersuchung zu Grunde liegenden Krankenhausfälle mindestens erfüllt.

Die im Anschluss an die internationale Krankenhausplanung dargestellten deutschen Gutachten zeigen einen großen Spielraum in der Beurteilung der tatsächlichen Bettenbedarfe. Besonders interessant ist in diesem Zusammenhang das Verhältnis der beiden Gutachten aus Nordrhein-Westfalen zueinander, die sich sowohl durch die Zielsetzung als auch durch die verfügbaren Daten unterscheiden und dadurch selbstverständlich auch zu sehr unterschiedlichen Ergebnissen kommen. Leider bleiben die gewählten Gewichtungen, die zu der vorliegenden Beurteilung des Bedarfs geführt haben, weitgehend unklar, so dass das Ausmaß und die Ausprägung der Nutzung des vorhandenen Ermessensspielraums nicht sichtbar werden.

Die Fallpauschalen werden die deutsche Krankenhauslandschaft in naher Zukunft am meisten beeinflussen. Die Bereitschaft zur Kooperation wird bei den Krankenhäusern zunehmen, insbesondere weil die unterschiedlichen Wirkmechanismen der Fallpauschalen dies nahezu erzwingen. Die sich abzeichnenden Trends sollen hier noch einmal zusammengefasst werden:

1. An der Krankenhausplanung in Nordrhein-Westfalen wurde deutlich, dass die Krankenhäuser durch die nunmehr nur noch stattfindende Rahmenplanung motiviert sind, sich an der regionalen Umsetzung der Rahmenplanung zu beteiligen.

---

[406] vgl. Bruckenberger (2000b)

2. Internationale Erfahrungen belegen, dass sich durch die Fallpauschalen die Verweildauern und damit die Bettenauslastungen weiter reduzieren werden. Dabei wird es zunächst zu immer kleiner werdenden Abteilungen kommen. Daher wird eine regionale Abstimmung zwischen den in ihrer Existenz bedrohten kleineren Abteilungen wichtiger.

3. Die DRGs werden über die Mindestmengen oder eine funktionierende Kostenträgerrechnung im Zusammenhang mit den Referenzwerten des InEK dazu führen, dass sich die Krankenhäuser sehr genau überlegen müssen, welches Leistungsspektrum sie in Zukunft anbieten wollen oder können. Auch hier wird daher der Druck zur Kooperation mit den benachbarten Krankenhäusern erhöht.

4. Der auf Fallzahlen einzelner DRGs ausgelegte Verhandlungmodus in den Budgetverhandlungen gemäß Aufstellung der Entgelte und Budgetermittlung (AEB) nach § 11 Abs. 4 KHEntG wird mit Hilfe der Budgetverhandlungen die Krankenhausplanung immer weiter aushebeln.

5. Die öffentliche Diskussion über den Zusammenhang zwischen Fallzahl und Qualität analog der Qualitätsberichte nach § 137 SGB V und Broschüren wie der Klinikführer Rhein-Ruhr werden diesen Zusammenhang noch verstärken.[407] Durch eine verstärkte und bessere Information der Patienten werden Krankenhäuser mit einer hohen Attraktivität stärker in Anspruch genommen. Das sogenannte „Bypassing“ wird daher noch zunehmen.

6. Der Konkurrenz- und Überlebenskampf der Krankenhäuser wird zunehmen, so dass jedes einzelne Krankenhaus oder auch der regionale Krankenhausverbund versuchen müssen, ihre Attraktivität verstärkt nach aussen darzustellen.

Im Ergebnis bedeutet dies, dass durch die DRGs einerseits und durch die sich verändernden Rahmenbedingungen im Gesundheitswesen andererseits die Planungsaktivitäten nicht mehr nur von Landesbehörden ausgehen werden. Vielmehr werden die Krankenhäuser noch stärker dazu übergehen, eigene Planungsüberlegungen anzustellen, um auf die Auswirkungen der sich weiter verändernden Rahmenbedingungen – ggfs. durch Anpassung des Leistungsspektrums oder durch Kooperation mit anderen Krankenhäusern – rechtzeitig reagieren zu können. Die Gedanken der Gravity-Distance-Funktion werden daher in Zukunft in Deutschland ebenfalls an Bedeutung gewinnen.

Oben wurde gezeigt, dass die Entfernung ein wichtiger Faktor für die Attraktivität eines Krankenhauses ist. Gleichzeitig hat die Größe einer Abteilung Einfluss auf die Bekanntheit und trotz bestehender Zweifel auch auf die Qualität der Abteilungen. Obwohl nun also Kooperationen und Krankenhausschließungen beziehungsweise -verschmelzungen als

[407] Initiativkreis Ruhrgebiet (2005)

Ausweg aus der derzeit schwierigen Situation für die Krankenhäuser gesehen werden, entsteht für die Krankenhäuser ein Dilemma: Stationszusammenlegungen aus wirtschaftlichen Gründen führen in der Regel zu weiteren Wegen für die Patienten. Für eine Konzentration bestimmter Leistungen oder Leistungsbündel auf wenige Standorte spricht daher die Wirtschaftlichkeit und die gewünschte Qualität, gegen eine Konzentration allerdings die wohnortnahe Versorgung der Bevölkerung. Hiervon sind heute nicht mehr nur Krankenhäuser im städtischen Bereich betroffen, wo die Konkurrenz in der Regel groß ist, sondern Krankenhauszusammenlegungen spielen auch im ländlichen Bereich bereits eine große Rolle.

Ein Ziel dieser Arbeit wird daher sein, den Krankenhäusern Möglichkeiten aufzuzeigen, die wirtschaftlichen Notwendigkeiten mit den Möglichkeiten einer qualitativ hochwertigen und wohnortnahen Versorgung selbst auszubalancieren.

Darüber hinaus ist es ein Ziel dieser Arbeit, den Krankenhäusern ein Planungstool an die Hand zu geben, mit dem sie die notwendigen planerischen Schritte auf regionaler Ebene aus eigener Kraft ermitteln können. Das im Rahmen dieser Arbeit vorgestellte Modell beschränkt sich daher ausschließlich auf Daten, die in den untersuchten Krankenhäusern bereits vorhanden waren, so dass auf diese problemlos zugegriffen werden konnte. Aufwändige Bedarfs- und Trendanalysen bezüglich der Morbiditätsenwicklung und dem medizinisch-technischen Fortschritt können vielleicht von einzelnen Krankenhäusern nicht durchgeführt werden, könnten aber jederzeit in eine erweiterte Analyse einfließen. Insofern unterscheidet sich der Fokus dieser Arbeit, obwohl er auf den Methoden der Krankenhausplanung aufbaut, grundsätzlich von den Krankenhausplanungsmodellen, die bisher in dieser Arbeit untersucht wurden. Da jedoch die Krankenhausplanung derzeit aufgrund der Rahmenplanung der Länder zu einer Individualisierung der Planungsinteressen übergeht, erscheint das vorliegende Modell in diesem Problemkreis als ein durchaus hilfreiches und ausbaufähiges Instrument.

In einem nächsten Schritt werden daher vorab die Auswertungsmöglichkeiten präsentiert, die mit Hilfe der krankenhausintern verfügbaren Daten möglich waren, mit denen die jeweiligen Krankenhausplaner jedoch aus unterschiedlichen Gründen nicht arbeiten konnten.

Im Anschluss daran kommt es inhaltlich zu einem Bruch, weil dann der in dieser Arbeit verwendete Algorithmus vorgestellt wird. Dies erscheint jedoch unerlässlich, um das abschließend vorgestellte Modell mit seinen Ergebnissen nachvollziehen zu können. Den Kern des Modells bildet der schon angesprochene Pfadgedanke, auf Basis dessen die sich verändernden Wege, die die Patienten durch das Gesundheitssystem gehen, nachvollzogen werden sollen.

Zum Ende der Arbeit wird schließlich das Modell vorgestellt, in das inhaltlich sowohl die Ergebnisse der Ausführungen zur internationalen Krankenhausplanung als auch die zur deutschen Krankenhausplanung eingeflossen sind und das auf der im Anschluss vorgestellten Methode basiert.

5 Daten und Darstellungsmöglichkeiten

Dieser Arbeit liegen Daten aus fünf Krankenhäusern einer größeren Stadt in Deutschland zugrunde, die in die spätere Simulation einbezogen werden konnten. Aus Geheimhaltungsgründen dürfen die Krankenhäuser und die „größere Stadt in Deutschland“ an dieser Stelle jedoch nicht namentlich genannt werden. Auch mussten an einigen Stellen der folgenden Datenanalyse bewusste Verschleierungen vorgenommen werden, um die Krankenhäuser anonym halten zu können. Hierauf wird an den entsprechenden Stellen jedoch hingewiesen.

Die Datensätze, die aus dem Jahr 2001 stammen und vollständige Patientendatensätze von ca. 150.000 Patienten enthalten, setzen sich folgendermaßen zusammen:

1. Straße ohne Hausnummer
2. Postleitzahl
3. Geburtsjahr
4. Geschlecht
5. Hauptdiagnose des Behandlungsfalles
6. Aufnahme-Datum
7. Aufnahme-Uhrzeit
8. Station mit Fachabteilungsbezeichnung
9. Entlassungs-Datum
10. Kostenträger ID

Darüber hinaus sind von den Krankenhäusern selbstverständlich auch die strukturellen Merkmale wie Bettenzahlen je Abteilung etc. bekannt. Die Belegungswerte einzelner Abteilungen lassen sich demnach im Zeitverlauf darstellen. Mit den Adressdaten der Patienten ist es zusätzlich möglich, die entsprechenden Angaben zu Alter, Geschlecht, Diagnose und Verweildauer zu georeferenzieren und dadurch in einen geographischen Zusammenhang zu bringen. Hierauf konzentrieren sich die folgenden Auswertungen, da hierin ein großer wissenschaftlicher Nutzen eines solchen Datensatzes gesehen werden kann. Allerdings können im Rahmen dieser Arbeit die möglichen Auswertungen nur angedeutet werden. Den Krankenhäusern, die die Daten geliefert haben, sind durchaus detailliertere Auswertungen zur Verfügung gestellt worden. Auf Auswertungen, die mit den vorhandenen Daten möglich gewesen wären, die die Krankenhäuser hingegen selbst in der gewünschten Detailtiefe durchführen können, wurde an dieser Stelle bewusst verzichtet. Die Krankenhäuser, die ihre Daten wie Verweildauern oder Altersverteilungen kennen und nach unterschiedlichen Merkmalen statistisch auswerten können, haben diese jedoch in der Regel nicht georeferenziert vorliegen. Gleichzeitig zeigte sich in der Literatur, dass die Krankenhauswissenschaftler und Krankenhausplaner, die in der Lage wären, geographische Auswertungen durchzuführen, in der Vergangenheit zumeist nicht auf entsprechende Daten zurückgreifen konnten.

Die Preisunterschiede bei Geoinformationssystemen sind enorm.[408] Obwohl das in dieser Arbeit verwendete Geoinformationssystem lediglich eine automatisierte Umwandlung von Adressen mit Straßennamen und Postleitzahlen in Koordinaten ermöglichte,[409] stand aus Kostengründen eine andere Alternative nicht zur Verfügung. Die Entfernungsdaten, die im Folgenden verwendet wurden, beziehen sich daher ausschließlich auf Luftlinien-Entfernungen (siehe die obige Diskussion im Kapitel 2.1.1.1.) und nicht auf Straßenkilometer-Entfernungen oder gar Reisezeiten. Darüber hinaus sollten die Krankenhäuser ein Planungstool erhalten, mit dem sie die Auswertungen selbst durchführen und nachvollziehen können. Dies scheint nach einer Analyse der derzeit angebotenen Geoinformationssysteme mit dem hier verwendeten GIS noch am ehesten möglich. Darüber hinaus stehen die Qualitätsverbesserungen, die mit einem umfangreicheren Geoinformationssystem zu erreichen wären, möglicherweise für das einzelne Krankenhaus oder kleinere Krankenhausverbünde in keinem Verhältnis zum zusätzlichen finanziellen Aufwand.

Die folgenden Analysen beginnen mit dem Zusammenhang zwischen den für die Krankenhausplanung relevanten Parametern und der Entfernung, die die Patienten hierfür auf sich genommen haben. Beispielhaft wird dies anhand der Auflistung der Entfernungen je Altersgruppe gezeigt, an der die bereits angesprochene geringere Mobilität der hochaltrigen Patienten nachvollzogen werden kann. Lediglich Krankenhaus 3 zeigt nicht den sonst typischen Effekt. Darüber hinaus wird deutlich, dass die Krankenhäuser durchaus unterschiedliche Einzugsgebiete haben. Krankenhaus 5 hat beispielsweise eine eher überregionale Struktur, während die Patienten für Krankenhaus 3 über fast alle Altersgruppen hinweg nicht so weite Wege auf sich genommen haben.

[408] Wigeogis (2005), Esri (2005), Intergraph (2005)
[409] Verwendet wurde MapPoint 2004 von Microsoft.

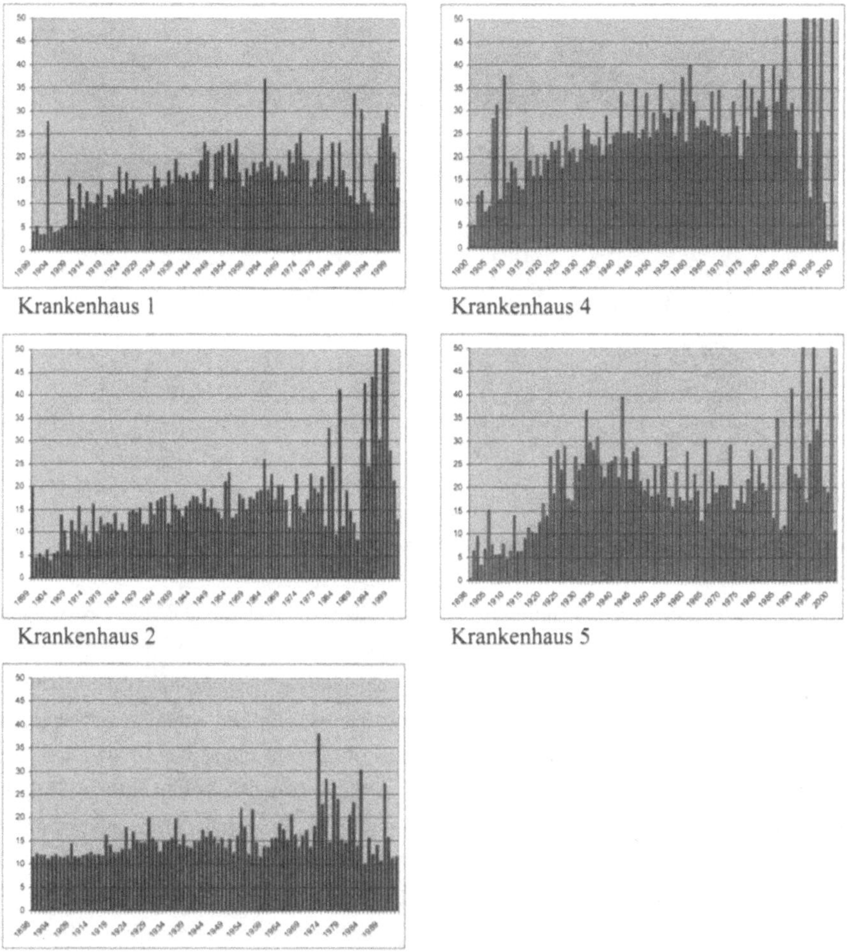

Abbildung 17: Entfernungen je Altersgruppe
Quelle: Eigene Darstellung

In der Krankenhausplanungs-Literatur hat darüber hinaus die Analyse der Entfernungen je Fachabteilung eine wichtige Rolle gespielt. Die Ergebnisse, die diesbezüglich aus der vorliegenden Arbeit gezogen werden konnten, zeigt das folgende Schaubild. Eine Wiedergabe aller denkbaren und möglichen Aufteilungen nach Fachabteilungen würde den Rahmen dieser Arbeit sicher übersteigen. Aus diesem Grund wurde auch auf eine differenzierte Wiedergabe der Unterschiede zwischen den Krankenhäusern verzichtet.

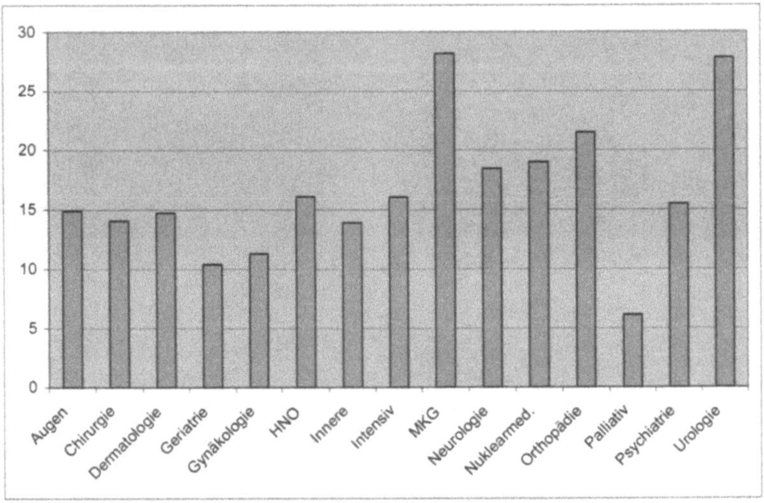

Abbildung 18: Entfernungen je Fachabteilung (Entfernungen in Kilometern)
Quelle: Eigene Darstellung

Bei der Betrachtung des Schaubildes fällt auf, dass die Abteilungen, die überwiegend hochaltrige Patienten behandeln (Geriatrie, aber auch Palliativmedizin), analog der obigen Auswertung nach Altersgruppen auch die geringsten Durchschnittsentfernungen in Kilometern aufweisen. Insbesondere in der Palliativmedizin scheint die räumliche Nähe zum bisherigen Wohnumfeld eine große Rolle zu spielen. Außerdem zeigen diese Daten, dass sich die von Cohen und Lee (1985) beobachtete geringe Mobilität in der Geburtshilfe als Teil der Gynäkologie offensichtlich auf die Durchschnittsentfernung der Gynäkologie ausgewirkt hat. Die Psychiatrie, in der nach Cohen und Lee häufig weitere Wege akzeptiert werden, um anonym bleiben zu können, weist jedoch in der hier untersuchten Patientenkohorte eine vergleichsweise geringe Durchschnittsentfernung auf. Dies mag an der in einer Großstadt ohnehin weitgehend gewährleisteten Anonymität liegen. Für Abteilungen, die spezialisierte und planbare Leistungen anbieten – besonders deutlich zu erkennen an der Mund-Kiefer und Gesichtschirurgie (MKG) – nahmen die Patienten deutlich längere Anfahrtswege in Kauf. An dieser Stelle könnte auch ein Vergleich der Werte der einzelnen Krankenhäuser durchgeführt werden, sofern die Ergebnisse in eine tatsächliche Krankenhausplanung einfließen sollten.

Ein zentrales Ziel der Krankenhausplanung ist neben der Dimensionierung der jeweiligen Fachabteilungen auch die Bestimmung des optimalen Standortes von Krankenhäusern und Fachabteilungen. Eine eindimensionale Betrachtung der Entfernungen genügt zur Standortbestimmung jedoch nicht, so dass die Patientenwohnorte zumindest flächenmäßig aufzuteilen und zu analysieren sind. Durch die Analyse der Koordinaten der Patientenwohnorte besteht nun die Möglichkeit, diese Daten sehr genau auszuwerten. Hierbei ist jedoch abzuwägen, wo es noch sinnvoll ist, die Herkunftsdaten räumlich disaggregiert zu lassen und wo Aggregationen durchzuführen sind.

Begonnen wird mit der höchsten für das vorliegende Planungsproblem sinnvoll erscheinenden Aggregationsstufe. Diese nimmt eine Bündelung der Patientendaten auf Postleitzahlenebene vor.

Die Verwendung des Geoinformationssystems erlaubt es, neben der Ermittlung der Koordinaten der Patientenwohnorte auch die Bündelung auf Postleitzahlenebene automatisiert vorzunehmen. Damit ist es möglich, die Postleitzahlengebiete nach unterschiedlichen Kriterien zu analysieren, wobei die Ergebnisunterscheidung vom Geoinformationssystem durch farbliche Kennzeichnung der Gebiete erfolgt. Die folgende beispielhaft für Nürnberg erstellte Abbildung 19 zeigt eine solche Unterscheidung der Bevölkerungsdichte nach Postleitzahlen. Wurde – wie im vorliegenden Beispiel – eine farbliche Unterscheidung der Werte von hell (geringere Bevölkerungsdichte) bis dunkel (hohe Bevölkerungsdichte) gewählt, so zeigt dieses Schaubild im Zentrum sehr geringe, in den umliegenden Postleitzahlengebieten jedoch unterschiedlich höhere Werte.

Abbildung 19: Darstellung der Bevölkerungsdichte auf Postleitzahlenebene
Quelle: Eigene Darstellung mit Hilfe von MS MapPoint 2003

Darüber hinaus kann an diesem Schaubild etwas gezeigt werden, das im Kapitel 3.4.3 bereits angesprochen wurde. Für dieses Schaubild wurden bereits Daten aus dem Geoinformationssystem verwendet – in diesem Fall Daten zur Bevölkerungszahl je Postleitzahlengebiet. Durch diese einfache Verknüpfung der Krankenhausdaten mit den Daten des Geoinformationssystems sind zunächst drei Schaubilder möglich:

1. Die Verteilung der Patienten nach Postleitzahlen (mit Werten aus dem Krankenhaus)
2. Die Verteilung der Bevölkerung nach Postleitzahlen (mit Werten aus dem Geoinformationssystem)
3. Die Patientenzahlen im Verhältnis zur Bevölkerungsdichte (kombinierte Werte)

Durch Verknüpfung der Daten können die Krankenhäuser folglich ihre Situation im Vergleich zu anderen Krankenhäusern analysieren und beispielsweise untersuchen, wo die eigenen Anteile an der Versorgung der Bevölkerung mit Gesundheitsleistungen höher oder niedriger als erwartet sind. Jedoch können auch ohne die Verknüpfung mit Daten des Geoinformationssystems durch Kombination von Daten unterschiedlicher Krankenhäuser oder Fachabteilungen beispielsweise die „Marktanteile", die jedes Krankenhaus im jeweiligen Postleitzahlengebiet hat, nachvollzogen werden.

Obwohl es über den Rahmen dieser Arbeit hinaus ginge, könnte auch auf folgende im Geoinformationssystem hinterlegte Werte je Postleitzahlengebiet zurückgegriffen werden:

a) Bevölkerungszahlen (wie bereits angesprochen)
b) Anzahl Privathaushalte
c) Monatliches Haushaltseinkommen in ca. 1.000 Euro-Schritten aufgeschlüsselt
d) Dauer des Bestehens von Haushalten
e) Zahl der Verheirateten, Singles und Geschiedenen
f) Zahl der Privathaushalte mit 1, 2, 3, 4, 5 und mehr Personen
g) Zahl der Arbeiter, Angestellten, Selbständigen und Rentner
h) (...)

Aus Verknüpfungen dieser Daten mit Krankenhausdaten ließen sich dann weitere Schlüsse ziehen, die zwar nicht die Qualität der Gutachten zur Krankenhausplanung erreichen würden, jedoch einen Schritt in diese Richtung bedeuten könnten.

Der entscheidende Grund für solche Darstellungen, insbesondere im Vergleich zu einer rein tabellarischen Darstellung, liegt darin, dass die regionalen Unterschiede visuell nachvollzogen werden können. Durch Orientierung an Straßenverläufen, Autobahnen, Flüssen und Seen ist auch in höheren „Zoomebenen" eine sinnvolle Auswertung möglich. Detailliertere Untersuchungen für spezielle Fälle (Diagnosegruppen, Fachabteilungen, Altersgruppen etc.) sind mit den vorhandenen Daten möglich.

So kann zum Beispiel mit Hilfe einer Darstellung analog Abbildung 20 die Angemessenheit einer Krankenhaus- oder Krankenhausabteilungs-Verteilung allein „optisch“ dadurch nachvollzogen werden, dass sich beispielsweise die Bettenzahlen je Fachabteilung entgegen der Patientenwohnorte in der jeweiligen Region entwickelt haben. In Abbildung 20 wird dies durch die offensichtlich (durch dunkle Kreise dargestellten) hohen Patientenzahlen im linken Bereich des Gebietes im Gegensatz zu den (ebenfalls dunkel eingezeichneten) hohen Kapazitäten im Krankenhaus rechts im Gebiet verdeutlicht.

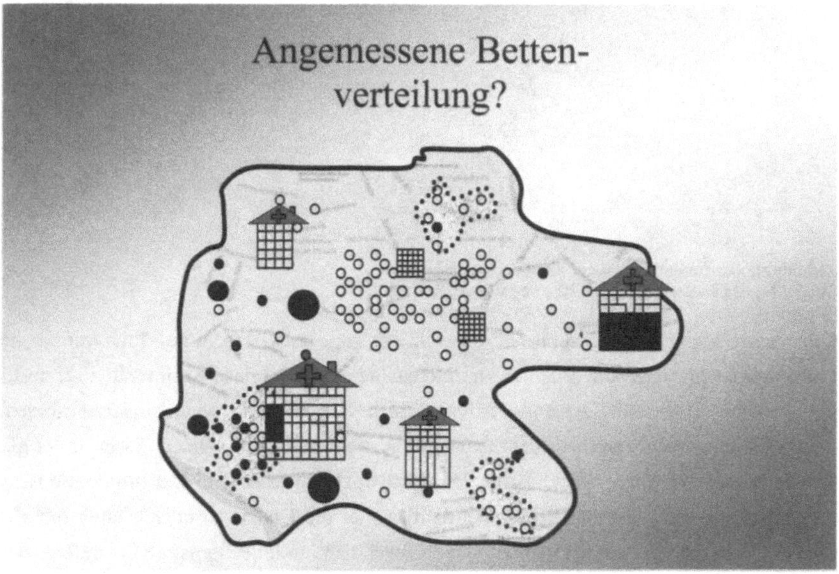

Abbildung 20: Angemessene Bettenverteilung?
Quelle: Eigene Darstellung

Für einige Auswertungen ist auch die Postleitzahlenebene noch zu grob oder aufgrund regionaler Besonderheiten unpassend. Deshalb ist es auch möglich, Grenzen für Gebiete frei festzulegen, da die hinterlegten Daten diesen Gebieten automatisch zugeordnet werden können. Die Daten des Krankenhausinformationssystems können auf diese Weise nicht nur nach Diagnosen, DRGs etc. „sortiert“ werden. Das Geoinformationssystem wirft die weiteren angehängten Patientendaten (Alter, Geschlecht etc.) ebenfalls der regionalen Sortierung folgend aus. Dies sogar, wenn die Grenzen des Gebietes freihand eingezeichnet wurden, wie dies in Abbildung 21 beispielhaft für Nürnberg durchgeführt wurde.

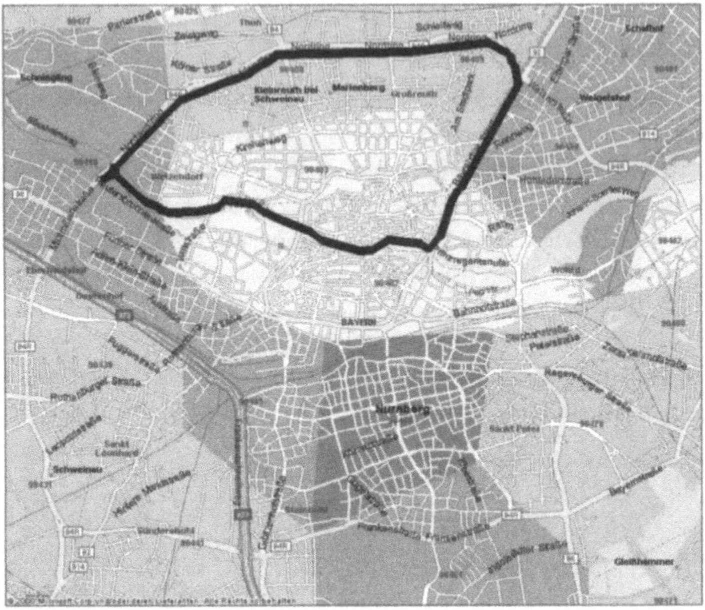

Abbildung 21: Manuelle Festlegung von Gebietsgrenzen
Quelle: Eigene Darstellung mit Hilfe von MS MapPoint 2003

Die nächst kleinere geographische Einheit, die in dieser Arbeit gewählt wurde, stellen Planquadrate dar. Hierzu wurde das zu untersuchende Gebiet nach Koordinaten „abgesteckt" und geeignet aufgeteilt. Diese Aufteilung wurde hier zwar vorwiegend aus Gründen der Geheimhaltung vorgenommen, denn sobald eine Auswertung der Daten – wie in der obigen Landkarte aus Nürnberg – mit Hilfe des Kartenmaterials aus dem Geoinformationssystem vorgenommen würde, wäre leicht ersichtlich, woher die Daten stammen. Durch die Aufteilung der Adressen in Planquadrate ist jedoch zusätzlich nur eine einmalige Georeferenzierung der Daten notwendig und die weitere Bearbeitung – dann sogar unter räumlichen Aspekten – mit normalen Office-Anwendungen möglich.

Die genannte Stadt wurde zu diesem Zweck in 100 x 50 Planquadrate aufgeteilt, so dass die weitere graphische Aufbereitung in einer Tabellenkalkulation vorgenommen werden konnte, nachdem den einzelnen Patientendatensätzen die entsprechenden Koordinaten zugeordnet wurden. Das zeitaufwändige Einlesen der zu analysierenden Datensätze in das Geoinformationssystem konnte so in den weiteren Arbeitsschritten entfallen. Wenn bekannt ist, welches Gebiet einer Stadt für die Festlegung der Koordinaten ausgewählt wurde, kann man sich trotz der fehlenden besonderen Merkmale einer Stadt oder einer Region (z.B. Flussläufe oder Autobahnen) leicht orientieren und gewinnt so einen schnellen Eindruck über die Patientenverteilungen unterschiedlicher Abteilungen und Krankenhäuser. Mit Hilfe einfacher Makros ist es nunmehr auch möglich, graphisch zwischen den Darstellungen unterschiedlicher Abteilungen zu „springen", so dass sichtbar wird, wo sich die Einzugsgebiete direkt überlappen, wo Behandlungsschwerpunkte liegen oder wo möglicherweise noch „Marktchancen" liegen. Es sei allerdings angemerkt, dass erfahrungsgemäß nur einzelne Abteilungen auf diese Weise analysiert werden sollten, da die Analyse ganzer Krankenhäuser bei dieser Darstellungsart nur überblicksartige Auswertungen erlauben (s.u.). Abbildung 22 zeigt folglich auch eine Augenabteilung, während Abbildung 24 links jeweils Innere Abteilungen und rechts Chirurgien zweier Krankenhäuser zeigen. Die unterschiedlichen Einzugsgebiete bilden sich dabei sehr gut heraus. Sogar zwischen den Abteilungen desselben Krankenhauses lassen sich Unterschiede deutlich ausmachen.

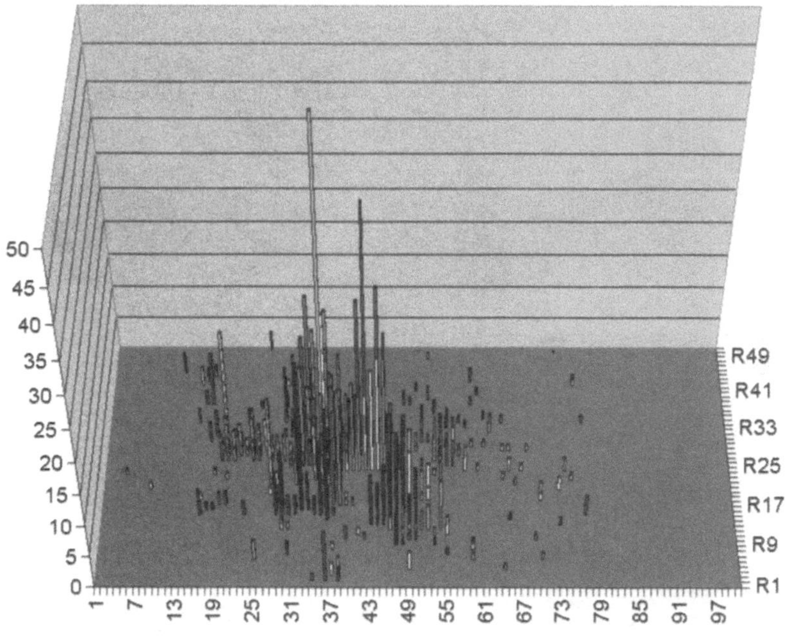

Abbildung 22: Darstellung der Patientenzahlen auf Basis von Planquadraten
Quelle: Eigene Darstellung

Weiter oben wurde bereits auf Morril und Earickson (1968) verwiesen, die herausgestellt haben, dass die Krankenhäuser im städtischen Bereich häufig überlappende Einzugsgebiete haben und sich daher die Patienten einer Region teilen müssen. Diese These lässt sich anhand Abbildung 23 für ganze Krankenhäuser eindrucksvoll bestätigen.

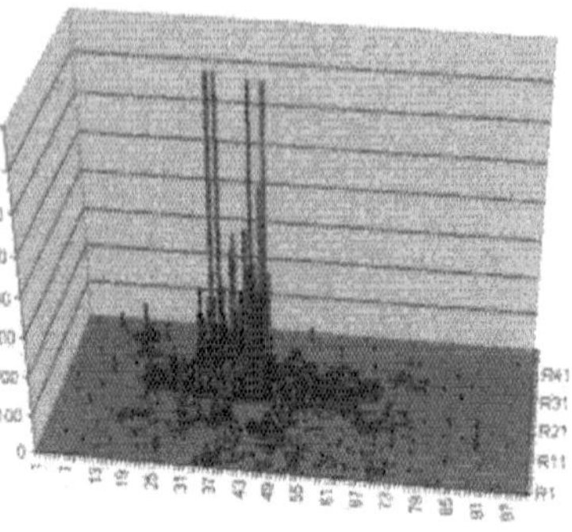

Krankenhaus 1

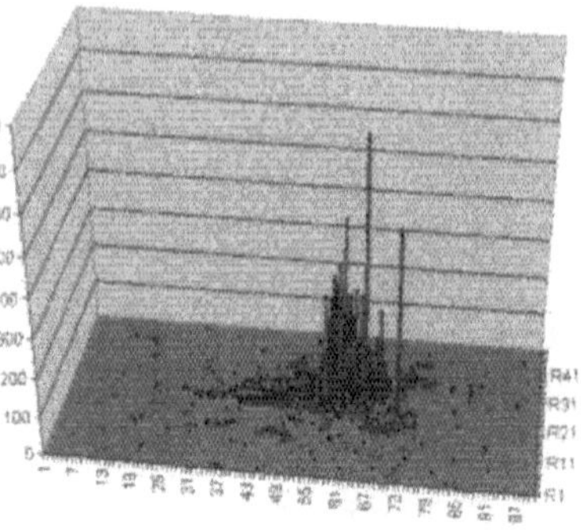

Krankenhaus 4

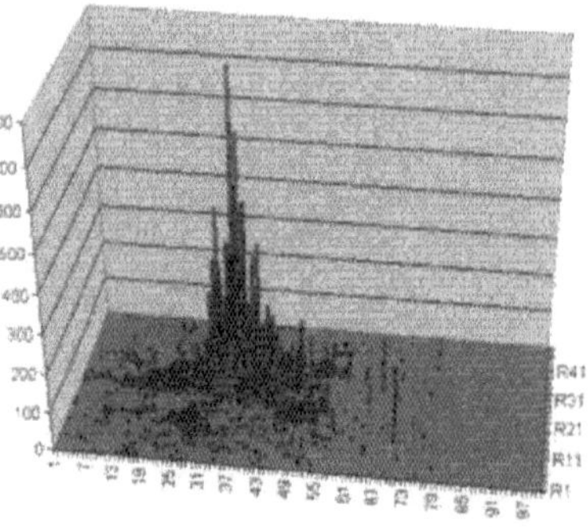

Krankenhaus 2

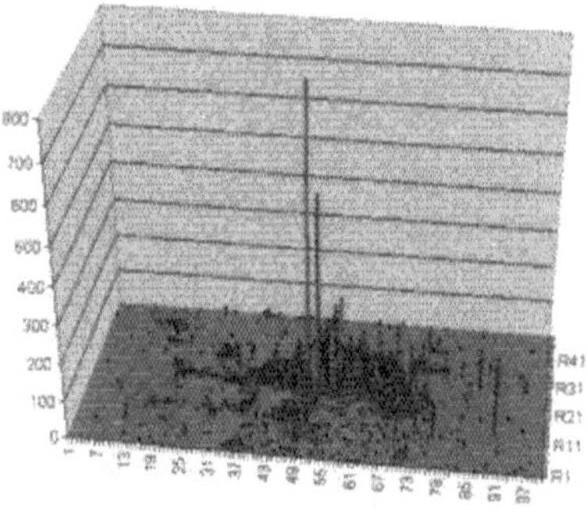

Krankenhaus 5

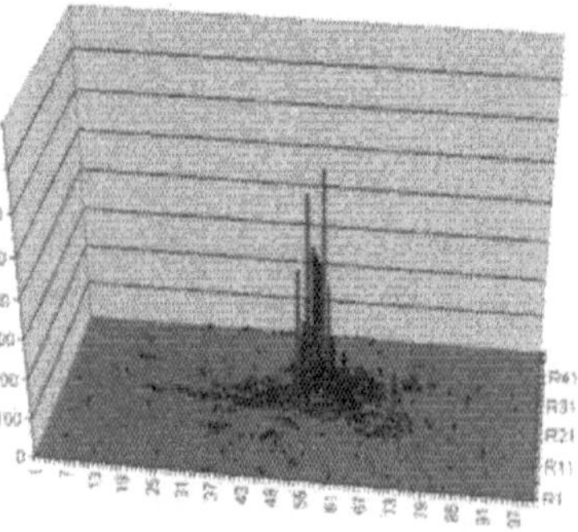

Krankenhaus 3

Abbildung 23: Einzugsgebiete ganzer Krankenhäuser
Quelle: Eigene Darstellung

Die in Abbildung 22 bis Abbildung 24 gewählte Darstellungsart verleitet jedoch dazu, die weiter gestreuten Patienten, die in geringeren Fallzahlen auftreten, zu vernachlässigen. Deshalb ist eine detailliertere Analyse der Einzugsgebiete auf Basis einzelner Fachabteilungen nötig. Diese Darstellung ermöglicht Hinweise darauf, für welche einzelnen Diagnosen,

Diagnosegruppen oder Fachabteilungen zukünftig Kooperationsmöglichkeiten oder -bedarfe bestehen und Kooperationen entsprechend eingeleitet oder angeregt werden können. Durch Berücksichtigung der Patientenherkunft kann zusätzlich zu einer rein medizinisch/fachlich orientierten Suche nach geeigneten Kooperationspartnern auch darauf geachtet werden, dass sich die Patientenwege durch eine mögliche Zusammenlegung von Fachabteilungen nicht zu stark verlängern.

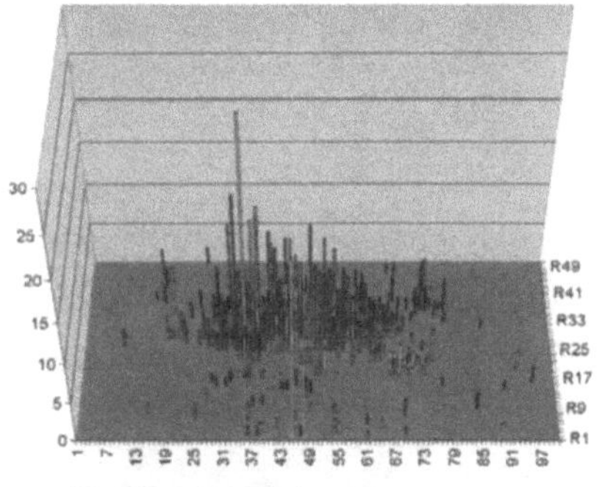

Krankenhaus 1, Innere

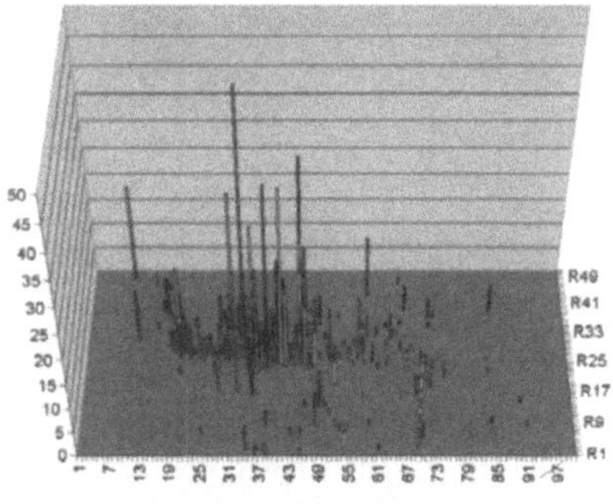

Krankenhaus 1, Chirurgie

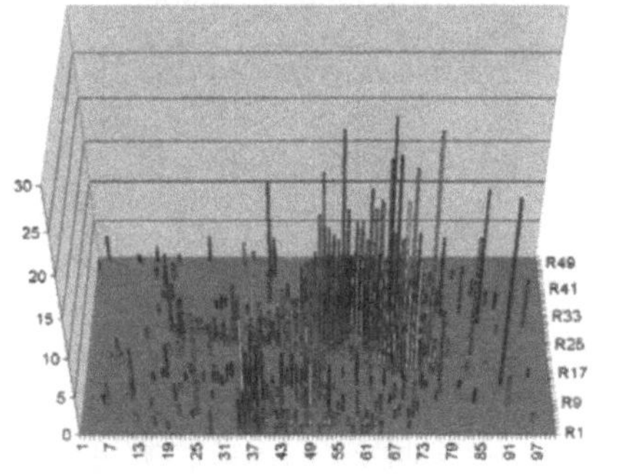

Krankenhaus 4, Innere

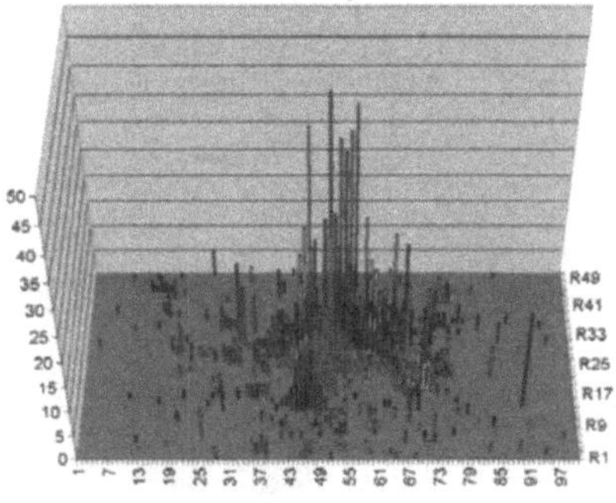

Krankenhaus 4, Chirurgie

Abbildung 24: Einzugsgebiet nach Fachabteilung
Quelle: Eigene Darstellung

Eine weitere Darstellungsart, die ebenfalls durch Einlesen der Patientendaten in das Geoinformationssystem erzielt werden kann, zeigen die Schaubilder in Abbildung 25. Dabei sind die Daten, die aus der besagten größeren Stadt in Deutschland stammen, aus Geheimhaltungsgründen auf die Stadt Wien übertragen worden, in der diese Arbeit weitgehend entstanden ist. Anhand des Stadtplanes von Wien lassen sich die Dimensionen anschaulicher ablesen, als dies in den Excel-Tabellen ohne Kenntnis der näheren Umstände möglich ist. Die sich überlappenden Einzugsgebiete der drei vergleichend dargestellten Krankenhäuser werden durch diese Darstellungsart wiederum sehr deutlich.

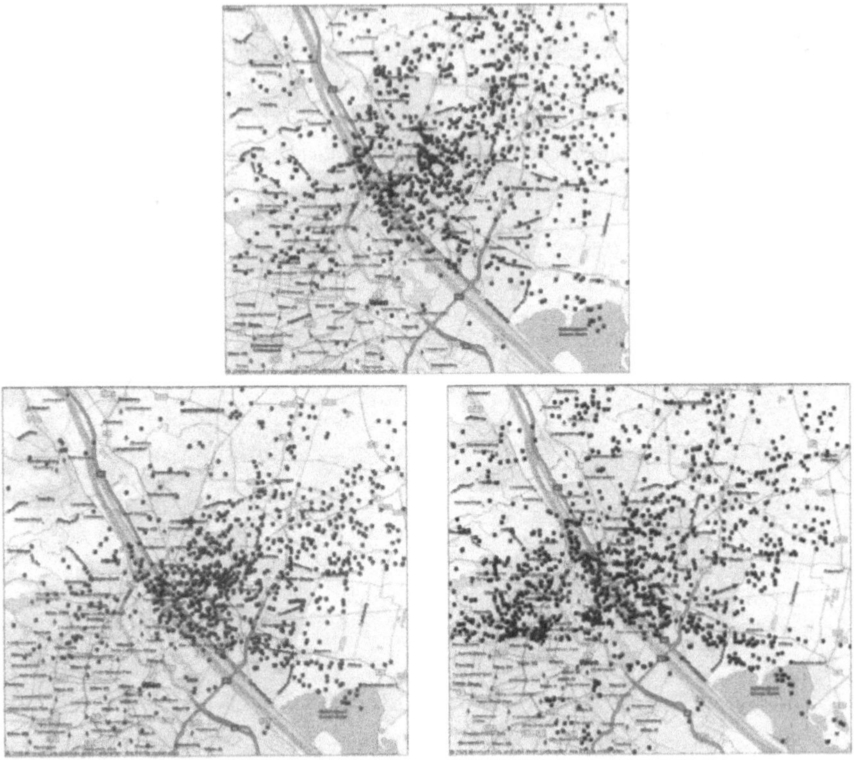

Abbildung 25: Darstellung von Patientenwohnorten mit Hilfe von Punkten (Pins)
Quelle: Eigene Darstellung mit Hilfe von MS MapPoint 2003

Diese Art der Darstellung ist jedoch insofern möglicherweise irreführend, als dass aufgrund der fehlenden Hausnummern für alle Krankenhausfälle von Bewohnern einer Straße zusammen lediglich ein einziger Punkt dargestellt wird, so dass die Zahl der Punkte zu einem verzerrten Bild führen kann.[410] Weiter entfernte Punkte erscheinen darüber hinaus auch in höheren Zoomebenen farblich so intensiv, dass sie optisch mehr ins Gewicht fallen, als dies zahlenmässig angemessen erscheint. Die Darstellung mit Hilfe der Tabellenkalkulations-Schaubilder überwindet dieses Problem und zeigt je Planquadrat die genaue Fallzahl, so dass hier die zahlenmäßige Verteilung der Patienten besser sichtbar wird. Da es bei der Verwendung dieser Schaubilder lediglich darum gehen kann, einen optischen Eindruck zu vermitteln, mag eine kombinierte Verwendung beider Darstellungsarten durchaus hilfreich sein.

[410] In einer programmgesteuerten Auswertung würde jedoch berücksichtigt, dass hier mehrere Punkte übereinander liegen. Die Einschränkung bezieht sich daher nur auf die Darstellungsart.

Eine weitere Darstellungsart, die Aufschluss über Ansätze zur Lokalisierung von Krankenhäusern liefern kann, ist die Ermittlung „virtueller Standorte“ analog Abbildung 14. Durch Vektoraddition mit Hilfe der Koordinaten aller Patienten kann der Standort für das Krankenhaus oder die Fachabteilung ermittelt werden, der unter ausschließlicher Berücksichtigung der Entfernungen optimal erscheint. Bildlich gesehen geht dabei von jedem Patienten eine Art „Kraftvektor“ aus, der das Krankenhaus in seine Richtung „zieht“. Vier Patienten, die an den Ecken eines Rechtecks wohnen, würden dazu führen, dass der optimale Standort, der sich aus der Vektoraddition ergibt, im Zentrum eben dieses Rechtecks liegt.

Jeder weitere Patient „zieht“ das Krankenhaus gemäß seiner Position und Entfernung von diesem Standort weg. Ein fünfter Patient würde analog Abbildung 26 diesen virtuellen Standort vom Mittelpunkt des Rechteckes in seine Richtung verlagern.

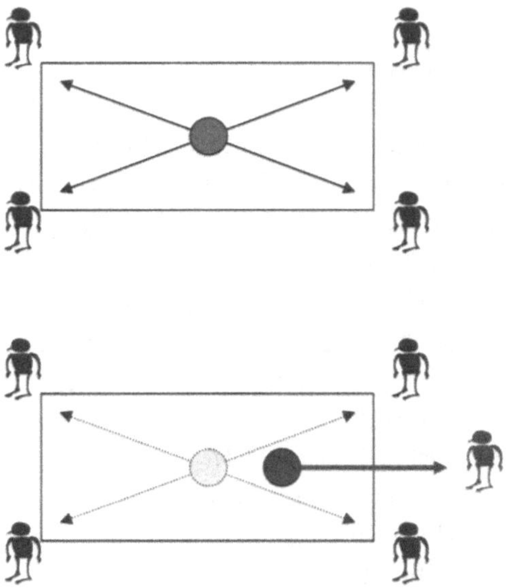

Abbildung 26: Vektoraddition zur Ermittlung des optimalen Standortes
Quelle: Eigene Darstellung

Diese Vorgehensweise kann man nun auf alle Patienten eines Krankenhauses übertragen und erhält so den „virtuellen Standort“ eines Krankenhauses, der sich nicht in der Mitte oder im Mittelpunkt des Einzugsgebietes befindet, sondern der von der jeweiligen Patientenzahl aus den unterschiedlichen Richtungen abhängt.

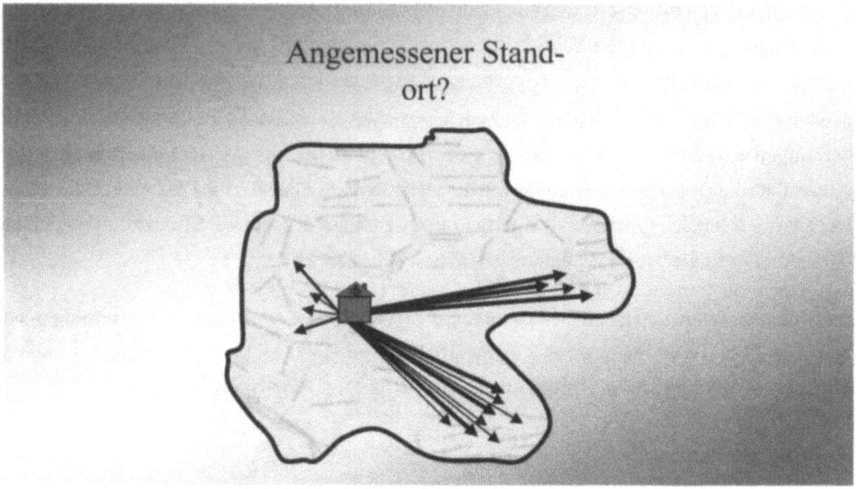

Abbildung 27: Angemessener Standort?
Quelle: Eigene Darstellung

Beim Krankenhaus in Abbildung 27 ließe sich schon optisch nachweisen, dass der aktuelle Standort offensichtlich unter Erreichbarkeitsgesichtspunkten nicht der optimale Standort ist.

In Abbildung 28 sind neben den 3 Krankenhäusern aus Abbildung 25 (es wurden die gleichen Farben verwendet) auch die zusätzlichen beiden in die Modellrechnung aufgenommenen Krankenhäuser aufgeführt. Dargestellt werden die virtuellen Standorte der insgesamt fünf Krankenhäuser an den 365 Tagen des untersuchten Jahres, die sich aus den am jeweiligen Tag im Krankenhaus liegenden Patienten ergeben. Dabei zeigt sich deutlich, dass die sich überlappenden Einzugsgebiete der drei in Abbildung 25 dargestellten Krankenhäuser auch zu sich überlappenden virtuellen Standorten führen. Außerdem wird sichtbar, dass das gelbe Krankenhaus im Jahresverlauf in seinen virtuellen Standorten geringer „streut" als das rot eingezeichnete Krankenhaus. Offensichtlich handelt es sich bei diesem um ein Krankenhaus mit stärkerem regionalen Bezug. Die Tatsache, dass die virtuellen Standorte dieses Krankenhauses fast vollständig von denen des roten Krankenhauses umschlossen werden, lässt wiederum einen deutlichen Spielraum für Kooperationen oder Zusammenlegungen vermuten, sofern dies aus fachlicher Sicht möglich ist.

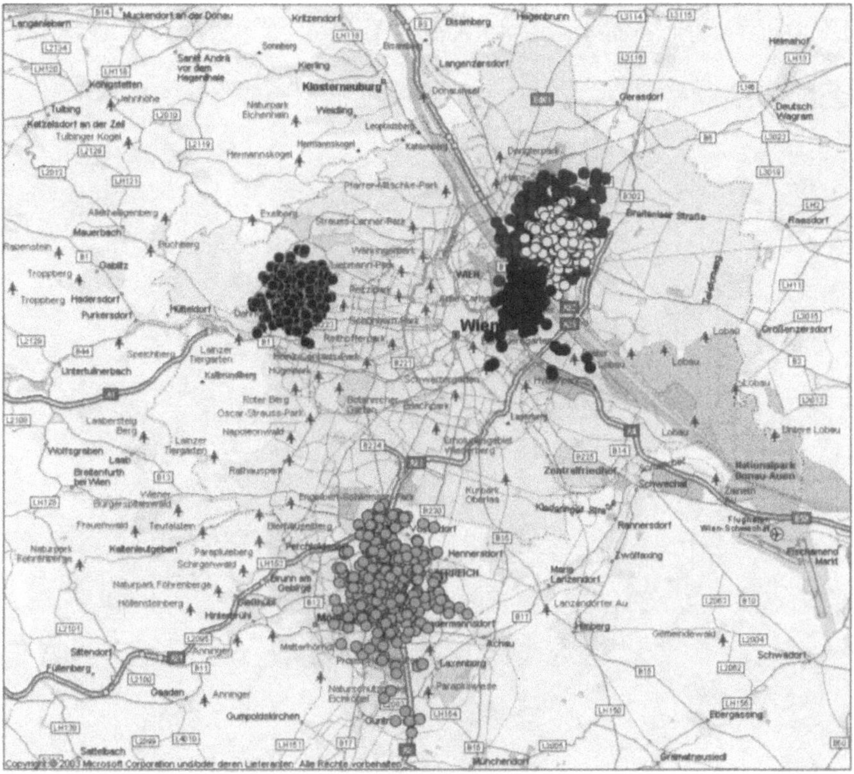

Abbildung 28: Virtuelle Krankenhausstandorte im untersuchten Jahr
Quelle: Eigene Darstellung mit Hilfe von MS MapPoint 2003

Die auf die Stadt Wien übertragene Darstellung zeigt außerdem, dass es sowohl beim gelben als auch beim roten Krankenhaus Anknüpfungspunkte mit dem blauen Krankenhaus gibt. Darüber hinaus wird deutlich, dass es sowohl Krankenhäuser mit sehr geringer, als auch welche mit deutlicher Streuung über das Jahr verteilt gibt. Für das Krankenhausplanungsproblem sei dies als Hinweis darauf zu werten, dass eine aggregierte Auswertung über Durchschnittswerte äußerst problematisch ist. Die in Abbildung 28 gezeigten Streuungen ergeben sich schließlich nur durch die Berücksichtigung der tagesaktuellen Belegungen der Krankenhäuser im Jahresverlauf. Es handelt sich immer noch um gesamte Krankenhäuser mit sehr unterschiedlichen Fachabteilungen. Beim schwarz und beim türkis eingezeichneten Krankenhaus ist die Konkurrenzsituation offensichtlich nicht sehr ausgeprägt. Die übrigen Krankenhäuser zeigen jedoch deutliches Substitutionspotential schon auf Gesamtkrankenhausebene. Auswertungen auf DRG-Basis können hier noch detailliertere Informationen zu den bereits oben genannten Absprachen über Leistungsangebote zwischen den Krankenhäusern liefern.

Angesichts der in Abbildung 29 noch einmal explizit eingezeichneten Entfernungswerte erscheint die Möglichkeit zur Kooperation durchaus gegeben.

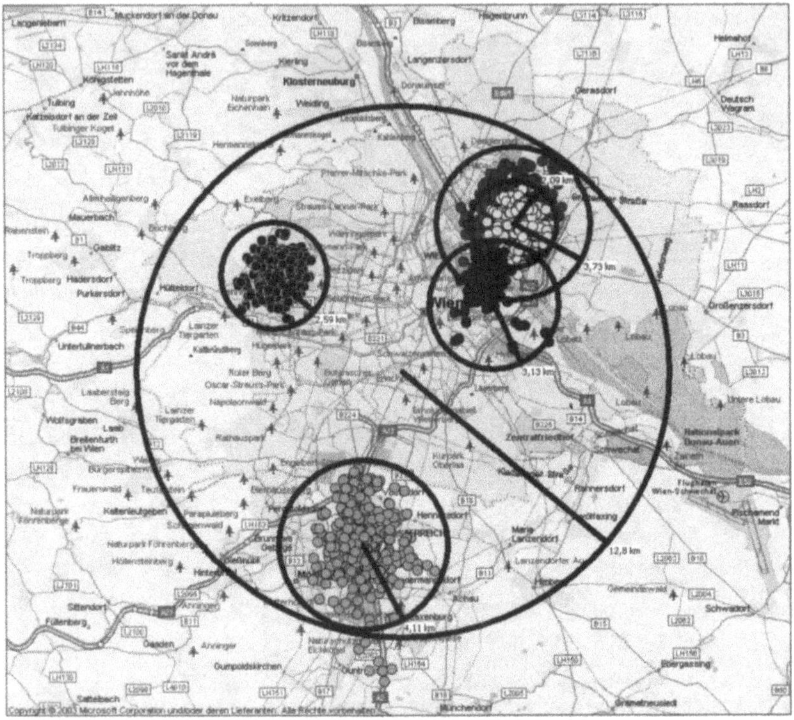

Abbildung 29: Radien der virtuellen Standorte
Quelle: Eigene Darstellung mit Hilfe von MS MapPoint 2003

Als Ergebnis ist festzuhalten, dass die gezeigten Darstellungsmöglichkeiten lediglich eine sinnvolle Ergänzung zu den bereits von den Krankenhäusern verwendeten Auswertungen bilden. Durch die leicht zu beschaffenden technischen Möglichkeiten der Georeferenzierung[411] und durch die Daten, die von den Krankenhäusern inzwischen ohnehin standardisiert gesammelt und für unterschiedliche Empfänger aufbereitet werden müssen (gemäß § 21 KHEntgG oder § 301 SGB V), besteht für jedes Krankenhaus die Möglichkeit, solche Auswertungen selbst zu erstellen. Im Zuge der sich durch die Rahmenplanung und die DRGs verändernden Umwelt ist damit zu rechnen, dass das Interesse an derartigen Auswertungen stark zunehmen wird.

---

[411] Die einmalige Georeferenzierung der Krankenhausdaten lässt sich ggfs. sogar als Dienstleistung einkaufen.

6 Ameisen

Die Angebotsseite, das heißt, die sich durch eine veränderte Krankenhausplanung ergebenden Änderungen in der Angebotsstruktur sind in den vorangegangenen Kapiteln bereits eingehend analysiert worden. Unabhängig von der Krankenhausplanung – selbst wenn sie durch die Vertragsparteien vor Ort beeinflusst ist – werden sich jedoch auch in der Steuerung der Patienten Änderungen ergeben. Die Notwendigkeit der Krankenhäuser, auf DRGs und Mindestmengen zu reagieren, wurde ebenfalls bereits angesprochen. Insofern ist damit zu rechnen, dass die Krankenhäuser versuchen werden, auf das Verhalten der Ärzte im Einzelfall einzuwirken. Nach der sich überdies abzeichnenden Gesetzgebung, die den Hausarzt immer stärker als die Schlüsselperson, als den „Gatekeeper" im Gesundheitswesen ansieht, können zukünftig Patienten auch unter Einschränkung der Krankenhauswahlfreiheit zu entsprechenden Krankenhäusern gelenkt werden. Die derzeit bestehenden Hausarztmodelle basieren jedoch zumeist noch auf der Freiwilligkeit.[412] Je nach Ausgestaltung der jeweiligen Regelungen kann der jeweils entscheidende Hausarzt hierbei jedoch durchaus unterschiedliche Strategien verfolgen. So kann er u.a. eine Minimierung der Patientenwege, die Einweisung der Patienten in möglichst gut geeignete Einrichtungen oder eine Erhöhung des Profites des Krankenhauses anstreben. Besonders Letzteres wird davon abhängen, inwieweit und in welcher Form die Kooperationsmöglichkeiten gemäß § 140 a ff SGB V in der Praxis umgesetzt und damit die Interessen der niedergelassenen Ärzte verändert werden. Eine gesetzliche Möglichkeit hierzu besteht grundsätzlich schon seit dem GRG 1988.

Ziel der beiden folgenden Teile dieser Arbeit ist es, die möglichen Auswirkungen einer geänderten Patientensteuerung auf die Belegung der Krankenhäuser und die Pfade der Patienten zu eben diesen Krankenhäusern zu analysieren.

Hierbei kommt eine Methode zum Einsatz, die weitgehend auf der Nachbildung des Verhaltens von koloniebildenden Ameisen basiert. Ihre Fähigkeit, mit einfachen Mitteln untereinander zu kommunizieren, lässt sich in Modellen nachbilden, die komplexe numerische Probleme lösen. Die Verteilung von über 150.000 Patienten auf 5 Krankenhäuser stellt ein solches komplexes numerisches Problem dar.

Daher sollen im Rahmen des hier vorgestellten Modells die Entscheidungen der Ärzte mit Hilfe eines Ameisenalgorithmus simuliert werden. Um unter den verschiedenen existierenden Algorithmen einen geeigneten auswählen zu können, wird daher zunächst ein breiter Überblick über diese Thematik gegeben. Nach der Auswahl des Algorithmus und der Begründung für die Entscheidung werden die wesentlichen Bestandteile des Algorithmus beschrieben und zur besseren Veranschaulichung in Form von Pseudo-Code dargestellt. Des Weiteren werden

---

[412] vgl. Barmer (2005), AOK (2005), BMGS (2005c)

Hinweise auf eine effiziente Programmierung des Problems gegeben. Abschließend wird gezeigt, dass der implementierte Algorithmus gute Ergebnisse für das vorliegende Problem liefert.

Breiter Raum wird im Anschluss daran der Ergebnispräsentation gewidmet, da sich die Heuristik auf die im Teil „Daten" schon beschriebenen „Echtdaten" stützt und somit sehr detaillierte Einblicke in die Auswirkungen einer Patientensteuerung auf die Krankenhäuser liefern kann.

6.1 Einleitung

Das Simulationsmodell dieser Arbeit richtet sich vorwiegend an Krankenhäuser und Wissenschaftler, die sich die möglichen Auswirkungen von Patientensteuerungen im Rahmen verschiedener Szenarien vor Augen führen möchten. Hausarztmodelle nach § 73b SGB V und Integrierte Versorgungsformen nach §§ 140 ff. SGB V haben das Ziel, die bis zum Jahr 1988 im deutschen Gesundheitswesen fest verankerten Grenzen zwischen dem stationären und dem niedergelassenen Bereich aufzuweichen, ja sogar partiell aufzuheben und Krankenhäuser und niedergelassene Ärzte zu einer deutlich intensiveren Zusammenarbeit zu motivieren. Dadurch sollen die vielfach kritisierten Schnittstellenprobleme gemildert werden, die beispielsweise aufgrund von Mehrfachuntersuchungen, Verzögerungen im Behandlungsverlauf sowie einer nicht am Gesamtergebnis orientierten Behandlung als einer der wesentlichen Gründe für Ineffizienzen im Gesundheitswesen ausgemacht wurden. Das Beseitigen dieser Probleme soll auch dazu führen, dass sich die Pfade, die die Patienten von Leistungsanbieter zu Leistungsanbieter durch das Gesundheitswesen gehen, verändern.[413]

Dies stellt jedoch nur eine mögliche Ursache für künftig sich ändernde Pfade durch das Gesundheitswesen dar. Die sich aufgrund der Krankenhausplanung oder Budgetverhandlung ändernden Krankenhausstrukturen führen zwangsläufig auch zu einer veränderten Inanspruchnahme der Krankenhäuser. Nicht mehr vorhandene oder verlegte Einrichtungen können schließlich auch nicht mehr in Anspruch genommen werden. Eine Aufhebung der freien Krankenhauswahl hätte ähnliche Auswirkungen. Das Phänomen des „Vorbeifahrens" könnte hiermit wirkungsvoll eingeschränkt werden. Es könnte aber – sofern die Einweisung in für die Krankenkassen günstigere Häuser z.B. durch Zahlung von Prämien an die Patienten auch verstärkt werden. Insofern zielt das in dieser Arbeit vorgestellte Modell zunächst darauf ab, diese sich möglicherweise aus unterschiedlichen Gründen verändernden Patientenpfade in einem Simulationsmodell überhaupt abbilden zu können.

Im Kern des in dieser Arbeit vorgestellten Modells wird folgerichtig die Steuerung von Patienten durch die Krankenhäuser durchgeführt. Da hierbei ein regelbasiertes System als

[413] vgl. Glaeske (2002), S. 4-19

nicht ausreichend angesehen wurde, war es das Ziel dieses Teils der Arbeit, aus den sogenannten Ameisenalgorithmen den- oder diejenigen herauszufinden, die für das vorliegende Problem anwendbar sind und in angemessener Zeit zu guten Ergebnissen führen. Die zu diesem Zweck erstellte Literaturrecherche über die bestehenden Ameisenalgorithmen wurde daher – obwohl ein breiter Überblick gegeben wird – jeweils dort verkürzt oder abgebrochen, wo die dargestellten Verfahren für das vorliegende Problem nicht von Nutzen zu sein schienen.

6.2 Ameisenalgorithmen

Dieses Kapitel soll eine detaillierte Einführung in die Theorie der Ameisenalgorithmen geben und zeigen, wie diese in Modellen eingesetzt werden können. Dafür wird – nach einem kurzen, generellen Überblick – das Verhalten der natürlichen Ameisen bei der Futtersuche beschrieben und gezeigt, wie dieses Verhalten als Algorithmus programmtechnisch dargestellt werden kann, so dass Optimierungsprobleme ähnlich der Futtersuche der Ameisen gelöst werden können. Im Anschluss daran wird beschrieben, wie man die Heuristik erweitern und verbessern kann, um bessere Lösungen mit geringerem Rechenaufwand zu finden. Ameisenalgorithmen können allerdings nicht nur Optimierungsprobleme ähnlich der Futtersuche lösen, sondern auf jedes beliebige, diskrete Optimierungsproblem angewendet werden. Besonders eignen sich Ameisenalgorithmen für sogenannte NP-harte Probleme (s.u.), wobei diese auch nach mehreren Zielen optimiert werden können. Da natürliche Ameisen ständig auf ihre sich verändernde Umwelt reagieren müssen, liegt es nahe, dass Ameisenalgorithmen auch für Probleme eingesetzt werden können, deren Struktur sich während des Problemlösungsprozesses verändert. Auch verteilte Probleme, in denen das Problem innerhalb eines sogenannten verteilten Systems auftritt, können Ameisenalgorithmen aufgrund ihrer indirekten Kommunikationsart bewältigen. All diese Einsatzmöglichkeiten werden im Rahmen dieses Kapitels mit Beispielen beschrieben, und es wird gezeigt, wie man den Algorithmus anpassen muss, um die entsprechenden Probleme zu lösen. Abschließend werden die Vor- und Nachteile von Ameisenalgorithmen dargestellt und verdeutlicht, wie man einen Algorithmus auf eine bestimmte Problemstellung adaptiert.

Wie bei anderen Heuristiken, zum Beispiel den genetischen Algorithmen auch, ist es bei der Verwendung von Ameisenalgorithmen nicht das Ziel, mit Sicherheit die optimale Lösung, sondern in möglichst kurzer Zeit sehr gute Lösungen zu finden. Aufgrund der Größe des Lösungsraumes ist das Auffinden der optimalen Lösung – zum Beispiel durch vollständige Enumeration – in den im Weiteren untersuchten Problemen nicht in angemessener Zeit möglich. Sofern also im Folgenden von einer „guten Performance“ gesprochen wird, so ist damit gemeint, dass der Algorithmus gute Lösungen in einer angemessenen Zeit gefunden hat.

Dass der Ameisenalgorithmus mit einer Wahrscheinlichkeit von 1 gegen die optimale Lösung konvergiert, hat Gutjahr bereits 2002 nachgewiesen.[414] Es wäre demnach lediglich eine Frage der Zeit, wann die Ameisen die optimale Lösung finden.

6.2.1 Überblick

Das Heranziehen von Phänomenen der Natur ist eine weitgehend verbreitete Methode zum Lösen von komplexen Problemen. Schon 1960 wurde auf einem Kongress in Dayton/Ohio der Begriff „Bionik“ von J. E. Steele geprägt. Der Name „Bionik“ leitet sich aus den Begriffen „Biologie“ und „Technik“ ab und stellt ein relativ junges, interdisziplinäres Forschungsgebiet dar, das die Natur als Vorbild für technische Problemlösungen heranzieht.[415] Bei dem technischen Problem, Muster zu erkennen, orientiert man sich beispielsweise an den menschlichen Gehirnzellen. Diese Vorgehensweise wird bei Neuronalen Netzen verwendet. Ein weiteres Beispiel wären die Genetischen Algorithmen, die sich auf diverse Problemstellungen in unterschiedlichsten wissenschaftlichen Bereichen wie Technik oder auch Ökonomie anwenden lassen. Dabei wird die Evolution von Lebewesen auf das Überleben von guten Lösungen in einem Suchraum adaptiert, bei dem diejenigen Lösungen gefördert und weiterentwickelt werden, die den größten Erfolg erzielt haben.

Seit Anfang der 90-er Jahre wird insbesondere versucht, das Verhalten von Insekten, im Speziellen von Ameisen, zum Lösen von komplexen Problemen heranzuziehen. Es gibt verschiedene Tätigkeiten von Ameisen, die für diesen Zweck genutzt werden können. Ameisen agieren beispielsweise so flexibel und arbeitsteilig, dass trotz fortwährender Veränderung des Aufwandes und der Priorität der zu erledigenden Aufgaben die Arbeit nahezu optimal verteilt wird. Diese Fähigkeit kann für Problemlösungen bei der Arbeitsteilung im wirtschaftlichen Bereich genutzt werden. Eine weitere Tätigkeit der Ameisen, die man zum Beispiel zur Verbesserung von Datenanalysen verwenden kann, ist ihr Sortierverhalten, wenn sie ihre Larven positionieren oder wenn sie eine Art „Friedhof“ für ihre Verstorbenen errichten. Auch der Nestbau der Ameisen ist interessant, da manche Ameisenkolonien – noch eindrucksvoller ist dies bei den Termiten – sehr komplexe und geometrisch präzise Bauten errichten können, obwohl die einzelnen Ameisen keinen fertigen „Bauplan“ für diese Bauten in sich tragen. Die Tatsache, dass es Ameisen schaffen, sich so zu koordinieren, dass sie Futter in einer Gruppe zu ihrem Nest transportieren können, kann ebenso genutzt werden. Die für diese Arbeit wichtigste der genannten Verhaltensweisen ist allerdings jene, bei der Ameisen Futter suchen. Dabei schaffen sie es, in kürzester Zeit den besten Weg in Hinblick auf Länge und auch Sicherheit von ihrem Nest zur Futterstelle zu finden. Aufgrund dieses

[414] vgl. Gutjahr (2002)
[415] vgl. Technische Universität Berlin (2003)

Verhaltens wurde der Basisalgorithmus „Ant System“ (AS) und diverse, auf AS aufbauende Erweiterungen und Verbesserungen entwickelt.

Diese Erweiterungen und Verbesserungen und auch AS selbst können unter dem Oberbegriff „Ant Colony Optimization“ (ACO)-Algorithmus zusammengefasst werden. Der Begriff „Ant Colony Optimization“ wurde erst 1999 von Dorigo und Di Caro eingeführt. In ihrem Artikel „The Ant Colony Optimization Meta-Heuristic“, der in dem Sammelwerk „New Ideas in Optimization“ veröffentlicht wurde, definieren sie ACO als eine Metaheuristik, die sich am Verhalten der Ameisen bei der Futtersuche orientiert.[416] Diese stellt eine allgemeine Beschreibung dar, die jeden Ameisenalgorithmus, der seit Beginn der 90-er Jahre entwickelt wurde und sich mit dem Auffinden von Futter beschäftigt, als ACO-Algorithmus definiert. Während sich die folgenden Ausführungen auf eben diese Futtersuche konzentrieren, ist ACO jedoch so generell formuliert, dass man schon mit geringfügigen Änderungen an einem ACO-Algorithmus verschiedene Optimierungsprobleme lösen kann.

6.2.2 Natürliche Ameisen

Ameisen sind relativ einfache Individuen mit geringen kognitiven Fähigkeiten. Allein können sie nicht viel bewirken, in der Gruppe können sie sich allerdings so gut organisieren, dass sie komplexe Probleme wie Nestbau und Futtersuche schnell lösen können.

Diese Fähigkeit beruht, wie Bonabeau, Dorigo und Theraulaz in ihrem Buch „Swarm Intelligence: From Nature to Artificial Systems“ beschreiben, auf der Selbstorganisation der Kolonie.[417] Es gibt kein Individuum, das anderen Befehle erteilt, sondern jede Ameise entscheidet dezentral. Die Kommunikation läuft dabei meist über chemische Substanzen –die sogenannten Pheromone – ab.[418] Viele Ameisenarten befolgen das „trail-laying trail-following“-Verhalten,[419] bei dem jede Ameise ihren Weg mit Pheromonen markiert und somit eine neue Pheromonspur bildet oder die vorhandene verstärkt. Andere Ameisen können dadurch aus den Erfahrungen der vorherigen Ameisen Nutzen ziehen, da sie die Pheromonspur erkennen und die Wege mit einer Wahrscheinlichkeit proportional zu der sich darauf befindenden Menge an Pheromonen wählen. Durch die verschiedenen Mengen und Arten an Pheromonen auf den Wegen bildet sich sozusagen ein „globales Gedächtnis“, durch welches jede Ameise weiß, welche Wege schon wie oft erfolgreich gegangen worden sind. Eine Eigenschaft der Pheromone ist jedoch für die Ameisen von entscheidender Bedeutung: Pheromone können nicht nur verstärkt werden, sie haben auch die Eigenschaft, mit der Zeit zu verdampfen. Das bedeutet, dass Wege, die nicht oder nicht mehr oft erfolgreich benutzt

[416] vgl. Dorigo/Di Caro (1999), S. 11
[417] vgl. Bonabeau et al. (1999), S. 9 ff
[418] vgl. Bonabeau et al. (1999), S. 26
[419] vgl. Hölldobler/Willson, (1990), S. 265 ff

werden, allmählich aus dem „globalen Gedächtnis“ der Ameisenkolonie gestrichen, somit zunächst weniger benutzt und später schließlich ganz vergessen werden.

Eine weitere wichtige Eigenschaft der Pheromonspuren ist im Verhalten der Ameisen zu sehen. Ameisen folgen nicht immer streng der Pheromonspur; es existieren immer auch Ameisen, die sich nicht sklavisch an die Pheromonspuren halten, sondern die auch andere Wege gehen. Nur so ist es überhaupt möglich, dass auch neue Wege erforscht und somit noch bessere Futterquellen gefunden werden.

Wie Ameisen den kürzesten Weg von ihrem Nest zu einer Futterstelle finden können, soll im Folgenden genauer beschrieben werden. Dabei wird den Ameisen im Experiment eine Ausgangssituation wie in Abbildung 30 gegeben, bei welcher den Ameisen zwei Wege vom Nest zur Futterstelle zur Auswahl stehen, wobei der eine Weg deutlich kürzer ist als der andere. Die Ameisen verlassen nun nacheinander das Nest und wählen anfangs zufällig einen Weg, da noch keine Pheromonspur vorhanden ist. Jede Ameise markiert dabei ihren Weg mit einer Pheromonspur. Die Ameisen, die den kürzeren Weg gewählt haben, sind schneller bei der Futterstelle und treten damit auch eher den Rückweg an, bei dem sie wiederum Pheromone streuen. Kommen danach die ersten Ameisen, die den längeren Weg gewählt haben, zur Futterstelle und müssen sich für einen Rückweg entscheiden, so befinden sich am kürzeren Weg bereits mehr Pheromone als am längeren. Da die Ameisen ihren Weg proportional zur Menge der Pheromone bestimmen, wird der kürzere Weg mit einer höheren Wahrscheinlichkeit gewählt. Auch nachfolgende Ameisen, die sich beim Nest für einen Weg entscheiden müssen, werden den kürzeren Weg mit einer höheren Wahrscheinlichkeit wählen, sobald die ersten Ameisen von der Futterstelle zurückgekehrt sind. Je mehr Ameisen den kürzeren Weg wählen, desto mehr Pheromone werden darauf gestreut, was wieder andere Ameisen dazu animiert, diesen Weg mit einer größeren Wahrscheinlichkeit zu wählen. Dieses Experiment wurde in einem Artikel von Goss[420] beschrieben und mit einer Kolonie von Linepithema humile Ameisen und einer etwas komplizierteren Pfadstruktur durchgeführt als der in Abbildung 30 gezeigten. Die Ergebnisse waren jedoch die gleichen.

[420] vgl. Goss et al. (1989)

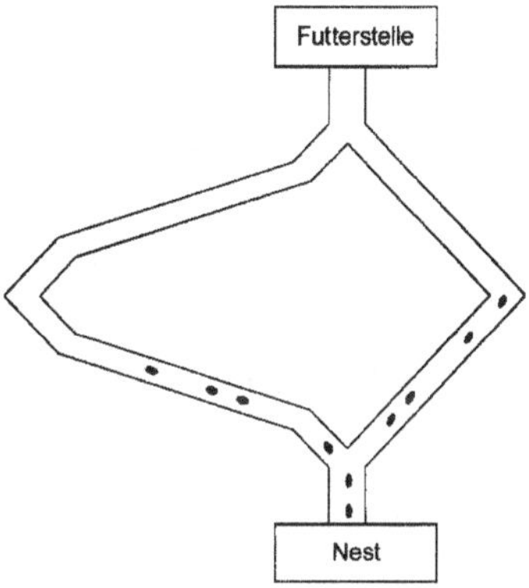

Abbildung 30: Linepithema humile Ameisen bei der Futtersuche
Linepithema humile Ameisen suchen in einem künstlich angelegten Wegenetz, in dem zwei unterschiedlich lange Wege existieren, nach dem kürzesten Weg vom Nest zur Futterstelle.
Quelle: In Anlehnung an Goss (1989), S. 579, der ein Experiment mit einer etwas komplexeren Pfadstruktur durchgeführt hat.

In einem zweiten Experiment zeigen Deneubourg et al.[421], wie sich die gleiche Ameisenart verhält, wenn die beiden Wege gleich lang sind. Es stellt sich heraus, dass die beiden Wege nicht gleichwertig benutzt werden, sondern einer bevorzugt wird. Das erklärt sich dadurch, dass die Ameisen zu Beginn, wenn noch keine Pheromonspuren vorhanden sind, ihren Weg zufällig wählen. Benutzen anfangs mehr Ameisen den linken Weg, so wird auch die Pheromonspur dieses Weges stärker, was wiederum impliziert, dass mehr Ameisen den linken Weg wählen. Es wird auch gezeigt, dass es nicht unbedingt auf die Anfangsverteilung ankommt, sondern dass das Durchsetzen eines Weges bis zu einer bestimmten Pheromonstärke noch wechseln kann. Man hat jedoch darauf geachtet, dass beispielsweise nicht immer der linke Weg bevorzugt wurde, was auf weitere, von Pheromonen unabhängige Einflussfaktoren hätte schließen lassen. Insofern haben sich die Pheromone als auslösender Faktor erwiesen.

In einem weiteren Experiment, das jedoch nichts mit der Futtersuche zu tun hat, zeigt Aron[422], wie sich Linepithema humile Ameisen zwischen drei Nestern bewegen. Die Nester sind wie in Abbildung 31 an den Ecken eines gleichseitigen Dreiecks positioniert, das heißt, alle drei Wege sind gleich lang. Nach zwei Wochen wurden nur noch die Wege B und C genutzt, Weg A kaum noch. Die Ameisen haben also die Verbindungswege der einzelnen Nester auf ein Minimum beschränkt und damit das Problem des minimalen Spannbaumes gelöst. Das Ziel, den kürzesten Weg von einem Nest zum anderen (insbesondere den von Nest 1 zu Nest 2) zu

[421] vgl. Deneubourg et al. (1990)
[422] vgl. Aron et al. (1990), S. 533-547

finden, ist hier nicht gegeben. Man kann jedoch aus dem Experiment weitere Schlüsse über die Wichtigkeit der Pheromone und die Flexibilität des Verhaltens der Ameisen ziehen, die sich auch auf die Futtersuche übertragen lassen. Um zu beweisen, dass sich Ameisen hauptsächlich an den Pheromonspuren orientieren und nicht an visuellen Merkmalen, hat Aron das Dreieck um 120 Grad gedreht. Wie erwartet, ergab diese Änderung keine Veränderung an den genutzten Wegen. Weg B und Weg C wurden weiterhin stark genutzt, Weg A kaum. Um jedoch die Flexibilität der Ameisen zu beweisen, hat Aron den meist frequentierten Weg (Weg B) gesperrt, was zur Folge hatte, dass Weg A wieder benutzt wurde.

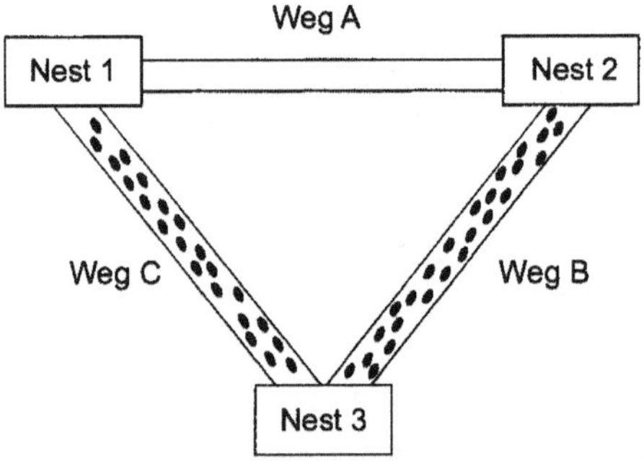

Abbildung 31: Das Verhalten von Limepithema humile Ameisen innerhalb ihres Nestes
Das Experiment von Aron zeigt, dass Limepithema humile Ameisen nur zwei von den drei vorhandenen Wegen nutzen und damit einen minimalen Spannbaum darstellen.
Quelle: In Anlehnung an Aron, S. et al. (1990), S. 537

Das Studieren des Verhaltens von sozialen Insektenkolonien, insbesondere von Ameisen, aber auch von Bienen und Wespen, ist von großem Interesse für die Computerwissenschaft. Die Tatsache, dass einfache Wesen in der Gemeinschaft komplexe Probleme lösen können, die sie allein nicht einmal annähernd bewältigen können, kann für ein effizientes Lösen von Optimierungsproblemen verwendet werden.

6.2.3 Algorithmen mit künstlichen Ameisen

Der erste Algorithmus, der basierend auf diesem Verhalten bei der Futtersuche entwickelt wurde, war Ant System, bei dem die Kommunikation zwischen den Ameisen – wie zuvor beschrieben – auf der Basis von Pheromonen abläuft. In weiterer Folge wurde dieser Algorithmus erweitert und verbessert, teilweise auch auf spezielle Optimierungsprobleme zugeschnitten. Dadurch entstanden Algorithmen wie zum Beispiel Ant Colony System (ACS), Hybrid Ant System (HAS) und MAX-MIN Ant System (MMAS).

Nicht alle Algorithmen verwenden Pheromone als Kommunikationsmittel. In einem Artikel von Monmarché[423] wird ein Algorithmus beschrieben, der sich an dem Verhalten von Pachycoldyla apicalis Ameisen orientiert. Diese Ameisenkolonie kommuniziert über visuelle Orientierungspunkte anstatt über Pheromone. Der Algorithmus, genannt API, hat jedoch sein Hauptanwendungsgebiet in numerischen Optimierungsproblemen und ist daher für diese Arbeit von geringerem Interesse.

6.2.3.1 Ant System

Ant System wurde 1991 von Colorni, Dorigo und Maniezzo entwickelt und in deren Artikel „Distributed optimization by ant colonies"[424] erstmals präsentiert. Da Bonabeau, Dorigo und Theraulaz in ihrem Buch „Swarm Intelligence: From Nature to Artificial Systems"[425] unter anderem einen leicht nachvollziehbaren Einblick in Ant System geben, soll im Folgenden darauf Bezug genommen werden.

Um das in Kapitel 6.2.2 beschriebene – und von Goss[426] experimentell bewiesene – Verhalten etwas zu vereinfachen, wird im Folgenden von einem Modell ausgegangen, das bestimmte vordefinierte Wege vom Nest zur Futterstelle vorsieht. Abgebildet wird dies durch einen Graphen, dessen Kanten Teilstrecken eines Weges darstellen und dessen Knoten diese Teilstrecken begrenzen. Abbildung 32 soll den Graphen zu dem Experiment von Goss, das in Abbildung 30 gezeigt wurde, darstellen. Da nicht jeder Knoten mit jedem verbunden ist, handelt es sich hierbei um einen unvollständigen Graphen. Die Distanz zwischen zwei Knoten i und j wird mit d_{ij} bezeichnet und stellt die Gewichtung der einzelnen Kanten dar. Des Weiteren kann unterschieden werden, ob der Graph gerichtet oder nicht gerichtet ist. Beim letzteren Fall entspricht die Distanz von Knoten i zu Knoten j immer der Distanz des umgekehrten Weges, im ersteren Fall können hier unterschiedliche Werte auftreten. Ant System kann Probleme beider Fälle lösen, der Einfachheit halber wird aber im Folgenden der nicht gerichtete Fall angenommen.

---

[423] vgl. Monmarché et al. (2000)
[424] vgl. Colorni et al. (1991), S. 134-142
[425] vgl. Bonabeau et al. (1999), S. 41 ff.
[426] vgl. Goss et al. (1989)

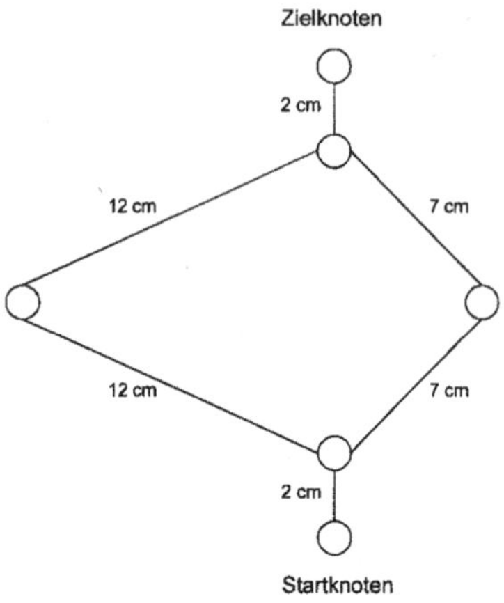

Abbildung 32: Darstellung des Problems der Futtersuche als Graphen
Quelle: In Anlehnung an Goss (1989), S. 579, der ein Experiment mit einer etwas komplexeren Pfadstruktur durchgeführt hat.

AS beschränkt sich darauf, dass es eine gewisse Anzahl m an Ameisen gibt, die eine Tour vom Nest zur Futterstelle gehen. Eine Iteration endet dann, wenn alle Ameisen ihre Tour beendet haben. Mit der Variablen t_{max} wird festgelegt, wie viele Iterationen durchgeführt werden, ehe der Algorithmus beendet wird.

6.2.3.1.1 Übergangsregel

Für jede Ameise in jeder Iteration hängt der Übergang von Knoten i zu Knoten j von drei Faktoren ab:

Eine Ameise soll keine zyklischen Wege gehen, das heißt, der Knoten j darf in der gleichen Tour noch nicht besucht worden sein. Um diese Einschränkung zu implementieren, existiert für jede Ameise k und jeden Knoten i eine Liste J_i^k. Diese Liste enthält alle Knoten, die von der Ameise k in der momentanen Iteration von Knoten i aus noch nicht besucht worden sind. Nach jedem Übergang muss die entsprechende Liste aktualisiert werden, und am Anfang jeder Iteration müssen alle Listen mit den jeweils erreichbaren Knoten, mit Ausnahme des Startknotens, neu gefüllt werden.

Befindet sich eine Ameise in Knoten i, so existiert eine lokale Information, welche darlegt, welcher Knoten j aus lokaler Sicht am besten für einen Übergang geeignet ist. Diese Information wird als „heuristic desirability" ($\eta_{i,j}$) bezeichnet, und entspricht in diesem Modell dem inversen Wert der Distanz 1 / d_{ij}. Da sich die Distanz der Wege im Laufe des Problemlösungsprozesses nicht verändert, kann man die Information als statisch bezeichnen.[427]

Neben lokaler Information gibt es auch globale Information, die in Form der Pheromonmenge $\tau_{ij}(t)$ der Kante (i, j) in der Tour t die sogenannte „learned desirability" darstellt. Diese Information kann in einem globalen Zusammenhang gesehen werden und verändert sich während des Problemlösungsprozesses. Sie repräsentiert die bisher erworbenen Erfahrungen der Ameisen.

Die Wahrscheinlichkeit, mit der eine Ameise k in ihrer t-ten Tour von Knoten i zu Knoten j wechselt, kann mittels einer Übergangsregel errechnet werden. Diese lautet:

$$p_{ij}^{k}(t) = \frac{[\tau_{ij}(t)]^{\alpha} \cdot [\eta_{ij}]^{\beta}}{\sum_{l \in J_i^k} ([\tau_{il}(t)]^{\alpha} \cdot [\eta_{il}]^{\beta})} \qquad (6\text{-}1)$$

Diese Formel kann nur dann angewendet werden, wenn j in der Liste J_i^k enthalten ist, andernfalls ist die Wahrscheinlichkeit p_{ij}^k gleich Null. Die Variablen α und β können im Algorithmus frei gewählt werden und stellen die Einflussgröße von lokaler und globaler Information dar. Ist $\alpha = 0$, so fallen alle Erfahrungswerte, die durch Pheromonspuren repräsentiert werden, weg, und der Algorithmus wird zu einem klassisch stochastischen Algorithmus. Ist hingegen $\beta = 0$, so werden nur noch Erfahrungswerte für die Entscheidung über den nächsten Knoten herangezogen, und die lokale Information wird vollkommen vernachlässigt. Dies würde dazu führen, dass jene Tour als Lösung resultiert, die am häufigsten benutzt worden ist, was aber nicht bedeutet, dass diese Tour auch die optimale Lösung darstellt. Touren, die anfangs nicht benutzt werden, würden somit endgültig vernachlässigt. Das in Kapitel 6.2.2 bei der Beschreibung der natürlichen Ameisen dargestellte Experiment von Aron[428] zeigt – obwohl damit nicht das Verhalten der Futtersuche darstellt wird – die möglichen Konsequenzen. Fällt von den zwei benutzten Pfaden einer aus, so können sich die computersimulierten Ameisen an den dritten, später bekanntlich nicht mehr genutzten Pfad nicht mehr erinnern. Daher ist es wichtig, ein für den Problemlösungsprozess geeignetes Verhältnis zwischen α und β zu finden.

Durch diese Übergangsregel wird nicht immer jener Knoten gewählt, der im Hinblick auf lokale und globale Information als der beste erscheint, sondern es werden aufgrund der Wahrscheinlichkeitsverteilung auch Knoten mit auf den ersten Blick niedriger Qualität

[427] Wenn hier von „Distanz" gesprochen wird, so könnten im Sinne der Ameisenalgorithmen nicht nur räumliche Distanzen, sondern z.B. auch Kostengrößen damit verbunden werden, die ebenso entscheiden können, welcher Knoten als nächster angesteuert werden soll.

[428] vgl. Aron et al. (1990), S. 533-547

ausgewählt, wodurch es den Ameisen möglich wird, neue, auf die gesamte Tour bezogen jedoch eventuell bessere Wege zu finden.

6.2.3.1.2 Pheromon-Update-Regel

Jede Ameise, die ihre Tour beendet hat, verstärkt jene Kanten (*i*, *j*), die sie benutzt hat, um eine gewisse Pheromonmenge $\Delta\tau_{ij}^{k}(t)$, die von der Qualität der Lösung abhängt:

$$\Delta\tau_{ij}^{k}(t) = Q / L^{k}(t), \qquad (6\text{-}2)$$

wobei $L^k\ (t)$ der Länge der Tour *t* der Ameise *k* entspricht und *Q* ein Parameter ist, dessen Wert so nahe, wie eben vor Berechnung durch die Ameisen möglich, an der optimalen Tourlänge liegen sollte. Deshalb wird *Q* vorab mittels einer heuristischen Methode berechnet. Ist eine Kante (i, j) nicht in der Tour *t* der Ameise *k* enthalten, so ist $\Delta\tau_{ij}^{k}(t) = 0$.

Um die Erforschung neuer Wege zu fördern und die Wahrscheinlichkeit der Stagnation in einer nicht optimalen Lösung zu minimieren, verdunstet ein gewisser Faktor ρ der Pheromone nach jeder vollendeten Iteration.

Die Pheromon-Update-Regel lautet daher:

$$\tau_{ij}(t) \leftarrow (1-\rho)\cdot\tau_{ij}(t) + \Delta\tau_{ij}(t), \qquad (6\text{-}3)$$

wobei ρ einen Wert zwischen 0 und 1 annimmt. $\Delta\tau_{ij}(t)$ ergibt sich seinerseits aus der Formel:

$$\Delta\tau_{ij}(t) = \sum_{k=1}^{m} \Delta\tau_{ij}^{k}(t) \qquad (6\text{-}4)$$

Initialisiert werden die einzelnen Kanten mit einem kleinen, positiven Wert τ_0, was impliziert, dass zum Zeitpunkt $t = 0$ eine homogene Verteilung der Pheromone vorliegt.

6.2.3.1.3 Der Algorithmus

```
/* Initialisierung */
For each Kante (i, j)
        τij = τ0
End For
L+ = -1                 //es gibt noch keine minimale Tourlänge

/* Hauptschleife */
For t = 1 to tmax
        Fülle die Liste J_i^k für alle Ameisen k und alle Knoten i

        /* Für jede Ameise eine Tour finden */
        For k = 1 to m
                Knoten i = Anfangsknoten
                T^k besteht nur aus dem Anfangsknoten
                While Knoten i not = Endknoten
                        Wähle den nächsten Knoten j mit der Wahrscheinlichkeit
```

$$p_{ij}^k = \frac{[\tau_{ij}]^\alpha \cdot [\eta_{ij}]^\beta}{\sum_{l \in J_i^k} \left([\tau_{il}]^\alpha \cdot [\eta_{il}]^\beta\right)},$$

```
                        wobei der Knoten j in J_i^k enthalten sein muss.

                        Aktualisiere die Liste J_i^k

                        Füge den Knoten j zu T^k hinzu
                        Knoten i = Knoten j
                End While
        End For

        /* Tourlänge berechnen und kürzeste Tour bzw. deren Länge auf T+ und L+
           speichern*/
        For k = 1 to m
                Berechne die Tourlänge L^k der Tour T^k der Ameise k
                If L^k < L+ oder L+ = -1 then
                        Aktualisiere T+ und L+
                End if
        End For
```

```
/* Pheromonspur aktualisieren */
For each Kante (i, j)
    Berechne die neue Menge an Pheromonen laut der Pheromon-
    Update-Regel:
```

$$\tau_{ij} \leftarrow (1-\rho)\cdot\tau_{ij} + \Delta\tau_{ij},$$

wobei

$$\Delta\tau_{ij} = \sum_{k=1}^{m} \Delta\tau_{ij}^{k}$$

und

$$\Delta\tau_{ij}^{k} = Q / L^{k},$$

wenn die Kante (i, j) in der Tour T^k enthalten ist, andernfalls ist $\Delta\tau_{ij}^{k} = 0$.

End for

End for

Print die kürzeste Tour T^+ mit ihrer Länge L^+

Abbildung 33: Darstellung des AS-Algorithmus für die Futtersuche.
Quelle: In Anlehnung an Bonabeau, Dorigo und Theraulaz (1999), S. 45

Der Algorithmus beginnt mit einer Initialisierungsschleife, in der jeder Kante die gleiche Menge an Pheromonen zugewiesen wird. Des Weiteren wird L^+ auf -1 gesetzt, um darzustellen, dass es momentan noch keine minimale Tour gibt. Daraufhin folgt die Hauptschleife, die jeweils eine Iteration repräsentiert und t_{max}-mal durchgeführt wird. In dieser Schleife suchen zunächst alle Ameisen mittels der Übergangsregel ihre Tour und speichern diese jeweils in T^k. Danach werden die Längen aller Touren berechnet und, falls nötig, die momentan kürzeste Tour T^+ aktualisiert. Anschließend wird auf jede Kante die Pheromon-Update-Regel angewandt, und die Schleife von neuem gestartet. Nach Beenden der Schleife wird die kürzeste Tour T^+ mit ihrer Länge L^+ ausgegeben.

Bei sämtlichen Variablen wurde im Algorithmus auf den Zusatz der Iteration t verzichtet, da dies sonst bedeuten würde, dass die Werte jeder Iteration gespeichert werden. Da es aber gerade für diese Art von Algorithmen wichtig ist, Speicherplatz und Rechenaufwand zu sparen, um schneller zu einer guten Lösung zu kommen, werden immer nur die aktuellen Werte gespeichert.

6.2.3.2 Ant Colony System

AS liefert eine gute Lösung in annehmbarer Zeit für kleindimensionierte Probleme. Erhöht man jedoch die Anzahl der Knoten und Kanten, so erzielt AS meist schlechtere Ergebnisse als beispielsweise Genetische Algorithmen oder Simulated Annealing. Ant Colony System verwendet den AS-Algorithmus als Basis, erweitert und verbessert diesen jedoch, so dass er in Bezug auf die zuvor genannten Heuristiken konkurrenzfähig wird. Hierfür wird die Übergangsregel verändert, und die Pheromon-Update-Regel wird pro Iteration nur von jener Ameise durchgeführt, die die bisher beste Tour gefunden hat. Hingegen wird die Pheromonspur einer Kante analog des Verdampfens jedes Mal, wenn eine Ameise diese benutzt, um einen gewissen Anteil verringert. Bei sehr großen Optimierungsproblemen kann auch für jeden Knoten eine Kandidatenliste gespeichert werden. Im Folgenden sollen diese Erweiterungen detaillierter beschrieben werden.

6.2.3.2.1 Übergangsregel

Während die Übergangsregel bei AS durch die Wahrscheinlichkeitsverteilung immer die Möglichkeit zum Erforschen neuer Wege offen lässt, gibt es in der Übergangsregel von ACS zwei mögliche Vorgehensweisen. Eine davon ist, das bisher erworbene Wissen zu nutzen und genau den Knoten j zu wählen, dessen lokale und globale Information gemeinsam den größten Nutzen erbringt. Damit wird jedoch die Erforschung neuer Wege verhindert. Die zweite mögliche Vorgehensweise ist der Übergangsregel von AS sehr ähnlich, da auch hier die Wahrscheinlichkeit des Auswählens proportional zum Nutzen der lokalen und globalen Information steigt und somit das Erforschen neuer Wege ermöglicht wird. Die beiden Methoden werden jedoch nicht gleichzeitig verwendet, sondern es wird zufällig bestimmt, welche der beiden gewählt wird, wobei die Häufigkeitsverteilung durch den Parameter q_0 festgelegt werden kann. Formal lautet die Übergangsregel somit:

$$j = \begin{cases} \arg\max_{u \in J_i^k} \left\{ [\tau_{iu}(t)] \cdot [\eta_{iu}]^{\beta} \right\} & \text{wenn } q \leq q_0 \\ \Psi & \text{wenn } q > q_0 \end{cases} \tag{6-5}$$

wobei q eine Zufallszahl, gleichverteilt im Bereich von 0 bis 1, und q_0 ein fixer Parameter zwischen 0 und 1 ist. Die Zufallszahl q wird nach jedem Übergang neu bestimmt, der Parameter q_0 wird am Anfang des Algorithmus festgelegt. Ψ ist ein Knoten, der zufällig mittels der Wahrscheinlichkeit

$$p_{i\Psi}^{k}(t) = \frac{[\tau_{i\Psi}(t)] \cdot [\eta_{i\Psi}]^{\beta}}{\sum_{l \in J_i^k} \left([\tau_{il}(t)] \cdot [\eta_{il}]^{\beta} \right)} \tag{6-6}$$

ausgewählt wird.

Wie aus Formel 6.5 hervorgeht, wird, wenn q größer als q_0 ist, ähnlich der Übergangsregel in AS die Erforschung neuer Wege unterstützt. Ist q allerdings kleiner oder gleich q_0, so wird das bisher erworbene Wissen ohne jegliche Forschung genutzt. Wird q_0 auf einen Wert nahe 1 gesetzt, so wird wenig geforscht und die bisherigen Ergebnisse mehr genutzt. Das führt dazu, dass die Ameisen mit einer sehr geringen Wahrscheinlichkeit ein globales Optimum finden, da sie, sobald sie ein lokales Optimum gefunden haben, diesen Weg benutzen und kaum mehr nach einem anderen Weg forschen beziehungsweise sich dieser – falls er gefunden wird – nicht durchsetzen kann. Entspricht hingegen q_0 einem Wert nahe 0, so werden sämtliche lokalen Optima durchsucht, was für Probleme von großem Umfang zu zeitaufwändig sein kann.

6.2.3.2.2 Pheromon-Update-Regel

Im Gegensatz zu AS, bei dem alle Ameisen eine gewisse Menge an Pheromonen – abhängig von der Qualität ihrer Tour – streuen, darf in ACS nur jene Ameise eine Pheromonspur legen, die die bisher beste Lösung gefunden hat. Dies impliziert, dass in jeder Iteration genau eine Ameise eine – dann allerdings eine um so stärkere – Pheromonspur legt, und dass nicht alle Kanten bestreut werden, sondern nur jene, die in dieser besten Tour enthalten sind. Das hat zur Folge, dass die Ameisen vorwiegend in der Nähe der bisher besten Tour nach neuen Lösungen suchen.

Die Pheromon-Update-Regel lautet somit:

$$\tau_{ij}(t) \leftarrow (1-\rho)\cdot\tau_{ij}(t) + \rho\cdot\Delta\tau_{ij}(t), \tag{6-7}$$

wobei die Kante (i, j) zu der bisher besten Tour T^+ gehören muss, ρ der Faktor der Pheromonverdampfung pro Iteration ist und

$$\Delta\tau_{ij}(t) = 1/L^+, \tag{6-8}$$

wobei L^+ die Länge der Tour T^+ bezeichnet.

6.2.3.2.3 Lokale Pheromon-Update-Regel

Zusätzlich zum Verstärken der bisher besten Tour wird jedes Mal, wenn eine Ameise von Knoten i zu Knoten j wechselt, die Pheromonmenge der Kante (i, j) entsprechend der folgenden Formel verringert:

$$\tau_{ij}(t) \leftarrow (1-\rho)\cdot\tau_{ij}(t) + \rho\cdot\tau_0 \tag{6-9}$$

Dies hat zur Folge, dass diese Kante für die nachfolgenden Ameisen weniger attraktiv wird, und die Wahrscheinlichkeit steigt, dass die Ameisen einen anderen Weg erforschen. Ohne diese Regel würden alle Ameisen in einer sehr engen Umgebung der besten Tour nach einer neuen Lösung suchen, und es steigt somit das Risiko, dass der Algorithmus in einem lokalen Optimum stagniert. Durch das Senken der Pheromonmengen der gerade besuchten Kanten wird der Suchraum Ameise für Ameise wieder ausgeweitet und somit die Möglichkeit des Auffindens neuer Wege geboten.

6.2.3.2.4 Verwenden von Kandidatenlisten

Bei umfangreichen Problemen kann eine Kandidatenliste zur Beschleunigung des Algorithmus verwendet werden. Dabei bekommt jeder Knoten eine Kandidatenliste, in der die cl nächst gelegenen Knoten abgespeichert sind. Der Parameter cl muss anfangs festgelegt werden und ist für jeden Knoten gleich groß.

Steht eine Ameise k auf dem Knoten i, so berücksichtigt sie für den Übergang zum nächsten Knoten j nur jene Knoten, die in der Kandidatenliste enthalten sind. Existieren in der Kandidatenliste nur noch Knoten, die schon besucht wurden, so wird jener Knoten aus der Menge der noch nicht besuchten Knoten gewählt, der die geringste Distanz zum Knoten i aufweist.

6.2.3.2.5 Der Algorithmus

```
/* Initialisierung */
For each Kante (i, j)
        τij = τ0
End For
L+ = -1                    //es gibt noch keine minimale Tourlänge
Fülle die Kandidatenlisten mit cl Knoten für alle Knoten

/* Hauptschleife */
For t = 1 to tmax
        Fülle die Liste J_i^k für alle Ameisen k und alle Knoten i

        /* Für jede Ameise eine Tour finden */
        For k = 1 to m
                Knoten i = Anfangsknoten
                T^k besteht nur aus dem Anfangsknoten

        While Knoten i not = Endknoten
                        If wenigstens ein Knoten j in der Kandidatenliste von i enthalten
                        ist, der noch nicht besucht wurde then

                                Errechne eine Zufallszahl q

                                Wähle den nächsten Knoten j aus den Knoten der
                                Kandidatenliste mittels der Formel:
```

$$j = \begin{cases} \arg\max_{u \in J_i^k} \left\{ [\tau_{iu}] \cdot [\eta_{iu}]^\beta \right\} & \text{wenn } q \le q_0 \\ \Psi & \text{wenn } q > q_0 \end{cases}$$

```
                                wobei Ψ ∈ J_i^k und mittels der Wahrscheinlichkeit
```

$$p_{i\Psi}^k = \frac{[\tau_{i\Psi}] \cdot [\eta_{i\Psi}]^\beta}{\sum_{l \in J_i^k} \left([\tau_{il}] \cdot [\eta_{il}]^\beta \right)}$$

```
                                gewählt wird.
                        Else
                                Wähle den nähest gelegenen Knoten aus J_i^k als Knoten j
                        End If

                        Berechne die neue Menge an Pheromonen laut der lokalen
                        Pheromon-Update-Regel:
```

$$\tau_{ij} \leftarrow (1-\rho) \cdot \tau_{ij} + \rho \cdot \tau_0$$

```
                        Aktualisiere die Liste J_i^k
                        Aktualisiere die Kandidatenliste von Knoten i
                        Füge den Knoten j in T^k hinzu
                        Knoten i = Knoten j
                End While
        End For
```

```
    /* Tourlänge berechnen und kürzeste Tour bzw. deren Länge auf T+ und L+ spei-
chern*/
    For k = 1 to m
        Berechne die Tourlänge Lk der Tour Tk der Ameise k
        If Lk < L+ oder L+ = -1 then
            Aktualisiere T+ und L+
        End if
    End For

    /* Pheromonspur updaten */
    For each Kante (i, j) ∈ T+
        Berechne die neue Menge an Pheromonen laut der Pheromon-
        Update-Regel:
```

$$\tau_{ij} \leftarrow (1-\rho)\cdot\tau_{ij} + \rho\cdot\Delta\tau_{ij},$$

```
        wobei Δτij = 1/L+
    End for
End for

Print die kürzeste Tour T+ mit ihrer Länge L+
```

Abbildung 34: Darstellung des ACS-Algorithmus für die Futtersuche.
Quelle: In Anlehnung an Bonabeau, Dorigo und Theraulaz (1999), S. 51

Der Algorithmus beginnt mit der gleichen Initialisierungsphase wie der AS-Algorithmus. Alle Kanten werden mit der Pheromonmenge τ_0 initialisiert und L^+ wird wieder auf –1 gesetzt. Zusätzlich werden nun auch noch die Kandidatenlisten aller Knoten initialisiert. In der nachfolgenden Hauptschleife wird zunächst für jede Ameise *k* eine Tour gebildet, wobei bei jedem Übergang zu einem anderen Knoten die lokale Pheromon-Update-Regel angewendet wird. Haben alle Ameisen ihre Tour beendet, wird von jeder Tour die Länge L^k berechnet und gegebenenfalls die beste Tour neu festgelegt. Anschließend werden die Kanten der besten Tour T^+ mit Pheromonen laut der Pheromon-Update-Regel verstärkt, und die Hauptschleife erneut gestartet. Der Algorithmus endet nach einer festgelegten Anzahl t_{max} an Schleifendurchläufen, und gibt dann die beste Tour T^+ und deren Länge L^+ aus. Auch hier wurden aus den gleichen Gründen, wie zuvor bei der Beschreibung des AS-Algorithmus, auf die Angabe der Iteration bei sämtlichen Variablen verzichtet.

Dorigo und Gambardella vergleichen in ihrem Artikel „Ant Colonies for the Travelling Salesman Problem“[429], der zusammen mit dem Artikel „Ant Colony System: A Cooperative Learning Approach to the Travelling Salesman Problem“[430] den ACS-Algorithmus erstmals vorstellte, ACS mit anderen Optimierungsmethoden. Dabei wird ersichtlich, dass dieser beispielsweise gegenüber Genetischen Algorithmen oder Neuronalen Netzen konkurrenzfähig ist und teilweise sogar bessere Ergebnisse erzielt. Auch die Auswirkung von Kandidatenlisten

[429] vgl. Dorigo/Gambardella (1997b)

wurde getestet, wobei sich herausgestellt hat, dass Kandidatenlisten mit einer geringen Anzahl an Knoten, beispielsweise 20 Knoten, den Algorithmus bei großen Optimierungsproblemen nochmals stark verbessern.

6.2.3.3 Weitere ACO-Algorithmen

Im Laufe der Zeit wurde immer wieder versucht, AS oder auch den erweiterten Algorithmus ACS zu verbessern. Einige dieser Verbesserungen werden im Folgenden näher beschrieben.

6.2.3.3.1 Ant System mit „Elitist Strategy"

Diese Erweiterung des AS Algorithmus wurde von den Erfindern von AS entwickelt, jedoch wird im Folgenden wieder auf Bonabeau, Dorigo und Theraulaz[431] Bezug genommen, da diese die „elitist strategy" verständlicher und somit auch leichter nachvollziehbar beschrieben haben. Die Idee zu dieser Erweiterung stammt aus dem Bereich der Genetischen Algorithmen, wo „elitist strategies" in einer ähnlichen Weise verwendet werden.

Eine „elitist ant" ist eine Ameise, die die bisher beste Tour T^+ in jeder Iteration zusätzlich mit einem Faktor Q/L^+ verstärkt. In jeder Iteration werden e „elitist ants" zu den m Ameisen hinzugefügt, was bedeutet, dass die beste Tour zusätzlich um $e \cdot Q / L^+$ verstärkt wird. Durch die Verstärkung der besten Tour werden mehr Ameisen dazu gebracht, in der Umgebung der bisher besten Tour nach einer besseren Lösung zu forschen. Der Grundgedanke dahinter ist, dass es bessere Lösungen besonders in Touren zu finden gibt, die bereits einen Teil der Kanten der bisher besten Tour enthalten. Forschen mehr Ameisen im nächsten Umfeld zur bisher besten Tour, so steigt die Wahrscheinlichkeit, dass diese besseren Lösungen schneller gefunden werden.

Der Algorithmus selbst entspricht dem AS-Algorithmus mit dem einzigen Unterschied, dass die Pheromon-Update-Regel um den Anteil der „elitist ants" folgendermaßen erweitert wird:

$$\tau_{ij}(t) \leftarrow (1-\rho) \cdot \tau_{ij}(t) + \Delta\tau_{ij}(t) + e \cdot \Delta\tau_{ij}^{e}(t), \qquad (6\text{-}10)$$

wobei $\Delta\tau_{ij}^{e}(t) = Q / L^+$, wenn die Kante (i, j) in der bisher besten Tour T^+ enthalten ist, anderen Falls ist $\Delta\tau_{ij}^{e}(t) = 0$.

In Experimenten hat sich herausgestellt, dass dieser Ansatz eine Verbesserung der Performance bringt, allerdings muss eine geringe Anzahl an „elitist ants" gewählt werden. Wählt man zu viele „elitist ants", so kann es dazu führen, dass lediglich ein lokales Optimum, jedoch nicht ein globales, und somit keine optimale Lösung für das gesamte Problem gefunden wird.

---

[430] vgl. Dorigo/Gambardella (1997a)
[431] vgl. Bonabeau et al. (1999), S. 44 f.

6.2.3.3.2 Rank Based Version von Ant System (AS_{rank})

Ant System basiert darauf, dass gute Lösungen mehr verstärkt werden als schlechte und daher auch mehr erforscht werden als schlechte Lösungen. Dies funktioniert gut, wenn sich die Qualität der Lösungen deutlich unterscheidet. Existieren jedoch mehrere Wege mit ähnlich hoher Qualität, so wird auch auf diesen Wegen mit ähnlich hoher Wahrscheinlichkeit weitergeforscht, was der Grundstrategie, gute Lösungen mehr zu erforschen als schlechtere, widerspricht. Der hier beschriebene Algorithmus AS_{rank}[432] soll diese Situation verhindern.

AS_{rank} ist eine Erweiterung von AS, die auch die „elitist strategy" einsetzt. Nachdem alle m Ameisen ihre Tour beendet haben, wird eine Reihung aller Ameisen entsprechend ihrer Tourlänge vorgenommen, wobei die Ameise mit der kürzesten Tour den ersten Rang einnimmt. Im Gegensatz zu AS werden zum Aktualisieren der Pheromonspuren nur die ω besten Ameisen herangezogen, und die Pheromonmenge, mit der eine Ameise ihre Kanten verstärkt, wird entsprechend ihrem Rang ψ gewichtet. Durch das Beschränken der Anzahl der Ameisen, die aktualisieren dürfen, wird verhindert, dass zu viele Ameisen nicht optimale Wege verstärken.

Aufgrund des Anwendens der „elitist strategy" wird die beste Lösung mit e gewichtet. Diese Gewichtung sollte von keiner anderen übertroffen oder auch nur erreicht werden. Daher wird die Gewichtung des Ranges mit e - ψ und die Anzahl der Ameisen, die Pheromonspuren aktualisieren dürfen, mit e - 1 festgelegt. Dies führt dazu, dass die höchste Gewichtung der Ränge um eins geringer ist als die Gewichtung der „elitist ants" und die niedrigste Gewichtung genau 1 beträgt.

Die Pheromon-Update-Regel entspricht jener, die bei dem AS-Algorithmus mit „elitist strategy" angewendet worden ist[433], jedoch muss bei der Berechnung von $\Delta\tau_{ij}(t)$ auf die ausgewählte Menge an Ameisen, die Pheromonspuren aktualisieren dürfen, und auf die Gewichtung der Pheromonmengen entsprechend dem Rang der Ameise Rücksicht genommen werden. $\Delta\tau_{ij}(t)$ ergibt sich daher aus der Summe der $\Delta\tau_{ij}^{\psi}$-Werte der ersten ω Ameisen. Der $\Delta\tau_{ij}^{\psi}$-Wert seinerseits lässt sich mit der Formel

$$\Delta\tau_{ij}^{\psi} = (e-\psi)\cdot\frac{Q}{L_{\psi}} \qquad (6\text{-}11)$$

berechnen, sofern die ψ-beste Ameise die Kante (i, j) in ihrer Tour besucht hat, andernfalls ist $\Delta\tau_{ij}^{\psi} = 0$.

[432] vgl. Bullnheimer et al. (1999), S. 285-296
[433] siehe Formel 6-11

An dieser Stelle sei auf einen Vergleich zwischen AS_{rank}, AS mit „elitist strategy", AS, einem Genetischen Algorithmus und Simulated Annealing hingewiesen, in dem sich herausgestellt hat, dass AS_{rank} mit den anderen Algorithmen mithalten kann und die Ergebnisse von AS hinsichtlich der durchschnittlichen Lösung und der besten Lösung übertroffen hat.

6.2.3.3.3 Hybrid Ant System (HAS)

Der Grundgedanke des Hybrid Ant Systems ist es, einen ACO-Algorithmus mit einer lokalen Suchmethode zu kombinieren. Lokale Suchmethoden haben den Vorteil, dass sie relativ schnell aus einer Menge von guten Lösungen eine sehr gute Lösung finden. Lässt man die lokalen Suchmethoden jedoch in einem Umfeld schlechter Lösungen mit der Suche beginnen, so dauert es relativ lange, bis eine Menge von guten Lösungen gefunden wird. ACO-Algorithmen ermöglichen es hingegen, von einer Menge von schlechten Lösungen relativ schnell zu guten Lösungen zu kommen. Ihr Manko besteht darin, von diesen guten Lösungen dann zu einer sehr guten Lösung zu kommen. Kombiniert man nun diese beiden Methoden, kann man mittels ACO schnell durchaus gute Anfangslösungen finden, die man dann mittels lokaler Suchmethode zu sehr guten Lösungen verbessern kann. Je nach Problemstellung eignen sich verschiedene Suchmethoden und auch verschiedene Wege, diese Suchmethoden in den ACO-Algorithmus einzubauen.[434]

Die am häufigsten verwendete Möglichkeit, eine lokale Suchmethode in einen ACO-Algorithmus einzubauen, ist, diese Suchmethode auf jede abgeschlossene Tour anzuwenden.[435] Dabei wird die gefundene Tour lokal, durch das Austauschen einiger Kanten, optimiert. Mit den optimierten Touren wird dann, wie in den bisher beschriebenen Algorithmen[436], mit der Berechnung der Tourlänge und dem eventuellen Aktualisieren der bisher besten Tour fortgefahren.

In zahlreichen Artikeln, darunter auch den oben genannten, wird belegt, dass das Erweitern eines Ameisenalgorithmus mit einer lokalen Suchmethode zu starken Performanceverbesserungen führen kann, sofern die passende Suchmethode gewählt und an der richtigen Stelle eingebaut wurde.

6.2.3.3.4 MAX-MIN Ant System (MMAS)

Wie schon in ACS, AS mit „elitist strategy" und AS_{rank} beschrieben, kann die Performance des AS-Algorithmus erhöht werden, wenn man nur noch die beste Ameise oder die ω besten Ameisen die Pheromonmengen aktualisieren lässt beziehungsweise die beste Spur noch

---

[434] vgl. Gambardella/Dorigo (2000), S. 237

[435] vgl. Gambardella/Dorigo (2000), S. 240 f.; Dorigo/Gambardella, (1997a), S. 60 f.; Gambardella et al. (1999), S. 71 f.

[436] Siehe Abbildung 33: Darstellung des AS-Algorithmus für die Futtersuche. und Abbildung 34: Darstellung des ACS-Algorithmus für die Futtersuche.

zusätzlich verstärkt. Dies kann aber dazu führen, dass ein nicht optimaler Weg zu früh eine so hohe Pheromonspur aufweist, dass kein anderer Weg mehr ausgewählt wird. Im ACS versucht man, dies durch die lokale Pheromon-Update-Regel zu verhindern, bei der „elitist strategy" schützt man sich davor, indem nur wenige „elitist ants" eingesetzt werden, und auch bei AS_{rank} werden e und ω entsprechend festgelegt.

Das MAX-MIN Ant System stellt eine Erweiterung von AS dar, die den Vorteil des Performancegewinns durch das alleinige Aktualisieren der Pheromonspur der besten Lösung nutzt und den Nachteil der zu frühen Stagnation durch Begrenzung der Pheromonmenge jeder Kante vermeidet. Das bedeutet, es gibt einen Wert τ_{max}, der die maximale Menge an Pheromonen pro Kante repräsentiert und einen Wert τ_{min}, der die Mindestmenge an Pheromonen pro Kante bezeichnet. Die untere Grenze bewirkt, dass jede Kante zumindest zu einer geringen Wahrscheinlichkeit gewählt wird, und die obere Grenze sorgt dafür, dass es nicht zu der Situation kommt, in der Kanten mit einer Pheromonmenge t_{min} gegenüber Kanten mit einer weitaus höheren Pheromonmenge vernachlässigt werden. Die Begrenzungen bewirken somit, dass weder Kanten, die nie gewählt werden, noch Kanten, die immer gewählt werden, existieren.

Dennoch kann es unter Umständen zur Stagnation kommen. Droht eine solche Stagnation, so wird der „trail-smoothing"-Mechanismus eingesetzt. Dabei wird die Pheromonmenge aller Kanten proportional zu der Differenz zwischen τ_{max} und der momentanen Pheromonstärke $\tau_{ij}(t)$ erhöht.

Der Algorithmus selbst unterscheidet sich von dem AS-Algorithmus zum einen dadurch, dass alle Kanten anfangs mit τ_{max} anstatt mit τ_0 initialisiert werden. Diese Menge wird durch das Verdampfen der Pheromone pro Iteration langsam verringert. Ein weiterer Unterschied liegt darin, dass nur noch jene Ameise die Kanten ihrer Tour verstärken darf, die die bisher kürzeste Tour gefunden hat. Dahingehend verändert sich auch die Pheromon-Update-Regel. Außerdem muss die Regel beinhalten, dass die neue Pheromonmenge innerhalb der Begrenzungen liegt. Die dritte Veränderung liegt schließlich darin, dass – ähnlich wie in HAS – eine lokale Suchmethode eingebaut wird.

Entwickelt wurde dieser Algorithmus von Stützle und Hoos, die in einer Reihe von Artikeln[437] das MAX-MIN Ant System vorstellen. Darin wird auch in mehreren Experimenten gezeigt, dass MMAS im Vergleich mit ACS zwar nicht immer die beste Lösung herausfindet, jedoch die Ergebnisse im Durchschnitt besser sind.[438]

---

437 vgl. Stützle/Hoos (1996), (1997a), S. 245-249, (1997b), S. 309-314, (1999), 313-329
438 vgl. Stützle/Hoos (1997b)

6.2.3.3.5 *Approximate Nondeterministic Tree Search*

Dieser Algorithmus basiert auf AS und wird in Anlehnung an Maniezzo[439] beschrieben. Approximate Nondeterministic Tree Search (ANTS) erweitert AS dahingehend, dass eine untere Grenze[440] für die Länge der Tour verwendet wird, wodurch es möglich wird, Probleme zu lösen, in denen sich die lokale Information η_{ij} während des Problemlösungsprozesses verändert. Des Weiteren wird eine veränderte Übergangsregel und eine erweiterte Pheromon-Update-Regel angewendet. Auf diesen Algorithmus soll jedoch an dieser Stelle nicht näher eingegangen werden.

6.2.3.3.6 *Fast Ant System*

Fast Ant System (FANT) unterscheidet sich von AS hauptsächlich durch die Anzahl der Ameisen und die Organisation der Pheromonmengen auf den Kanten. Außerdem enthält der Algorithmus eine lokale Suchmethode, die die einzelnen Touren nach ihrer Konstruktion lokal verbessert. Dabei arbeitet FANT jedoch nur mit einer einzelnen Ameise.[441] Auch dieser Algorithmus soll an dieser Stelle nicht weiter vertieft werden.

6.2.4 Einsatzmöglichkeiten von ACO-Algorithmen

In den bisher präsentierten Algorithmen wurde versucht, das Verhalten der Ameisen bei der Futtersuche nachzuahmen, und damit ausschließlich das Problem, wie man von einem Ausgangspunkt am schnellsten zu einem Zielpunkt kommt, auf verschiedene Weise gelöst. Jedoch können auch andere Probleme mittels ACO-Algorithmen bewältigt werden.

6.2.4.1 Grundlegendes

Laut Dorigo und Di Caro[442], auf die im Folgenden Bezug genommen wird, werden ACO-Algorithmen für diskrete Optimierungsprobleme eingesetzt, die durch bestimmte Eigenschaften charakterisiert sind. Die Darstellung solcher Probleme erfolgt meist als Graph. Im Folgenden sollen diese charakteristischen Eigenschaften theoretisch erläutert werden. Diese Erläuterungen dienen als Grundlage für die im nächsten Kapitel beschriebenen Problemstellungen und werden dort anhand von Beispielen verdeutlicht.

Abbildung 35 zeigt einen Graphen, der die charakteristischen Eigenschaften eines diskreten Optimierungsproblems darstellt. Dazu gehört eine endliche Menge von Knoten, die als Kreise dargestellt werden, und eine endliche Menge von gerichteten, gewichteten Kanten, die den Pfeilen zwischen den Knoten entsprechen. Die Gewichtung einer Kante entsteht durch eine

---

[439] vgl. Maniezzo (1999)
[440] Bei Minimierungsproblemen werden untere Grenzen verwendet, bei Maximierungsproblemen obere Grenzen.
[441] vgl. Taillard/Gambardella (1997)
[442] vgl. Dorigo/Di Caro (1999), S. 14 ff

Kostenfunktion[443], die möglicherweise auch von der momentanen Iteration abhängig sein kann. Eventuell können auch mehrere Gewichtungen auf einer Kante existieren. In Abbildung 35 werden die Kanten hinsichtlich der Distanz und der Zeitdifferenz zwischen zwei Knoten gewichtet. Da die Kanten gewichtet sind, können sich die Kosten von Knoten *A* zu Knoten *B* gegenüber den Kosten von Knoten *B* zu Knoten *A* unterscheiden. Die Richtung wird dabei durch die Pfeilspitze symbolisiert. Werden zwei Knoten durch eine Linie ohne Pfeilspitzen verbunden, wie bei der Darstellung des Problems der Futtersuche, so sind die Kosten von Knoten *A* zu Knoten *B* gleich den Kosten von Knoten *B* zu Knoten *A*. Des Weiteren können Beschränkungen beispielsweise bezüglich der Start- und Zielknoten oder der Existenz von Kanten definiert werden. Die Darstellung des Start- und Zielknotens erfolgt durch eine explizite Beschriftung des Knotens, wobei auch mehrere Start- und/oder Zielknoten existieren können. Kann jeder Knoten des Graphen als Startknoten beziehungsweise Zielknoten gesehen werden, so erfolgt keine explizite Beschriftung. Eine weitere charakteristische Eigenschaft von Optimierungsproblemen ist, dass das Problem mehrere Zustände aufweisen kann. Diese werden als Sequenzen von Knoten ausgedrückt, wobei die Menge aller gültigen Sequenzen alle Beschränkungen erfüllen muss. Die Lösung eines diskreten Optimierungsproblems ist eine gültige Sequenz, die alle Anforderungen des Problems erfüllt. Die Gesamtkosten der Lösung ergeben sich aus einer bestimmten Funktion, die von den Kosten aller Kanten, die in der Lösung enthalten sind, abhängig ist. Des Weiteren existiert eine geregelte Nachbarschaftsstruktur, die besagt, welche Sequenzen miteinander benachbart sind. Darauf soll an dieser Stelle jedoch nicht näher eingegangen werden.

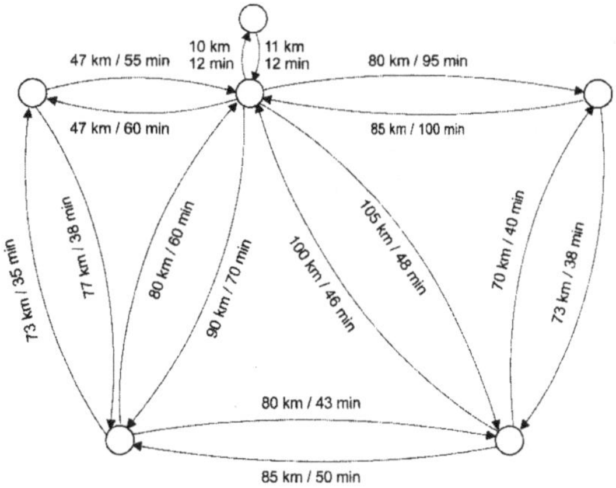

Abbildung 35: Darstellung eines zweifach gewichteten, gerichteten Graphen
<u>Quelle</u>: Dorigo; M, Di Caro, G. (1999)

---

[443] Der Begriff Kosten hat hier nicht zwingend die Bedeutung von Geldeinheiten, sondern kann auch Entfernungen, Zeit oder andere Optimierungskriterien darstellen.

ACO-Algorithmen eignen sich besonders gut für das Lösen von sogenannten NP-harten Problemen (s.u.), da sie die hohe Komplexität dieser Probleme in einer annehmbaren Zeit bewältigen können. Dabei kann das Problem nach einem Ziel oder auch nach mehreren Zielen optimiert werden. Auch für dynamische Probleme, bei denen sich die Kosten der verschiedenen Kanten während des Problemlösungsprozesses verändern, lassen sich ACO-Algorithmen mit Erfolg einsetzen. Durch die Unabhängigkeit der einzelnen Ameisen untereinander lassen sich auch sogenannte verteilte Probleme lösen, deren Informationen über mehrere Rechner verteilt sind.

6.2.4.2 NP-harte Probleme

Unter NP-harten Problemen versteht man Probleme, deren Komplexität mit der Anzahl an Knoten exponentiell zunimmt. Daher wird meist nicht nach der besten Lösung, sondern nach einer möglichst guten Annäherung gesucht. Dies führt zu einer Suche nach immer besseren Algorithmen, die eine immer genauere Annäherung an die beste Lösung erlangen. Mittels ACO-Algorithmen lassen sich zum jetzigen Zeitpunkt sehr gute Ergebnisse für diverse NP-harte Probleme erzielen. Einige dieser Probleme sollen im Folgenden genauer beschrieben werden.

6.2.4.2.1 Travelling Salesman Problem

Das bekannteste Beispiel für ein NP-hartes Problem ist das Travelling Salesman Problem (TSP), in dem ein Handelsreisender die Aufgabe hat, jede Stadt innerhalb eines bestimmten Gebietes genau einmal zu besuchen, und am Schluss seine Tour wieder in der Stadt zu beenden, von der er gestartet ist. Alle Städte sind miteinander durch Straßen verbunden. Ziel ist es, die Gesamtlänge der Tour des Handlungsreisenden zu minimieren, wobei sich diese aus der Summe der Längen der benutzten Straßen ergibt.

Im Jahr 1991 entwickelten Colorni, Dorigo und Maniezzo[444] das Ant System, den ersten ACO-Algorithmus, und wandten ihn auf das TSP an. Stützle und Hoos[445] beschreiben, wie man das MMAS auf das TSP anwendet, und daraufhin zeigten Dorigo und Gambardella[446], wie das TSP mittels ACS gelöst werden kann.

6.2.4.2.2 Quadratic Assignment Problem

Ein weiteres NP-hartes Problem ist das Quadratic Assignment Problem (QAP), in dem es eine Menge von *n* Einrichtungen, beispielsweise Fabriken, und eine Menge von *n* Orten gibt,

---

[444] vgl. Colorni et al. (1991), S. 134-142
[445] vgl. Stützle/Hoos (1996)
[446] vgl. Dorigo/Gambardella (1997a); Dorigo/Gambardella (1997b)

wobei jeweils eine Einrichtung in einem Ort errichtet werden soll. Zwischen den Fabriken müssen beispielsweise Materialien ausgetauscht werden. Die Anzahl dieser und die Distanz beziehungsweise die Zeitdifferenz zwischen den Orten sind bekannt. Ziel ist es, eine Zuordnung aller Fabriken zu jeweils einem Ort zu finden, in der die zurückgelegte Entfernung beziehungsweise aufgewendete Zeit pro Material minimal ist.

Abbildung 36 zeigt, wie das QAP als Graph dargestellt werden kann. Die Pfeile in Abbildung 36 bilden eine gültige Sequenz, wobei die erste Zuordnung durch den Pfeil mit einem Stern gekennzeichnet ist. Verfolgt man diesen Pfeil, so erhält man eine Zuordnung von Fabrik 1 zu Ort B. Danach wird Fabrik 4 dem Ort D zugeordnet und die letzten beiden Zuordnungen sind Fabrik 2 zu Ort A und Fabrik 3 zu Ort C. Gesucht ist nun jene gültige Sequenz, die die geringsten Gesamtkosten verursacht.

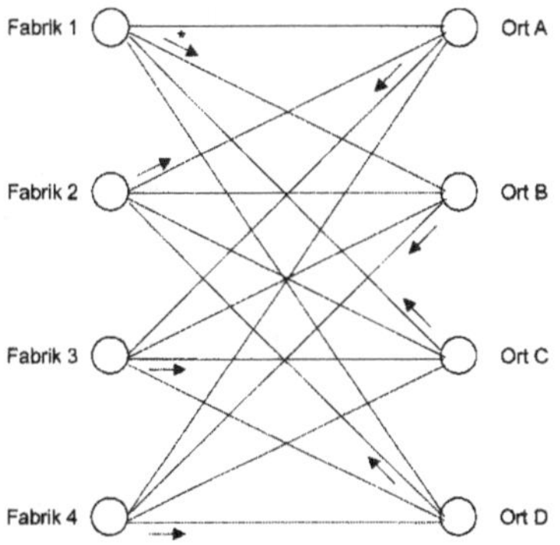

Abbildung 36: Darstellung eines QAP als Graph
Dieser Graph stellt ein Quadratic Assignment Problem mit vier Fabriken und vier Orten dar. Die Pfeile kennzeichnen eine mögliche Lösung, wobei die erste Zuordnung mit einem Stern gekennzeichnet ist.
Quelle: Dorigo; M, Di Caro, G. (1999)

Das QAP ist ein Problem, das im Laufe der Jahre mit Hilfe sehr vieler, verschiedener Algorithmen gelöst wurde. Für einen tieferen Einblick sei jedoch auf die genannte Literatur verwiesen.

6.2.4.2.3 Vehicle Routing Problem

Das letzte Standardoptimierungsproblem, das in diesem Zusammenhang zu nennen wäre, ist das Vehicle Routing Problem (VRP). Das Problem besteht darin, eine bestimmte Anzahl an Kunden mit den jeweils nachgefragten Gütern zu beliefern und nachgefragte Services, die eine bestimmte Zeit in Anspruch nehmen, durchzuführen. Die Touren eines Fahrzeuges starten und enden beim Lager, und sind durch eine bestimmte Kapazität des Fahrzeuges und eine bestimmte Fahrdauer beziehungsweise Tourlänge beschränkt. Wird ein Kunde besucht, so muss dessen Nachfrage mit einem Besuch gedeckt werden. Die Fahrzeit beziehungsweise Distanz zwischen den einzelnen Orten ist bekannt. Das Ziel ist es, sämtliche Nachfragen zu erfüllen, und die Touren hinsichtlich Zeit oder Länge zu minimieren. Auch dieses Problem kann als TSP verstanden werden, sobald die Beschränkungen hinsichtlich der Kapazität und der Fahrdauer beziehungsweise Tourlänge aufgehoben worden sind. Die Darstellung als Graph erfolgt analog der bisher beschriebenen Probleme.

Bullnheimer, Hartl und Strauss[447] zeigten 1997 erstmals, dass dieses Problem auch mittels ACO-Algorithmus gelöst werden kann, wobei sie AS, HAS und mehrere Abwandlungen von HAS anwandten. 1999 beschrieben Gambardella, Taillard und Agazzi[448], auf deren Artikel im Folgenden noch näher eingegangen wird, wie sie das VRP durch ein Ant Colony System mit mehreren Kolonien lösten.

6.2.4.3 Mehrzieloptimierungsprobleme

Bis jetzt wurde von Problemstellungen mit nur einem Optimierungskriterium ausgegangen. Es existieren jedoch auch Optimierungsprobleme, in denen es zwei oder mehr Kriterien gibt, nach denen optimiert werden soll. Sind diese Kriterien nicht gleichwertig, was bedeutet, dass ein Kriterium einem anderen vorgezogen wird, so kann für jedes Kriterium eine eigene Kolonie eingesetzt werden. Gambardella, Taillard und Agazzi[449] beschreiben, wie man ein Vehicle Routing Problem dahingehend löst, dass die Anzahl der Touren und die gesamte Fahrzeit aller Touren minimal ist, wobei das erste Kriterium dem zweiten vorgezogen wird. Die erste Kolonie, der das Minimieren der Anzahl der Touren zugeordnet ist, versucht dabei, eine Lösung mit einer Tour weniger als bei der momentan globalen Lösung zu finden, während die zweite Kolonie die Aufgabe hat, die momentane globale Lösung nach dem zweiten Kriterium zu optimieren. Findet die erste Kolonie eine neue, globale Lösung, so starten beide Kolonien erneut mit der gefundenen Lösung. Das Austauschen von Informationen zwischen den beiden Kolonien basiert dabei ausschließlich auf der Aktualisierung der Pheromonmengen. Auch Doerner, Hartl und Reimann[450] beschreiben ein ähnliches Problem, in dem jedoch die zweite Kolonie nicht mit der Lösung der ersten Kolonie arbeitet, sondern unabhängig von dieser ihr Kriterium optimiert.

Anders muss vorgegangen werden, wenn alle Kriterien gleichwertig sind. Iredi, Merkle und Middendorf[451] beschreiben zu diesem Problemkreis zwei Methoden, die Single Colony-Methode[452] und die Multi Colony-Methode, die sich zum Bewältigen solcher Probleme eignen. Da Problemstellungen mit gleichwertigen Kriterien für diese Arbeit von größerem Interesse sind, wird im Folgenden näher auf die beiden Methoden eingegangen.

---

447 vgl. Bullnheimer et al. (1997)
448 vgl. Gambardella et al. (1999)
449 vgl. Gambardella et al. (1999)
450 vgl. Doerner et al. (2001) S. 70ff
451 vgl. Iredi et al. (2001), S. 359-372
452 Der Name dieser Methode ist nicht allgemein gültig, er wurde zwecks Schlüssigkeit im Rahmen dieser Arbeit so benannt.

6.2.4.3.1 Single Colony-Methode

Bei der Single Colony-Methode wird das Problem durch eine einzelne, jedoch heterogene Ameisenkolonie gelöst. Im Unterschied zu homogenen Kolonien, in denen alle Ameisen die gleiche Prioritätenverteilung hinsichtlich der verschiedenen Optimierungskriterien haben, besteht eine heterogene Kolonie aus Ameisen mit jeweils unterschiedlicher Prioritätenverteilung hinsichtlich dieser Kriterien. Da Iredi, Merkle und Middendorf in ihrem Artikel von zwei Optimierungskriterien ausgehen, kann für jede Ameise k die relative Wichtigkeit des ersten Kriteriums λ durch die Formel

$$\lambda = \frac{k-1}{m-1} \qquad (6\text{-}12)$$

berechnet werden. Aufgrund der Tatsache, dass eine Ameise zwei verschiedene Ziele mit unterschiedlicher Priorität verfolgt, muss die jeweilige Übergangsregel des gewählten Algorithmus entsprechend angepasst werden. Da Iredi, Merkle und Middendorf den AS-Algorithmus gewählt haben, sieht die Übergangsregel folgendermaßen aus:

$$p_{ij}^k = \frac{[\tau_{ij}(t)]^{\lambda \cdot \alpha} \cdot [\tau'_{ij}(t)]^{(1-\lambda)\cdot\alpha} \cdot [\eta_{ij}]^{\lambda\cdot\beta} \cdot [\eta'_{ij}]^{(1-\lambda)\cdot\beta}}{\sum_{l \in J_i^k} \left([\tau_{il}(t)]^{\lambda\cdot\alpha} \cdot [\tau'_{il}(t)]^{(1-\lambda)\cdot\alpha} \cdot [\eta_{il}]^{\lambda\cdot\beta} \cdot [\eta'_{il}]^{(1-\lambda)\cdot\beta} \right)} \qquad (6\text{-}13)$$

Da die Erkenntnis, wie gut ein bestimmter Weg bezüglich des ersten Ziels ist, mit der Erkenntnis bezüglich des zweiten Ziels nicht vermischt werden soll, müssen die Pheromonmengen hinsichtlich der Ziele getrennt gespeichert werden. $\tau_{ij}(t)$ soll daher die Pheromonmenge bezüglich des ersten Ziels und $\tau'_{ij}(t)$ die Pheromonmenge bezüglich des zweiten Ziels der Kante (i, j) zum Zeitpunkt t darstellen. Auch bei der lokalen Information η wird analog hinsichtlich der Ziele unterschieden.

Haben alle Ameisen eine Lösung gefunden, muss entschieden werden, welche Ameisen die Pheromonspuren aktualisieren dürfen. Besteht eine Kolonie aus relativ vielen Ameisen, so sind alle Ameisen, die eine in der jeweiligen Iteration nicht-dominierte Lösung[453] gefunden haben, zum Aktualisieren der Pheromonmengen berechtigt. Existieren nur relativ wenige Ameisen in einer Kolonie, so sind die λ-Werte stark unterschiedlich. Dies hat zur Folge, dass alle Ameisen in unterschiedlichen Richtungen suchen, abhängig von der Prioritätenverteilung der Kriterien und meist jede Ameise eine zwar in dieser Iteration nicht-dominierte Lösung findet, diese aber nicht zwingend auch eine gute Lösung sein muss. Berechtigt man nun alle Ameisen, die eine nicht-dominierte Lösung gefunden haben, zum Aktualisieren der Pheromonspuren, so werden in diesem Fall auch schlechte Lösungen verstärkt. Daher wäre es eine

[453] Eine Lösung ist dann nicht dominiert, wenn sie in jedem wesentlichen Kriterium mindestens gleiche, in mindestens einem wesentlichen Kriterium jedoch bessere Ergebnisse erzielt.

sinnvolle Möglichkeit, nur jene Ameisen aktualisieren zu lassen, die eine insgesamt, also auch von Lösungen aus vorherigen Iterationen nicht-dominierte Lösung gefunden haben.

Wird eine Ameise zum Aktualisieren der Pheromonmengen ausgewählt, so muss sie die Pheromonmengen beider Kriterien aktualisieren. Da im vorliegenden Artikel der AS-Algorithmus gewählt wurde, entspricht die Pheromon-Update-Regel jener in AS[454], jedoch wird $\Delta\tau_{ij}^{k}(t)$ und $\Delta\tau'^{k}_{ij}(t)$ der Wert $1/\omega$ zugewiesen, wenn die Ameise k die Kante (i, j) benutzt und für das Aktualisieren der Pheromonmengen ausgewählt wurde, andernfalls entsprechen beide Wert Null. Durch das einheitliche Erhöhen der Pheromonmengen hat jede Ameise der gleichen Iteration den gleichen Einfluss auf die Pheromonspuren.

6.2.4.3.2 Multi Colony-Methode

In gewisser Weise ist die Multi Colony-Methode eine Erweiterung der Single Colony-Methode. Der größte Unterschied besteht darin, dass es in ersterer nicht nur eine Ameisenkolonie gibt, sondern mehrere. Diese Kolonien sind heterogen, wobei jede Kolonie aus gleich vielen Ameisen besteht. Die Pheromonmengen werden bezüglich der Ziele jeweils in einer eigenen Pheromonmatrix gespeichert. Da auch diese Methode anhand des Artikels von Iredi, Merkle und Middendorf[455] beschrieben werden soll und dort von einem Optimierungsproblem mit zwei Zielen ausgegangen wird, verwaltet jede Kolonie zwei Pheromonmatrizen.

Würde man beim Aktualisieren der Pheromonmengen analog der Single Colony-Methode vorgehen, so dass jede Ameise, die in ihrer Kolonie eine nicht-dominierte Lösung findet, berechtigt ist, die Pheromonmengen zu aktualisieren, dann würde das die gleichen Ergebnisse liefern, als würde man die Single Colony-Methode mehrmals gleichzeitig ausführen. Dabei kommt es zu keiner Kooperation zwischen den Kolonien, jedoch ist gerade diese Kooperation für die Multi Colony-Methode entscheidend. Um eine Zusammenarbeit der Kolonien zu erreichen, muss ein globaler „Lösungs-Pool" geschaffen werden, der alle lokalen Lösungen enthält. Zum Aktualisieren der Pheromonmengen werden folglich nur jene Ameisen berechtigt, die eine globale, nicht-dominierte Lösung gefunden haben.

Es gibt zwei Möglichkeiten, diese Ameisen ihre Tour mittels Pheromonen verstärken zu lassen. Diese werden in Abbildung 37 dargestellt. Die erste Möglichkeit besteht darin, dass jede Ameise nur in ihrer eigenen Kolonie Pheromonmengen aktualisieren darf. Bildlich gesprochen weiß zwar die Ameise, wie gut die Lösung im globalen Vergleich ist, informiert aber über die Pheromonstreuung lediglich die Mitglieder der eigenen Kolonie. Das hat den Vorteil, dass die Qualität der Lösung global bewertet wird und daher nicht lokal gute, aber global schlechte Lösungen verstärkt werden. Die zweite Möglichkeit besteht darin, die

[454] vgl. Formel 6-3
[455] vgl. Iredi et al. (2001), S. 359-372

Lösungen hinsichtlich des Optimierungserfolges eines bestimmten Kriteriums – beispielsweise des ersten – zu sortieren und in h gleich große Teile aufzuteilen, wobei der i-te Teil der i-ten Kolonie zugeordnet wird und h der Anzahl der Kolonien entspricht. Die globale, nicht-dominierte Lösung einer Ameise kann daher einem bestimmten Teil zugeordnet werden, und dieser Teil ist wiederum einer Kolonie zugeordnet, in welcher die Ameise dann die Pheromonmatrizen aktualisieren soll. Durch diese Methode wird jede Kolonie auf bestimmte Lösungsregionen spezialisiert, beispielsweise werden in der ersten Kolonie immer nur Lösungen verstärkt, die das erste Kriterium stark minimiert haben, jedoch einen vergleichsweise schlechteren Wert für das zweite Kriterium liefern. Umgekehrt verhält es sich bei der letzten Kolonie.

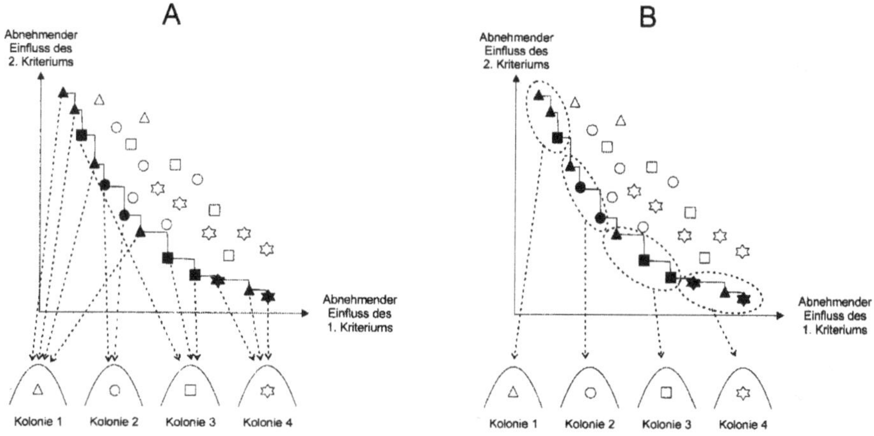

Abbildung 37: Mögliche Aktualisierungsstrategien der Ameisen mit nicht-dominierten Lösungen in der Multi Colony-Methode
Jede Ameise, die eine nicht-dominierte Lösung gefunden hat, darf in ihrer eigenen Kolonie die Pheromonmengen verstärken.
Die Lösungen werden in gleiche Teile aufgeteilt und jeder Teil einer Kolonie zugeordnet. Ameisen dürfen in jener Kolonie die Pheromonmengen aktualisieren, der dem Teil ihrer Lösung zugeordnet ist.
Quelle: In Anlehnung an Iredi et al. (2001), S. 366

Da es sich bei den Kolonien um heterogene Kolonien handelt, muss – ähnlich wie bei der Single Colony-Methode – der λ-Wert jeder Ameise errechnet werden. Hierfür gibt es in der Multi Colony-Methode drei verschiedene Methoden. Nach der ersten Methode ergibt sich der λ-Wert für eine Kolonie entsprechend der Berechnung in der Single Colony-Methode, wobei m durch m/h ersetzt werden muss, da m die Gesamtzahl der Ameisen darstellt und m/h die Anzahl der Ameisen in der Kolonie bezeichnet. Diese Berechnung erfolgt in allen Kolonien gleich, was zur Folge hat, dass alle Kolonien hinsichtlich der Prioritätenverteilung der darin existierenden Ameisen gleich sind. In der zweiten Methode werden alle Ameisen geordnet nach Kolonien in einer virtuellen Kolonie zusammengefasst. In dieser virtuellen Kolonie wird dann die Berechnung der λ-Werte analog der Berechnung in der Single Colony-Methode durchgeführt, was zur Folge hat, dass jeder λ-Wert nur einmal vorkommt und sich die Kolonien auf bestimmte Lösungsregionen spezialisieren. Die dritte Methode ist eine Mischform der beiden ersten. Hier überlappen die λ-Intervalle die vorgereihte Kolonie und die nachgereihte Kolonie jeweils zu 50 %. Wie diese Methode für vier Kolonien mit jeweils sieben Ameisen aussieht, zeigt Abbildung 38.

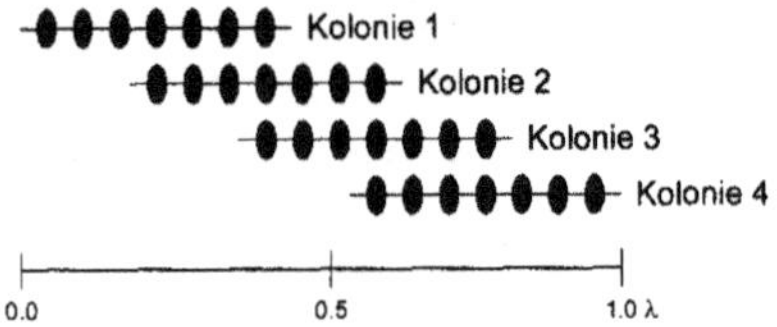

Abbildung 38: Überlappende Zuordnung von λ-Werten an Ameisen in der Multi Colony-Methode
Wie werden die λ-Werte nach der dritten Methode auf vier Kolonien mit jeweils sieben Ameisen aufgeteilt.
Quelle: In Anlehnung an Iredi et al. (2001), S. 366

Der Vollständigkeit halber sei an dieser Stelle erwähnt, dass auch Optimierungsprobleme, die nach nur einem Ziel optimiert werden sollen, mit mehreren Kolonien gelöst werden können. Informationen hierzu, im Speziellen zur Kooperation und Kommunikation zwischen den einzelnen Kolonien, können dem Artikel „Information Exchange in Multi Colony Ant Algorithms“[456] entnommen werden.

6.2.4.4 Dynamische und verteilte Probleme

Unter dynamischen Problemen versteht man Probleme, deren Struktur sich während des Lösungsprozesses verändern. Beispiele für solche Veränderungen sind das Wegfallen eines Knotens oder einer Kante, das Hinzukommen eines Knotens oder einer Kante und Änderungen der lokalen Informationen. Es wird im weiteren Verlauf dieser Arbeit zu klären sein, ob die sich zwangläufig ergebende Veränderung der Auslastungswerte während eines Simulationslaufs das vorliegende Problem zu einem dynamischen Problem machen oder nicht.

Verteilte Probleme liegen dann vor, wenn das Problem innerhalb eines verteilten Systems[457] auftritt und nur innerhalb dieses Systems gelöst werden kann. Der Prozess der Lösungsfindung ist dadurch auf mehrere Rechner aufgeteilt.

Im Folgenden werden Strategien vorgestellt, die das Lösen von dynamischen, nicht verteilten Problemen ermöglichen. Konkret wird dabei auf das dynamische TSP eingegangen, in

[456] vgl. Middendorf et al. (2000)
[457] Unter einem verteilten System versteht man mehrere voneinander unabhängige Computer, die durch ein Netzwerk miteinander verbunden sind und durch Software unterstützt werden, die das Zusammenarbeiten der Computer als integrierte Einheit ermöglicht.

welchem nach einer bestimmten Anzahl an Iterationen ein Knoten entweder entfernt oder hinzugefügt wird.

6.2.4.4.1 Strategien zum Lösen eines dynamischen TSPs

Guntsch und Middendorf (2001)[458] beschreiben drei Strategien, die zum Lösen eines dynamischen TSP herangezogen werden können. Die Problemstellung wird auf ein dynamisches TSP beschränkt, in welchem während der Lösungssuche entweder ein Knoten hinzugefügt oder gelöscht wird. Auf die Veränderung der Problemstruktur wird sofort mit einer Modifikation der Pheromonmengen reagiert. Dabei ist es wichtig, das richtige Verhältnis zwischen Löschen und Beibehalten der globalen Information, entsprechend der Pheromonspur zu finden. Handelt es sich nur um eine kleine Veränderung, so liegt das neue Optimum in der Nähe des alten, was dazu führt, dass die alten Informationen zum Teil weiter verwendet werden können. Je größer aber die Veränderung ist, desto mehr Informationen müssen gelöscht werden, da sich andernfalls der Algorithmus von dem alten, nun nur noch lokalen Optimum nicht mehr lösen kann, eventuell dieses noch optimiert, jedoch nicht nach dem globalen Optimum sucht. Das Löschen aller Informationen führt zu einem Performanceverlust, hingegen kann es beim Beibehalten aller Informationen dazu kommen, dass nur ein lokales Optimum gefunden wird. Guntsch und Middendorf (2001) haben drei Strategien entwickelt, die einen Kompromiss zwischen den beiden Extrema bilden.

In der ersten Strategie wird so vorgegangen, dass sich alle Pheromonspuren unabhängig von ihrer Nähe zum eingefügten beziehungsweise entfernten Knoten im gleichen Maß verändern. In den anderen beiden Strategien wird auf die Nähe zu diesem Knoten Rücksicht genommen, wobei die Berechnung der Nähe in der zweiten Strategie auf den lokalen Informationen, entsprechend den Entfernungen, und in der dritten Strategie auf den globalen Informationen, entsprechend den Pheromonmengen, basiert. In entsprechenden Berechnungen erwiesen sich die erste und zweite Strategie als etwas effizienter als die dritte Strategie, wobei die guten Resultate der ersten Strategie darauf zurückzuführen sind, dass nur eine einmalige Veränderung der Problemstruktur durchgeführt wurde.

6.2.5 Zusammenfassung

Abschließend soll hier nochmals auf zwei wichtige Aspekte des zweiten Unterkapitels näher eingegangen werden. Einerseits sollen die Vor- und Nachteile von Ameisenalgorithmen hervorgehoben werden, und andererseits soll das Adaptieren von ACO-Algorithmen auf andere Problemstellungen veranschaulicht werden.

[458] vgl. Guntsch/Middendorf (2001), S. 213-222

Ameisenalgorithmen liefern für NP-harte, diskrete Optimierungsprobleme wie zum Beispiel das oben beschriebene „Travelling Salesman Problem" in relativ kurzer Zeit relativ gute Lösungen. Generell lässt sich aber nicht sagen, ob sie hinsichtlich der Performance besser oder schlechter als bestimmte andere Optimierungsalgorithmen – wie zum Beispiel Genetische Algorithmen oder Simulated Annealing – sind, da die Leistung des jeweiligen Algorithmus sehr stark von den Gegebenheiten des konkreten Problems abhängig ist. Ein großer Vorteil ist jedoch, dass Ameisenalgorithmen sehr stabil sind, das bedeutet, dass man sie für verschiedene Problemstellungen nutzen kann. Durch kleine Änderungen kann der Algorithmus an die jeweilige Problemstruktur angepasst werden. Dabei sind ACO-Algorithmen besonders für dynamische Probleme geeignet, da sie nicht nach einer guten Gesamtlösung suchen, sondern gute Teillösungen markieren und diese dann zu einer guten Gesamtlösung zusammenführen. Auch für verteilte Probleme sind Ameisenalgorithmen gut geeignet, da die Ameisen untereinander nur indirekt kommunizieren. Des Weiteren kann sehr gut auf die Größe eines Problems reagiert werden, indem mehr Ameisen oder sogar mehr Kolonien von Ameisen eingesetzt werden. Wie in dem Kapitel „Mehrzieloptimierungsprobleme" beschrieben wurde, kann das Einsetzen von mehreren Kolonien die Performance des Algorithmus verbessern beziehungsweise das Lösen bestimmter Probleme erst ermöglichen. Weitere Vorteile sind – insbesondere im Hinblick auf das nachfolgend vorgeschlagene Einsatzgebiet – , dass Ameisenalgorithmen einfach zu verstehen und leicht zu implementieren sind. Betreffend der Implementierung sollte erwähnt werden, dass die Wahl der Parameter von großer Bedeutung ist, jedoch lassen sich manche nur sehr schwer oder gar nicht herleiten. In diesem Fall muss auf Erfahrungswerte, und – falls diese nicht vorhanden sind – auf schlichtes Ausprobieren zurückgegriffen werden.

Ein Vorteil, der hier besonders hervorgehoben werden soll, ist das leichte Adaptieren eines ACO-Algorithmus auf ein bestimmtes Problem. Wie schon in Kapitel 6.2.3.1 beschrieben, sind Ameisenalgorithmen so ausgelegt, dass die Ameisen durch einen Graphen laufen, was impliziert, dass das Problem als Graph darstellbar sein muss. Die Vorgehensweise dafür wurde anhand des TSPs, des QAPs und des VRPs in Kapitel 6.2.4.2 beschrieben. Zuerst muss dabei bestimmt werden, was einem Knoten und was einer Kante entspricht. Danach wird eine Kostenfunktion für die Kanten definiert, aus der die lokalen Informationen der Kanten resultieren. Um den Graphen an das Problem anpassen zu können, besteht die Möglichkeit, Beschränkungen zu definieren. Durch diese Beschränkungen wird festgelegt, welche Sequenzen als gültig gelten. Um die Qualität einer gültigen Sequenz berechnen zu können, muss außerdem eine Gesamtkostenfunktion im Sinne eines quantifizierbaren Ergebnisses, das nicht zwingend auf Geldeinheiten basiert, definiert werden. Ist das Problem als Graph dargestellt, so müssen zur Adaptierung lediglich die definierten Beschränkungen im Algorithmus implementiert werden.

6.3 Ameisenalgorithmen zum Steuern von Patienten

Im Rahmen der Krankenhausplanung wurde bereits deutlich, dass die Berücksichtigung von Patientenwanderungen mit einem räumlichen Bezug ein noch immer bedeutendes, in der Praxis jedoch zu wenig angegangenes Problem darstellt. Im Rahmen dieser Arbeit ist es nun das Ziel, die Pfade der Patienten zu den Krankenhäusern mit Hilfe von Ameisenalgorithmen nachzubilden und dabei mögliche Veränderungen dieser Pfade im Rahmen einer Simulation abzubilden. Die bisher in der Krankenhausplanung verwendeten Methoden ließen dabei nur in wenigen Fällen die Berücksichtigung von Patientenflüssen auf Basis individueller Patienten wirklich zu. Dabei musste in der Regel die Frage offen bleiben, wie die Patienten zu den einzelnen Krankenhäusern zugeordnet werden, wenn sich die Gewichtung der Entscheidungskriterien zukünftig verändert. Da dieses Problem mit Hilfe eines Ameisenalgorithmus gelöst werden soll, wurde in Kapitel 6.2 ausführlich auf die verschiedenen Algorithmen eingegangen und beschrieben, wie diese auf verschiedene Probleme angewendet werden können. In diesem Kapitel soll nun gezeigt werden, wie das Problem, die Patienten bestmöglich unter Berücksichtigung unterschiedlicher Gewichtungen der Zielkriterien zu Krankenhäusern zuzuordnen, mit einem Ameisenalgorithmus gelöst werden kann. Hierfür wird zunächst das Problem konkret beschrieben und festgelegt, ob es sich um ein statisches oder dynamisches Problem handelt. Ist die Problemstellung klar definiert, können diverse Realisierungsentscheidungen getroffen werden. Eine wichtige Entscheidung dabei ist, ob das Problem als Mehrzieloptimierungsproblem gelöst werden soll oder ob die für diese Arbeit ausgewählten vier Entscheidungskriterien

- **Entfernung,**
- **Eignung,**
- **Auslastung und**
- **Gewinn**

in einem Kriterium zusammengefasst werden und lediglich nach diesem einen Kriterium optimiert werden sollten.

Daran anschließend wird über die Zweckmäßigkeit des Einsatzes möglicher Erweiterungen, die abhängig vom gewählten Algorithmus sind, entschieden.

6.3.1 Problemstellung

Um ein Problem lösen zu können, muss dieses exakt definiert sein. Dafür soll zunächst das Problem beschrieben und anschließend die Problemstruktur näher betrachtet werden. Aus diesen beiden Unterkapiteln lässt sich dann eine Problemdefinition erstellen.

6.3.1.1 Problembeschreibung

Wie in Kapitel 5 beschrieben, arbeitet das Programm mit Daten aus der Praxis. Dabei stehen für die Simulation die Patientendaten von fünf Krankenhäusern aus einem Jahr zur Verfügung. Das Problem besteht nun darin, eine gewisse Menge an Patienten bestmöglich zu einer gegebenen Anzahl an Krankenhäusern zuzuordnen.

Die Zuordnung der jeweiligen Patienten zu den jeweiligen Krankenhäusern soll von den oben genannten vier Kriterien Entfernung, Eignung, Auslastung und Gewinn abhängen. Im Hinblick auf die Krankenhausplanungs-Literatur spielt die Entfernung, die ein Patient von seinem Wohnort zum Krankenhaus zurücklegen muss, eine wichtige Rolle. Außerdem soll der Patient in jener Station behandelt werden, die am besten zur Behandlung seiner Erkrankung geeignet ist, und darf auf keinen Fall in ein Krankenhaus eingeliefert werden, in dem keine Station existiert, die ihn adäquat behandeln kann. Des weiteren muss auf die momentane Auslastung der jeweiligen Stationen Rücksicht genommen werden. Je stärker eine Station ausgelastet ist, desto weniger Patienten sollen dorthin eingewiesen werden. Jedoch soll auch trotz hoher Auslastung immer die Möglichkeit einer Einlieferung offen bleiben. Sobald nämlich alle Krankenhäuser einer Region voll ausgelastet sind, spielt es keine Rolle mehr, ob ein einzelnes Haus voll belegt ist oder nicht, es darf die Patienten dann nicht mehr abweisen[459]. Nicht vergessen werden darf in diesem Zusammenhang, dass zukünftig in Kooperationen zwischen niedergelassenen Ärzten und Krankenhäusern die jeweilige Kosten- beziehungsweise Gewinnsituation eine immer größere Rolle bei der Entscheidung über die Einweisung von Patienten in ein Krankenhaus spielen kann. In welchem Ausmaß die jeweiligen Kriterien die Qualität der einzelnen Zuordnung eines Patienten beeinflussen, wurde durch folgende Zuordnung erreicht:

Bei der Gewichtung der Kriterien Eignung, Entfernung, Auslastung und Gewinn wurde eine Normierung der Summe der Kriteriengewichte auf 100 % erzwungen. Um die Zahl der Alternativen in einem überschaubaren Rahmen zu halten, wurde darüber hinaus eine Schrittweite von 25 % festgelegt und selbst dabei nicht alle der möglichen Alternativen ausgewählt. Es erschien nicht praxisnah, beispielsweise eine Gewichtung von 100 % auf die Entfernung zu legen. Dies würde schließlich bedeuten, dass die Kriterien Eignung, Auslastung und Gewinn mit je 0 % gewichtet würden. Auch Gewichtungen von 75 %, die lediglich die Gewichtung eines anderen Kriteriums mit noch maximal 25 % zugelassen hätten, sind ausgeschlossen worden. Um jedoch dennoch auch „extreme" Beispiele mit analysieren zu können, sind Alternativen mit je 2 x 50 % (z.B. 50-00-00-50 oder 00-50-50-00) in die Analyse aufgenommen worden. Durch die genannte Einschränkung sind insgesamt noch 19 Alternativen übrig geblieben:

[459] vgl. § 2 Abs. 4 KrhsAufnVO

50-50-00-00

50-25-25-00

(...)

25-25-25-25

(...)

00-25-25-50

00-00-50-50

Es sei noch einmal ausdrücklich darauf hingewiesen, dass es im Rahmen des hier vorgestellten Ameisenalgorithmus nicht das Ziel ist, die bestmögliche Lösung für den einzelnen Patienten zu finden, sondern es wird nach einer globalen Lösung gesucht, in der ein Mix aus kurzen Patientenwegen, hohen Eignungskennzahlen, gleichmäßigen Auslastungswerten und hohen Gewinnen erreicht wird, der möglichst genau der zuvor im Programm vorgegebenen Gewichtung entspricht.

Diese Vorgehensweise lässt sich daraus ableiten, dass in diesem Modell lediglich nachgewiesen werden soll, wie sich die Pfade der Patienten verändern, wenn eben nicht das Wohl des einzelnen Patienten im Vordergrund steht, sondern wenn sich durch entsprechende Anreizwirkung – wie beispielsweise durch die Einführung von DRGs zur Krankenhausfinanzierung – das Verhalten der einweisenden wie auch der Krankenhausärzte verändert. In der vorliegenden Form zielt das Modell somit eher darauf ab, die Folgen einer solchen Verhaltensänderung abzubilden, als das Wohl des einzelnen Patienten durch eine Simulation zu steigern. Dies ist zwar in einer späteren Version des Modells durchaus möglich, jedoch wurde hierauf in dieser Arbeit zunächst verzichtet.

Die Aufgabe der Ameisen im vorliegenden Modell ist es folglich, nachzubilden, wie sich die Patientenwege verändern, wenn beispielsweise mehr oder weniger Gewicht auf die Eignung gelegt wird. Wird mehr Gewicht darauf gelegt, ein besonders gut geeignetes Krankenhaus für die Patienten auszuwählen, so folgt daraus vermutlich, dass die Patienten längere Wege auf sich nehmen müssen, um die dann besser geeigneten Einrichtungen aufzusuchen. Aus der Beschreibung des Ameisenalgorithmus ist jedoch deutlich geworden, dass auch die Ameisen nicht „sklavisch" ausschließlich nach den „absolut besten Wegen" gemäß der vorgegebenen Parametergewichtung suchen. Die Steuerungsparameter Eignung, Entfernung, Auslastung und Gewinn beeinflussen dies einerseits, jedoch handelt es sich bei den Ameisenalgorithmen – wie bereits beschrieben – um Heuristiken, die die optimale Lösung nur ausnahmsweise in angemessener Zeit finden. Insofern bilden die Ameisen gleichzeitig ab, dass auch die Ärzte vor Ort keine vollständig optimalen Entscheidungen treffen können und werden.

Anhand zweier Varianten soll nun gezeigt werden, wie es sich auswirkt, wenn

a) für jeden Patienten sofort die beste Lösung

b) die insgesamt beste Lösung

ermittelt werden soll.

Was die Ameisen dabei konkret tun, kann anhand von Abbildung 39 in vereinfachter Weise dargestellt werden. Dabei wird davon ausgegangen, dass es acht Patienten mit der gleichen Diagnose gibt. Des Weiteren existieren drei Krankenhäuser, in denen es jeweils eine Station gibt, in der diese Diagnose behandelt werden kann. In jeder Station sind noch drei Betten frei. Sind diese besetzt, so kann in diesem vereinfachten Beispiel im Gegensatz zum später vorgestellten Modell kein Patient mehr aufgenommen werden. Die Patienten werden in der Reihenfolge der zugeordneten Nummer eingeliefert. In diesem Beispiel soll nur hinsichtlich der Patientenwege optimiert werden, eine Bewertung von Eignung, Auslastung und Gewinn wird zwecks leichterer Verständlichkeit nicht vorgenommen. Die Pfeile bezeichnen die Zuordnungen von einem Patienten zu einem Krankenhaus, wobei Pfeile mit einer gepunkteten Linie die erste Variante und Pfeile mit einer gestrichelten Linie die zweite Variante darstellen. Pfeile mit einer durchgezogenen Linie zeigen Zuordnungen, die in beiden Varianten gleich sind.

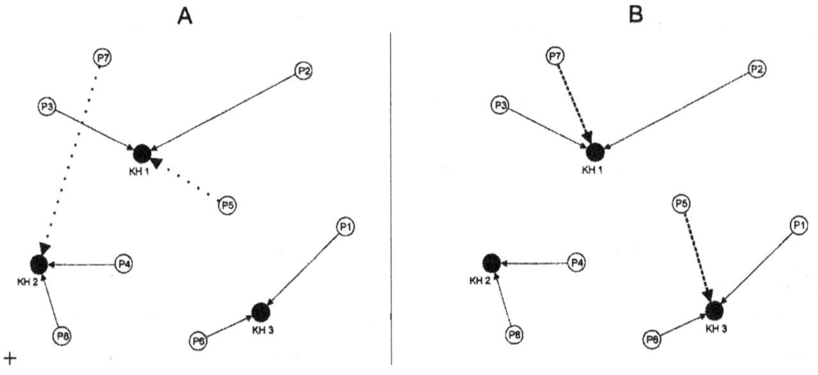

Abbildung 39: Darstellung des Unterschieds zwischen A) dem Optimieren hinsichtlich eines einzelnen Patienten und B) dem Optimieren hinsichtlich aller Patienten.
Quelle: Eigene Darstellung

Wie aus Abbildung 39 hervorgeht, führen bis zu dem vierten Patienten beide Varianten zu den gleichen Zuordnungen, bei dem fünften Patienten zeigt sich jedoch ein Unterschied. Geht man nach der ersten Variante – entsprechend Abbildung 39A – vor und sucht für jeden Patienten getrennt die bestmögliche Lösung, so muss der fünfte Patient in Krankenhaus 1 eingeliefert werden, da dieses das nächstgelegene Krankenhaus ist. Damit ist die Station dieses Krankenhauses allerdings voll. Beim sechsten Patienten ergeben sich dadurch noch keine Schwierigkeiten, da für diesen Krankenhaus 3 den kürzesten Weg bietet. Jedoch der siebente Patient kann nun nicht mehr in Krankenhaus 1 eingeliefert werden, da die Station dort voll ist. Er muss den mehr als doppelt so langen Weg auf sich nehmen und zu Krankenhaus 2 fahren. Ist es – wie in Abbildung 39B dargestellt – das Ziel, die Patientenwege insgesamt zu minimieren, so wäre es aus globaler Sicht besser, den fünften Patienten in Krankenhaus 3 einzuweisen. Der sechste Patient könnte dann ebenfalls zu Krankenhaus 3 gehen, und der siebente Patient könnte in das für ihn deutlich näher gelegene Krankenhaus 1 eingeliefert werden. In dieser Variante muss der fünfte Patient einen etwas weiteren Weg gehen, jedoch ist dieser kürzer als der zusätzliche Weg, den der siebente Patient in der ersten Variante gehen müsste. Daher ist diese Zuordnung aus globaler Sicht besser.

6.3.1.2 Problemstruktur

Zu einer vollständigen Problemdefinition muss neben der Beschreibung des Problems auch die Problemstruktur feststehen. Diese kann statisch oder dynamisch sein. Um festzustellen, welche dieser beiden Eigenschaften zutrifft, müssen die einzelnen Kriterien näher betrachtet werden. Ist eines der Kriterien dynamisch, was der Fall ist, wenn es sich während des Problemlösungsprozesses verändert, dann handelt es sich um ein dynamisches Problem. Dies soll im Folgenden untersucht werden.

Das Kriterium der Entfernung ist in dem behandelten Problem eindeutig statisch, da sich die Entfernung von einem Patienten zu den im Modell vorgegebenen Krankenhäusern nicht verändert. Auch die Eignungswerte und der Gewinn können als statisch angenommen werden, da diese während des gesamten Simulationslaufs gelten. Über das vierte Kriterium, die Auslastung der einzelnen Stationen, kann hier nicht so einfach eine Aussage getroffen werden, da sich dieses im Laufe der Simulation nach jeder Zuordnung verändert. Deshalb soll auf dieses Kriterium noch näher eingegangen werden.

Betrachtet man das Kriterium Auslastung näher, so fällt auf, dass sich dieses nur innerhalb einer Lösung verändert. Versucht man, eine neue Lösung zu finden, so geht man wieder von der gleichen Anfangsauslastung der Stationen aus. Würde man die Beschränkung, dass alle Patienten unabhängig von der Auslastung aufgenommen werden müssen, vernachlässigen und nur dahingehend unterscheiden, ob eine Station voll oder noch mindestens ein Bett frei ist, so könnte man die Problemstellung mit dem Travelling Salesman Problem vergleichen, in dem auch jeder Knoten als nächster Aufenthaltsort ausfällt, der schon zuvor besucht worden ist. Das TSP ist jedoch kein dynamisches Problem. Dynamisch wird es erst dann, wenn ein Knoten, wie in Kapitel 6.2.4.4 beschrieben, während des Lösungsprozesses entfernt beziehungsweise hinzugefügt wird. Legt man diese Erkenntnis auf das hier behandelte Problem um, so bedeutet dies, dass es sich dann um ein dynamisches Problem handeln würde, wenn eine Station oder ein ganzes Krankenhaus während des Problemlösungsprozesses geschlossen beziehungsweise eine neue Station oder auch ein neues Krankenhaus eröffnet würde. Auch Veränderungen der Stationsgröße, entsprechend einer Erhöhung oder Senkung der Anzahl an Planbetten während eines Simulationslaufes, würden das Problem zu einem dynamischen machen. Im vorliegenden Problem werden jedoch die Bettenzahlen und Stationsgrößen nicht während eines Simulationslaufes, sondern allenfalls zwischen den Läufen verändert. Eine Erweiterung des Algorithmus in dieser Richtung ist zwar ausdrücklich möglich und durch einfache Änderung der hinterlegten Stationsgrößen auch problemlos umsetzbar, jedoch nicht durchgeführt worden. Veränderungen der Stationsgrößen, Verschiebungen von Abteilungen und Stationen oder sogar die Schließung ganzer Krankenhäuser können letztlich nicht sinnvoll ohne Abstimmung mit den beteiligten Krankenhäusern vorgenommen werden. Sobald jedoch in Absprache mit den beteiligten Krankenhäusern zu Simulationszwecken eine Änderung des Layouts gewünscht wird, ist dies im vorliegenden Modell ohne größeren Aufwand realisierbar. Die Auswirkungen solcher Veränderungen werden später auch noch gezeigt.

Da jedoch eine Veränderung des Layouts der Krankenhäuser während eines Simulationslaufes im ersten Schritt der Analyse noch keinen Sinn machen würde, handelt es sich bei dem Kriterium „Auslastung" im vorliegenden Fall auch um ein statisches Kriterium. Da damit alle Kriterien des Problems als statisch identifiziert wurden, kann man daraus schließen, dass es sich bei dem hier behandelten Problem um ein statisches Problem handelt.

Es wurde dennoch so ausführlich auf die Beschreibung von Ameisenalgorithmen zur Lösung dynamischer Probleme eingegangen, da sich die Ameisenalgorithmen sehr einfach auf veränderte Problemstellungen adaptieren lassen. Es ist somit durchaus denkbar und erscheint auch sinnvoll, in weiterführenden Simulationsläufen beispielsweise von einer sich verändernden Gewinnsituation (möglicherweise in Abhängigkeit von der Belegung) oder von der bereits angesprochenen Veränderung des Layouts im Zeitverlauf (durch kurzfristige Umwidmung von Betten für andere Abteilungen) auszugehen. In beiden Fällen ist es jedoch notwendig, vorab die Kriterien hierfür konkret festzulegen und zu quantifizieren, damit diese während des Simulationslaufes automatisch umgesetzt werden können.

6.3.1.3 Resultierende Problemdefinition

Aus den bisherigen Ausführungen lässt sich somit folgende Problemdefinition ableiten: Bei dem hier beschriebenen Problem handelt es sich um ein statisches Problem, in dem die bestmögliche Zuordnung einer vorgegebenen Menge von Patienten zu einer vorgegebenen Anzahl an Krankenhäusern gesucht ist, wobei sich „bestmöglich" auf das globale Optimum der vier Kriterien Entfernung, Eignung und Auslastung und Gewinn bezieht, die zusätzlich mit einer vorgegebenen Wertigkeit gewichtet werden.

Aufgrund dieser Definition können nun alle nötigen Realisierungsentscheidungen getroffen und damit der Lösungsweg festgelegt werden.

6.3.2 Festlegen des Lösungsweges

Die wichtigste Entscheidung beim Festlegen des Lösungsweges ist jene, in der der Ameisenalgorithmus bestimmt wird. Um diese Entscheidung treffen zu können, müssen jedoch zuvor andere Realisierungsentscheidungen getroffen werden. Eine davon ist die, ob das Problem als Mehrzieloptimierungsproblem realisiert oder durch das Zusammenfassen der vier Kriterien in ein einzelnes Kriterium gelöst werden soll. Diese Wahlmöglichkeit besteht deshalb, weil einerseits mehrere Kriterien existieren, andererseits aber auch Gewichtungen vorhanden sind, die die Auswirkungen der einzelnen Kriterien auf die Lösung bestimmen. Ist diese Entscheidung getroffen, so kann der Ameisenalgorithmus gewählt werden. Abschließend muss noch entschieden werden, welche Erweiterungen für den ausgewählten Algorithmus möglich sind, und ob der Einsatz dieser im beschriebenen Problem sinnvoll ist. Auf all diese Entscheidungen soll im Folgenden detaillierter eingegangen werden.

6.3.2.1 Entscheidung des Optimierungsweges

Bei dieser Entscheidung geht es darum, ob das Problem nach einem Ziel optimiert oder als Mehrzieloptimierungsproblem gelöst werden soll. Auf den ersten Blick erscheint die Lösung als Mehrzieloptimierungsproblem durchaus sinnvoll, da es vier Kriterien gibt, nach denen optimiert werden soll. Dabei soll kein Kriterium einem anderen gegenüber bevorzugt werden. Wie in Kapitel 6.2.4.3 beim Beschreiben von Mehrzieloptimierungsproblemen schon dargestellt worden ist, können Probleme dieser Art mit Hilfe der Single Colony-Methode oder der Multi Colony-Methode gelöst werden. Diese Vorgehensweise wird auch als „Französische Schule“[460] bezeichnet (vgl. Kapitel 6.2.4.3.1 und 6.2.4.3.2). Im Gegensatz dazu existiert die „Amerikanische Schule“[461], bei der a priori Gewichtungen vorgenommen werden müssen. Durch diese Gewichtungen kann eine Kostenfunktion erstellt werden und nach den daraus resultierenden Kosten wird schließlich optimiert. Im vorliegenden Modell ist die Eingabe von a-priori-Gewichtungen jedoch ohnehin als fester Bestandteil vorgegeben, so dass das Problem sowohl als Mehrzieloptimierungsproblem wie auch als Optimierungsproblem nach einem Ziel realisiert werden kann. Diese beiden Alternativen und auch deren Vor- und Nachteile für das zu lösende Problem sollen im Folgenden näher beschrieben werden.

[460] vgl. Allgemein Keeney/Raiffa (1993)
[461] vgl. Vincke (1992)

6.3.2.1.1 Optimieren nach mehreren Zielen

Bei einem Mehrzieloptimierungsproblem lassen sich die Lösungen der Ameisen – wie zuvor schon bei der Beschreibung der Multi Colony-Methode gezeigt – in einem Koordinatensystem darstellen. Anhand der dort beschriebenen Problemstellung, in der allerdings nach nur zwei Kriterien optimiert worden ist, sollen im Folgenden die Konsequenzen des Festlegens von Gewichtungen der einzelnen Kriterien gezeigt werden.

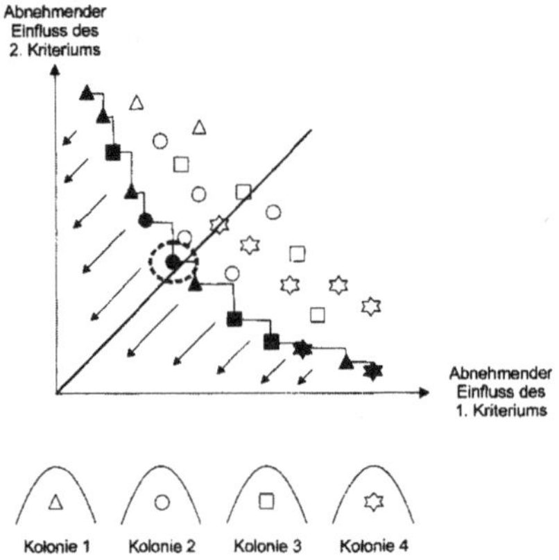

Abbildung 40: Darstellung eines Optimierungsproblems mit zwei Kriterien in der Multi Colony-Methode
Die Pfeile zeigen dabei die Richtung, in welche die Lösungen bei Minimierungsproblemen verbessert werden. Durch den gestrichelten Bereich wird unter der Voraussetzung, dass für beide Kriterien die gleiche Gewichtung festgelegt wurde, die optimale Lösung markiert.
Quelle: In Anlehnung an Iredi et al. (2001), S. 366

Da die Ameisen ihre Lösungen im Laufe des Algorithmus immer mehr verbessern, verändern sich die nicht-dominierten Lösungen dahingehend, dass der Einfluss zumindest eines der beiden Kriterien steigt. Grafisch gesehen bedeutet dies – wie in Abbildung 40 durch die Pfeile verdeutlicht wird – dass sich die nicht-dominierten Lösungen immer mehr den Achsen nähern. Dabei ist zu beachten, dass bei dieser nicht aggregierenden Methode in viele verschiedene Richtungen gesucht wird. Hat man jedoch analog der amerikanischen Schule eine bestimmte Gewichtung vorgegeben, beispielsweise, dass die Wertigkeit des ersten Kriteriums gleich groß ist wie die des zweiten, so werden am Ende der Berechnungen nur jene Lösungen gewählt, die auf jener Geraden liegen, die durch den Nullpunkt geht und im 45°-Winkel ansteigt. Befindet sich bei nicht aggregierenden Methode keine Lösung exakt auf dieser Geraden, so wird jene nicht-dominierte Lösung gewählt, die dieser am nächsten ist. In Abbildung 40 ist die ausgewählte Lösung durch den gestrichelten Bereich hervorgehoben. Durch den Winkel von 45° ist der Einfluss des ersten Kriteriums immer gleich groß wie der Einfluss des zweiten. Liegt eine andere Verteilung vor, so muss auch der Winkel der Geraden entsprechend anders gewählt werden.

Das in diesem Kapitel behandelte Problem wird im Gegensatz zum Problem in Abbildung 40 nach vier Kriterien optimiert, die Vorgehensweise zum Auffinden der besten Lösung bei festgelegten Gewichtungen erfolgt jedoch analog. Zur grafischen Darstellung der Lösungen müsste jedoch ein vierdimensionales Koordinatensystem herangezogen werden.

Der Nachteil des Optimierens nach mehreren Zielen nach nicht aggregierenden Methode liegt darin, dass die Lösungen in allen Richtungen gesucht werden, obwohl bekannt ist, dass nur bestimmte Lösungen – beispielsweise jene, die auf der zuvor beschriebenen Geraden liegen – gesucht sind. Es gibt zwar unterschiedliche sinnvolle Anwendungen für diese Vorgehensweise[462], im vorliegenden Problem kostet sie jedoch erheblich mehr Zeit als das Optimieren einer Lösung in einer vorgegebenen Richtung analog der amerikanischen Schule. Letztere soll daher im Folgenden detaillierter beschrieben werden.

6.3.2.1.2 Optimieren nach einem Ziel

Beim Optimieren nach einem Ziel existiert lediglich ein Kriterium, nach dem optimiert wird. In dem hier behandelten Problem soll zwar nach vier Kriterien optimiert werden, diese können aber zu einem Kriterium zusammengefasst werden. Dies liegt daran, dass durch die vorgegebenen Gewichtungen der einzelnen Kriterien feststeht, welchen Einfluss sie jeweils auf die Qualität der Lösung haben. Deshalb können die vier Kriterien multipliziert mit ihrer Gewichtung in einem Wert, der im Folgenden mit dem Begriff „Kosten" bezeichnet wird, zusammengefasst werden. Formal gesehen lässt sich dies folgendermaßen ausdrücken:

$$K = w_1 \cdot b_1 + w_2 \cdot b_2 + w_3 \cdot b_3 + w_4 \cdot b_4 , \qquad (6\text{-}14)$$

wobei K die Kosten bezeichnet, w den Gewichtungen der Kriterien entspricht und b die Werte der jeweiligen Kriterien darstellt. Die Indizes repräsentieren das entsprechende Kriterium, wobei 1 für die Auslastung, 2 für die Entfernung, 3 für die Eignung und 4 für den Gewinn steht. Bei den Werten der Kriterien ist außerdem zu beachten, dass diese einheitlich normiert sein müssen. In dem hier behandelten Problem wird dafür theoretisch ein Wertebereich von 0 bis 100 für jedes Kriterium verwendet, wobei 0 dem besten und 100 dem schlechtesten Wert entspricht. Durch die bereits angesprochene Reduzierung auf die oben genannten 19 Alternativen sind Gewichtungen über 50 jedoch praktisch ausgeschlossen worden.

Da die vier Kriterien Entfernung, Eignung, Auslastung und Gewinn in den Kosten zusammengefasst sind, kann nicht mehr in mehrere, sondern nur noch in eine Richtung optimiert werden. Beide Methoden würden die optimale Lösung finden, ließe man sie lange genug laufen. Die Mehrziel-Methode ist jedoch für Probleme, in denen die Vorgabe fester Gewichtungen problemlos beziehungsweise sogar erwünscht ist, eher schlecht geeignet. Dies führt zu

[462] vgl. Stummer (1998), Stummer/Focke (2003)

der Entscheidung, dass jene Methode implementiert werden soll, die lediglich nach einem Ziel optimiert, da sie wesentlich schneller zu der Lösung kommt.

6.3.2.2 Wahl des Ameisenalgorithmus

Da das zu lösende Problem nun hinsichtlich seiner Eigenschaften vollständig charakterisiert ist, kann die Wahl des Ameisenalgorithmus erfolgen. In den vorigen Kapiteln ist bereits hergeleitet worden, dass es sich um ein großdimensioniertes, statisches Problem handelt, welches nach einem Ziel optimiert werden soll.

Wie in Kapitel 6.2.3 beschrieben, gibt es eine größere Anzahl unterschiedlicher Ameisenalgorithmen, die bei einem solchen Problem angewendet werden können. Bei näherer Betrachtung erweisen sich jedoch einige als nicht oder nur schlecht geeignet für das hier zu Grunde liegende Problem. Der Basisalgorithmus Ant System beispielsweise erscheint nicht sinnvoll, da in dem beschriebenen Problem eine große Anzahl von Patienten zu fünf Krankenhäusern zugeordnet werden müssen und – wie oben beschrieben – AS bei großen Optimierungsproblemen schlechte Ergebnisse liefert. Die Erweiterung AS mit „elitist strategy" wird in der Literatur lediglich im Zusammenhang mit AS erwähnt. Erweiterte Algorithmen basierend auf AS scheinen daher auch Verbesserungen des ASs mit „elitist strategy" zu sein. Dies zeigt sich beispielsweise bei dem AS_{rank}-Algorithmus, der sowohl bessere Ergebnisse als AS wie auch bessere Ergebnisse als AS mit „elitist strategy" liefert.[463] AS_{rank} erscheint jedoch auch nicht geeignet für das vorliegende Problem, da dieser Algorithmus versucht, AS dahingehend zu verbessern, dass bei vielen Knoten mit ähnlich hohen Kosten jene Knoten mit deutlich höherer Wahrscheinlichkeit gewählt werden, die den besten Wert aufweisen. Aufgrund der Übergangsregel ist diese Vorgehensweise dann besonders effektiv, wenn es viele mögliche Übergänge gibt, und einige davon sehr gut geeignet sind. Gibt es beispielsweise 100 mögliche Übergänge und 50 Knoten, die geringe, jedoch ähnliche Kosten aufweisen, so würden laut Übergangsregel in AS alle 50 Knoten mit annähernd der gleichen Wahrscheinlichkeit gewählt werden. In diesem Fall erscheint es sinnvoll, zwischen diesen 50 Knoten genauer zu unterscheiden und diesen Knoten Ränge zuzuordnen. In dem vorliegenden Problem gibt es jedoch fünf Übergangsmöglichkeiten, wodurch die Werte der einzelnen Knoten ohnehin schon einen größeren Einfluss auf ihre Wahrscheinlichkeit haben. Aus diesem Grund erscheint das zusätzliche Gewichten der Werte mit den entsprechenden Rängen als wenig sinnvoll und auch AS_{rank} scheidet aus der Wahl des Algorithmus aus. Ebenso nicht besonders gut geeignet erscheint der ANTS-Algorithmus, da dieser bis zum momentanen Zeitpunkt nur auf das Quadratic Assignment Problem angewendet wurde und Erfahrungswerte für das Anwenden auf andere Problemstellungen fehlen. Der FANT-Algorithmus stellt sich ebenfalls als ungeeignet für das hier behandelte Problem heraus, da dieser darauf spezialisiert ist, bei

---

[463] vgl. Bullnheimer et al. (1999)

kurzer Berechnungsdauer relativ gute Ergebnisse zu liefern. Wie aus Versuchen von Taillard und Gambardella ersichtlich wird, liefert der FANT-Algorithmus bei 100-maligem Durchlaufen einer Ameise schon ab einer Berechnungsdauer von 10 Sekunden, meist jedoch schon bei 5 Sekunden ein schlechteres Ergebnis als der HAS-Algorithmus, der in diesem Zusammenhang auch repräsentativ für andere auf AS basierende Erweiterungen ist.[464] Bei 1000-maligem Durchlaufen einer Ameise schneidet der FANT-Algorithmus bei Berechnungen bis zu 13 Sekunden gleich gut ab, bei höherer Berechnungsdauer allerdings immer schlechter als der HAS-Algorithmus.[465] Da das hier zu Grunde liegende Problem relativ groß ist, würde das Ergebnis des FANT-Algorithmus nach wenigen Sekunden wahrscheinlich besser sein als jenes von anderen Ameisenalgorithmen, jedoch wäre die Qualität der Lösung selbst noch relativ schlecht. Um eine halbwegs gute Qualität der Lösung zu erhalten, wurde zunächst eine Berechnungsdauer von einigen Minuten einkalkuliert. Bei einer so langen Berechnungsdauer liefert jedoch der FANT-Algorithmus schlechte Ergebnisse, was dazu führt, dass auch dieser Algorithmus als nicht geeignet für das vorliegende Problem erscheint.

Aufgrund dieser Überlegungen bleiben ACS, HAS und MMAS übrig. Der HAS-Algorithmus basiert auf der Idee, eine lokale Suchmethode mit einem ACO-Algorithmus zu kombinieren. Da diese Idee auch in MMAS verwirklicht wird und in ACS eine lokale Suchmethode als Erweiterung implementiert werden kann, scheidet auch dieser Algorithmus aus. Neben ACS und MMAS wäre auch jene Möglichkeit denkbar, in der der ACS-Algorithmus als Basis für MMAS herangezogen wird. Aufgrund der einfacheren Implementierung und der leichteren Verständlichkeit für die Krankenhäuser fällt die Wahl jedoch auf den ACS-Algorithmus.

Eine mögliche Erweiterung des ACS-Algorithmus, die speziell für große Optimierungsprobleme geeignet ist, ist das zusätzliche Verwenden von Kandidatenlisten. Außerdem kann der Algorithmus mit einer lokalen Suchmethode verbessert werden. Auf die Frage, ob die Implementierung dieser Erweiterungen sinnvoll ist, soll in den nächsten zwei Kapiteln näher eingegangen werden.

6.3.2.3 Entscheidung über den Einsatz von Kandidatenlisten

Der Grundgedanke von Kandidatenlisten ist, die Anzahl der Übergangsmöglichkeiten eines Knotens zu anderen Knoten zu beschränken. Wie schon in Kapitel 6.2.3.2.4 bei der Beschreibung des ACS-Algorithmus erklärt wurde, existiert dabei für jeden Knoten eine Kandidatenliste. In der Liste eines Knotens wird notiert, welche Knoten sich am besten für einen Übergang eignen. Welcher dieser Knoten dann für einen Übergang ausgewählt wird, entscheidet die Übergangsregel. Dies bedeutet, dass die Menge der Knoten, die für einen Übergang gewählt werden können, eingeschränkt wird und vorerst nur jene Knoten zur

[464] vgl. Taillard/Gambardella (1997)
[465] vgl. Taillard/Gambardella (1997)

Auswahl stehen, die am besten für einen Übergang geeignet sind. Darf keiner dieser Knoten aufgrund einer bestimmten Beschränkung ausgewählt werden, so wird aus der Menge der Knoten, die nicht in der Kandidatenliste enthalten sind, jener Knoten gewählt, der die geringsten Kosten aufweist.

Beim Travelling Salesman Problem ist der Einsatz von Kandidatenlisten sinnvoll, da dort jeder Knoten als nächster Knoten gewählt werden kann, sofern er noch nicht besucht worden ist. Schränkt man die Menge aufgrund der Entfernungen ein, so entsteht – sofern die Anzahl der Knoten in einer Kandidatenliste nicht zu gering ist – auch kaum ein Qualitätsverlust, da Städte, die sehr weit entfernt sind, ohnehin kaum ausgewählt werden.

Bei dem in dieser Arbeit behandelten Problem verhält sich dies allerdings anders, da für jeden Patienten nur fünf Krankenhäuser in relativer räumlicher Nähe zur Auswahl stehen. Das Einschränken dieser fünf Wahlmöglichkeiten macht wenig Sinn, da dies eher zu einem Qualitätsverlust der Lösung als zu einem Zeitgewinn bei der Berechnung führen würde. Aus diesem Grund wird die Möglichkeit der Erweiterung des ACS-Algorithmus durch Kandidatenlisten nicht implementiert.

Im Vorfeld zu dieser Arbeit wurde eine zweite Möglichkeit trotz hohen Rechenaufwands realisiert, nach der jedem Patienten alle Stationen eines Krankenhauses zur Auswahl stehen, die zumindest theoretisch die Krankheit des Patienten behandeln könnten. Bei dieser Variante wäre die Anzahl an möglichen Übergängen dann so groß, dass das Einsetzen von Kandidatenlisten sehr wohl als sinnvoll anzusehen wäre. Diese kamen jedoch nicht zum Einsatz.

6.3.2.4 Entscheidung über den Einsatz von lokalen Suchmethoden

Bevor Überlegungen hinsichtlich des Einsatzes von lokalen Suchmethoden in dem hier behandelten Problem angestellt werden, erscheint eine kurze Einführung in das Thema „Lokale Suchmethoden“ sinnvoll.

Lokale Suchmethoden basieren darauf, eine vorhandene Lösung durch kleine Veränderungen iterativ zu verbessern. Dabei spielt die Nachbarschaft der momentanen Lösung, entsprechend der möglichen Veränderungen, eine wesentliche Rolle. Des Weiteren ist für die Suchmethode entscheidend, wann eine Veränderung akzeptiert und somit die vorhandene Lösung durch eine neue Lösung ersetzt wird. Beendet wird eine lokale Suchmethode dann, wenn keine Möglichkeit zum Ersetzen der momentanen Lösung mehr gefunden werden kann. Diese Lösung ist dann – wie der Name „lokale Suchmethode“ schon sagt – eine lokal, jedoch nicht zwingend eine global gute Lösung.

Die bekanntesten lokalen Suchmethoden, die zum Kombinieren mit Ameisenalgorithmen eingesetzt werden, sind die 2-opt-Methode[466], die 3-opt-Methode[467] und die Lin-Kernighan-Methode[468], bei denen eine Veränderung aus dem Austauschen von zwei, drei oder einer variablen Anzahl von Kanten besteht. Da das Austauschen von drei oder mehreren Kanten aufwändiger ist, als das Austauschen von zwei Kanten und das in diesem Kapitel behandelte Problem relativ groß ist, schieden die 3-opt-Methode und die Lin-Kernighan-Methode von vornherein aus.[469]

Um den Aufwand entsprechender Berechnungen abschätzen zu können, wurde versuchsweise eine 2-opt-Methode in den ACS-Algorithmus implementiert, in der die Stationen von 100 zufällig gewählten Patienten mit 100 anderen zufällig gewählten Patienten ausgetauscht wurden, wobei auf die Beschränkung Rücksicht genommen wurde, dass die Krankheiten der Patienten auch in der jeweils anderen Station behandelbar sein müssen. Die Ergebnisse zeigten, dass die 2-opt-Methode bei dem vorliegenden Problem für geringe Qualitätsverbesserungen eine sehr hohe Steigerung der Berechnungszeit bewirkt. Auf den Einsatz dieser Methode wurde daher im Rahmen des in dieser Arbeit vorgestellten Modells verzichtet.

6.3.3 Implementierung des Algorithmus

In diesem Unterkapitel soll die Implementierung des zuvor ausgewählten Algorithmus beschrieben werden. Dazu wird als erster Schritt – wie schon beim Einsatz von Ameisenalgorithmen im Kapitel 6.3.3.1 beschrieben wurde – das Problem als Graph dargestellt. Danach wird die Beschreibung des Quellcodes in Form von Pseudo-Code erläutert und die Unterschiede zu dem in Kapitel 6.2.3.2 beschriebenen ACS-Algorithmus für die Futtersuche hervorgehoben. Anschließend sollen programmiertechnische Einzelheiten wie die Parametersetzung und die effiziente Speicherung von Daten erläutert werden. Abschließend wird die Performance des Algorithmus analysiert und die Wahl des Abbruchzeitpunktes vorgenommen.

6.3.3.1 Darstellung des Problems als Graph

Um das hier vorliegende Problem als Graph zu beschreiben, soll auf eine nicht dem Standard entsprechende Art der Darstellung zurückgegriffen werden. Da sich die Entfernungen nur auf die Krankenhäuser, jedoch die Eignungen, Auslastungen und der Gewinn sich auf die Stationen in den jeweiligen Krankenhäusern beziehen, sollen die Krankenhäuser und deren Stationen grafisch als solche erkennbar sein und werden – wie in Abbildung 41 ersichtlich –

[466] vgl. Lin (1965)
[467] vgl. Lin (1965)
[468] vgl. Lin/Kernighan (1973)
[469] vgl. Dorigo/Gambardella (1997a), S. 61

auch als solche dargestellt. Die Patienten werden hingegen durch einen Kreis repräsentiert. Kanten existieren von einem Patienten zu der jeweils bestgeeigneten Station in jedem Krankenhaus, wobei sich „bestgeeignet“ ausschließlich auf das Kriterium „Eignung“ der Station bezieht. Weitere Kanten existieren jeweils von dieser Station zum nächsten Patienten, der durch die Reihenfolge der Aufnahme entsprechend dem Aufnahmedatum und der Aufnahme-Uhrzeit vorgegeben ist. Es kann auch vorkommen, dass Kanten von einer Station zu mehreren Patienten führen, jedoch muss in diesem Fall zwingend immer jene Kante gewählt werden, die zu dem in der Reihenfolge nächsten Patienten führt. Aus Gründen der Übersichtlichkeit wurden jedoch die Kanten von Stationen zu Patienten nicht in Abbildung 41 eingezeichnet; die Reihenfolge wird aufgrund der Beschriftung und auch der Position der Knoten ersichtlich.

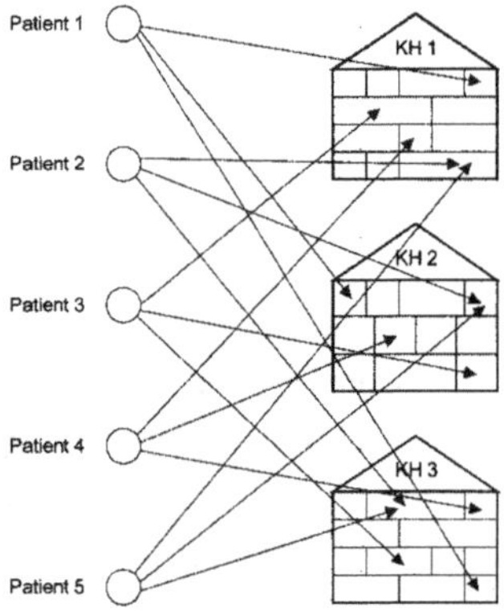

Abbildung 41: Darstellung des Problems der Zuordnung von Patienten zu geeigneten Stationen in Krankenhäusern als Graph
Quelle: Eigene Darstellung

Die Kosten der einzelnen Zuordnungen eines Patienten zu einem Krankenhaus beziehungsweise zu der bestgeeigneten Station eines Krankenhauses lassen sich – wie in Kapitel 6.2.4 beim Beschreiben des Optimierens nach einem Ziel dargestellt worden ist – mit der Formel in Kapitel 7.2.5 berechnen. Aus der Datengrundlage, die dem vorliegenden Simulationsprogramm zu Grunde liegt, ergibt sich die Beschränkung, dass jeder Patient in der Reihenfolge seiner Aufnahme einer Station, die für die Behandlung der jeweiligen Krankheit geeignet ist, zugewiesen werden muss. Des Weiteren ist zu beachten, dass die Auslastung aller Stationen sowohl beim Einliefern eines Patienten als auch beim Entlassen eines Patienten aktualisiert werden muss. Eine gültige Sequenz besteht daher aus einer der Reihenfolge entsprechenden Zuordnung jedes Patienten zu einem Krankenhaus, in dem jedoch zwingend eine geeignete Station vorhanden sein muss. Eine solche Sequenz entspricht in späterer Folge einer Tour einer Ameise. Die Gesamtkosten dieser Zuordnung errechnen sich aus der Summe der Kosten aller Patienten, wobei Kosten hier im Sinne der Ameisenalgorithmen gesehen werden. Gesucht wird nun jene gültige Sequenz, die die geringsten Gesamtkosten aufweist.

6.3.3.2 Umsetzen des Graphen in Quellcode

Der Quellcode, der für die Implementierung des Algorithmus nötig ist, wird in Abbildung 42 in Form von Pseudo-Code dargestellt. Der zuvor beschriebene Graph stellt dabei die Grundlage dar. Im Folgenden soll der Algorithmus beschrieben werden.

6.3.3.2.1 Beschreibung des Algorithmus

Der Algorithmus beginnt, wie die beiden zuvor beschriebenen Algorithmen auch, mit der Initialisierung der Pheromonmengen aller Kanten mit τ_0. Des Weiteren wird L^+ auf -1 gesetzt, um zu signalisieren, dass noch keine Tour berechnet wurde.

In der Hauptschleife werden entweder t_{max} Iterationen durchgeführt oder die Schleife wird abgebrochen, wenn die zuvor festgelegte Berechnungszeit überschritten ist. In jedem Schleifendurchgang bilden k Ameisen eine Tour. Fängt eine Ameise an, eine Tour zu bilden, so wird zuerst die Länge L ihrer Tour auf 0 gesetzt und alle Einträge aus der Variablen T, die die Tour der Ameise speichert, gelöscht. Danach erfolgt die Initialisierung der Auslastungen aller Stationen. Da sich die Auslastungen während einer Tour verändern, bei der nächsten Tour allerdings wieder von den Anfangsauslastungen ausgegangen werden muss, werden sowohl die Anfangsauslastungen als auch die momentanen Auslastungen gespeichert. Vor jedem Tourbeginn muss daher die momentane Auslastung jeder Station auf die Anfangsauslastung der jeweiligen Station zurückgesetzt werden. Ähnlich verhält es sich mit der Liste des momentanen Patientenbestandes. Diese enthält alle Patienten, die momentan in einem der Krankenhäuser liegen, aufsteigend sortiert nach deren Entlassungstermin. Wird ein weiterer Patient eingeliefert oder ein Patient entlassen, so muss die Liste aktualisiert werden. Durch diese Veränderung während einer Tour muss die Liste am Anfang jeder Tour, ähnlich wie die Auslastung, mit jenen Patienten, die in der Liste des Anfangspatientenbestandes enthalten sind, initialisiert werden.

Anschließend wird die Liste aller Patienten, die eingeliefert werden sollen, durchgegangen. Bevor ein Patient eingeliefert wird, wird überprüft, ob der erste Patient, der in der Patientenbestandsliste eingetragen ist, vor dem Patienten, der gerade eingeliefert werden soll, entlassen worden ist. Da die Liste nach Entlassungsterminen sortiert ist, ist der Patient an erster Stelle immer jener, der vor allen anderen Patienten in der Liste entlassen wird. Ist der Patient vor dem momentan einzuliefernden Patienten entlassen worden, so wird er aus der Patientenbestandsliste gelöscht, wodurch ein anderer Patient an die erste Stelle vorrückt. Außerdem muss die Auslastung jener Station, auf der der Patient gelegen hat, aktualisiert werden. Danach wird erneut geprüft, ob der nun an erster Stelle stehende Patient vor dem momentan einzuliefernden Patienten entlassen wurde. Dieser Vorgang wird solange wiederholt, bis der erste Patient in der Liste einen Entlassungstermin nach der Einlieferung des momentan bearbeiteten Patienten aufweist.

Als Nächstes erfolgt die Auswahl des Krankenhauses für den einzuliefernden Patienten. Um zu entscheiden, ob die Ameise jenes Krankenhaus wählt, welches sich für diesen Patienten als das beste hinsichtlich Kosten und momentaner Pheromonspur erweist, oder ob sie das nächste Krankenhaus mittels der Übergangsregel bestimmt, wird durch einen Zufallsgenerators eine Zahl q erzeugt. Ist q kleiner oder gleich dem bereits zuvor festgelegten Parameter q_0, so wird die erste Vorgehensweise durchgeführt, ist q hingegen größer als q_0, so wird das Krankenhaus nach der zweiten Vorgehensweise bestimmt.

Einschub: Auf die Quantifizierung der Parameter „Eignung", „Auslastung", „Entfernung" und „Gewinn" wird später genauer eingegangen. Hier steht zunächst die Implementierung des Algorithmus im Vordergrund.

Die Liste J_i^k existiert bei der Implementierung des vorgegebenen Problems nicht. Stattdessen wird die Funktion *Eignung* (u, i) aufgerufen, die die Eignung der bestgeeigneten Station im Krankenhaus u für die Krankheit des Patienten i liefert. Ist diese gleich Null, so sollte der Patient aus medizinischen Gründen nicht in das Krankenhaus u eingeliefert werden. Wie bereits bei der Problembeschreibung erwähnt, ist die Auslastung der Station hingegen kein Kriterium, nach dem ein Patient nicht in ein Krankenhaus eingeliefert werden darf. Durch eine hohe Auslastung einer Station wird die Wahrscheinlichkeit, dass der Patient in diese Station eingeliefert wird, lediglich verkleinert. Der Wert η_{ij} ergibt sich – ähnlich wie beim Problem der Futtersuche – aus dem inversen Wert der Kosten im Sinne des Ameisenalgorithmus.

Ist ein Krankenhaus für den momentan einzuliefernden Patienten gefunden, so wird dieses in die Tour T eingetragen und die Kosten, die die Einlieferung des Patienten laut der Formel in Kapitel 7.2.5 verursacht, werden zu den Gesamtkosten addiert. Wenn der Patient in einer für ihn passenden Station aufgenommen wurde, muss dort auch die Auslastung entsprechend erhöht werden. Außerdem muss der Patient entsprechend seinem Entlassungstermin in die Liste des Patientenbestandes eingefügt werden. Um die nachfolgenden Ameisen zur Erforschung neuer Wege zu animieren, wird die Menge an Pheromonen der soeben genutzten Kante (i, j) durch das Anwenden der lokalen Pheromon-Update-Regel verringert.

Hat eine Ameise ihre Tour beendet beziehungsweise hat sie alle Patienten je einem Krankenhaus zugeordnet, so werden die Gesamtkosten L mit den bisher geringsten Gesamtkosten L^+ verglichen. Ist die gefundene Lösung besser als die bisherigen Lösungen oder hat es zuvor noch keine Lösungen gegeben, was zutrifft, wenn L^+ dem Wert -1 entspricht, so wird die gefundene Tour T als bisher beste Tour T^+ und deren Gesamtkosten L als bisher geringste Gesamtkosten L^+ gespeichert.

Haben alle Ameisen ihre Tour beendet, darf jene Ameise, die die bisher beste Tour T^+ gefunden hat, die Kanten ihrer Tour verstärken. Die Verstärkung erfolgt durch das Anwenden der Pheromon-Update-Regel auf alle Kanten der besten Tour. Dabei darf die hier verwendete Pheromon-Update-Regel nicht mit der zuvor schon verwendeten lokalen Pheromon-Update-Regel verwechselt werden.

Sind t_{max} Iterationen berechnet oder ist die zuvor festgelegte Berechnungszeit überschritten, so wird der Algorithmus beendet. Da – wie schon in Kapitel 6.3.1.1 erwähnt wurde – der Algorithmus für jeden Monat aufgerufen wird, müssen danach noch sowohl die Auslastungen aller Stationen als auch die Liste des Patientenbestandes nach dem Zuordnen der Patienten entsprechend der besten Tour gespeichert werden. Da diese Informationen aufgrund des hohen Speicherplatzbedarfs und auch aufgrund des Zeitaufwandes, der beim ständigen Aktualisieren entstehen würde, nicht während des Algorithmus gespeichert wurden, muss die beste Tour nochmals rekonstruiert werden. Die Endauslastung des momentan bearbeiteten Monats stellt im nächsten Monat die Anfangsauslastung dar, analog verhält es sich mit der Liste des Patientenbestandes. Sind diese Informationen global gespeichert, so wird die beste Tour an die aufrufende Funktion zurückgegeben.

Wie in den anderen Darstellungen von Algorithmen ist auch hier aus den gleichen Gründen wieder auf den Zusatz der Iteration t verzichtet worden. Des Weiteren wurde auch der Zusatz der Ameise k bei der Bezeichnung der Tour T und deren Länge L vernachlässigt. Dies ist zulässig, da jede Ameise schon nach dem Beenden ihrer Tour überprüft, ob die gefundene Tour bessere Werte erzielt als die bisher beste Tour. Ist dies der Fall, so wird die gefundene Tour als bisher beste Tour T^+ gespeichert und deren Länge als L^+. Anderenfalls wird die gefundene Tour und deren Länge im Algorithmus nicht mehr verwendet und kann mit den Ergebnissen der nächsten Ameise überschrieben werden. Beim AS-Algorithmus wäre diese Vorgehensweise nicht zulässig, da dort die Touren der Ameisen zum Berechnen der Pheromon-Update-Regel herangezogen werden. Bei dem in Kapitel 6.2.3.2 beschriebenen ACS-Algorithmus könnte diese Veränderung auch durchgeführt werden, jedoch erschien sie dort nicht als sinnvoll, da das Sparen von Speicherplatz dort nicht im Vordergrund stand.

```
/* Initialisierung */
For each Kante (i, j)
        τij = τ0
End For
L+ = -1                 //es gibt noch keine minimale Tourlänge

/* Hauptschleife */
t = 1
While t <= tmax und zuvor festgelegte Berechnungszeit nicht überschritten
```

```
/* Für jede Ameise eine Tour finden */
For k = 1 to m
        L = 0
        Lösche alle Einträge aus T

        For each Station
                Auslastung (Station) = Anfangsauslastung (Station)
        End For

        Lösche alle Einträge aus der Liste des Patientenbestandes
        For each Patient in Liste des Anfangspatientenbestandes
                Füge den Patient in die Liste des Patientenbestandes ein
End For

For i = erster Patient in der Liste der einzuliefernden Patienten to letzter
Patient in der Liste der einzuliefernden Patienten
                While erster Patient in der Liste des Patientenbestandes vor dem
                Einliefern von Patient i entlassen wird
                        Lösche den ersten Patienten aus der Liste des
                        Patientenbestandes
                        Aktualisiere die Auslastung der jeweiligen Station
                End While

                Errechne eine Zufallszahl q

                Wähle das Krankenhaus j mittels der Formel:
```

$$j = \begin{cases} \arg\max_{Eignung(u,i)\,\mathrm{not}=0} \left\{ [\tau_{iu}] \cdot [\eta_{iu}]^{\beta} \right\} & \text{wenn } q \leq q_0 \\ \Psi & \text{wenn } q > q_0 \end{cases}$$

wobei $Eignung(\Psi, \mathrm{i})$ *not* = 0 und Ψ mittels der Wahrscheinlichkeit

$$p_{i\Psi} = \frac{[\tau_{i\Psi}] \cdot [\eta_{i\Psi}]^{\beta}}{\sum_{l \in J_i} \left([\tau_{il}] \cdot [\eta_{il}]^{\beta} \right)}$$

gewählt wird.

```
                //Patient i wird in die für seine Krankheit bestgeeignete Station in
                //Krankenhaus j eingeliefert

                Füge Krankenhaus j in T ein
                L = L + 1/η_ij

                Aktualisiere die Auslastung der jeweiligen Station

                Füge den Patienten i in die Liste des Patientenbestandes, die nach
                dem Entlassungsdatum sortiert ist, an der richtigen Position ein

                Berechne die neue Menge an Pheromon laut der lokalen
                Pheromon-Update-Regel:
```

$$\tau_{ij} \leftarrow (1-\rho)\cdot\tau_{ij} + \rho\cdot\tau_0$$

End For
//Ameise hat ihre Tour beendet

If L < L^+ oder L^+ = -1 **Then**
Aktualisiere T^+ und L^+
End If

End For
//Alle Ameisen sind durchgelaufen

/* Pheromonspur updaten */
For each Kante (i, j) ∈ T^+
Berechne die neue Menge an Pheromon laut der Pheromon-Update-Regel:<

$$\tau_{ij} \leftarrow (1-\rho)\cdot\tau_{ij} + \rho\cdot\Delta\tau_{ij},$$

wobei $\Delta\tau_{ij} = 1/L^+$
End For
End While

Konstruiere die Zuordnung der Patienten laut T^+ nochmals und speichere nach dem letzten eingelieferten Patienten die Auslastung und die Liste des Patientenbestandes für den nächsten Aufruf des Algorithmus

Return T^+

Abbildung 42: Darstellung des ACS-Algorithmus für das Steuern der Patienten
Quelle: In Anlehnung an Bonabeau, Dorigo und Theraulaz (1999), S. 51

6.3.3.2.2 Unterschiede zum ACS-Algorithmus bei der Futtersuche

Die im Kapitel Zusammenfassung (6.2.5) getätigte Aussage, dass für das Adaptieren des Algorithmus nach der Darstellung des Problems als Graphen lediglich die definierten Nebenbedingungen im Algorithmus implementiert werden müssten, bestätigt sich hier. Es existieren drei Unterschiede zwischen den Beschränkungen für die Futtersuche und jenen des vorliegenden Problems. Der erste ist, dass auf die Auslastung besonders Rücksicht genommen werden muss, da sich diese während des Auffindens einer Tour ständig verändert. Des Weiteren verändert sich mit der Auslastung auch der Patientenbestand. Hierbei ist es wichtig, die Patienten sortiert nach ihrem Entlassungstermin zu speichern und rechtzeitig jene aus der Liste des Patientenbestandes zu entfernen, die aus der Station entlassen wurden. Die dritte unterschiedliche Beschränkung bezieht sich auf die Eignung, die als einziges Kriterium herangezogen wird, um zu bestimmen, ob ein Patient in ein Krankenhaus eingewiesen werden darf oder nicht. Diese ist vergleichbar mit der Liste J_i^k, welche sich aber im Gegensatz zur Eignung während des Auffindens der Tour verändert.

Abgesehen von diesen drei Änderungen entspricht der hier behandelte Algorithmus im Wesentlichen dem Algorithmus der Futtersuche der Ameisen. Ein weiterer Unterschied zwischen dem hier dargestellten Algorithmus und dem ACS-Algorithmus für die Futtersuche ist darauf zurückzuführen, dass in Letzterem Kandidatenlisten verwendet wurden. Diese stellen jedoch eine Erweiterung des Algorithmus der Futtersuche dar, die im hier behandelten Algorithmus aus zuvor schon beschriebenen Gründen nicht implementiert werden sollten. Um Speicherplatz zu sparen, wurde hingegen auf das Speichern der Touren aller Ameisen und deren Längen verzichtet. Dadurch musste der Vergleich, ob die gefundene Tour besser ist als die bisher beste, sofort durchgeführt werden, nachdem eine Ameise ihre Tour beendet hat. Ein weiterer Unterschied liegt darin, dass bestimmte Daten, wie die Endauslastung der besten Tour und der Endbestand an Patienten in den Krankenhäusern nach der Zuordnung entsprechend der besten Tour, global gespeichert werden. Anstatt die beste Tour und deren Länge auszugeben, wie das bei der Futtersuche gemacht wird, wird die beste Tour an die übergeordnete Funktion übergeben. Ein letzter Unterschied bezieht sich auf den Abbruchzeitpunkt, der bei dem Algorithmus für die Futtersuche nur durch die Anzahl an Iterationen festgelegt ist. Bei dem hier beschriebenen Algorithmus wurde jedoch abgebrochen, wenn eine bestimmte Steigerung der Ergebnisfunktion unterschritten wurde. In diesem Fall wurde darauf geachtet, dass die Steigerung je Iteration im letzten Drittel der Kurve unter -0,02 liegen musste, sofern die Zahl der Iterationen unter 150.000 lag. Wurde dieser Wert überschritten, gab es eine zweite Grenze, die bis zu maximal 300.000 Iterationen eine Unterschreitung der Steigerung von -0,04 vorsah. Bei maximal 300.000 Iterationen wurde die Berechnung jedoch auf jeden Fall abgebrochen. Dies hatte im Wesentlichen zeitliche Gründe, denn selbst ein moderner Computer mit einem Pentium4 – Prozessor und 3,06 GHZ Prozessorleistung hat für die Berechnung dieses Algorithmus über 7 Tage benötigt. Insofern ist die Festlegung sowohl der Grenze von 150.000 als auch der von 300.000 Iterationen eine willkürliche Festlegung, die im Hinblick auf noch vertretbare Rechenzeiten mit einem vertretbaren Ergebnis der Heuristik getroffen wurde.

Die vorgenommenen Veränderungen am ACS-Algorithmus beruhen weitestgehend auf möglichen Erweiterungen beziehungsweise Verbesserungen und auf der Tatsache, dass der hier behandelte Algorithmus schon in ein Programm eingebettet ist. Würde man diese Veränderungen unterlassen und lediglich die unterschiedlichen Beschränkungen implementieren, so würde der Algorithmus auch funktionieren, was die am Anfang dieses Unterkapitels getätigte Aussage bestätigt.

6.3.3.3 Programmtechnische Details

In diesem Kapitel soll auf die Setzung der Parameter, das Speichern von Daten und die damit verbundenen Probleme eingegangen werden.

6.3.3.3.1 Parametersetzung

Bei der Parametersetzung wurde sowohl auf die Literatur[470], in der die Implementierung eines ACS-Algorithmus beschrieben wurde, als auch auf Erfahrungswerte zurückgegriffen. Dabei hat sich die Anzahl von 10 Ameisen in der Literatur durchgesetzt und soll auch hier entsprechend übernommen werden. Für die Herleitung dieser Anzahl soll hier auf Dorigo und Gambardella[471] verwiesen werden. Der Parameter β, der in der Übergangsregel die Wertigkeit der Pheromonspur darstellt, wird in der Literatur entweder mit dem Wert 1, entsprechend der Wertigkeit der Kosten, oder mit dem Wert 2 besetzt. Anhand einiger Tests hat sich herausgestellt, dass der Algorithmus für das vorliegende Problem für den Wert 2 durchschnittlich bessere Ergebnisse liefert. Deshalb wurde entschieden, den Parameter β mit dem Wert 2 zu belegen. Auch für die Wahl des Verdampfungsfaktors ρ und des Parameters q_0, der – wie zuvor beschrieben – für die Entscheidung verantwortlich ist, nach welcher Strategie der nächste Knoten beziehungsweise das nächste Krankenhaus ausgewählt wird, gibt es in der Literatur relativ einheitliche Vorschläge. Der Verdampfungsfaktor ρ wird auf den Wert 0,1 gesetzt, was bedeutet, dass 10 % der Pheromone pro Iteration verdampfen. Für den Parameter q_0 hat sich der Wert 0,9 als gut geeignet erwiesen. Dies bedeutet, dass nur 10 % aller Ameisen das Krankenhaus aufgrund der Übergangsregel bestimmen, die restlichen 90 % wählen jenes Krankenhaus, das hinsichtlich der Kosten und der bisher gelegten Pheromonmengen am besten geeignet erscheint. Auch für die Anfangsmenge an Pheromonen τ_0 auf jeder Kante haben sich in der Literatur Werte beziehungsweise hat sich in diesem Fall eine Formel durchgesetzt. Diese lautet:

$$\tau_0 = \frac{1}{n \cdot L_{nn}} \quad , \qquad (6\text{-}15)$$

wobei n die Anzahl der Patienten darstellt und L_{nn} der Länge jener Tour entspricht, die zuvor mittels der von Dorigo und Gambardella[472] ebenfalls verwendeten „Nearest Neighbour"-Heuristik[473] errechnet werden muss. Bei diesem Algorithmus wird immer jenes Krankenhaus gewählt, welches sich hinsichtlich der Kosten im Ameisensinn als bestes erweist.

---

[470] vgl. Dorigo/Gambardella (1997a), S. 59 ff; Dorigo/Gambardella (1997b), S. 77; Randell/Tonkes (2001), S. 8, Gambardella et al. (1999), S. 74; Bonabeau et al. (1999), S. 51

[471] vgl. Dorigo/Gambardella (1997a), S. 58

[472] vgl. Dorigo/Gambardella (1997b), S. 77

[473] vgl. Rosenkrantz et al. (1977)

6.3.3.3.2 Effizienz der Speicherung von Daten

Bei Optimierungsalgorithmen oder allgemein bei Algorithmen, die schnell durchgeführt werden müssen, ist es besonders wichtig, dass der Algorithmus effizient programmiert ist. Dabei spielt das Speichern von Daten eine wesentliche Rolle. Wird ein Wert mehrmals verwendet, so sollte er lokal gespeichert werden. Bei großen Datenmengen entsteht dadurch oft ein Konflikt, da einerseits auf lokal gespeicherte Daten schneller zugegriffen werden kann, andererseits der Hauptspeicher nicht unnötig belegt werden soll. Beispielsweise sollte nicht die gesamte Datenbank in einem Programm gespeichert werden sondern immer nur jene Tabellen, die gerade verwendet werden.

Gerade bei großdimensionierten Problemen, in denen viele Daten gespeichert werden müssen, kann durch die richtige Wahl der Datenstruktur und durch ihr effizientes Verwenden viel Rechenzeit gespart werden. Dies soll anhand der Liste des Patientenbestandes gezeigt werden. Bei einem solchen Problem eignet sich eine statische Datenstruktur, deren Größe schon vor der Laufzeit angegeben werden muss und deren Felder nicht verschoben werden können, nicht. Dies liegt daran, dass die Menge an Patienten, die momentan in den Krankenhäusern liegen, ständig schwankt, aber vor allem daran, dass Patienten bei ihrer Einlieferung an einer bestimmten Position in der Liste, entsprechend dem Einlieferungszeitpunkt, eingefügt werden müssen. Daher sollen die Patienten in einer „Liste" gespeichert werden. Eine Liste stellt im programmiertechnischen Kontext eine dynamische Datenstruktur dar, die aus mehreren Elementen besteht, wobei in diesem Fall jedes Element die Daten eines Patienten speichert. Des Weiteren wird in einem Listenelement vermerkt, welches Element das nächste ist beziehungsweise ob es sich bei dem Element um das letzte Element der Liste handelt. Dynamisch bedeutet im Gegensatz zu statisch, dass jederzeit Listenelemente eingefügt, verschoben und gelöscht werden können.

Eine mögliche Methode für die Implementierung der Patientenbestandsliste besteht darin, jedes Mal ein Element hinzuzufügen, wenn ein Patient eingeliefert wird, und jedes Mal, wenn ein Patient entlassen wird, dessen Element wieder zu löschen. Außerdem müssen nach dem Beenden einer Tour alle Patienten aus der Liste entfernt werden und die Liste mit den Patienten des Anfangspatientenbestandes initialisiert werden. Das Problem bei Listen ist jedoch, dass das Hinzufügen und Löschen von Listenelementen relativ viel Zeit kostet. Daher ist es in diesem Fall sinnvoller, beim ersten Zuordnen aller einzuliefernden Patienten jeweils ein Listenelement für jeden Patienten in die Liste einzufügen, das Element aber beim Entlassen eines Patienten nicht zu löschen, sondern es an die letzte Stelle der Liste zu verschieben und es als momentan nicht verwendetes Element zu markieren. Steht ein nicht verwendetes Listenelement an letzter Stelle, kann dieses beim Einliefern eines neuen Patienten verwendet werden, anstatt ein neues Listenelement einzufügen. Am Ende dieser Zuordnung besteht die Liste dann aus der maximalen Anzahl an Elementen, die für die Zuordnung der einzuliefernden Patienten benötigt werden. Daher sollten im weiteren Verlauf keine Elemente mehr hinzugefügt oder gelöscht werden. Anstatt neue Elemente hinzuzufügen, sollte daher ein nicht verwendetes Element, das an der letzten Stelle der Liste steht, mit den Daten gefüllt und an die richtige Stelle verschoben werden, und anstatt des Löschens sollte das Element an die letzte Stelle der Liste verschoben und als nicht verwendetes Element markiert werden. Darüber hinaus ist es gerade bei solchen Listen wichtig, dass nur jene Informationen in einem Element enthalten sind, die auch wirklich verwendet werden. Da es auch Listenelemente im Programm gibt, in denen die Daten eines einzuliefernden Patienten gespeichert werden, muss für die Patienten in der Patientenbestandsliste ein anderes Listenelement definiert werden. Dies ist besonders wichtig, da ein Element eines einzuliefernden Patienten den zehnfachen Speicherplatz besetzt wie ein Element eines Patienten der Patientenbestandsliste. Dies beruht darauf, dass bei dem einzuliefernden Patienten alle ihn betreffenden Daten – beispielsweise seine Diagnose, sein Aufnahme- und Entlassungsdatum, die Entfernungen, die er zu jedem Krankenhaus zurücklegen muss, und auch die Station und das Krankenhaus, in das er schließlich eingewiesen wird – gespeichert werden müssen. Beim Patientenbestand geht es nicht mehr darum, den Patienten genau identifizieren zu können, sondern es reicht aus zu wissen, wann ein Patient welche Station in welchem Krankenhaus verlässt. Deshalb müssen auch nur diese Daten gespeichert werden.

Beachtet man diese beiden Maßnahmen, so kann die Berechnungszeit rapide gesenkt werden. Aus entsprechenden Testläufen geht hervor, dass bei einer großen Menge von einzuliefernden Patienten die Berechnungszeit um bis zu 70 % gesenkt werden kann.

Weitere 10 % können eingespart werden, wenn man als Datenstruktur statt einer herkömmlichen Liste eine Ringliste verwendet. Diese Datenstruktur entspricht einer Liste, in deren letztem Element vermerkt ist, dass das erste Element der Liste als nächstes Element gilt. Durch diesen Eintrag schließt sich sozusagen die Kette der Elemente und bildet einen Ring. Will man ein Element einfügen, so existieren bei der herkömmlichen Liste zwei Ausnahmefälle. Diese treten ein, wenn das einzufügende Element entweder an erster oder an letzter Stelle eingefügt werden soll, und beruhen darauf, dass im einen Fall kein Element vor dem einzufügenden Element existiert und im anderen keines danach. Bei der Ringliste hingegen ist immer ein Element davor und ein Element danach vorhanden, da die Kette der Elemente geschlossen ist. Die auftretenden Fälle allein würden keine so große Zeitersparnis bringen, jedoch kann dadurch, dass alle Elemente gleich behandelt werden können, auf die Abfragen, ob es sich um einen Ausnahmefall handelt, verzichtet werden. Da – wie zuvor beschrieben – die Liste nicht nur gerade in Verwendung befindliche Elemente enthält, sondern auch jene Elemente speichert, die nicht mehr benötigt werden, ist das Umwandeln dieser Liste in eine Ringliste etwas komplexer, und es müssen doch Unterscheidungen zwischen speziellen Fällen getroffen werden; jedoch zeigt sich aufgrund der Zeitersparnis, dass eine Ringliste für das hier vorliegende Problem sinnvoll ist.

6.3.3.4 Ergebnisse

Die Qualität der Lösung, die mittels des implementierten Algorithmus gefunden wird, hängt von der Anzahl der durchlaufenen Iterationen und der Anzahl der Patienten ab, die einem Krankenhaus zugeteilt werden sollen. Darüber hinaus wird das Ergebnis von den jeweiligen Patienten, die eingewiesen werden sollen, beeinflusst. Dies bedeutet, dass das Ergebnis mitunter stark schwankt, wenn zwar die Anzahl der Patienten gleich bleibt, jedoch die Zielgewichtungen verändert werden. Auch der Monat beziehungsweise die Periode, in der der Algorithmus angewendet wird, beeinflusst die Qualität der Lösung, da die Anfangsauslastungen der Stationen am Beginn jeden Monats unterschiedlich sind.

Die folgenden Kurven zeigen, dass dort, wo aufgrund der verwendeten Zielgewichtungen besonders viele Veränderungen gegenüber der tatsächlichen Verteilung der Patienten in der Ausgangssituation notwendig waren, der Algorithmus deutlich länger gebraucht hat, um eine akzeptable Lösung zu finden.

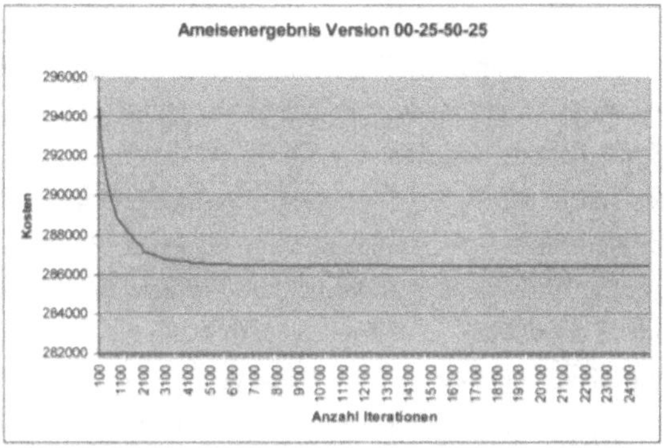

Version 00-25-50-25 konnte nach ca. 25.000 Iterationen abgebrochen werden, da das Abbruchkriterium dann erreicht war.

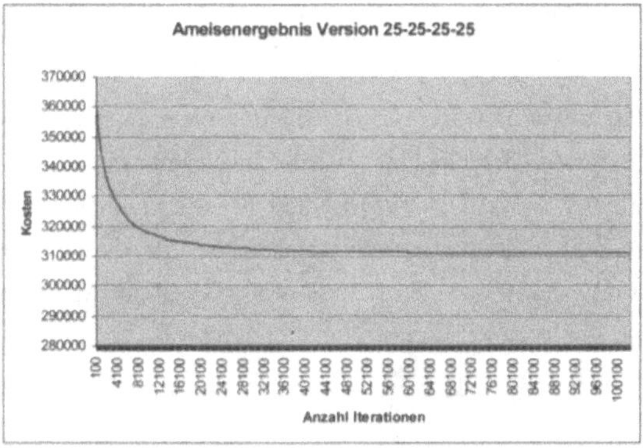

Bei Version 25-25-25-25 waren schon ca. 102.000 Iterationen notwendig, um das Abbruchkriterium zu erreichen.

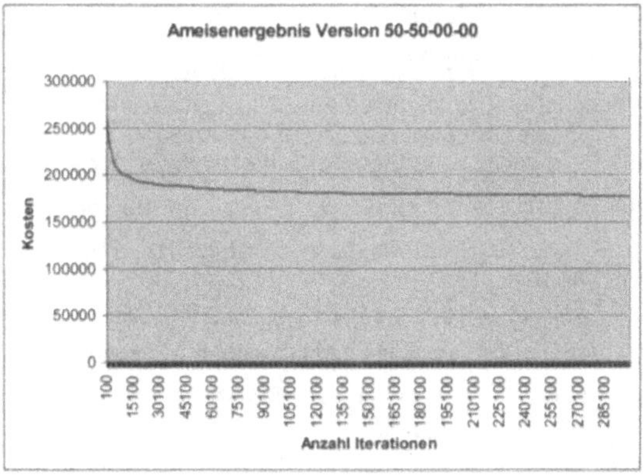

Die Version 50-50-00-00 musste nach ca. 300.000 Iterationen abgebrochen werden, da die Steigung der Kostenkurve immer noch zu groß war.

Abbildung 43: Ergebniswertverläufe in Abhängigkeit der gewählten Zielgewichtungen
Quelle: Eigene Darstellung

Anhand dieser Abbildungen zeigt sich, dass die Anzahl an Iterationen, mit der eine relativ gute Qualität der Lösung erzielt wird, stark von den gewählten Zielgewichtungen abhängt. Die unterschiedlichen Monate haben demgegenüber eher geringere Variationen zur Folge gehabt.

Da einerseits das Simulationsprogramm nicht nur für die momentan zu Grunde liegenden Daten konfiguriert ist, sondern auch mit anderen Daten angewendet werden kann, und andererseits die Dauer der Berechnung einer Periode vom Zweck der jeweiligen Simulation abhängig ist, soll weiterhin die Möglichkeit bestehen, sowohl die Abbruchzeit als auch die Zahl der Iterationen festzulegen, nach denen die Simulation abgebrochen werden kann. Aufgrund der Tatsache, dass das Berechnen von Iterationen nicht auf jedem Rechner gleich lange dauert, erscheint dies sinnvoll. Ist folglich eine der beiden Grenzen überschritten, so wird der Algorithmus beendet. Da in der vorliegenden Problemstellung die Zahl der Patienten nicht verändert wurde, musste auf diesen Faktor keine Rücksicht genommen werden. Es sei jedoch darauf hingewiesen, dass eine Veränderung der Zahl der Patienten – dies wurde in vorhergehenden Simulationen nachgewiesen – selbstverständlich die Zahl der Iterationen sowie die erforderliche Zeit stark veränderten.

Abschließend sollen noch Richtwerte für die Zeit der Berechnung einer Lösung mit relativ guter Qualität angegeben werden. Für die Berechnungen wurde ein Rechner mit Intel Pentium IV Prozessor, 3,06 GHz und 1024 MB RAM, verwendet. Pro Stunde konnten mit diesem Rechner rund 1.770 Iterationen durchgeführt werden. Während sich bei Pentium-Prozessoren auch vorhergehender Baureihen die Iterationszahlen jeweils proportional zur MHz-Zahl des Prozessors entwickelten, erreichten Celeron-Prozessoren bei gleicher MHz-Zahl zumeist nicht einmal ein Drittel der Iterationszahlen in gleicher Zeit.

6.4 Schlussfolgerung zur Wahl des Algorithmus

Im Ergebnis steht nunmehr ein lauffähiger Algorithmus zur Verfügung, der zudem auch noch in angemessener Zeit für die Problemstellung ausreichend gute Lösungen ermittelt.

Als besonders aufwändig hat sich in diesem Zusammenhang die Analyse der vorhandenen Ameisenalgorithmen erwiesen, da es mittlerweile eine recht große Zahl an Variationen von Ameisenalgorithmen gibt. Nicht zuletzt deshalb musste diesem Teil der Arbeit besonders viel Raum gegeben werden.

Durch die lange Dauer der Berechnungen hat es sich letztlich jedoch als sinnvoll erwiesen, der Auswahl des Algorithmus so große Aufmerksamkeit zu widmen. Wie auch schon in der Arbeit beschrieben, ist es nur zum Teil möglich, die in der Literatur verwendeten oder empfohlenen Parameterwerte 1:1 zu übernehmen. Vieles muss daher experimentell herausgefunden werden. Das versuchsweise Implementieren von ungeeigneten Algorithmen hätte daher unangemessen viel Zeit in Anspruch genommen, ohne jedoch für das vorgegebene Problem zu zufriedenstellenden Lösungen zu führen.

Darüber hinaus kann jedoch die Vorgehensweise, zunächst das Problem in seiner Struktur genau zu analysieren und anschließend erst mit der Implementierung und ersten Berechnungen zu beginnen, auch für andere Probleme übernommen werden.

Das Ergebnis selbst jedoch ist anders ausgefallen, als dies anfänglich erhofft wurde. Zwar zeigten die Ergebniswerte die bei Ameisen zu erwartende Konvergenz gegen eine als optimal vermutete Lösung, die erreichte Berechnungszeit für alle Patienten eines Monats liegt jedoch deutlich höher als erwartet.

Besonders überrascht hat letztlich der Einfluss der konkreten Implementierung auf die Performance des Algorithmus. Dabei zeigt sich, dass nicht nur die Wahl des Algorithmus entscheidend ist, sondern auch die Art der Implementierung und damit unter anderem auch die Verwaltung der zu Grunde liegenden Daten. Wird der Algorithmus ineffizient implementiert, so kann dieser trotz richtiger Wahl des Algorithmus eine schlechte Performance aufweisen und sich als ungeeignet für das zu Grunde liegende Problem herausstellen. Der in dieser Arbeit angesprochenen Anpassung des Grundalgorithmus an die konkreten Erfordernisse des Problems kommt demnach eine sehr große Bedeutung zu.

Deutlich wird dies letztlich auch durch die erheblichen Unterschiede zwischen den Pentium-Prozessoren und den Celeron-Prozessoren. Da sich diese weitgehend durch den vorhandenen Second-Level Cache-Speicher unterscheiden, erscheint es für den verwendeten Algorithmus als entscheidend, dass sich die am häufigsten verwendeten Prozedurschritte in eben diesem Second-Level Cache-Speicher unterbringen lassen. Bei den Celeron-Prozessoren scheint ein Großteil der Leistungsfähigkeit durch fortwährende Verschiebungen von Daten zwischen dem Haupt- und dem Second-Level Cache-Speicher verlorenzugehen.

Abschließend kann daher noch einmal festgestellt werden, dass es „den“ besten Ameisenalgorithmus nicht wirklich gibt. Für das vorgegebene Simulationsproblem ist jedoch im Rahmen dieser Arbeit eine zwar immer noch rechenaufwändige, aber praktikable Lösung gefunden worden.

7 Modellbeschreibung

Nachdem im vorangegangenen Kapitel der Kernalgorithmus eingehend beschrieben wurde, geht dieses Kapitel auf die Beschreibung des gesamten Modells ein. Die über den Kernalgorithmus hinausgehenden Erweiterungen beziehen sich dabei vorwiegend auf die Einbettung des Algorithmus in das Umfeld der Patientensteuerung sowie auf die Herleitung der Kriterien und ihrer Gewichtungen.

In die Simulation sind folgende Abteilungen aufgenommen worden:

- Innere Medizin
- Chirurgie
- Gynäkologie
- HNO (Hals/Nasen/Ohren)
- Psychiatrie
- Urologie
- Augen
- Neurologie
- Pädiatrie
- Pulmologie (Lunge)
- Geriatrie
- Dermatologie
- Orthopädie
- Nuklearmedizin
- Intensivmedizin
- Rheumatologie
- MKG (Mund-Kiefer-Gesicht)
- NHV (Naturheilverfahren)
- Palliativ (Sterbebegleitung)

Soweit nicht näher angegeben, sind auch aus Gründen der Anonymisierung der Krankenhäuser in der Simulation sowie in den Auswertungen die Aufgliederung der Unterabteilungen – beispielsweise die Chirurgie in allgemeine Chirurgie und Unfallchirurgie – nicht vorgenommen beziehungsweise die entsprechenden Abteilungen zusammengefasst worden. Die Simulation selbst bietet damit zum Teil noch deutlich feinere Auswertungsmöglichkeiten, als diese auch im Folgenden in dieser Arbeit wiedergegeben werden konnten beziehungsweise durften. Da diese Unterscheidungen letztlich jedoch insbesondere für die Krankenhäuser von Bedeutung sind, die eine entsprechende Analyse durchführen, genügt für einen ersten Überblick über die gewählte Vorgehensweise eine allgemeinere Auswertung.

Die bereits angesprochene Normierung der Kriterien auf Werte zwischen 0 und 100 wurde wie im Folgenden beschrieben durchgeführt. Grundsätzlich ist es das Ziel des vorliegenden Modells, die Auswirkungen sich verändernder Prioritäten bei der Verteilung von Patienten auf Krankenhäuser abzubilden. Da die weitere politische Entwicklung nicht abgeschätzt werden kann, ist aus heutiger Sicht noch nicht absehbar, inwieweit die Krankenhauswahl noch in den Händen der Patienten selbst bleibt oder durch Hausärzte als Gatekeeper oder integrierte Versorgungsformen beeinflusst wird.[474] Daher ist das im Folgenden dargestellte Modell so ausgestaltet, dass die als hauptsächlich entscheidungsrelevant ermittelten Parameter jeweils in

[474] vgl. BMGS (2005c)

gleicher Weise variiert wurden. Die 19 resultierenden Alternativen wurden bereits in Kapitel 5.3.1.1 dargestellt.

7.1 Mathematisches Modell

Der Einfluss, den die verwendeten Parameter auf das Ergebnis der Berechnungen mittels des Ameisenalgorithmus nehmen, hängt weitgehend von der Pheromonmenge ab, die jeweils gestreut wird. Im vorangegangenen Teil dieser Arbeit ist zunächst jedoch noch offen geblieben, in welchem Zusammenhang Inputgröße und Pheromonmenge stehen und wie das hinter dem Algorithmus stehende Modell konkret aussieht. Zur besseren Nachvollziehbarkeit der Ergebnisse werden daher im Folgenden diese Zusammenhänge erläutert.

7.2 Herleiten der Inputgröße

Grundsätzlich basiert das Optimieren in dem vorliegenden Modell auf vier Kriterien, nämlich der Auslastung (b_1), der Entfernung (b_2), der Eignung (b_3) und dem Gewinn (b_4). Diese Kriterien werden durch Werte zwischen 0 und 100 repräsentiert, wobei 0 jeweils einen sehr guten und 100 jeweils einen sehr schlechten Wert darstellt.[475] Die Werte selbst werden aufgrund der vorhandenen Daten errechnet oder – wie im Fall des Gewinns, bei dem keine Daten vorhanden waren – durch fiktive Werte festgelegt. Im Folgenden soll dargestellt werden, warum die einzelnen Kriterien für das vorliegende Modell wichtig sind und wie die Berechnung dieser Werte erfolgt.

7.2.1 Auslastung

Die Auslastung stellt im Wesentlichen die Belegung einer Station dar. Diese kann als Steuerungsgröße gesehen werden, weil eine optimal ausgelastete Station weder stets unterbelegt noch stets überbelegt ist. Unterbelegungen führen zu wirtschaftlichen Nachteilen oder – wie bereits erwähnt – langfristig zu Reduzierungen der Bettenzahlen im Krankenhausplan. Überbelegungen führen hingegen zu Qualitätsverlusten, da die Patienten durch das vorhandene Personal weniger intensiv betreut werden können. Insofern ist es das Ziel, die Belegung in gewissen Grenzen zu halten. Diese Grenzen wurden für das Modell auf 85 % entsprechend den Ausführungen in DKG (2002) und auf 125 % festgelegt, was zur Folge hat, dass eine Auslastung von weniger als 85 % als Unterbelegung gesehen und der Auslastungswert auf 0 gesetzt wird. Hingegen wird eine prozentuale Auslastung von mehr als 125 % als Überbelegung gesehen und zunächst mit dem Wert 99 dargestellt. Die Annahme von 99 als Wert bei Überbelegung ist wiederum nötig, weil man ein Krankenhaus, das eigentlich „voll" ist, nicht belegen möchte, sofern in einem anderen Krankenhaus noch Kapazitäten frei sind, dessen

475 Da der Zielfunktionswert auch als „Kosten" bezeichnet wird, sind geringere Kosten stets besser als höhere Kosten. Daher erfolgt zunächst die Bewertung mit „0 = gut" und „ 100 = schlecht".

Auslastungswerte also noch unter 99 liegen. Sind aber alle anderen Krankenhäuser einer Region überbelegt, so kann man die Patienten nicht abweisen. Daher darf der Wert die 99 nicht übersteigen, um in diesem Fall dennoch eine Belegung des Hauses zu ermöglichen.

Befindet sich die prozentuale Auslastung zwischen den beiden Grenzwerten, so wird von einer linearen Steigung ausgegangen. Formal kann dies folgendermaßen dargestellt werden:

$$b_1^{s,i} = \begin{cases} 0 & \text{wenn } \widetilde{b}_1^{s,i} < LB \\ \dfrac{\widetilde{b}_1^{s,i} - LB}{UB - LB} \cdot 100 & \text{wenn } LB \leq \widetilde{b}_1^{s,i} \leq UB \\ 99 & \text{wenn } \widetilde{b}_1^{s,i} > UB \end{cases} \quad (7\text{-}1)$$

wobei $b_1^{s,i}$ die Auslastung der Station s im Krankenhaus i darstellt. LB und UB repräsentieren jeweils die untere und die obere Grenze (lower und upper bound) und $\widetilde{b}_1^{s,i}$ stellt die prozentuale Auslastung der Station s im Krankenhaus i dar, die wiederum durch die folgende Formel errechnet werden kann:

$$\widetilde{b}_1^{s,i} = \frac{N_{s,i}^{besetzt}}{N_{s,i}^{ges}} \cdot 100 \quad (7\text{-}2)$$

Wobei $N_{s,i}^{ges}$ die Gesamtzahl der Betten in der Station s im Krankenhaus i und $N_{s,i}^{besetzt}$ die Anzahl der besetzten Betten in der Station s im Krankenhaus i darstellt.

7.2.2 Entfernung

Die Entfernung wurde als zweites Kriterium gewählt, da sich schon in vielen beschriebenen Arbeiten bestätigt hat, dass diese einen wesentlichen Einfluss auf die Wahl des Krankenhauses hat. Bei der Berechnung des Entfernungswertes wurde jedoch nicht einfach auf die Anzahl der Kilometer des Weges vom Wohnort des Patienten zum jeweiligen Krankenhaus abgestellt. Vielmehr wurde zusätzlich die Entfernung berücksichtigt, die Patienten mit der gleichen Diagnose durchschnittlich zurückgelegt haben. Damit wird im vorliegenden Modell dem Verhalten der Patienten Rechnung getragen, nach dem sie beispielsweise für eine Blinddarmoperation durchschnittlich nicht so weite Wege auf sich nehmen wie für schwerwiegendere Eingriffe. Des Weiteren wird berücksichtigt, dass Patienten, die im Extremfall neben einem Krankenhaus wohnen, auch dieses bevorzugen. Diese minimale Entfernung, also die Entfernung zum nächstliegenden Krankenhaus, beeinflusst schließlich auch die „Bewertung" eventuell notwendiger Umwege zu einem alternativen Krankenhaus. Im Rahmen des Phänomens des Vorbeifahrens im ländlichen Bereich ist dieser Zusammenhang bereits angesprochen worden. Konkret ergibt sich folglich der Entfernungswert aus zwei Komponenten, wobei die erste Komponente ($b_{2,1}^{i,p}$) den Einfluss der durchschnittlichen Entfernung, die Patienten mit gleicher Diagnose zurücklegen, und die zweite Komponente ($b_{2,2}^{i,p}$) jenen der minimalen Entfernung repräsentiert. Beide Komponenten werden jeweils pro Krankenhaus i und pro Patient p errechnet.

Bevor auf die Berechnung beider Komponenten und deren Zusammensetzung zu einem Entfernungswert näher eingegangen wird, muss noch erwähnt werden, dass davon ausgegangen wird, dass Entfernungen über 50 km überwiegend zu Spezialkliniken gefahren werden oder dass ein Krankheits- oder Unfall fernab des Wohnortes vorliegt. Da die Rohdaten aus einem städtischen Gebiet stammen, genügt in beiden Fällen für die Analyse der Modellergebnisse die Erkenntnis, dass die entsprechenden Patienten „weit entfernt" wohnen. Eine genauere Differenzierung zwischen diesen erscheint folglich nicht notwendig. Daher wurden in dem vorliegenden Modell sämtliche Entfernungen über 50 km auf den Wert 50 fixiert und weiter von der Durchschnittsentfernung ausgegangen. Diese Vorgehensweise wurde der Verwendung des Medians der Entfernungen vorgezogen. Formal ausgedrückt bedeutet dies Folgendes:

$$\hat{E}_{i,p} = \begin{cases} E_{i,p} & wenn\ E_{i,p} < 50 \\ 50 & wenn\ E_{i,p} \geq 50 \end{cases} \qquad (7\text{-}3)$$

wobei $E_{i,p}$ als die tatsächliche Entfernung in Kilometern vom Wohnort des Patienten p zum Krankenhaus i gilt und $\hat{E}_{i,p}$ dem bei 50 abgeschnittenen Wert entspricht.

Die erste Komponente des Entfernungswertes wird – wie auch die zweite Komponente und der Entfernungswert selbst – für jedes Krankenhaus *i* und jeden Patienten *p* ermittelt. Dabei wird bei der ersten Komponente der Einfluss der durchschnittlichen Entfernung $\overline{E}_{d(p)}$ aller Patienten mit der gleichen Diagnose *d(p)* berücksichtigt. Diese ergibt sich daher aus der folgenden Formel:

$$b_{2,1}^{i,p} = \frac{\overline{E}_{d(p)} - \hat{E}_{i,p}}{\overline{E}_{d(p)}} \qquad (7\text{-}4)$$

wobei *d(p)* die Diagnose des Patienten *p* darstellt. $\overline{E}_{d(p)}$ kann wiederum mittels der Formel

$$\overline{E}_{d(p)} = \frac{\sum_{q \in P_{d(p)}} \hat{E}_{i,q}}{n_{d(p)}} \qquad (7\text{-}5)$$

errechnet werden, wobei $n_{d(p)}$ die Anzahl an Patienten mit der Diagnose *d* darstellt und durch *q* ein Patient mit der Diagnose *d* repräsentiert wird. $P_{d(p)}$ stellt dabei die Menge aller Patienten mit der Diagnose *d* dar. Daher gilt $P_{d(p)} \subseteq P$, wobei *P* für die Menge aller Patienten steht.

Des Weiteren wird davon ausgegangen, dass eine Betrachtungstiefe ausreicht, in der die tatsächliche, jedoch bei 50 abgeschnittene Entfernung $\hat{E}_{i,p}$ nicht größer als das 4-fache der durchschnittlichen Entfernung $\overline{E}_{d(p)}$ ist. Wendet man diese Annahme auf die Formel 7-4 an, so ergibt sich für $b_{2,1}^{i,p}$ ein Wertebereich von [-3, 1]. Formal kann diese Änderung folgendermaßen dargestellt werden:

$$b_{2,1}^{i,p} = -3 \quad wenn\ 4 \cdot \hat{E}_{i,p} > \overline{E}_{d(p)} \qquad (7\text{-}6)$$

Zur Vereinfachung sollen die Werte beider Komponenten so wie auch letztendlich der Entfernungswert selbst zwischen 0 und 100 liegen. Deshalb wird $b_{2,1}^{i,p}$ mittels der folgenden Formel normiert.

$$b_{2,1}^{i,p} = (b_{2,1}^{i,p} + 3) \cdot 25 \qquad (7\text{-}7)$$

Die zweite Komponente lässt den Einfluss der minimalen Entfernung gelten und wird mittels der Formel

$$b_{2,2}^{i,p} = \frac{E_p^{\min}}{\hat{E}_{i,p}} \cdot 100 \qquad (7\text{-}8)$$

errechnet, wobei sich die minimale Entfernung $E_p^{\min}$ des Patienten p seinerseits wieder durch die Formel

$$E_p^{\min} = \arg\min_{i=1,\dots,5} \hat{E}_{i,p} \qquad (7\text{-}9)$$

ergibt. $E_p^{\min}$ stellt somit die Entfernung des nächsten Krankenhauses dar, die der Patient p zurücklegen muss.

Sind diese beiden Komponenten errechnet, werden beide mit einem Faktor von 0,5 und somit gleich gewichtet, und der Entfernungswert des Patienten p zum Krankenhaus i lässt sich durch folgende Formel errechnen:

$$b_2^{i,p} = 0{,}5 \cdot b_{2,1}^{i,p} + 0{,}5 \cdot b_{2,2}^{i,p} \qquad (7\text{-}10)$$

7.2.3 Eignung

Das dritte Kriterium im vorliegenden Modell stellt die Eignung einer bestimmten Station für einen Patienten dar. Dabei wurde von der Annahme ausgegangen, dass die Anzahl der behandelten Patienten eines Krankenhauses oder auch einer einzelnen Station Rückschlüsse auf die Eignung zulassen. Nicht zuletzt in der Mindestmengendiskussion (s.o.) ist deutlich geworden, dass das Grundprinzip „Fallzahl => Erfahrung => Qualität" trotz aller Kritik daran bereits in der Gesetzgebung berücksichtigt wird. Dem liegt auch die Annahme zugrunde, dass es die positiven Erfahrungen anderer Patienten sind, die so viele Patienten eben zu dieser Klinik geführt haben. Dieser Gedanke wurde hier verwendet und ausgebaut. Dabei sei ausdrücklich darauf hingewiesen, dass bei Vorliegen geeigneterer Eignungsmaße – wie zum Beispiel Qualitätswerte analog der BQS-Werte – diese jederzeit auch im Modell verwendet werden könnten. Dies ist jedoch zur Zeit noch nicht lückenlos der Fall, so dass in diesem Modell vereinfachend von der Fallzahl als Eignungsmaß ausgegangen wird.

Der Eignungswert wird in diesem Modell für jede Diagnose und für die bestgeeignete Station jedes Krankenhauses berechnet, wobei die bestgeeignete Station eines Krankenhauses grundsätzlich jene ist, die am meisten Patienten mit der jeweiligen Diagnose im vergangenen Jahr behandelt hat. Einerseits ist der Eignungswert von der Anzahl der Patienten abhängig, die in der bestgeeigneten Abteilung eines Krankenhauses behandelt wurden. Andererseits wird auch die gesamte Anzahl an Patienten, die in dem entsprechenden Krankenhaus mit der jeweiligen Diagnose behandelt wurden, berücksichtigt. Dadurch fließt nicht nur die Erfahrung der behandelnden Abteilung sondern auch jene des gesamten Krankenhauses in den Eignungswert ein, da sich die Ärzte gegebenenfalls konsiliarisch untereinander austauschen können. Diese beiden Komponenten werden wiederum gewichtet und ergeben summiert den Eignungswert.

Der Einfachheit halber soll vorerst davon ausgegangen werden, dass der beste Eignungswert je Diagnose bei 100 und der schlechteste bei 0 liegt. Da aber grundsätzlich im vorliegenden Modell von einer umgekehrten Wertigkeit ausgegangen wird, wird am Ende der Berechnung des Eignungswertes dieser dahingehend normiert, dass 0 den besten und 100 den schlechtesten Wert darstellt.

Zur Berechnung der Eignung innerhalb jedes Krankenhauses entsprechend der ersten Komponente $b_{3,1}^{i,d}$ werden alle behandelten Fälle der Diagnose d je Krankenhaus gezählt und diese Anzahl als $n_{i,d}$ bezeichnet. Jenes Krankenhaus, das die meisten Patienten behandelt hat, erhält einen Wert von 100, entsprechend dem besten Wert. Die Werte der anderen Krankenhäuser werden aufgrund der entsprechenden Anzahl der behandelten Patienten prozentual festgelegt. Um dies formal darstellen zu können, muss zuerst $n_{i_{max,d},d}$ und somit auch $i_{max,d}$ definiert werden:

$$n_{i_{max,d},d} =_{def} \arg\max_{i=1,\dots,5} n_{i,d} \qquad (7\text{-}11)$$

wobei $n_{i_{max,d},d}$ die maximale Anzahl an Patienten mit der Diagnose d darstellt, die in einem Krankenhaus behandelt wurden und $i_{max,d}$ somit als jenes Krankenhaus definiert ist, das die maximale Anzahl an Patienten mit der Diagnose d behandelt hat. Die Eignung der Krankenhäuser kann somit aus folgender Formel errechnet werden:

$$b_{3,1}^{i,d} = \frac{n_{i,d}}{n_{i_{max,d},d}} \cdot 100 \tag{7-12}$$

Die zweite Komponente des Eignungswertes bezieht sich auf die Anzahl der behandelten Fälle einer Diagnose *d* pro bestgeeigneter Station im Krankenhaus *i*. Auch hier wird wieder die Anzahl an Patienten mit der Diagnose *d* gezählt. Im Unterschied zu der ersten Komponente wird aber nun die Anzahl pro Station *s* jedes Krankenhauses *i*, entsprechend $n_{s,i,d}$, und nicht wie zuvor lediglich pro Krankenhaus ermittelt. Diese Anzahl der behandelten Fälle der Diagnose *d* in der bestgeeigneten Station $s_{i,d}^*$ des Krankenhauses *i* kann einerseits als $n_{s_{i,d}^*,i,d}$, soll aber im Folgenden aufgrund der einfacheren Notation als $m_{i,d}$ bezeichnet werden. Die Definition lautet

$$m_{i,d} =_{def} n_{s_{i,d}^*,i,d} =_{def} \arg\max_{s \in S_i} n_{s,i,d} \tag{7-13}$$

wobei S_i die Menge aller Stationen im Krankenhaus *i* darstellt. Des weiteren gilt $S_i \subseteq S$, wobei S die Menge aller Stationen darstellt. Durch die Notation $n_{s_{i,d}^*,i,d}$ wird indirekt $s_{i,d}^*$ als die bestgeeignete Station des Krankenhauses *i* für die Diagnose *d* definiert. Da sich der Eignungswert immer auf die bestgeeignete Station im jeweiligen Krankenhaus bezieht, ist die eine Definition durchaus wichtig. Im weiteren Verlauf der Beschreibung des Modells wird daher noch des Öfteren auf die bestgeeignete Station zurückgegriffen.

Des Weiteren kann die Anzahl der behandelten Fälle jener Station, die von allen Stationen in allen Krankenhäusern die meisten Patienten mit der Diagnose *d* behandelt hat, wie folgt definiert werden:

$$m_{j_{max,d},d} =_{def} \arg\max_{i=1,\ldots,5} m_{i,d} \tag{7-14}$$

wobei $j_{max,d}$ für das Krankenhaus steht, in der jene Station enthalten ist, die die bestgeeignete Station aller Krankenhäuser für die Diagnose *d* ist. Analog der ersten Komponente wird auch bei der zweiten dieser Station der Wert 100 zugewiesen und für die bestgeeigneten Stationen der anderen Krankenhäuser wird ein Wert proportional zu der Anzahl an Patienten mit der Diagnose *d* der bestgeeigneten Station aller Krankenhäuser ermittelt. Formal ergibt sich die zweite Komponente aus folgender Formel:

$$b_{3,2}^{i,d} = \frac{m_{i,d}}{m_{j_{max,d},d}} \cdot 100 \tag{7-15}$$

Sind diese beiden Komponenten errechnet, kann der Eignungswert bestimmt werden. Dieser ergibt sich aus der Summe beider Komponenten, die jeweils durch einen Faktor gewichtet werden. In dem vorliegenden Modell wurde davon ausgegangen, dass die Erfahrung der Abteilung höher zu gewichten ist als jene des gesamten Krankenhauses. Daher wurden die

Gewichtungen mit 0,6 für die Eignung der Abteilung und 0,4 für die Eignung des Krankenhauses gewählt. Der Eignungswert kann daher mit folgender Formel berechnet werden:

$$b_3^{i,d} = 0{,}4 \cdot b_{3,1}^{i,d} + 0{,}6 \cdot b_{3,2}^{i,d} \qquad (7\text{-}16)$$

Beträgt laut dieser Formel der Eignungswert 0, so bedeutet dies, dass Patienten mit der jeweiligen Diagnose in dem Krankenhaus nicht behandelt werden können. Dies basiert auf der Überlegung, dass noch kein Patient mit der entsprechenden Diagnose in dem Krankenhaus behandelt wurde. Da die Eignung abhängig von der Anzahl der behandelten Patienten ist, wird davon ausgegangen, dass keine Möglichkeit besteht, den Patienten zu behandeln. In diesem Fall wird jedoch mit einer sogenannten „Resteignung" überprüft, ob die Diagnose in einem anderen Krankenhaus in einer Station behandelt wurde, die auch im entsprechenden Krankenhaus existiert. Trifft dies zu, so ergibt sich daraus, dass der Patient theoretisch in dieser Station behandelt werden könnte. Als Beispiel sei hier die Operation einer Hüftendoprothese genannt, die beispielsweise in Krankenhaus 1 ausschließlich in der Orthopädie durchgeführt wird. Sind jedoch in mindestens einem der anderen Krankenhäuser in der Vergangenheit auch schon Hüftendoprothesen in der Chirurgie eingesetzt worden und hat Krankenhaus 1 ebenfalls eine chirurgische Abteilung, so wird im Modell davon ausgegangen, dass die Chirurgie von Krankenhaus 1 ebenfalls in der Lage sein muss, im Notfall Hüftgelenksendoprothesen zu operieren. Die Chirurgie in Krankenhaus 1 wird daher mit einer Resteignung versehen. Diese wird ebenfalls mit einem Wert zwischen 0 und 100 belegt, der mit einem geringen Gewicht multipliziert dann den Eignungswert darstellt. Dem liegt der beteits angesprochene Notfallversorgungsgedanke nach § 2 Abs. 4 KrhsAufnVO zugrunde, nach dem bei Vollauslastung aller Kliniken einer Region jede Möglichkeit zur Aufnahme weiterer Patienten genutzt werden muss. Es muss jedoch im Modell sichergestellt werden, dass diese Möglichkeit auch wirklich nur in Notfällen zum Einsatz kommt.

Um die Resteignung $b_{3,3}^{i,d}$ zu berechnen, wird zunächst jene Station gesucht, die die meisten Patienten mit der Diagnose d behandelt hat. Existiert diese Station auch im Krankenhaus i, so beträgt die Resteignung 100. Ist dies nicht der Fall, so wird jene Station aus allen im Krankenhaus i existierenden Stationen ermittelt, in der die meisten Patienten mit der Diagnose d in einem anderen Krankenhaus behandelt wurden. Die Anzahl der behandelten Patienten mit der entsprechenden Diagnose dieser Station ergibt prozentual zu der Anzahl jener Station, in der die meisten Patienten mit der Diagnose d behandelt wurden, den Wert der Resteignung. Um dies formal darzustellen, muss zuerst $n_{s,i_{max,s,d},d}$ definiert werden, das die Anzahl der Patienten jenes Krankenhauses ermittelt, welches die meisten Patienten in der Station s mit der Diagnose d behandelt hat, wobei dieses Krankenhaus mit $i_{max,s,d}$ bezeichnet wird:

$$n_{s,i_{max,s,d},d} =_{def} \arg\max_{i=1,\dots,5} n_{s,i,d} \qquad (7\text{-}17)$$

Um nun jene Station im Krankenhaus i zu finden, die am besten für die Behandlung der Diagnose d geeignet ist, muss das maximale $n_{s,i_{\max,s,d},d}$ für alle Stationen s, die im Krankenhaus i vorkommen, ermittelt werden. Formal kann die Anzahl der behandelten Patienten dieser Station als $n_{s^*_{i,d},k_{\max,i,d},d}$ bezeichnet, im Folgenden soll sie jedoch aufgrund der einfacheren Notation als $l_{k_{\max,i,d},d}$ dargestellt werden. $k_{max,i,d}$ stellt dabei jenes Krankenhaus dar, in dem jene Station enthalten ist, die auch im Krankenhaus i existiert, und in der zusätzlich die meisten Patienten mit der Diagnose d behandelt wurden. Formal lässt sich dies folgendermaßen formulieren:

$$l_{k_{\max,i,d},d} =_{def} n_{s^*_{i,d},k_{\max,i,d},d} =_{def} \arg\max_{s \in S_i} n_{s,i_{\max,s,d},d} \qquad (7\text{-}18)$$

Indirekt wird in dieser Formel auch $s^*_{i,d}$ definiert, das jene Station darstellt, die für das Krankenhaus i im Bezug auf die Diagnose d am besten geeignet ist. Diese Definition ersetzt jene in Formel (7-20), wenn $b^{i,d}_{3,1} = 0$ und somit die Resteignung berechnet werden muss.

Die Resteignung selbst ergibt sich aufgrund der vorigen Überlegungen aus der Formel

$$b^{i,d}_{3,3} = \frac{l_{k_{\max,i,d},d}}{m_{j_{\max,d},d}} \cdot 100 \qquad (7\text{-}19)$$

Wie oben schon erwähnt, fließt die Resteignung nur dann in den Eignungswert ein, wenn sich dieser aufgrund der Formel (7-20) ergibt. Ist dies der Fall, so ergibt die Resteignung mit einem willkürlich festgelegten Faktor von 0,03 den Eignungswert.

Mit Berücksichtigung der Resteignung lässt sich die Formel (7-16) folgendermaßen erweitern:

$$b^{i,d}_{3} = \begin{cases} 0{,}4 \cdot b^{i,d}_{3,1} + 0{,}6 \cdot b^{i,d}_{3,2} & \text{wenn } b^{i,d}_{3,1} \neq 0 \\ 0{,}03 \cdot b^{i,d}_{3,3} & \text{wenn } b^{i,d}_{3,1} = 0 \end{cases} \qquad (7\text{-}20)$$

wobei ausschließlich nach $b^{i,d}_{3,1}$ überprüft werden muss. Ist dieses 0 und somit kein Patient mit der Diagnose d im Krankenhaus i behandelt worden, so hat auch $b^{i,d}_{3,2}$ immer den Wert 0, da auch kein Patient in der bestgeeigneten Station des Krankenhauses i behandelt wurde, und die Formel (7-20) ergibt den Wert 0.

Der Einfachheit halber wurden sowohl bei dem Eignungswert selbst als auch bei dessen drei Komponenten stets die Nachkommastellen abgeschnitten. Lag ein Wert zwischen 0 und 1, wurde jedoch immer eine 1 eingetragen, da ein Wert von 0 bedeutet, dass die Diagnose nicht behandelt werden kann. Formal bedeutet dies für $b^{i,d}_{3,1}$, $b^{i,d}_{3,2}$, $b^{i,d}_{3,3}$ und auch $b^{i,d}_{3}$, die in der folgenden Formel durch b repräsentiert werden, folgendes:

$$b = \begin{cases} \text{int}(b) & \text{wenn } 0 \geq b \geq 1 \\ 1 & \text{wenn } 0 < \text{b} < 1 \end{cases} \qquad (7\text{-}21)$$

Letztendlich muss der Eignungswert noch auf die richtige Wertigkeit normiert werden, da bis jetzt davon ausgegangen worden ist, dass 0 einen schlechten und 100 einen guten Wert repräsentiert. Tatsächlich ist die Wertigkeit des Kriteriums Eignung im vorliegenden Modell allerdings umgekehrt. Durch die folgende Normierung kann dies richtiggestellt werden:

$$b_3^{i,d} = 100 - b_3^{i,d} \qquad (7\text{-}22)$$

7.2.4 Gewinn

Da im Zuge dieser Arbeit schon des Öfteren darauf hingewiesen wurde, dass sich die Krankenhausplanung sowie die Verteilung der Patienten auf Krankenhäuser immer stärker auch an wirtschaftlichen Gegebenheiten orientieren muss beziehungsweise wird, wurde als viertes Kriterium der Gewinn ausgewählt.[476]

Wie oben schon erwähnt, sind die Gewinnwerte im Rahmen dieser Auswertungen fiktiv angenommen worden, da hierfür in den untersuchten Krankenhäusern noch keine Daten zur Verfügung standen. Nur die wenigsten Krankenhäuser werden zum Zeitpunkt der Datenerhebung eine funktionierende Kostenträgerrechnung gehabt haben, mit der sich für alle Diagnosen der entsprechende durchschnittliche Gewinn hätte ermitteln lassen. Die seit Einführung der InEK-Referenzwerte bestehende Möglichkeit des Vergleichs der Kostenwerte auf DRG-Basis[477] bestand zum Zeitpunkt der Datenerhebung für dieses Modell noch nicht. Darüber hinaus wird, wie bereits angesprochen, im Rahmen dieser Arbeit auch noch von Diagnosen ausgegangen.

Um die Auswirkungen der Berücksichtigung von Gewinnen deutlicher hervortreten zu lassen, wurde unterstellt, dass ein Krankenhaus für jede Diagnose einen gleich hohen Gewinn erzielt. Die Gewinnhöhe wurde jedoch für jedes Krankenhaus individuell festgelegt. Dabei wurden bewusst sehr große Unterschiede zwischen den einzelnen Krankenhäusern gewählt, um anhand der Ergebniswerte den Einfluss des Gewinns im Modell deutlich werden zu lassen.

Das Programm selbst lässt jedoch eine Berücksichtigung unterschiedlicher Gewinne sogar auf Basis einzelner Diagnosen zu. Das Modell ist somit auf heutige Bedürfnisse adaptierbar und erlaubt auch Analysen auf Basis einzelner DRGs.

Für den Gewinn wurden zwei Extrema festgelegt: Das erste Krankenhaus, das keinen Gewinn hat und das dritte Krankenhaus, das einen maximalen Gewinn bei jeder Diagnose erzielt. Die

[476] IGSF (2000), GS_bG (2000)
[477] vgl. G-DRG.de

übrigen Krankenhäuser erwirtschaften bei jeder Diagnose einen durchschnittlichen Gewinn. Formal ausgedrückt bedeutet dies:

$$b_4^i = \begin{cases} 100 & \text{wenn i} = 1 \\ 50 & \text{wenn i} \in \{2,4,5\} \\ 0 & \text{wenn i} = 3 \end{cases} \qquad (7\text{-}23)$$

Auch hier ist wieder zu beachten, dass das Modell normierte Kriterien verlangt, deren Wert zwischen 0 und 100 liegt, wobei 0 den besten und 100 den schlechtesten Wert darstellt. Daher bedeutet ein Gewinnwert von 100, dass das Krankenhaus keinen Gewinn erzielt, und ein Wert von 0 stellt den maximalen Gewinn dar.

7.2.5 Zusammengefasste Größe

Da die Entscheidung, ob nach einem oder mehreren Zielen optimiert werden soll, schon zugunsten einer Optimierung nach einem (zusammengefassten) Ziel ausgefallen ist, müssen die vier Kriterien zu einer Inputgröße zusammengefasst werden. Da außerdem die Gewichtungen der einzelnen Kriterien bekannt sind beziehungsweise individuell je Programmlauf festgelegt werden können, lässt sich die Kostengröße mit der folgenden Formel berechnen:

$$K^{i,p} = w_1 \cdot b_1^{s^*_{i,d(p)},i} + w_2 \cdot b_2^{i,p} + w_3 \cdot b_3^{i,d(p)} + w_4 \cdot b_4^i \qquad (7\text{-}24)$$

wobei $K^{i,p}$ den Kosten entspricht, die entstehen, wenn der Patient p im Krankenhaus i in die für seine Diagnose $d(p)$ bestgeeignete Station $s^*_{i,d(p)}$ eingeliefert wird. w_1 bis w_4 stellen dabei die Gewichtungen der entsprechenden Kriterien dar.

Abschließend soll hier nochmals deutlich gemacht werden, dass im Weiteren im vorliegenden Modell nur noch eine Inputgröße, nämlich $K^{i,p}$, existiert und daher nur nach dieser einen Größe optimiert wird.

7.2.6 Nachjustierung über die Auslastungswerte

Das Modell kann jedoch in der vorliegenden Form noch nicht bestehen bleiben, wenn es an der Realität messbare Ergebnisse liefern soll. Dies liegt darin begründet, dass gemäß Gleichung 7-24 die Auslastung lediglich einen von vier zusammengefassten Faktoren darstellt, mit deren Hilfe die Festlegung der Station erfolgt, in der der Patient behandelt werden soll. Die Belegungswerte können somit schon bei ganz normalen Konstellationen unrealistisch hohe Werte annehmen. Dies sei am Beispiel der Gleichgewichtung aller 4 Faktoren Auslastung (b_1), Entfernung (b_2), Eignung (b_3) und Gewinn (b_4) nachvollzogen: Ist auf einer Station ein Belegungswert von 125 % und damit die im Modell als obere Schmerzgrenze festgelegte Belegung erreicht, so müsste an dieser Stelle sichergestellt werden, dass kein weiterer Patient in diese Station eingewiesen wird. Schon bei Gleichgewichtung aller Faktoren könnten sich ein guter Entfernungswert, eine gute Eignung und ein hoher Gewinnwert so stark auswirken, dass selbst ein gegen 99 tendierender Wert für die Auslastung überkompensiert wird. Der Patient würde dennoch aufgenommen. Noch extremer ist dies, wenn die Auslastung zusätzlich mit Null gewichtet wurde und dafür z.B. das Gewicht der Eignung bei 50 % liegt. Dann wirkt sich die Auslastung überhaupt nicht mehr aus. Die Station könnte im Modell mit Auslastungswerten sogar über 200 % belegt werden.

Um dies wirkungsvoll zu verhindern, wurde im Modell der Kostenwert der zusammengefassten Größe ins Verhältnis zur Auslastung der Station gesetzt. Das heißt, dass ab einer Auslastung von 100 % der zusammengefasste Kostenwert aus Gleichung 7-24 um das Quadrat der halben Differenz zwischen 100 und der aktuellen Stationsbelegung in Prozent korrigiert wurde. Formal ausgedrückt bedeutet dies:

$$K^{i,p} = \begin{cases} w_1 \cdot b_1^{s^*_{i,d(p)},i} + w_2 \cdot b_2^{i,p} + w_3 \cdot b_3^{i,d(p)} + w_4 \cdot b_4^i & \text{wenn } b_1^{s^*_{i,d(p)},i} \leq 100 \\ \dfrac{w_1 \cdot b_1^{s^*_{i,d(p)},i} + w_2 \cdot b_2^{i,p} + w_3 \cdot b_3^{i,d(p)} + w_4 \cdot b_4^i}{\left(\dfrac{b_1^{s^*_{i,d(p)},i} - 100}{2}\right)^2} & \text{wenn } b_1^{s^*_{i,d(p)},i} > 100 \end{cases} \qquad (7\text{-}25)$$

Durch diese Maßnahme wird nunmehr wirkungsvoll erreicht, dass Belegungswerte über 125 % auch in Extremsituationen nahezu ausgeschlossen sind. Wie in der Realität würde nun bei hohen Belegungswerten nach Ausweichmöglichkeiten gesucht und diese – und sei es nur durch die Resteignung – auch gefunden. Die Modellergebnisse zeigen dies deutlich. Gleichwohl sollen natürlich auch Belegungswerte über 100 % zum Ausgleich von zeitweiligen Unterbelegungen möglich sein. Auch dies wird durch den Korrekturfaktor ermöglicht, da er zwar eine wirkungsvolle, jedoch keine „harte" Grenze darstellt.

8 Simulationsergebnisse

Ein Ziel der Berechnungen war es, zu zeigen, wie sich verändernde Gewichtungen der Haupteinflussfaktoren für die Krankenhauswahl auf die Patientenpfade und damit die Belegungen der Krankenhäuser auswirken. Dabei wurde mit Hilfe des vorgestellten Ameisenalgorithmus Einfluss auf die Kriteriengewichtung bei der Krankenhauswahl einzelner Patienten genommen, dies jedoch zunächst im Rahmen der vorgegebenen Layouts der Krankenhäuser. So wurden die Standorte der Krankenhäuser, die Größe und die räumliche Verteilung der jeweiligen Abteilungen in den ersten Simulationsverläufen nicht verändert. Dass dies im Programm durch geeignete Parametersetzung problemlos möglich ist, wird im Weiteren exemplarisch anhand einer Krankenhausschließung gezeigt. Von besonderem Interesse war in diesem Zusammenhang, inwieweit die Krankenhäuser noch einen Spielraum haben, Patienten in andere Krankenhäuser zu „verschieben", ohne dass dabei insgesamt Patienten abgelehnt würden. Der Nachweis eines entsprechenden Spielraums bildet schließlich überhaupt erst die Grundlage für mögliche Veränderungen innerhalb der vorgegeben Layouts.

Die durchgeführten Auswertungen anhand eines Beispielmonats als Untersuchungszeitraum zeigen, dass dies tatsächlich in starkem Ausmaß möglich ist. Gleichwohl wurden im vorliegenden Modell keine Patienten gegenüber den zugrunde liegenden Rohdaten zeitlich verschoben oder gar ganz abgelehnt. Das heißt, dass in allen Simulationsergebnissen die simulierten Patienten zu dem Zeitpunkt und mit der Verweildauer behandelt werden konnten, mit der sie auch in der realen Ausgangssituation im Untersuchungszeitraum behandelt wurden.

Es ist ausdrücklich nicht das Ziel dieser Arbeit, die Veränderungen normativ zu bewerten. Vielmehr sollten die Möglichkeiten von simulierten Patientenverschiebungen und damit der möglicherweise vorhandene Spielraum im Krankenhaussystem nachgewiesen werden. Ob die Ausnutzung dieser Spielräume wiederum politisch wünschenswert oder ethisch vertretbar ist, kann nur im Rahmen eingehender Diskussionen ausgewiesener Fachleute vor Ort entschieden werden. Das vorliegende Modell kann jedoch dazu beitragen, durch Simulationen mit geeigneten Parameterwerten auch die negativen Folgen solcher Entscheidungen besser abschätzen zu können.

8.1 Vorbemerkungen

Bevor auf die Auswertungen aus den Ameisenläufen eingegangen werden kann, wird noch einmal von den Ameisenalgorithmen und der formalen Vorgehensweise abgehoben und ein direkter Bezug zum vorliegenden Problem hergestellt, der für das Verständnis der weiteren Auswertungen unerlässlich scheint.

Eine Einordnung und Bewertung der verschiedenen Varianten, die mit Hilfe der Ameisen simuliert wurden, ist nur möglich, wenn eine geeignete Referenzgröße zur Verfügung steht. Dabei ist noch einmal deutlich herauszustellen, dass die wahren Gewichtungen, die hinter jedem einzelnen Patientenpfad der Realität – also der Ausgangsdaten – stehen, nicht bekannt sind. Zwar kann man in einer ersten Näherung sehen, welche Gewichtungen der Ausgangslösung am nächsten kommen, jedoch können die wahren Gewichtungen nicht endgültig aus den vorhandenen Daten herausgezogen werden. Eine Referenzlösung zum Vergleich der gerechneten Varianten erscheint jedoch in Anbetracht der vielen vorhandenen Ergebnisse notwendig.

Es wäre nun aus verschiedenen Gründen denkbar, hierfür die Alternative 25-25-25-25 zu wählen. Dies ist die Alternative, die die Kriterien Entfernung, Eignung, Auslastung und Gewinn je zu 25 % und damit gleich gewichtet. Hierdurch wäre zumindest sichergestellt, dass jede weitere betrachtete Alternative, auf die konkret Bezug genommen wird, wie auch die Referenzalternative das Ergebnis jeweils eines Ameisenlaufes und somit die Unterschiede zwischen den einzelnen Variantenergebnissen direkt durch die veränderten Parameterwerte erklärbar wären. Darüber hinaus wäre damit zu rechnen, dass die Alternative 25-25-25-25 in unterschiedlicher Hinsicht „die Mitte" darstellt, wodurch die davon abweichenden Ergebnisse der anderen Alternativen als Ausschläge in die eine oder andere Richtung leichter identifiziert werden könnten.

Dennoch wurde in den folgenden Auswertungen ausdrücklich nicht die Alternative 25-25-25-25 als Referenzalternative gewählt, sondern die reale Ausgangslösung, die letztlich das Ergebnis vieler dezentraler Entscheidungen in den Krankenhäusern beziehungsweise Arztpraxen repräsentiert. Hierfür gibt es verschiedene Gründe:

Zum einen sind auch in der Alternative 25-25-25-25 bereits Gewinnwerte bei den einzelnen Krankenhäusern hinterlegt, die nicht den realen Gewinnwerten vor Ort entsprechen. Eine fortwährende Orientierung der weiteren Alternativen an eben dieser „Mittelwertlösung" birgt dann leicht die Gefahr, dass diese fälschlicherweise zur „Realität" erhoben wird.

Zum anderen sind – wie bereits oben erwähnt – die Gewinnwerte für jedes Krankenhaus insgesamt festgelegt worden. Abbildung 44 zeigt diese Gewinnwerte und gleichzeitig die Standorte der Kliniken – wiederum auf die Stadt Wien übertragen.

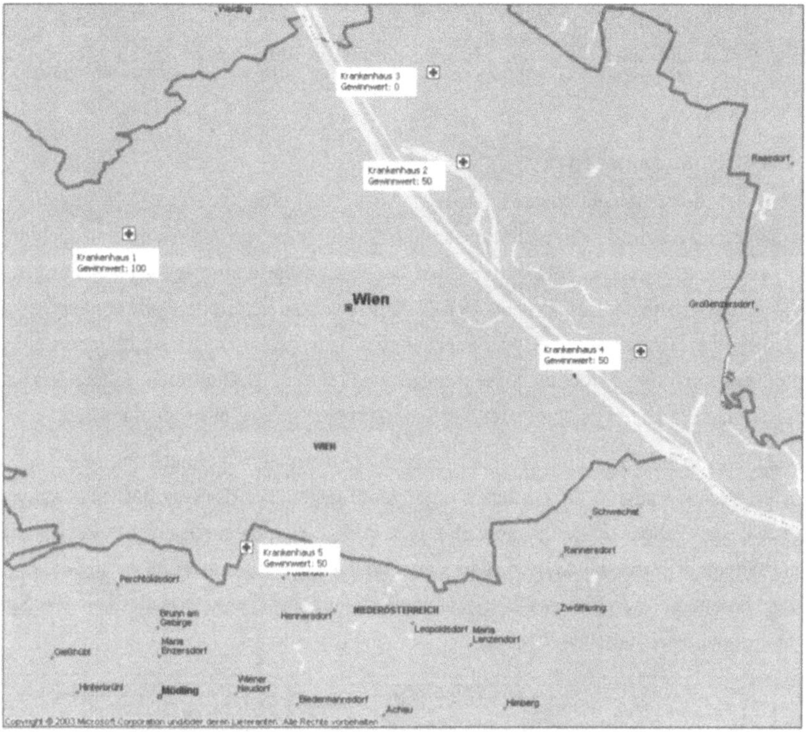

Abbildung 44: Standorte und Gewinnwerte der beteiligten Krankenhäuser
Quelle: Eigene Darstellung mit Hilfe von MS MapPoint 2003

Alle Gewinnwerte mussten fiktiv angenommen werden. Es wäre zwar auch möglich gewesen, diese durch einen Zufallszahlengenerator mit Werten zwischen 0 und 100 sogar je Diagnose und Krankenhaus unterschiedlich zu generieren. Dadurch wären jedoch die weiteren Auswertungen deutlich komplexer geworden, so dass hierauf verzichtet wurde. Durch die oben genannten, auf einer 100-er Skala sehr stark polarisierten Gewinnwerte ist es jedoch möglich, schon auf den ersten Blick das Funktionieren des Ameisenalgorithmus nachzuweisen. Bezogen beispielsweise auf die Eignung wäre eine Analyse der Effekte nur dann möglich, wenn die Ergebnisauswertung je Diagnose in den einzelnen Häusern vorgenommen würde. Da die Eignungswerte in diesem Modell je Diagnose und Haus sehr unterschiedlich ausfallen, verwischen die Effekte in Bezug auf das Gesamtkrankenhaus und lassen sich somit nicht so einfach nachvollziehen. Nur die Gewinnwerte sind schließlich einheitlich für alle Patienten eines Krankenhauses festgelegt. Insofern sind die fiktiven Gewinne sehr gut geeignet, das Funktionieren des gesamten Modells stellvertretend nachzuweisen. Die weiteren Ergebnisauswertungen verfolgen daher weniger das Ziel der Vollständigkeit, sondern orientieren sich eher an extremeren Varianten, weil diese die Effekte des Ameisenalgorithmus besser hervortreten lassen. Schließlich geht es in dieser Arbeit weniger darum, die Ergebnisse in eine konkrete Politik einfließen zu lassen, als mehr darum, die Wirkungsweise des Modells unter Beweis zu stellen.

8.2 Der Realität am nächsten

Der Vergleich der unterschiedlichen Alternativen mit der Realität ermöglicht jeweils auch eine Annäherung an die derzeit noch unbekannte Gewichtung, die den realen Entscheidungen vor Ort zugrunde liegt. Die Alternativen, bei denen sich die geringsten Abweichungen zur Realität in den Patientenflüssen und den daraus ableitbaren Größen wie Patientenwege, Verweildauern etc. ergeben haben, versprechen doch zumindest, in der Aggregation auf alle Patienten den realen Gewichtungen sehr nahe zu kommen. Sollten sich solche Varianten finden lassen, so erscheint es bereits im Vorfeld interessant, diese näher zu analysieren.

Eine solche Annäherung kann erfolgen, indem die Lösungen gefunden werden, die die geringsten Veränderungen („Patientenbewegungen") gegenüber der Realität („Patientenzahl alt") aufweisen. Tabelle 17 zeigt die Differenzen der Patientenbewegung im Vergleich zur Ausgangssituation in Absolutwerten. Die Verwendung von Absolutwerten ist notwendig, da sich die Gesamtzahl der Patienten insgesamt nicht verändern konnte und somit die Spalte „Alle" sonst nur Nullen enthalten würde.

Alternative	Aus	Entf	Eig	Gew.	Patientenzahl alt						Differenz absolut					
					KH 1	KH 2	KH 3	KH 4	KH5	Alle	KH 1	KH 2	KH 3	KH 4	KH5	Alle
11	**25**	**25**	**50**	**0**	2666	2706	1082	2046	2357	10857	200	386	199	79	92	956
16	**50**	**0**	**50**	**0**	2666	2706	1082	2046	2357	10857	252	290	53	181	196	972
6	**0**	**50**	**50**	**0**	2666	2706	1082	2046	2357	10857	68	359	434	36	107	1004
13	**25**	**50**	**25**	**0**	2666	2706	1082	2046	2357	10857	223	329	153	158	205	1068
19	**50**	**50**	**0**	**0**	2666	2706	1082	2046	2357	10857	396	306	84	199	205	1190
18	**50**	**25**	**25**	**0**	2666	2706	1082	2046	2357	10857	267	363	53	312	269	1264
3	**0**	**25**	**50**	**25**	2666	2706	1082	2046	2357	10857	574	565	16	67	74	1296
8	**25**	**0**	**50**	**25**	2666	2706	1082	2046	2357	10857	567	422	222	129	52	1392
5	**0**	**50**	**25**	**25**	2666	2706	1082	2046	2357	10857	895	291	110	182	312	1790
12	**25**	**50**	**0**	**25**	2666	2706	1082	2046	2357	10857	713	187	574	203	155	1832
10	**25**	**25**	**25**	**25**	2666	2706	1082	2046	2357	10857	781	394	422	261	226	2084
15	**50**	**0**	**25**	**25**	2666	2706	1082	2046	2357	10857	864	446	548	353	223	2434
17	**50**	**25**	**0**	**25**	2666	2706	1082	2046	2357	10857	1024	287	792	278	223	2604
1	**0**	**0**	**50**	**50**	2666	2706	1082	2046	2357	10857	1461	674	722	114	49	3020
14	**50**	**0**	**0**	**50**	2666	2706	1082	2046	2357	10857	1340	436	736	192	360	3064
7	**25**	**0**	**25**	**50**	2666	2706	1082	2046	2357	10857	1409	401	1074	261	195	3340
9	**25**	**25**	**0**	**50**	2666	2706	1082	2046	2357	10857	1534	274	1290	232	202	3532
4	**0**	**50**	**0**	**50**	2666	2706	1082	2046	2357	10857	1891	4	1404	251	240	3790
2	**0**	**25**	**25**	**50**	2666	2706	1082	2046	2357	10857	2020	460	1259	82	219	4040

Tabelle 17: Reale Patientenzahlen im Vergleich zum Simulationsergebnis
Quelle: Eigene Berechnungen

Es ist unübersehbar, dass die Gewinngewichtung den größten Einfluss auf die Abweichung von der Realität hat. Die Patientenwanderungen scheinen direkt nach der Gewinngewichtung sortiert, denn die sechs Alternativen mit den geringsten Absolutwerten bei den Wanderungsbewegungen haben alle eine Gewinngewichtung von 0. Analog dazu weisen die sechs Alternativen mit den stärksten Veränderungen ausnahmslos eine Gewinngewichtung von 50 auf.

Die Neutralisierung der Gewinnwerte (durch Gewichtung mit „0"), die der realen Lösung am nächsten kommt, lässt nun zwei Schlüsse zu. Einerseits besteht immer noch die Möglichkeit, dass entweder in den Entscheidungen der Realität der Gewinn keine Rolle gespielt hat,[478] andererseits könnten sich theoretisch die der realen Entscheidungen zugrunde liegenden Gewinnwerte der vielen verschiedenen Diagnosen in den einzelnen Krankenhäusern auch überlagert haben. Letzteres setzt jedoch so gute Kenntnisse über die Kostenstrukturen der Krankenhäuser voraus, dass angesichts der Herkunft und des Zeitpunktes, zu dem die Daten erhoben wurden, eine solche Annahme als unwahrscheinlich bezeichnet werden muss. Auf der Aggregationsebene ganzer Krankenhäuser wären somit keine klaren Tendenzen zu erwarten. Für das Modellergebnis lässt sich jedoch zusammenfassen, dass die „Neutralisierung" des Gewinns durch Gewichtung mit 0 die geringsten Abweichungen der Modellergebnisse zur Realität nach sich ziehen.

Darüber hinaus zeigt das Beispiel auch eine deutliche Abweichung der Alternative 25-25-25-25 von der Realität. Die Zahl der Patientenbewegungen war immerhin mehr als doppelt so hoch, wie bei der in ihren Gewichtungen immer noch „ähnlich" erscheinenden Variante 25-25-50-00, die gleichzeitig die zahlenmäßig geringste Patientenwanderung aufwies. Auch dies liegt in den hohen Gewinnwerten begründet.

Tabelle 17 unterscheidet jedoch nicht zwischen Fällen, in denen sich die geringen absoluten Veränderungen lediglich durch sich gegeneinander aufhebende Wanderungen (z.B. zwischen zwei Krankenhäusern) ergeben haben, oder Fällen, in denen tatsächlich nur in geringem Ausmaß Patientenwanderungen stattgefunden haben. Überprüft wurde in diesem Zusammenhang lediglich, ob sich die Gesamtzahl der Patienten verändert hat. Daher wird auf Patientenwanderungen zu einem späteren Zeitpunkt noch einmal näher eingegangen.

Die Patientenwanderungen stellen im Vergleich zur Realität nur eine Dimension dar. Interessant ist somit auch die folgende Tabelle 18, die wiederum mit dem Ziel erstellt wurde, der Gewichtung in der Ausgangslösung möglichst nahezukommen. Die dort gezeigte Vorgehensweise einer Rangreihung ist nunmehr auf alle in den Spaltenköpfen von Tabelle 18 genannten Kriterien angewendet worden. Dies folglich nicht nur nach der Zahl der Patienten, sondern auch nach der Eignung, der Entfernung und der Belegung – zum Teil je Patient. Dabei hat sich für die genannten Alternativen jeweils ein Rangreihenplatz ergeben, der von Kriterium zu Kriterium durchaus unterschiedlich war. So hat beispielsweise die Alternative mit den

[478] Die unzureichende Kostenträgerrechnung der Krankenhäuser legt diesen Schluss nahe.

geringsten zahlenmäßigen Patientenwanderungen, Alternative 25-50-25-00 (13), bei den Belegungstagen und der durchschnittlichen Verweildauer nur den 8. beziehungsweise den 7. Rangplatz belegt. Das heißt, dass bei der Belegung 7 beziehungsweise 6 Alternativen eine geringere absolute Differenz der Ergebniswerte zu verzeichnen hatten als Alternative 25-50-25-00 (13).

Auch zeigen sich in der Gesamttabelle noch einmal Veränderungen in der Rangreihung gegenüber Tabelle 17, die jedoch nicht sehr gravierend ausfallen. Es sei jedoch noch einmal ausdrücklich betont, dass diese Ergebnisse nur bei Wahl der unten stehenden Kriterien und unter den genannten Voraussetzungen zustande kommen konnten. Zu diesen gehört auch die Tatsache, dass an dieser Stelle lediglich aggregierte Daten der vorliegenden 5 Krankenhäuser verwendet wurden. Je Diagnosegruppe beziehungsweise Diagnose können hier sehr unterschiedliche Werte vorliegen.

Alternative	Aus	Entf	Eig	Gew	Patientenzahl	Entfernung	D-Entfernung	Eignung	Eignung je Patient	Gewinn	Belegungstage	D-Verweildauer	Summe der Rangplätze
13	**25**	**50**	**25**	**0**	1	1	1	1	1	1	8	7	**21**
18	**50**	**25**	**25**	**0**	4	4	8	2	2	5	6	4	**35**
11	**25**	**25**	**50**	**0**	2	7	11	7	10	2	1	5	**45**
16	**50**	**0**	**50**	**0**	3	11	15	4	8	3	3	2	**49**
6	**0**	**50**	**50**	**0**	5	2	5	6	11	4	9	14	**56**
19	**50**	**50**	**0**	**0**	6	3	3	12	16	6	15	9	**70**
10	**25**	**25**	**25**	**25**	10	6	7	3	5	10	4	3	**73**
5	**0**	**50**	**25**	**25**	9	5	2	5	3	7	14	13	**83**
8	**25**	**0**	**50**	**25**	7	12	16	8	9	8	2	1	**88**
3	**0**	**25**	**50**	**25**	8	8	12	10	13	9	10	8	**103**
15	**50**	**0**	**25**	**25**	12	14	18	9	4	12	7	6	**107**
12	**25**	**50**	**0**	**25**	11	10	10	13	15	11	12	11	**118**
17	**50**	**25**	**0**	**25**	13	9	4	14	18	14	11	12	**120**
7	**25**	**0**	**25**	**50**	15	18	17	11	6	16	5	10	**148**
2	**0**	**25**	**25**	**50**	18	15	9	15	7	18	17	17	**166**
1	**0**	**0**	**50**	**50**	17	16	14	16	12	15	13	15	**168**
9	**25**	**25**	**0**	**50**	16	13	6	17	17	17	16	18	**170**
14	**50**	**0**	**0**	**50**	14	17	19	19	19	13	18	16	**185**
4	**0**	**50**	**0**	**50**	19	19	13	18	14	19	19	19	**190**

Tabelle 18: Abweichung von der Realität nach verschiedenen Dimensionen
Quelle: Eigene Berechnungen

Von den „extremen" Alternativen mit jeweils einer Gewichtung zweier Kriterien von 50 und zweier Kriterien von 0 weist die Variante 16 (50-00-50-00) mit einer hohen Gewichtung auf Auslastung und Eignung noch die größte Nähe zur Realität auf, jedoch dicht gefolgt von Variante 00-50-50-00 (6). Dies scheint zunächst in einem Widerspruch zur vermeintlich besten Variante zu stehen, die bei der Entfernung eine Gewichtung von 50 vorsieht und somit vermuten ließe, dass die Variante 00-50-50-00 (6) sich vor Variante 50-00-50-00 (16) einordnen müsste. Hier zeigt sich erstmals ganz deutlich die Auswirkung der Tatsache, dass die Ameisen in der Lage sind, mehrere sich überlagernde Effekte oder Zielsetzungen gleichzeitig zu berücksichtigen.

Da beispielsweise außerdem in der Herleitung der Eignungswerte bereits deutlich geworden ist, dass die Fallzahlen eine entscheidende Größe bei der Festlegung der Eignung waren, liegt hier auch gegenüber der Realität eine gewisse Verschiebung vor. Die Abweichungen zwischen der Modellannahme und der Realität ist bei der Eignung jedoch deutlich geringer als bei den vollständig fiktiv angenommenen Gewinnwerten. Schließlich ist – wie bereits erwähnt – die Annahme „Hohe Fallzahlen => Große Erfahrung => Hohe Qualität" zwar kritikwürdig[479], hat aber in Form von Mindestmengen auch in die DRG-Gesetzgebung Einzug gehalten. Den Wert des im Rahmen dieser Arbeit vorgestellten Modells schmälert die getroffene Annahme daher wenig, schließlich ist es für praktische Anwendungen jederzeit möglich, noch realistischere Eignungswerte auf Basis von Expertenbefragungen, BQS-Daten[480] etc. einzusetzen.

Ein abschließender Versuch, der Realität noch näher zu kommen, ohne hierfür den Grundalgorithmus oder das Modell insgesamt verändern zu müssen, wurde mit Hilfe der Variante 33-33-34-00 unternommen. Die zehn Varianten, die sowohl in der Patientenzahl, als auch insgesamt die größte Nähe zur Realität aufwiesen, wurden noch einmal gerechnet, diesmal jedoch um die dann elfte Variante 33-33-34-00 erweitert. Die Variante 33-33-34-00 ist hier bewusst gewählt worden, um einerseits aus den oben genannten Gründen den Gewinn zu neutralisieren, andererseits aber wiederum eine annähernde Gleichverteilung der Kriterien zu ereichen. Die damit verbundene Annahme, dass die Variante 33-33-34-00 der Realität möglicherweise noch näher kommt, bestätigt sich jedoch gemäß der folgenden Tabelle 19 nicht. Vielmehr wird deutlich, dass der Einfluss der Entfernung auf die Krankenhauswahl – wie in Kapitel 2.1 beschrieben – sehr groß sein muss. Schließlich liegt die Variante 25-50-25-00 (13) in der Summe der Rangreihungen noch deutlich unter Variante 33-33-34-00 (20).

[479] vgl. hierzu die ausführliche Diskussion in Harfner (1999), S. 33ff
[480] vgl. BQS (2003)

Alternative	Aus	Entf	Eig	Gew	Patientenzahl	Entfernung	D-Entfernung	Eignung	Eignung je Patient	Gewinn	Belegungstage	D-Verweildauer	Summe der Rangplätze
13	**25**	**50**	**25**	**0**	1	1	1	1	1	1	7	7	**20**
20	**33**	**33**	**34**	**0**	2	3	6	3	5	3	4	6	**32**
18	**50**	**25**	**25**	**0**	5	5	7	2	2	6	6	4	**37**
11	**25**	**25**	**50**	**0**	3	8	8	8	8	2	1	5	**43**
16	**50**	**0**	**50**	**0**	4	10	10	5	6	4	3	2	**44**
10	**25**	**25**	**25**	**25**	11	7	5	4	4	11	5	3	**50**
6	**0**	**50**	**50**	**0**	6	2	4	7	9	5	8	11	**52**
5	**0**	**50**	**25**	**25**	10	6	2	6	3	8	10	10	**55**
8	**25**	**0**	**50**	**25**	8	11	11	9	7	9	2	1	**58**
19	**50**	**50**	**0**	**0**	7	4	3	11	11	7	11	9	**63**
3	**0**	**25**	**50**	**25**	9	9	9	10	10	10	9	8	**74**

Tabelle 19: Vergleich zur Variante 33-33-33-00
Quelle: Eigene Berechnungen

Zum Aufspüren der realen Gewichtung zwischen Entfernung, Eignung, Auslastung und Gewinn wäre folglich nicht nur ein gesonderter Algorithmus vonnöten, sondern zusätzlich auch eine Betrachtung auf Basis einzelner Diagnosen oder DRGs sowie weiterer Einflussgrößen. Dies zu analysieren wäre sicher von hohem wissenschaftlichen Interesse, ist aber aufgrund der Komplexität sicher an dieser Stelle nicht leistbar. Auf eine Weiterführung dieses Gedankens wird daher hier verzichtet.

8.3 Krankenhausschließung

Um die „Kräfte", die bei veränderten Kriteriengewichtungen wirken, näher analysieren zu können, ist für die folgende Auswertung die Erweiterung des Modells gemäß Formel 7-25 zunächst noch einmal abgeschaltet worden. Die Ameisen hatten so die Möglichkeit, sich frei von „harten" Auslastungsbeschränkungen – jedoch unter Berücksichtigung des Kriteriums „Auslastung" als eines der vier Zielkriterien – für ein Krankenhaus zu entscheiden. Um die daraus entstehenden Effekte besser nachvollziehen zu können, wurden abermals alle 19 Varianten berechnet und dabei ermittelt, dass eines der immerhin nur 5 Krankenhäuser vollständig geschlossen werden könnte.

Die Brisanz dieses Beispiels zeigt sich zunächst darin, dass ohne weitere, diese Schließung erzwingende Modelleingriffe, in 4 der 19 gerechneten Varianten des Modells die Belegung des Krankenhauses 1 auf unter 2 % reduziert wurde.

Alter-native	Aus	Entf	Eig	Gew	Belegungstage alt						Belegungstage neu					
					KH 1	KH 2	KH 3	KH 4	KH5	Alle	KH 1	KH 2	KH 3	KH 4	KH5	Alle
9	**25**	**25**	**0**	**50**	26489	20561	14555	67457	20404	149466	164	25279	88213	10313	25497	149466
2	**0**	**25**	**25**	**50**	26489	20561	14555	67457	20404	149466	271	13469	80461	44528	10737	149466
1	**0**	**0**	**50**	**50**	26489	20561	14555	67457	20404	149466	440	25247	44648	66441	12690	149466
4	**0**	**50**	**0**	**50**	26489	20561	14555	67457	20404	149466	458	6851	104885	14085	23187	149466
7	**25**	**0**	**25**	**50**	26489	20561	14555	67457	20404	149466	2665	21950	85942	17715	21194	149466
14	**50**	**0**	**0**	**50**	26489	20561	14555	67457	20404	149466	13540	35150	51112	12360	37304	149466
12	**25**	**50**	**0**	**25**	26489	20561	14555	67457	20404	149466	14195	28873	46146	31973	28279	149466
5	**0**	**50**	**25**	**25**	26489	20561	14555	67457	20404	149466	14940	25244	18416	65659	25207	149466
10	**25**	**25**	**25**	**25**	26489	20561	14555	67457	20404	149466	15294	22778	16968	71385	23041	149466
17	**50**	**25**	**0**	**25**	26489	20561	14555	67457	20404	149466	17314	28062	56335	18406	29349	149466
15	**50**	**0**	**25**	**25**	26489	20561	14555	67457	20404	149466	18151	27243	18378	57565	28129	149466
18	**50**	**25**	**25**	**0**	26489	20561	14555	67457	20404	149466	18943	24349	14734	67417	24023	149466
19	**50**	**50**	**0**	**0**	26489	20561	14555	67457	20404	149466	18981	31383	16853	51597	30652	149466
8	**25**	**0**	**50**	**25**	26489	20561	14555	67457	20404	149466	19088	24344	14991	67200	23843	149466
3	**0**	**25**	**50**	**25**	26489	20561	14555	67457	20404	149466	22025	28384	13974	66421	18662	149466
16	**50**	**0**	**50**	**0**	26489	20561	14555	67457	20404	149466	24921	30086	14334	51190	28935	149466
13	**25**	**50**	**25**	**0**	26489	20561	14555	67457	20404	149466	28380	22387	12084	61677	24938	149466
11	**25**	**25**	**50**	**0**	26489	20561	14555	67457	20404	149466	29413	21560	11076	65815	21602	149466
6	**0**	**50**	**50**	**0**	26489	20561	14555	67457	20404	149466	30014	26513	6055	66418	20466	149466

Tabelle 20: Patientenwanderungen ohne erweiterte Belegungsbeschränkung gemäß Gleichung 7-25
Quelle: Eigene Berechnungen

Dabei ist zu beachten, dass Tabelle 20 lediglich die Neuaufnahmen und die dadurch verursachte Belegung zeigt. Die reale Belegung der Häuser ist in einer Übergangsphase, in der noch „Überlieger" vorhanden sind, durchaus höher. Da sich der langfristige Effekt der durch die Variante angezeigten „Politikänderung" anhand der Neuaufnahmen deutlicher herausstellen lässt, ist die obige Tabelle jedoch um die Überlieger bereinigt.

In Alternative 25-25-00-50 (9), die in Tabelle 20 nur 164 Belegungstage für Krankenhaus 1 aufweist, verteilen sich diese Belegungstage sogar nur noch auf insgesamt 9 Patienten (s.u.). Zwar wurde dies erreicht, indem die Gewinnwerte von Krankenhaus 1 auf (fiktive) 0 Euro gesetzt wurden. Es sei jedoch noch einmal deutlich darauf hingewiesen, dass diese Patientenverschiebung nicht durch eine Reduktion der Bettenzahlen oder ähnliche „Hürden" für die Patienten erreicht wurde, sondern lediglich durch die veränderte Gewichtung bei der Krankenhauswahl. Die sich durch die leeren Betten ergebenden guten Werte für die Auslastung von Krankenhaus 1 haben offensichtlich dennoch ohne die Auslastungsbeschränkung gemäß Gleichung 7-25 die Krankenhauswahl der Patienten nicht zugunsten von Krankenhaus 1 beeinflussen können.

Belegungsauswertungen haben darüber hinaus gezeigt, dass durch die Schließung von Krankenhaus 1 in keiner der betroffenen Fachrichtungen regional eine Unterversorgung hervorgerufen würde. Wenn auch der Ameisenalgorithmus ohne zusätzliche Kapazitätsbeschränkung keine für alle Abteilungen akzeptable Verteilung des frei gewordenen Patientenaufkommens erreicht hat, so ist jedoch in Summe über alle verbliebenen Krankenhäuser keine kurzfristig praktisch unvorstellbare Überbelastung für die verbleibenden Krankenhäuser und deren Fachabteilungen entstanden. Lediglich im Bereich der Urologie hätten im konkreten Entscheidungsfall sinnvollerweise Betten in anderen Krankenhäusern zusätzlich eingerichtet werden müssen.

Dabei ist jedoch der im Modell vorgesehene Effekt bezüglich der Resteignung eingetreten. Mit den Urologie-Patientenzahlen der realen Ausgangslösung wären selbst bei Schließung von Krankenhaus 1 keine zusätzlichen urologischen Betten in anderen Häusern erforderlich gewesen. Offensichtlich sind jedoch im Zuge der durch die Kriteriengewichtung erzwungenen modellhaften Krankenhausschließung einige Patienten anderen medizinischen Fachrichtungen der Abteilung Urologie zugeordnet geworden. Die Belegungssituation in der Inneren Medizin lässt vermuten, dass vorwiegend Patienten der Inneren Medizin in die Urologien gezwungen wurden, so dass daraufhin die neue Zahl urologischer Patienten die Möglichkeiten der vorhandenen Kapazitäten überstieg. Die Auslastungswerte der verbliebenen Krankenhäuser lagen dabei zumindest kurzfristig auch deutlich über 100 %.

Die Umwandlung von Patienten der inneren Medizin in urologische Patienten macht jedoch schon vorab deutlich, dass bei Übertragung auf eine reale Entscheidungssituation nur in wirklichen Notfallsituationen eine ähnliche Vorgehensweise zu erwarten wäre. Das Modell verhält sich also auch in diesem Fall in sehr realistischer Weise. In der Praxis wird es sehr wahrscheinlich weit häufiger nicht um die Schließung ganzer Krankenhäuser gehen, sondern eher um die Schließung einzelner Abteilungen. Die zu erwartenden Effekte wären jedoch ähnlich und könnten mit dem hier vorgestellten Modell ebenfalls abgebildet werden.

Um die mit Hilfe der „ausgeschalteten" Auslastungsbeschränkung ermittelten Ergebnisse noch einmal den Auswertungen mit der deutlicher wirksamen Auslastungsbeschränkung gemäß Gleichung 7-25 gegenüberstellen zu können, musste in den Algorithmus derart eingegriffen werden, dass eine Belegung von Krankenhaus 1 vollständig ausgeschlossen wurde.

Dennoch: Unter ausschließlich finanziellen Gesichtspunkten liegt schon ohne weiter vertiefende Analysen faktisch eine durch die Simulationsergebnisse untermauerte Aufforderung zur Schließung des Krankenhauses 1 in diesen Alternativen vor. Die Einsparmöglichkeiten durch die Reduzierungen der Fixkosten legen diesen Schluss nahe.

Ein ähnliches Phänomen, bei dem von 5 Krankenhäusern durch gezielte Patientenselektion eines geschlossen werden konnte, hat auch schon Anja Harfner in ihrer Dissertation nachgewiesen.[481] Dabei ist jedoch zu bedenken, dass die Möglichkeit zur Schließung eines Hauses bei ihr auf der Voraussetzung beruht, dass trotz Annahme eines regional beschränkten Budgets in nicht unerheblichem Ausmaß Patienten aus entfernten Regionen für die Krankenhäuser des untersuchten Verbundes gewonnen und zwischen allen Patienten dann eine Auswahl getroffen werden konnte. Auf die sich verändernden Entfernungen, die die Patienten zurückzulegen hätten, ist Harfner nicht eingegangen. Auch wurde bei ihr die Qualität aller

[481] vgl. allgemein Harfner (1999)

Krankenhäuser als gleich und als „konstant" angenommen.[482] Ein Anliegen der vorliegenden Arbeit war es somit, bezogen auf den geschilderten Fall zu zeigen, dass die Schließung von Krankenhaus 1 möglich erscheint. Dabei soll jedoch analysiert werden, was der „Preis" dieser Schließung in Form von sich möglicherweise verschlechternden Kriterien, beispielsweise bei der durchschnittlichen Eignung beziehungsweise Entfernung ist.

Die folgenden Tabellen zeigen jeweils die 4 Varianten, die in Tabelle 20 die geringsten Patientenzahlen für Krankenhaus 1 aufwiesen. Diese 4 Varianten werden nun den Ergebnissen der korrespondierenden 4 Varianten gegenübergestellt, die mit der Kapazitätsbeschränkung und der erzwungenen Krankenhausschließung erreicht wurden. Zusätzlich werden die beiden Varianten gezeigt, die die geringste Abweichung von der Realität aufwiesen (25-50-25-00 und 33-33-34-00). Dabei steht Variante 25-50-25-00 mit der geringsten Abweichung von der Realität für die Auswirkungen, die eine Krankenhausschließung bei „normalem Patientenverhalten" nach sich ziehen würde.

Es sei an dieser Stelle darauf hingewiesen, dass die Schließung von Krankenhaus 1 beispielhaft vorgenommen wurde, weil die „ungebremsten" Ergebnisse dies nahe legen. Im Bedarfsfall kann mit Hilfe des Programms die Schließung eines anderen Krankenhauses ebenso wie die Schließung, die räumliche Verlegung oder Erweiterung beziehungsweise Verkleinerung einzelner Krankenhäuser oder sogar Abteilungen simuliert werden.

Tabelle 21 und Tabelle 22 zeigen die Unterschiede. Ohne Kapazitätsbeschränkung ist in Tabelle 21 ein enormer Sog erkennbar, der von Krankenhaus 3 ausgeht. Dieser liegt vorwiegend im Gewinn begründet, der in Krankenhaus 3 mit 0 Punkten bewertet wurde. Der dadurch entstehende Sog war so groß, dass Krankenhaus 3 sogar bei einer faktischen Schließung von Krankenhaus 1 zusätzlich auch noch Patienten aus anderen Krankenhäusern angezogen hat. Dass dabei in Krankenhaus 3 unzumutbare Belegungssituationen vorlagen, ist leicht vorstellbar. Wie bereits gesagt, lag in Summe über die verbleibenden Krankenhäuser jedoch durchaus eine – wenn auch nur kurzfristig –vertretbare Belegungssituation vor. Tabelle 22 zeigt daher, dass dank der sehr wirksamen Auslastungsbeschränkung gemäß Gleichung 7-25 Krankenhaus 3 vertretbare Fallzahlsteigerungen verzeichnet und auch die anderen Häuser das Fehlen von Krankenhaus 1 mit kompensieren.

[482] vgl Harfner (1999) S. 34

Aus	Entf	Eig	Kost	Patientenzahl alt						Differenz Patientenzahl					
				KH 1	KH 2	KH 3	KH 4	KH5	Alle	KH 1	KH 2	KH 3	KH 4	KH5	Alle
0	0	50	50	2666	2706	1082	2046	2357	10857	-2518	544	2529	147	-702	0
0	25	25	50	2666	2706	1082	2046	2357	10857	-2569	-795	5137	-752	-1021	0
0	50	0	50	2666	2706	1082	2046	2357	10857	-2557	-1763	5827	-1125	-382	0
25	25	0	50	2666	2706	1082	2046	2357	10857	-2657	413	3198	-959	5	0

Tabelle 21: Faktische Schließung von Krankenhaus 1 als Simulationsergebnis ohne Kapazitätsbeschränkung
Quelle: Eigene Berechnungen

Aus	Entf	Eig	Kost	Patientenzahl alt						Differenz Patientenzahl					
				KH 1	KH 2	KH 3	KH 4	KH5	Alle	KH 1	KH 2	KH 3	KH 4	KH5	Alle
0	0	50	50	2666	2706	1082	2046	2357	10857	-2666	951	928	360	427	0
0	25	25	50	2666	2706	1082	2046	2357	10857	-2666	665	1326	224	451	0
0	50	0	50	2666	2706	1082	2046	2357	10857	-2666	405	1452	338	471	0
25	25	0	50	2666	2706	1082	2046	2357	10857	-2666	473	1675	-27	545	0

Tabelle 22: Erzwungene Schließung von Krankenhaus 1 als Simulationsergebnis mit Kapazitätsbeschränkung
Quelle: Eigene Berechnungen

Das Ergebnis zeigt jedoch noch einmal, dass es mit Hilfe des Ameisenalgorithmus problemlos möglich ist, mehrere sich überlagernde Effekte gleichzeitig zu simulieren. Hierin liegt eine der großen Stärken einer solchen Simulation. In Tabelle 22 ist beispielsweise Krankenhaus 1 geschlossen, gleichzeitig aber ein stark am Gewinn orientiertes Verhalten simuliert worden. Um ausschließlich die möglichen Folgen einer Schließung von Krankenhaus 1 darstellen zu können, müssten die Patienten sich trotz der Schließung von Krankenhaus 1 aber weiter „normal" verhalten. Dies wird in Tabelle 23 dargestellt, in der die beiden der Realität am nächsten kommenden Varianten 25-50-25-00 und 33-33-34-00 bei angenommener Schließung von Krankenhaus 1 berechnet wurden.

Aus	Entf	Eig	Kost	Patientenzahl alt						Differenz Patientenzahl					
				KH 1	KH 2	KH 3	KH 4	KH5	Alle	KH 1	KH 2	KH 3	KH 4	KH5	Alle
33	33	34	00	2666	2706	1082	2046	2357	10857	-2666	1118	370	198	980	0
25	50	25	00	2666	2706	1082	2046	2357	10857	-2666	1324	213	225	904	0

Tabelle 23: Erzwungene Schließung von Krankenhaus 1 mit normalem Patientenverhalten
Quelle: Eigene Berechnungen

Das Ergebnis zeigt, dass die allgemeine Attraktivität von Krankenhaus 3 im Modell offensichtlich nur begrenzt ist, denn die enorm hohen Patientenzahlen konnten tatsächlich nur erzielt werden, weil sie über die extremen Gewinnwerte erzwungen wurden. Ein normales Verhalten der Patienten würde in der Tendenz eher dazu führen, dass die Häuser 2 und 5 gemeinsam zur Hauptsache die Schließung von Krankenhaus 1 kompensieren.

Im Harfner-Modell war – anders als in diesem Modell – die Kostensituation der Häuser bekannt. Daher konnte dort gezeigt werden, dass durch Verlegung aller Patienten eines Hauses so viel Rationalisierungspotential freigesetzt wurde, dass es möglich gewesen wäre, aus den Einsparungen je Fall der 4 verbleibenden Häuser die Kosten des zu schließenden Krankenhauses weiter zu finanzieren. Insgesamt wäre in der speziellen Variante ihres Modells immer noch Geld übrig geblieben, so dass diese Variante immer noch sinnvoll gewesen wäre. Ein ähnlicher Nachweis wäre durch Verwendung realer Kostendaten auch in diesem Modell möglich gewesen, jedoch lagen Kostendaten bekanntermaßen nicht vor.

Wegstrecken für Patienten und Eignungen der Krankenhäuser konnten von Harfner jedoch nicht untersucht werden. Insofern erscheint es sinnvoll, dies im Folgenden zu tun, beginnend mit den Entfernungen:

				Summe Entfernungen alt						Differenz Summe Entfernungen						
Aus	Entf	Eig	Kost	KH 1	KH 2	KH 3	KH 4	KH5	Alle	KH 1	KH 2	KH 3	KH 4	KH5	Alle	Alle %
0	0	50	50	23950	23641	14013	27009	26056	114669	-23950	18781	19826	6278	16775	37710	+33%
0	25	25	50	23950	23641	14013	27009	26056	114669	-23950	9676	24427	-281	7685	17558	+15%
0	50	0	50	23950	23641	14013	27009	26056	114669	-23950	4484	28811	-9240	2643	2749	+2%
25	25	0	50	23950	23641	14013	27009	26056	114669	-23950	8912	31462	-7841	8144	16727	+14%
33	33	34	0	23950	23641	14013	27009	26056	114669	-23950	15647	8162	-488	17177	16549	+14%
25	50	25	0	23950	23641	14013	27009	26056	114669	-23950	16398	4713	-3745	12948	6364	+5%

Tabelle 24: Veränderung der Entfernungswerte aufgrund der Schließung von Krankenhaus 1
Quelle: Eigene Berechnungen

Die Analyse der Entfernungen in Tabelle 24 zeigt, dass die Patienten zum Teil erheblich (im Durchschnitt bis zu einem Drittel) längere Wege in Anspruch nehmen mussten. Lediglich in Variante 00-50-00-50 ist über die gleichzeitige hohe Gewichtung der Entfernung und des Gewinns wiederum erzwungen worden, dass sich die insgesamt gefahrenen Kilometer kaum verändert haben.

Die um 33 % verlängerten Wegstrecken der Variante 00-00-50-50 äußern sich dann aber in Tabelle 25 darin, dass entgegen aller anderen Varianten trotz Schließung von Krankenhaus 1 die Eignungswerte in Summe noch gesteigert werden konnten.

				Eignungswerte alt						Differenz Eignungswerte					
Aus	Entf	Eig	Kost	KH 1	KH 2	KH 3	KH 4	KH5	Alle	KH 1	KH 2	KH 3	KH 4	KH5	Alle
0	0	50	50	207602	217385	56646	157238	157509	796380	-207602	100280	36262	46344	40676	15960
0	25	25	50	207602	217385	56646	157238	157509	796380	-207602	65065	31033	21232	30094	-60178
0	50	0	50	207602	217385	56646	157238	157509	796380	-207602	-10702	-4838	-43659	-8355	-275156
25	25	0	50	207602	217385	56646	157238	157509	796380	-207602	-14699	5245	-56495	-6671	-280222
33	33	34	0	207602	217385	56646	157238	157509	796380	-207602	84823	4395	3953	52130	-62301
25	50	25	0	207602	217385	56646	157238	157509	796380	-207602	79067	-8913	-6556	41277	-102727

Tabelle 25: Veränderung der Eignungswerte aufgrund der Schließung von Krankenhaus 1
Quelle: Eigene Berechnungen

Darüber hinaus zeigt sich, dass die um nur 2 % gestiegenen Wegstrecken in Variante 00-50-00-50 mit erheblichen Verlusten bei den Eignungswerten erkauft werden mussten. Die Eignungswerte sind immerhin um rund ein Drittel insgesamt für alle Patienten gesunken.

Diesen modellhaft ermittelten Wert medizinisch zu bewerten, ist sicher sehr schwierig. Dennoch zeigt das Modellergebnis eindeutig, dass die Schließung von Krankenhaus 1 ihren Preis hat, der sich sowohl in der Entfernung als auch in der Eignung niederschlägt.

8.3.1 Diagnosegruppenbezogene Auswertung

Um eine nähere Analyse der Patientenbewegungen zwischen den Krankenhäusern durchführen zu können, müsste an dieser Stelle zunächst eine Analyse auf Basis der Fachabteilungen durchgeführt werden. Die Größe der Fachabteilungen offenzulegen, käme aber einer Offenlegung der beteiligten Krankenhäuser gleich. Daher wird an dieser Stelle auf eine Auswertung nach Diagnosegruppen gemäß der ICD-10-Systematik zurückgegriffen, die jedoch deutlich macht, dass eine detailliertere Analyse der Patientenbewegungen durchaus Sinn macht. Die an sich ähnlichen Summen basieren doch auf sehr unterschiedlichen Patientenbewegungen je Diagnosegruppe. Beispielhaft wurden hierfür die Varianten 33-33-34-00 und 25-50-25-00 gewählt, die der Realität am nächsten kommen bei Schließung von Krankenhaus 1.

Diagn.-gruppe:	**1**	**2**	**3**	**4**	**5**	**6**	**7**	**8**	**9**	**10**	**11**	**12**	**13**	**14**	**15**	**16**	**17**	**18**	**19**	**20**	**21**	**Σ**
KH1	-37	-366	-16	-58	-19	-70	-144	-44	-455	-176	-250	-16	-158	-141	-240	-23	-6	-76	-175	0	-196	**-2666**
KH2	23	164	5	16	15	79	-26	8	182	79	147	7	90	96	135	19	2	16	65	0	201	**1323**
KH3	1	63	-3	3	-29	10	19	5	67	-8	-27	6	94	-12	23	0	3	-1	30	0	-31	**213**
KH4	-3	19	3	19	8	-62	29	14	1	39	26	-3	-12	45	49	0	0	24	22	0	8	**226**
KH5	16	120	11	20	25	43	122	17	205	66	104	6	-14	12	33	4	1	37	58	0	18	**904**

Tabelle 26: Veränderung der Patientenzahlen je Diagnosegruppe aufgrund der Schließung von Krankenhaus 1, Variante 25-50-25-00
Quelle: Eigene Berechnungen

Diagn.-gruppe	**1**	**2**	**3**	**4**	**5**	**6**	**7**	**8**	**9**	**10**	**11**	**12**	**13**	**14**	**15**	**16**	**17**	**18**	**19**	**20**	**21**	**Σ**
KH1	-37	-366	-16	-58	-19	-70	-144	-44	-455	-176	-250	-16	-158	-141	-240	-23	-6	-76	-175	0	-196	**-2666**
KH2	23	153	1	10	-3	66	-22	2	102	48	133	5	80	122	133	19	4	-7	41	0	207	**1117**
KH3	0	77	3	2	4	15	25	13	53	6	6	5	102	-16	25	0	1	21	47	0	-19	**370**
KH4	-5	47	0	14	4	-61	19	19	57	36	-7	-7	-5	25	33	0	0	14	9	0	7	**199**
KH5	19	89	12	32	14	50	122	10	243	86	118	13	-19	10	49	4	1	48	78	0	1	**980**

Tabelle 27: Veränderung der Patientenzahlen je Diagnosegruppe aufgrund der Schließung von Krankenhaus 1, Variante 33-33-34-00
Quelle: Eigene Berechnungen

Diagn.-gruppe	1	2	3	4	5	6	7	8	9	10	11	12	13	14	15	16	17	18	19	20	21	Σ
KH1	0	0	0	0	0	0	0	0	0	0	0	0	0	0	0	0	0	0	0	0	0	
KH2	0	-11	-4	-6	-18	-13	4	-6	-80	-31	-14	-2	-10	26	-2	0	2	-23	-24	0	6	
KH3	-1	14	6	-1	33	5	6	8	-14	14	33	-1	8	-4	2	0	-2	22	17	0	12	
KH4	-2	28	-3	-5	-4	1	-10	5	56	-3	-33	-4	7	-20	-16	0	0	-10	-13	0	-1	
KH5	3	-31	1	12	-11	7	0	-7	38	20	14	7	-5	-2	16	0	0	11	20	0	-17	

Tabelle 28: Differenz der Veränderungen der Patientenzahlen je Diagnosegruppe aufgrund der Schließung von Krankenhaus 1, Variante 33-33-34-00 versus 25-50-25-00
Quelle: Eigene Berechnungen

Tabelle 29 und Tabelle 30 zeigen, dass sich ohne die Schließung von Krankenhaus 1 ein noch differenzierteres Bild je Diagnose ergibt.

Diagn.-gruppe	1	2	3	4	5	6	7	8	9	10	11	12	13	14	15	16	17	18	19	20	21	Σ
KH1	3	-27	-1	-5	12	-5	6	3	-24	-9	-4	4	-3	0	-7	-2	-1	-3	2	0	0	-61
KH2	0	32	1	-3	-2	11	-7	-1	-13	-4	-14	1	6	5	-9	2	-2	1	-10	0	10	4
KH3	5	-7	1	2	13	28	3	-2	18	8	3	1	23	7	3	0	1	2	32	0	-3	138
KH4	-10	-14	2	7	-20	-20	1	-1	23	13	14	-6	-6	-3	15	0	1	2	-13	0	-6	-21
KH5	2	16	-3	-1	-3	-14	-3	1	-4	-8	1	0	-20	-9	-2	0	1	-2	-11	0	-1	-60

Tabelle 29: Veränderungen der Patientenzahlen je Diagnosegruppe, Variante 25-50-25-00
Quelle: Eigene Berechnungen

Diagn.-gruppe	1	2	3	4	5	6	7	8	9	10	11	12	13	14	15	16	17	18	19	20	21	Σ
KH1	0	0	-2	1	18	-3	-1	9	-41	-9	14	-1	-14	-6	18	2	0	-3	-6	0	-50	-74
KH2	-2	50	-1	-5	-10	10	13	-3	-26	-20	-4	1	0	26	-22	0	-4	-2	-4	0	56	53
KH3	6	-11	4	8	29	23	3	-1	-6	17	14	6	33	-11	-5	0	1	12	29	0	2	153
KH4	-5	2	-1	5	-33	-29	-3	-10	28	7	-13	-10	2	-10	6	0	2	-13	-10	0	-3	-88
KH5	1	-41	0	-9	-4	-1	-12	5	45	5	-11	4	-21	1	3	-2	1	6	-9	0	-5	-44

Tabelle 30: Veränderungen der Patientenzahlen je Diagnosegruppe, Variante 33-33-34-00
Quelle: Eigene Berechnungen

Diagn.-gruppe	1	2	3	4	5	6	7	8	9	10	11	12	13	14	15	16	17	18	19	20	21	Σ
KH1	3	-27	1	-6	-6	-2	7	-6	17	0	-18	5	11	6	-25	-4	-1	0	8	0	50	
KH2	2	-18	2	2	8	1	-20	2	13	16	-10	0	6	-21	13	2	2	3	-6	0	-46	
KH3	-1	4	-3	-6	-16	5	0	-1	24	-9	-11	-5	-10	18	8	0	0	-10	3	0	-5	
KH4	-5	-16	3	2	13	9	4	9	-5	6	27	4	-8	7	9	0	-1	15	-3	0	-3	
KH5	1	57	-3	8	1	-13	9	-4	-49	-13	12	-4	1	-10	-5	2	0	-8	-2	0	4	

Tabelle 31: Differenz der Veränderungen der Patientenzahlen je Diagnosegruppe, Variante 33-33-34-00 versus 25-50-25-00
Quelle: Eigene Berechnungen

Auch ohne die Schließung von Krankenhaus 1 ergeben sich für die beiden genannten Varianten ähnlich starke Patientenbewegungen. Die Spalte „Summe", die jeweils nur die kumulierten Wanderungsbewegungen angibt, stellt – das zeigt schon eine Betrachtung auf Basis der Diagnosegruppen – nur einen Teil der tatsächlichen Patientenbewegungen dar. Wenn sich an der Summe der je Krankenhaus zu behandelnden Patienten auch wenig geändert haben mag, so können je Diagnosegruppe oder gar je Diagnose doch starke Veränderungen eingetreten sein. Insbesondere ein Vergleich zwischen den Diagnosegruppen 2 und 9 zeigt, dass sich die Verschiebungen von Diagnosegruppe zu Diagnosegruppe deutlich unterscheiden können.

Je nach Gewichtung der Kriterien Eignung, Entfernung, Auslastung und Gewinn finden mit Hilfe des Ameisenalgorithmus folglich auch zahlreiche „Bereinigungen" auf Patientenebene statt, die sich in Summe kaum auf die Belegung auswirken. Dies unterstreicht noch einmal die Leistungsfähigkeit eines ameisenbasierten Algorithmus für das vorliegende Planungsproblem. Da jeder Patient sozusagen einzeln „an die Hand genommen" und nach den festgelegten Kriterien durch das System geleitet wird, gewinnen die Ergebnisse deutlich an Wert.

8.4 Patientenbewegung

Anhand der Berechnungsergebnisse könnte auf Basis einzelner Patienten auch analysiert werden, welcher Patient von welchem in welches Krankenhaus gewechselt hat. Anhand einer auf die Gesamtkrankenhäuser beschränkten Darstellung soll dies für die Variante 33-33-34-00 in Tabelle 32 und für Variante 25-50-25-00 in Tabelle 33 kurz gezeigt werden.

Dabei ist die Tabelle so zu lesen, dass die Zeilenüberschriften die abgebenden Häuser nennen und die Spaltenüberschriften die aufnehmenden Häuser. Die Patientenzahl, die das Krankenhaus nicht gewechselt hat, (beispielsweise 1907 Patienten für Krankenhaus 1) findet sich im Kästchen mit gleicher Zeilen- und Spaltenüberschrift und ist nicht in die Addition für die Spalte „Alle" mit aufgenommen worden.

Abgebende Häuser / Aufn. Häuser	KH1	KH2	KH3	KH4	KH5	Alle
KH1	1907	195	91	169	142	597
KH2	202	2525	121	88	95	506
KH3	67	97	520	60	47	271
KH4	110	137	131	1416	115	493
KH5	144	130	81	88	2179	443
Alle	523	559	424	405	399	2310

Tabelle 32: Patientenwanderungen zwischen den Krankenhäusern, Variante 33-33-34-00
Quelle: Eigene Berechnungen

Abgebende Häuser / Aufn. Häuser	KH1	KH2	KH3	KH4	KH5	Alle
KH1	2119	98	80	125	82	385
KH2	119	2754	55	79	24	277
KH3	43	40	662	32	14	129
KH4	54	105	87	1609	54	300
KH5	108	38	45	43	2388	234
Alle	324	281	267	279	174	1325

Tabelle 33: Patientenwanderungen zwischen den Krankenhäusern, Variante 25-50-25-00
Quelle: Eigene Berechnungen

Schon die Gesamtsummen zeigen, dass sich trotz der oben beschriebenen „Nähe zur Realität" beide Varianten doch sehr stark unterscheiden. Aber auch innerhalb der Zeilen und Spalten gibt es große Unterschiede zwischen den beiden Varianten. Mit Hilfe solcher Auswertungen nicht auf Krankenhaus- sondern auf Patientenbasis könnte daher beispielsweise jetzt auch eine detailliertere Berechnung des Kriteriums „Der Realität am nächsten" durchgeführt werden. Darauf wird jedoch an dieser Stelle verzichtet.

Das eher fiktive Beispiel, das hier exemplarisch herausgegriffen wurde, um die Möglichkeiten späterer diagnosebezogener Auswertungen aus den Ameisenläufen aufzuzeigen, soll an dieser Stelle nicht weiter vertieft werden. Gleichwohl sei noch einmal darauf hingewiesen, dass die Patienten, die ameisengesteuert in andere Krankenhäuser gehen, ihre „Daten" virtuell dorthin mitnehmen. Insofern sind auch nach den Ameisenläufen noch alle Analysen in gleicher Detailtiefe möglich, die auch vorher schon anhand der Ausgangsdaten durchgeführt werden konnten. Dies gilt für räumliche Verteilungen – wie in Kapitel 5 gezeigt – wie auch für Verweildauer-, Eignungs- und Gewinnwerte auf Diagnosebasis. Die Fülle an Daten, die hier tabellarisch aufbereitet werden könnte, ist jedoch schnell sehr unübersichtlich, so dass sich die weiteren Auswertungen auf einige Spezialfälle beschränken werden, die die Möglichkeiten des Algorithmus sowie besondere Auffälligkeiten in den Ergebnissen zeigen.

8.5 Virtuelle Standorte

Eine zusätzliche, weiter oben bereits gezeigte Darstellungs- und Auswertungsmöglichkeit besteht darin, die Standorte der Krankenhäuser zu analysieren. Dazu werden zunächst einmal die realen Standorte den virtuellen Standorten gegenübergestellt. Das heißt, dass in der Abbildung 45 zunächst die realen Standorte als rote Kreuze, die virtuellen Standorte jedoch als dunkle Quadrate dargestellt werden. Der Darstellung liegen die Koordinaten aller Patienten des gesamten Betrachtungszeitraumes zugrunde.

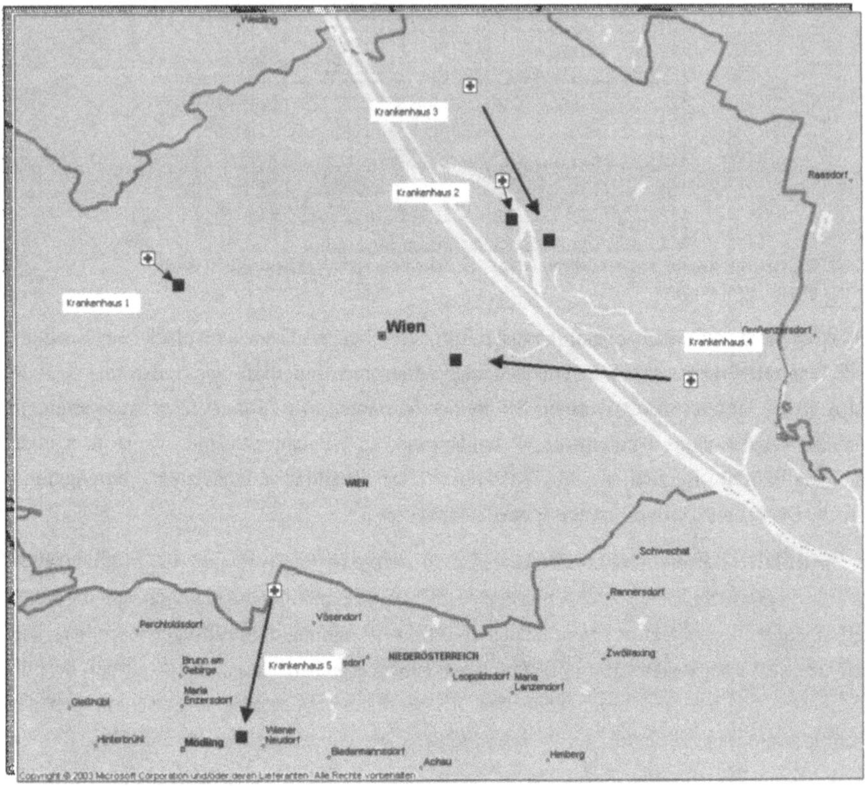

Abbildung 45: Reale und virtuelle Standorte der 5 untersuchten Krankenhäuser
Quelle: Eigene Darstellung mit Hilfe von MS MapPoint 2003

Es ist interessant, wie schon in der Ausgangslösung die virtuellen Standorte von den realen Standorten abweichen. Während die virtuellen Standorte der Krankenhäuser 1, 2 , 3 und 4 alle in Richtung Stadtmitte vom realen Standort abweichen, hat Krankenhaus 5 offensichtlich ein eher stadtauswärts gerichtetes Einzugsgebiet.

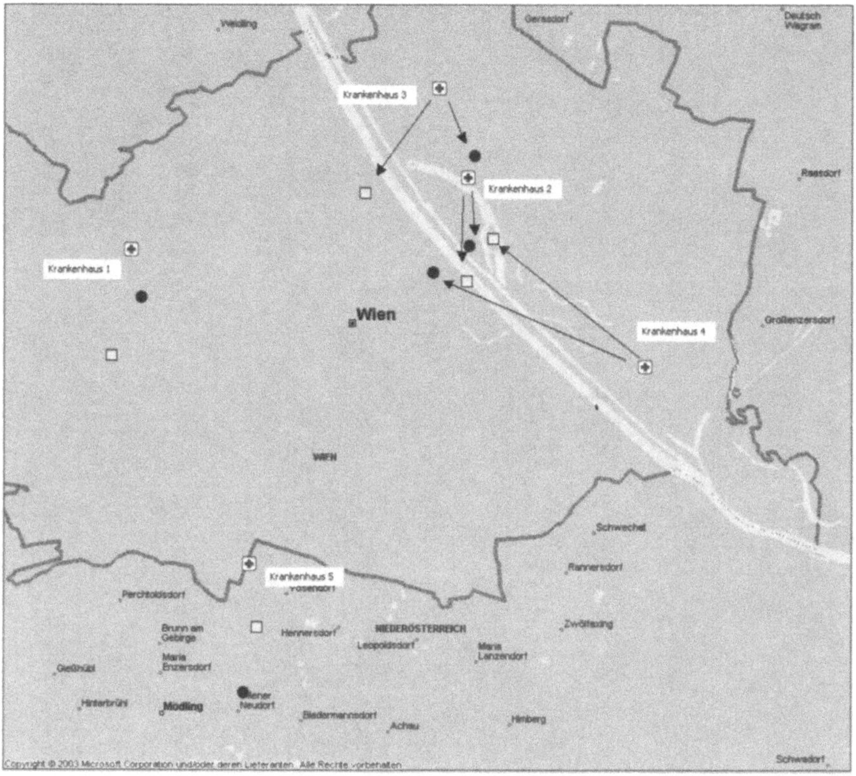

Abbildung 46: Virtuelle Standorte der Ausgangslösung sowie der Varianten 33-33-34-00 und 25-50-25-00
Quelle: Eigene Darstellung mit Hilfe von MS MapPoint 2003

Folgerichtig sind auch die virtuellen Standorte, die sich als Berechnungsergebnisse nach den Varianten 33-33-34-00 (in Abbildung 46 als helles Quadrat eingezeichnet) und 25-50-25-00 (in Abbildung 46 als dunkler Kreis eingezeichnet) bis auf bei Krankenhaus 5 stadteinwärts vom realen Standort abweichend.[483]

Besonders deutlich wird die Veränderung der Patientenklientel anhand der Schließung von Krankenhaus 1. Abbildung 47 zeigt dies anschaulich. In hellen Quadraten dargestellt ist wiederum die Variante 33-33-34-00, während die Variante 25-50-25-00 durch dunkle Kreise dargestellt wird. Deutlich zu erkennen ist, dass sich bei Schließung von Krankenhaus 1 alle Krankenhäuser mit ihren virtuellen Standorten auf das Krankenhaus 1 zubewegen.[484]

[483] Die Pfeile wurden nur dort zur Verdeutlichung eingezeichnet, wo andernfalls Unklarheiten bezüglich der Zuordnung der Punkte auftreten könnten.

[484] Wiederum wurden Pfeile nur dort eingefügt, wo andernfalls Unklarheiten bezüglich der Zuordnung der Punkte auftreten könnten.

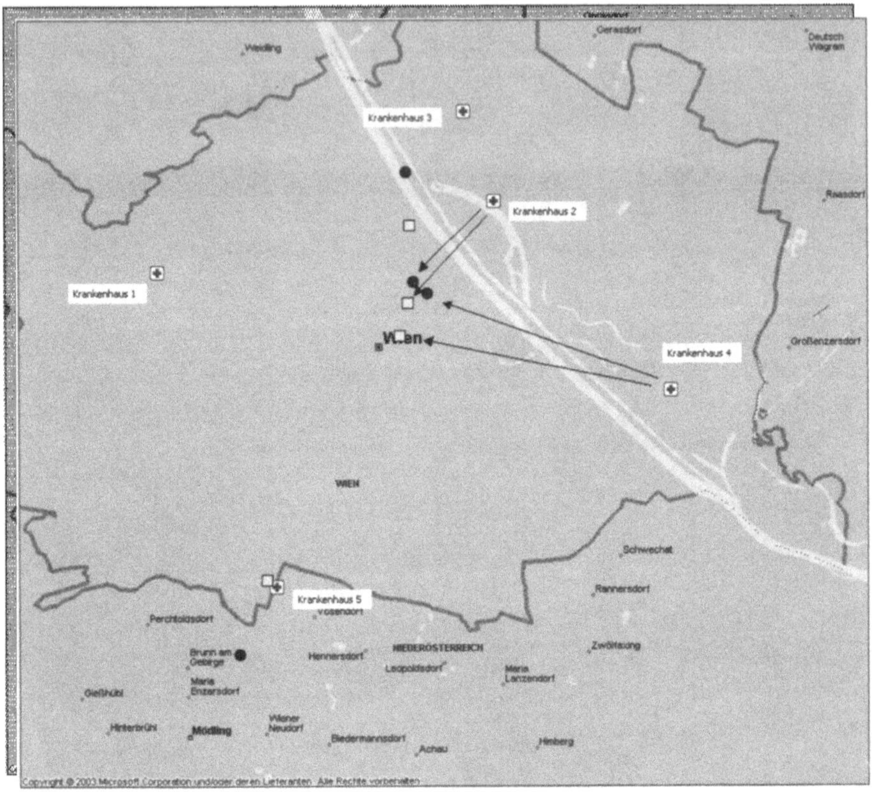

Abbildung 47: Virtuelle Standorte der Ausgangslösung sowie der Varianten 33-33-34-00 und 25-50-25-00 nach der Schließung von Krankenhaus 1
Quelle: Eigene Darstellung mit Hilfe von MS MapPoint 2003

8.6 Vorbeifahren

Das Phänomen des Vorbeifahrens ist bereits in Kapitel 2.1.2.3 beschrieben worden. An dieser Stelle erfolgt zwar keine detailliertere Analyse – möglicherweise sogar auf Diagnosebasis – welche Patienten in welcher Variante an welchem Krankenhaus vorbeigefahren sind. Die beiden folgenden Beispiele zeigen jedoch, dass die Veränderungen durchaus erheblich sein können. Tabelle 34 bis Tabelle 36 zeigen jeweils die Zahl der Patienten, die der jeweiligen Abteilung zugeordnet waren und an anderen Krankenhäusern vorbeigefahren sind, um zum jeweiligen Krankenhaus zu gelangen.

	Chirurgie	Innere	Intensiv	Neurologie	Urologie
KH1	401	152	11	327	124
KH2	215	477	1	121	280
KH3	173	355	48	163	204
KH4	234	456	3	94	26
KH5	218	289	42	71	73

Tabelle 34: Vorbeifahren am Beispiel der Variante 25-50-25-00
Quelle: Eigene Berechnungen

	Chirurgie	Innere	Intensiv	Neurologie	Urologie
KH1	1	2			
KH2	219	224		52	189
KH3	804	1886	103	795	744
KH4	114	111		53	6
KH5	137	177	18	6	28

Tabelle 35: Vorbeifahren am Beispiel der Variante 00-50-00-50
Quelle: Eigene Berechnungen

	Chirurgie	Innere	Intensiv	Neurologie	Urologie
KH1	400	150	11	327	124
KH2	-4	253	1	69	91
KH3	-631	-1531	-55	-632	-540
KH4	120	345	3	41	20
KH5	81	112	24	65	45

Tabelle 36: Differenz der Zahl der Vorbeifahrer zwischen 25-50-25-00 und 00-50-00-50
Quelle: Eigene Berechnungen

Während Tabelle 34 besonders für Krankenhaus 1 noch eine relativ große Zahl vorbeigefahrener Patienten zeigt, finden sich aufgrund der Gewichtung des Gewinns und der Entfernung mit 50 % in Tabelle 35 kaum noch Patienten, die an anderen Krankenhäusern vorbeigefahren sind, um zu Krankenhaus 1 zu gelangen. Die isolierte Stellung von Krankenhaus 1 hat sicher auch dazu beigetragen. Im Gegensatz dazu zeigt sich in Tabelle 35, wie stark sich auch hier der Gewinnwert von Krankenhaus 3 auswirkt. Die Zahl derer, die gemäß Variante 00-50-00-50 an anderen Krankenhäusern vorbeifahren müssten, hat sich gegenüber Tabelle 34 fast vervierfacht.

Tabelle 34 bis Tabelle 36 mögen wiederum als Einstieg in eine sehr viel detailliertere Auswertung auf Basis von Diagnosen oder gar von einzelnen Patienten dienen. Im Rahmen dieser Arbeit wird jedoch darauf verzichtet. Das obige Beispiel mag daher wiederum genügen, die Möglichkeiten zu zeigen, die mit Hilfe des Modells gegeben sind.

8.7 Durchschnittsentfernung je Diagnosegruppe

In den Modellergebnissen konnte sich leider kein eindeutiger Hinweis auf diagnosebezogen unterschiedliche Eignungs-Entfernungs-Relationen zeigen lassen. Intuitiv ist zwar davon auszugehen, dass beispielsweise bei einem akuten Herzinfarkt zunächst das nächste Krankenhaus, während bei einer chronischen Rheumaerkrankung eher das bestgeeignete als das nächste Krankenhaus aufgesucht wird. In den Modellergebnissen ließ sich jedoch ein entsprechender Zusammenhang nicht zeigen. Gleichwohl kann mit Hilfe der Modellergebnisse in Abbildung 49 bis Abbildung 51 auch auf Diagnosegruppenebene gezeigt werden, wie sich die Entfernungen, die die Patienten zurücklegen müssten, verändert haben.

Die Abbildung 48 und Abbildung 49 zeigen sehr deutlich, dass innerhalb der Diagnosegruppen bei den Durchschnittsentfernungen kaum Unterschiede zwischen der Ausgangslösung und der Variante 25-50-25-00 bestehen. Gewichtet man jedoch die Eignung und die Auslastung besonders hoch – wie das in Variante 50-00-50-00 gegeben ist – zeigen sich doch gegenüber der Ausgangslösung von Diagnosegruppe zu Diagnosegruppe in den Krankenhäusern sehr unterschiedliche Änderungen der Entfernungswerte. In Summe steigen die Entfernungswerte jedoch deutlich an.

Noch deutlicher fallen die Unterschiede in Variante 00-50-00-50 aus, die aufgrund der Gewinn- und der Entfernungsgewichtung bei fast allen Krankenhäusern eine Reduzierung der Durchschnittsentfernungen erzwingt. Lediglich Krankenhaus 3, das aufgrund der Gewinnwertung bei einer solchen Konstellation stark bevorzugt wird, verzeichnet auffällige Zuwächse in der Durchschnittsentfernung (dargestellt durch die hellen Säulen). Insofern wird auch durch dieses Ergebnis wieder deutlich, dass die Ameisen in der Lage sind, sich überlagernde Effekte gleichzeitig zu berücksichtigen. Die hohe Gewichtung der Entfernung erzwingt insgesamt kurze Wege, die hohe Gewichtung des Gewinns wiederum erzwingt, dass dennoch für Krankenhaus 3 längere Wege in Kauf genommen werden.

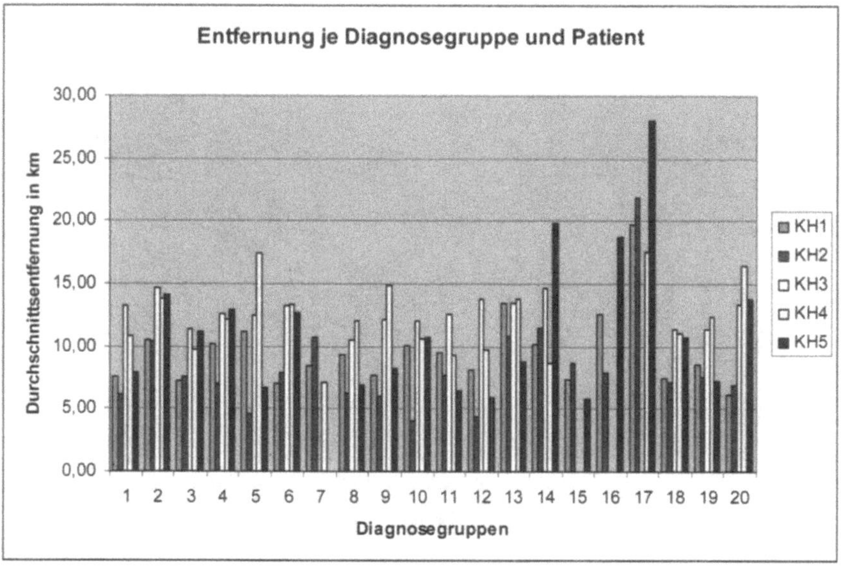

Abbildung 48: Durchschnittsentfernung je Patient und Diagnosegruppe, Ausgangssituation
Quelle: Eigene Darstellung

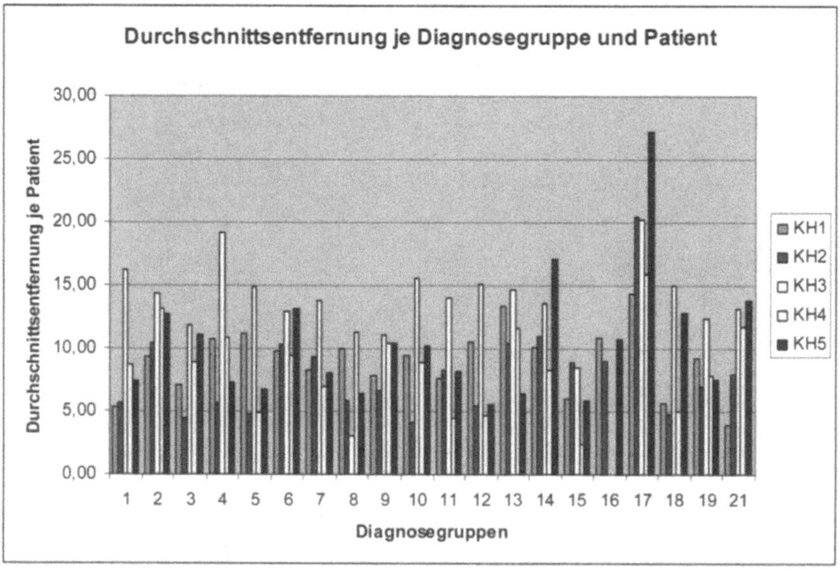

Abbildung 49: Durchschnittsentfernung je Patient und Diagnosegruppe, Variante 25-50-25-00
Quelle: Eigene Darstellung

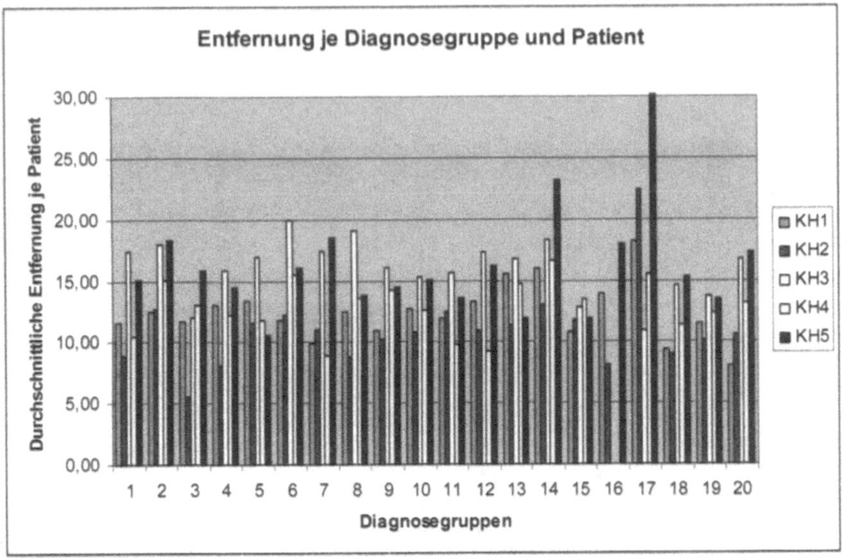

Abbildung 50: Durchschnittsentfernung je Patient und Diagnosegruppe, Variante 50-00-50-00
Quelle: Eigene Darstellung

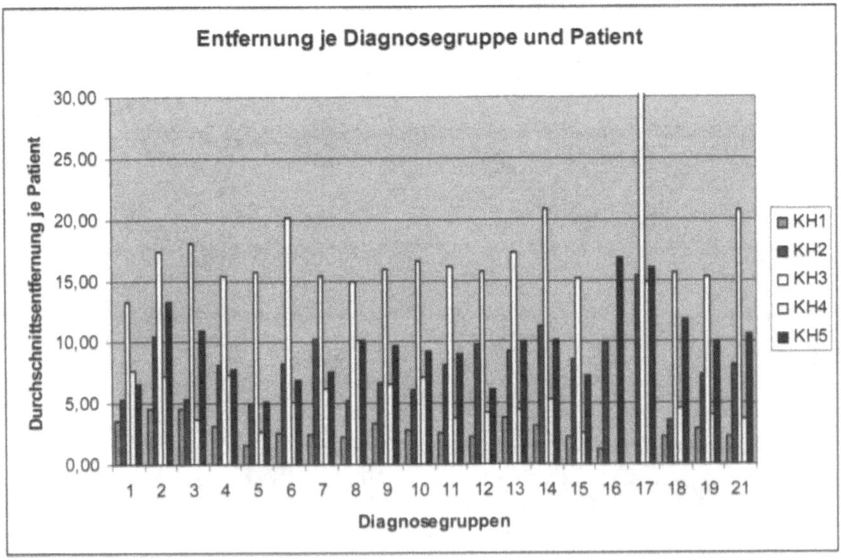

Abbildung 51: Durchschnittsentfernung je Patient und Diagnosegruppe, Variante 00-50-00-50
Quelle: Eigene Darstellung

8.7.1 Zusammenfassung der Auswertungsergebnisse

Die Auswertungsmöglichkeiten, die im Rahmen dieser Arbeit gezeigt wurden, stellen nur einen Teil der gesamten Ergebnisse dar, die zwar berechnet wurden, die aber zum Teil aufgrund der Komplexität der Ergebnisse oder aufgrund der Geheimhaltungsnotwendigkeit nicht gezeigt werden konnten oder durften.

Als besonders hilfreich erweist sich in diesem Zusammenhang die Tatsache, dass mit Hilfe des Ameisenalgorithmus die Daten jedem Patienten virtuell mitgegeben werden können. Jeder Patient kann anhand seiner individuellen Merkmale vor und nach der Simulation vergleichend ausgewertet werden. Alter, Geschlecht, Wohnadresse, Diagnose etc. bleiben ihm schließlich auch während der Simulationsläufe erhalten. Darüber können ihm alle sich verändernden Daten – wie Station(en), auf der/denen er behandelt wurde, Entfernung, Eignung, Anzahl übersprungener Krankenhäuser etc. – ebenfalls virtuell mitgegeben werden. Hierin liegt ein wesentlicher Vorteil dieser Art von Discrete-Event-Simulationen. So lassen sich beispielsweise auch für jede einzelne Modellvariante Belegungsauswertungen einzelner Krankenhäuser im Zeitverlauf darstellen.

Darüber hinaus hat es sich als sehr vorteilhaft erwiesen, dass der Ameisenalgorithmus trotz Aggregierung der vier Kriterien Auslastung, Entfernung, Eignung und Gewinn zu einem einheitlichen Kostenkriterium die sich überlagernden Effekte der simultanen Änderungen der Kriteriengewichte gleichzeitig berücksichtigen kann. Vor dem realen Problem stehend, ist es dem Entscheidungsträger sicher nicht möglich, die sich überlagernden Effekte unterschiedlicher Kriteriengewichtungen simultan abzuschätzen. Insofern stellt das vorliegende Modell beziehungsweise die sich daraus ableitenden Modellvariationen ein hilfreiches Handwerkszeug für zukünftige Krankenhausplanungen dar. Wie bereits angesprochen, lassen sich auch Veränderungen der vorhandenen Kapazitäten leicht simulieren. In Extremfällen wäre es sogar möglich, die Patientenzahl virtuell zu verändern. Hierzu wäre es denkbar, reale Patienten zu duplizieren und ihnen jeweils bestimmte – gegenüber dem realen Patienten veränderte – Parameter zuzuweisen. Wird beispielsweise in bestimmten Regionen mit mehr Herzinfarktpatienten gerechnet, so ließen sich Herzinfarktpatienten aus realen Patientendaten duplizieren und eben dieser Region zuordnen. Die Simulation könnte zeigen, wie sich dies auf die Belegung der Häuser in der Region auswirkt. Dieser eher theoretischen Überlegung stehen aber weit näherliegendere Änderungen gegenüber, die im Modell problemlos abgebildet werden könnten. Geht man beispielsweise von einer pauschal 10 % geringeren Verweildauer aus, so ließe sich den realen Patienten auch eine entsprechende Verweildauer zuordnen und die Auswirkungen könnten simuliert werden. Ganze Krankenhausverlegungen könnten mit ihren Auswirkungen auf die von den Patienten zurückzulegenden Entfernungen simuliert werden. Für einzelne Stationen ist dies ja weiter oben schon angesprochen worden.

Eines der wichtigsten Ergebnisse des gezeigten Modells liegt jedoch darin, dass all die simulierbaren Veränderungen gegenüber der Realität in einer Vielzahl von möglichen Auswirkungen dargestellt werden können. Unabhängig davon, ob die Änderungen beispielsweise unabänderlich sind, wie die demographische Entwicklung, oder aber politisch gewollt, wie beispielsweise Krankenhausschließungen, medizinisch sinnvoll, wie beispielsweise Mindestmengen, oder gar ökonomisch ratsam, wie beispielsweise Stationszusammenlegungen; mit Hilfe des Modells können sowohl die positiven als auch die negativen Effekte daraus dargestellt werden.

Insofern ist das Modell und alle daraus ableitbaren Modifizierungen des Modells vornehmlich zur Beantwortung der Frage „Was wäre wenn?“ geeignet. Sollte sich aus den Modellergebnissen vor Ort eine normative Feststellung der Art „Man müsste eigentlich...“ ableiten, so ist dies nicht durch das Modell vorgegeben, sondern ergibt sich lediglich durch die konkreten Gegebenheiten vor Ort. Das Modell hilft nur, diese normativen Aussagen – soweit die Datenqualität und die Modellbeschränkungen dies zulassen – mit Informationen zu belegen. Wie bei allen Entscheidungsunterstützungs-Modellen verbleibt die Entscheidung selbst letztlich beim Modellanwender.

9 Resümee und Ausblick

Bereits im Zwischenfazit sind einige der wichtigsten Punkte aus den Kapiteln 1 bis 3 schon einmal zusammengefasst worden. Daher genügt hier ein sehr kurzer Verweis auf diese Kapitel. In Kapitel 1 ist die aktuelle finanzielle Situation im Gesundheitswesen kurz erfasst worden. Darin wurde deutlich, dass sich der Trend zu „mehr Markt" im Gesundheitswesen aufgrund der finanziellen Lage weiter fortsetzen wird. Die immer wieder möglichen kurzfristigen Kostenreduzierungen hinterlassen den Eindruck, dass man zumindest einen Teil dieser offensichtlich bestehenden Rationalisierungspotentiale durch den Einsatz geeigneter Marktmechanismen auch langfristig nutzbar machen könnte. Mehr Markt bedeutet zwar in erster Linie auch weniger Reglementierungen seitens des Staates, bedeutet aber auf der anderen Seite auch, dass die schützende Hand, die der Staat an der einen oder anderen Stelle zugunsten der Patienten über das Gesundheitswesen gelegt hat, immer weniger Einfluss haben könnte. Es erscheint daher nötig, die positiven und gleichzeitig auch die negativen Effekte dieser stärker marktlichen Ausrichtung des Gesundheitswesens transparent zu machen.

Als Haupteinflussfaktoren für die Krankenhauswahl ist in Kapitel 2 die Distanz zwischen Wohnort und Krankenhaus ermittelt worden. Gleichzeitig wurde aber auch festgestellt, dass – besonders verdeutlicht durch das Phänomen des Vorbeifahrens – die Patienten je nach Krankheitsbild durchaus in unterschiedlichem Ausmaß dazu neigen, das nächste oder aber das qualitativ bestgeeignete Krankenhaus aufzusuchen. Die Einschätzung der Qualität der Krankenhäuser basiert dabei sehr oft auf der subjektiven Wahrnehmung oder aber auf Mund-zu-Mund-Propaganda. Durch die seit 2005 verbindlich zu veröffentlichenden Qualitätsberichte sowie unterschiedliche Krankenhausführer kann sich diese subjektive Wahrnehmung jedoch zukünftig immer mehr auf objektive Größen stützen. Das Verhalten der Patienten bezüglich der Krankenhauswahl kann sich daher in naher Zukunft stark verändern. Insbesondere kleinere Krankenhäuser können hiervon profitieren, da die Effekte der Gravity-Distance-Methode dadurch zwar nicht aufgehoben, gleichwohl doch gemildert werden können.

Die internationale Krankenhausplanung hat verschiedene Modelle hervorgebracht, die in unterschiedlichem Maße die für die Krankenhauswahl relevanten Einflussgrößen berücksichtigen. Auch unterscheiden sich die Modelle in den zugrunde liegenden Methoden signifikant. Zusammenfassend kann jedoch konstatiert werden, dass die Hill-Burton-Methode aufgrund der Annahme abgeschlossener Gebiete und die Methode nach Christaller aufgrund der angenommenen Gleichverteilung der Patienten nicht mehr zeitgemäß sind. Krankenhausplanungen der Zukunft bedürfen genauer Patientenstromanalysen sowie der Möglichkeit, die Ergebnisse transparent und damit für alle Beteiligten nachvollziehbar machen zu können. Daran – das haben die in Kapitel 3 vorgestellten Krankenhauspläne und die Gutachten deutlich gemacht – mangelt es aber zur Zeit noch an den für Deutschland bislang bekannten Verfahren.

Die Deutsche Krankenhausplanung steht darüber hinaus vor einem Wandel hin zu einer Rahmenplanung, die vor Ort konkretisiert werden muss. Zieht sich jedoch die staatliche Planung auf eine Rahmenplanung zurück und überlässt es den regionalen Akteuren, diese zu konkretisieren, so erscheint Transparenz als die einzige Möglichkeit, im Rahmen dieser Konkretisierung zu einer Einigung zu kommen. Diese grundsätzlich neue Vorgehensweise stellt im Zusammenhang mit der steigenden Bedeutung der Budgetverhandlungen vor Ort eine gänzlich neue Herangehensweise an die Krankenhausplanung in Deutschland dar. Es bedarf daher neben der Transparenz auch neuer Verfahren, die das aktuell verfügbare Handwerkszeug geeignet kombinieren, um vor Ort mit vertretbarem Aufwand die Planungslücke zwischen der Rahmenplanung und der regionalen Betten- und Leistungsverteilung zu schließen.

Ein Ansatz, sich der Zusammenhänge zwischen der räumlichen Verteilung der Krankenhäuser und der räumlichen Verteilung der „Bedarfe" zu nähern, besteht in graphischen Darstellungen. Die nunmehr verfügbaren Geoinformationssysteme sind in der Lage, die Adressen der Krankenhäuser mit den Adressen der Patienten zu verknüpfen und diese nach unterschiedlichsten Kriterien räumlich auszuwerten. Aus einer Vielzahl von Fakten und Daten lassen sich so „auf einen Blick" sehr schnell entscheidungsrelevante Informationen zusammenstellen, was mit konventionellen Tabellen oder Graphen nur schwer möglich wäre. Daher ist den graphischen Darstellungsmöglichkeiten in Kapitel 5 und später auch bei den Modellergebnissen in Kapitel 8 ein recht breiter Raum gegeben worden.

Den Kern dieser Arbeit bildet jedoch das vorgestellte Modell, das auf einem Ameisenalgorithmus basiert und mit dem die Zuordnung der Patienten zu Krankenhäusern gemäß der Kriterien Auslastung, Entfernung, Eignung und Gewinn vorgenommen wird. Eine Veränderung der Gewichtung eben dieser Kriterien ermöglicht es dem Modellanwender, eventuelle Veränderungen in der Krankenhauswahl in ihren Auswirkungen abzuschätzen. Die Patienten würden, so sie denn die Wahl hätten, die Gewichtung der Faktoren Entfernung und Eignung sicher sehr hoch setzen, wenn auch je nach Krankheitsbild unterschiedlich. Da jedoch der ökonomische Druck auf das Gesundheitswesen allgemein immer stärker wird, ist zumindest nicht auszuschließen, dass in der einen oder anderen Weise die Krankenhauswahl durch die Patienten zukünftig stärker unter Gewinngesichtspunkten eingeschränkt wird. Integrierte Versorgungsformen könnten beispielsweise derartige Elemente vorsehen. Das Modell ermöglicht daher, verschiedene Szenarien zu berechnen, wobei der vorgestellte Ameisenalgorithmus in der Lage ist, die Änderung von Kriteriengewichten und Layouts gleichzeitig in ihren Auswirkungen abzubilden.

Zum besseren Verständnis der Vorgehensweise der Ameisenalgorithmen ist daher zunächst in Kapitel 6 die allgemeine Vorgehensweise der vielen verschiedenen existierenden Ameisenalgorithmen vorgestellt worden. Der relativ breite Raum, der den verschiedenen Ameisenalgorithmen gewidmet wurde, diente vorwiegend der Orientierung über die Möglichkeiten, die diese Familie der Metaheuristiken bietet. Es sollte jedoch auch deutlich werden, dass es nicht „den" geeigneten Ameisenalgorithmus für pauschal jedes Planungsproblem gibt, sondern dass sich je nach Ausprägung des Lösungsraumes unterschiedliche Algorithmen anbieten. Ob nun beispielsweise einer Ameise bei der Pheromonstreuung besonders viel Gewicht eingeräumt oder aber im Anschluss an den Ameisenalgorithmus noch eine lokale Suchmethode verwendet werden soll, hängt letztlich vom Problem selbst ab. Auch ist zu berücksichtigen, ob es sich um ein dynamisches oder ein statisches Problem handelt und ob die Modellkriterien zu einer gemeinsamen Zielgröße im Modell zusammengefasst werden können oder die mehrfachen Zielsetzungen getrennt voneinander behandelt werden müssen. Zusätzlich ist deutlich geworden, dass das mathematische Modell an sich nur einen groben Hinweis darauf gibt, ob sich die Rechenzeiten in vertretbarem Maße bewegen. Die konkrete Programmierung mit Hilfe der zugrunde liegenden Datenbank ist mittlerweile von weit entscheidenderer Bedeutung für die Performance und damit für die Anwendbarkeit des Modells als die mathematische Formulierung des Modells selbst.

In dem in dieser Arbeit vorgestellten Modell ist nun der Versuch unternommen worden, die in den vorangegangenen Kapiteln erarbeiteten Anforderungen an ein Handwerkszeug zur Lösung der anstehenden Probleme vor Ort zu integrieren. Das Modell berücksichtigt folglich mit den Kriterien Eignung und Entfernung die in Kapitel 2 als wesentlich für die Krankenhauswahl erarbeiteten Kriterien. Bei der Festlegung der Eignung ist dabei auf die nicht zuletzt auch in den Qualitätsberichten der deutschen Krankenhäuser verwendete Methode der Verknüpfung zwischen Fallzahl und Qualität zurückgegriffen worden. Gleichwohl lässt das Modell jederzeit eine für einzelne Diagnosen oder DRGs differenzierte Festlegung von Eignungswerten als Qualitätsmaßstab zu. Bei der Ermittlung der Entfernungswerte ist im Modell aus reinen Kostengründen auf euklidische Distanzen zurückgegriffen worden. Auch hier ist die Verwendung von Fahrtstrecken oder –zeiten auf Basis von Straßenkilometern jederzeit möglich.

Das Modell ist darüber hinaus auch an den in Kapitel 3 ermittelten Anforderungen an ein Krankenhausplanungsmodell für Deutschland ausgerichtet worden. Eine Standortbestimmung, wie sie in anderen Modellen der internationalen Literatur gleichzeitig vorgenommen wurde, erscheint in Deutschland nicht notwendig, da derzeit eine stärkere Tendenz dazu besteht, die existierenden Standorte zu verringern, als neue Krankenhäuser zu errichten. Daher wurde auf eine Standortbestimmung durch das Modell verzichtet. Gleichwohl können die Standorte der Häuser oder der Abteilungen variiert werden, sofern die Möglichkeit zur

Verlegung vor Ort zur Diskussion steht. Das Modell berechnet hierfür zwar keine (optimalen) neuen Standorte, präsentiert jedoch zumindest die Auswirkungen von anderweitig festgelegten Veränderungen der Standorte. Am Beispiel einer Krankenhausschließung ist dies ja auch vorgestellt worden. Mit Hilfe der virtuellen Standorte ist gleichzeitig der Versuch unternommen worden, durch reine gaphische Anschauung die Angemessenheit der bestehenden Standorte zu überprüfen.

Eine weitere Anforderung an ein Planungsmodell ist die praktische Einsetzbarkeit. Der zugrunde gelegte Algorithmus wurde daher sorgfältig ausgewählt und erscheint trotz der zum Teil recht langen Rechenzeiten in der Lage, das zur Diskussion stehende Planungsproblem zu lösen. Schließlich ist in Kapitel 3 außerdem deutlich geworden, dass eine modellgestützte Krankenhausplanung zur Zeit noch eher für die Konkretisierung der Rahmenplanung in Frage kommt als für die Krankenhausplanung durch die Landesbehörden. Insofern ist das vorliegende Planungsproblem in seiner Größe noch mit Hilfe des Ameisenalgorithmus zu lösen. Größere Planungsprobleme – wie beispielsweise die Krankenhausplanung auf Länderebene – bedürfen da schon einer Aggregierung der Daten, da es sich im vorliegenden Fall um ein sogenanntes NP-hartes Problem handelt, das mit zunehmender Größe überproportional lange Rechenzeiten erfordert. Gleichwohl ist durch Aggregation der Daten auf z.B. Diagnosegruppenebene auch eine größere Planungsregion denkbar.

Das Modell wurde außerdem an Daten ausgerichtet, die in den Krankenhäusern bereits vorhanden sind. Eine Ergänzung um weitere Daten, die vor und nach einem Simulationslauf mit ausgewertet werden, ist jedoch jederzeit möglich. Damit erfüllt das Modell auch die Anforderung, dass ein Krankenhausplanungs-Tool in der Lage sein sollte, zusätzliche Daten bei der geographischen Auswertung von Patientendaten mit einzubeziehen. Eine der wichtigsten Forderungen, die die Akzeptanz der Ergebnisse vor Ort erheblich erleichtert – und zwar die nach mehr Transparenz bei der Planung – kann das Modell jedoch zusätzlich erfüllen. Für jeden einzelnen Patienten kann nachgewiesen werden, welchem Krankenhaus er vor oder nach der Simulation zugeordnet wurde. Darüber hinaus können alle Entfernungs-, alle Eignungs- sowie alle Kosten und Auslastungswerte überprüft und damit im Rahmen eines Einigungsprozesses vor Ort zur Diskussion gestellt werden. Dies ist bei vielen Landesplanungen und auch in den Gutachten zum großen Teil nicht der Fall. Dies wird jedoch, wenn zur Entscheidungsfindung ggfs. die Schiedsstelle angerufen und das dortige Gremium von der Plausibilität der Ergebnisse überzeugt werden muss, möglicherweise zum entscheidenden Faktor.

Der größte Nutzen des Modells könnte jedoch in der Einfachheit und Nachvollziehbarkeit des Ameisenalgorithmus selbst liegen. Die Pheromonstreuung und –verdampfung ist anhand der praktischen Vorgehensweise der Ameisen im Wald für jeden leicht und anschaulich nachvollziehbar. Damit ist – obwohl bei der Verwendung mathematischer Modelle immer auch mit dem Widerstand der von der Entscheidung vor Ort betroffenen Personen und Personengruppen zu rechnen ist – allein durch die Wahl des Algorithmus mit einer höheren Akzeptanz der Ergebnisse vor Ort zu rechnen. Insofern ist die Wahl des Algorithmus nicht zufällig getroffen worden. Schließlich müssen gemäß der Modellanforderungen die unterschiedlichen Kriterien Eignung, Entfernung, Auslastung und Gewinn gleichzeitig berücksichtigt werden, was die Nachvollziehbarkeit der Ergebnisse stark beeinträchtigt. Nicht immer werden die Ergebnisse so deutlich hervortreten wie im Beispiel der Krankenhausschließung und wie durch die Gewinnwerte erzwungen. Um dennoch eine Akzeptanz der Ergebnisse zu erreichen, ist es daher erforderlich, dass alle Beteiligten verstehen, was im Kern des Modells passiert. So ist mit Hilfe des Ameisenalgorithmus vielleicht nicht der wissenschaftlich anspruchsvollste und auch vielleicht nicht der schnellste Algorithmus gefunden worden. Letzteres ist aus OR-Sicht eigentlich sehr wichtig, wobei die Ameisenalgorithmen im Vergleich zu genetischen Algorithmen etc. durchaus gute Performance-Ergebnisse erzielen. Angesichts der vom vorliegenden Planungsproblem betroffenen und von der Stichhaltigkeit des Ergebnisses zu überzeugenden Personen ist jedoch vorrangig wichtig, dass nachvollziehbar ist, was im Kern passiert und wie folglich die Ergebnisse interpretiert werden müssen. Dies erscheint mit Hilfe eines Ameisenalgorithmus derzeit noch am ehesten möglich.

Im Ergebnis ist festzuhalten, dass viele der im vorliegenden praktischen Beispiel enthaltenen Einschränkungen (Entfernungen nach euklidischen Distanzen, Eignungswerte an der Fallzahl orientiert, Gewinnwerte geschätzt) zwar den Wert der in Kapitel 8 ermittelten Modellergebnisse etwas schmälern, die Funktionsweise und damit den Wert des gesamten Modells jedoch nicht maßgeblich tangieren. Das Modell kann in unterschiedlicher Weise erweitert und ausgebaut werden, ohne grundsätzliche Änderungen daran oder am Programm vornehmen zu müssen. Lediglich die Inputdaten, die ohnehin für jede konkrete Anwendung des Modells vor Ort neu erhoben werden müssten, wären dann an die Anforderungen des konkreten Planungsproblems anzupassen.

Eine Möglichkeit zur Erweiterung des Modells besteht nun darin, die bisherigen Pfade in die Krankenhäuser hinein zu erweitern. Damit könnte der Kritik an der bisherigen Bettenplanung entgegengetreten werden. Die einzelnen Leistungsbereiche der Krankenhäuser könnten zu diesem Zweck ebenfalls mit ihren konkreten Leistungswerten und Kapazitätsbeschränkungen aufgenommen und in die Modellstruktur integriert werden. So ist - beispielsweise unter Zuhilfenahme der InEK-Referenzwerte - denkbar, eine gleichzeitige Berücksichtigung der OP-Kapazitäten sowie die anderer Funktionsbereiche im Modell zu gewährleisten. Die dazu im Modell notwendigen Erweiterungen sind mit vertretbarem Aufwand zu realisieren.

Eine andere, weiterführende Anwendungsmöglichkeit für das Modell muss nicht lange gesucht werden; sie ist in Form der integrierten Versorgungsmodelle nach § 140 a ff. SGB V bereits vorhanden. Diese beschränken sich jedoch zur Zeit in vielen Fällen noch auf einzelne

Krankheitsbilder. Um nun eine Folgenabschätzung für integrierte Vollversorgungsmodelle durchführen zu können, ist das vorliegende Modell ebenfalls einsetzbar. Schließlich brauchen die regionalen Vertragspartner die im Modell gegebene Transparenz, um damit die Vertragsverhandlungen vor Ort auf eine faire Basis zu stellen. Nur dann, wenn die Folgen einer integrierten Versorgungsform abschätzbarer werden, werden sich auch potentielle Vertragspartner finden und das komplexe Vertragswerk, das eine integrierte Versorgungsform stützt, erarbeiten können. Mit realistischen Kostendaten als Grundlage kann das vorliegende Modell sehr leicht um ambulante Leistungsanbieter ergänzt und der zur Zeit noch einstufige „Pfad" der Patienten um eine oder mehrere weitere Stufen ergänzt werden. Da auch integrierte Versorgungsformen eine zumeist noch regionale Erscheinung sind, wäre das Modell durchaus in der Lage, die zusätzlichen Daten zu verarbeiten.

Literaturverzeichnis

Abernathy, W.J., Hershey, J.C. (1972), A spatial-allocation model for regional health-service planning, Operations Research 20, 629-642

Acton J. P. (1975), Nonmonetary factors in the demand for medical services: Some empirical evidence, Journal of Political Economy 83, 595-614

Adams E. K. (1991), Hospital choice of Medicare beneficiaries in a rural market: Why not the closest?, The Journal of Rural Health 7, 134-152

Adams E. K., Houchens R., Wright G. E., Robbins J. (1991), Predicting hospital choice for rural Medicare beneficiaries: the role of severity of illness, Health Services Research 26, 583-612

Adams, E.K., Wright, G.E. (1991), Hospital choice of Medicare beneficiaries in a rural market: Why not the closest?, Rural Health 7, 134-152

Albert, D.P., Gesler, W.M., Wittie, P. (1995), Geographic information systems and health: an educational resource, Journal of Geographie 94, 314-321

Altman, S.H., Wallack, S. (1997), Gesundheitsausgaben: Können die Vereinigten Staaten sie kontrollieren? In: Arnold, M., Lauterbach, K.W., Preuß, K.-J., Managed Care, Ursachen, Prinzipien, Formen und Effekte, Beiträge zur Gesundheitsökonomie Band 31, Stuttgart

Anell, A., Willis, M. (2000), International comparison of health care systems using resource profiles, Bulletin of the World Health Organization 78

Arnold, M. (1997), Strategien zum Umgang mit Knappheit im Gesundheitswesen, in: Arnold, M., Lauterbach, K.W., Preuß, K.-J. (Hrsg.), Managed Care, Ursachen, Prinzipien, Formen und Effekte, Stuttgart

Aron, S., Deneubourg, J.-L., Goss, S., Pasteels, J. M. (1990), Functional self-organisation illustrated by inter-nest traffic in the Argentine ant Iridomyrmex humilis, in: Alt, W., Hoffman G. (Hrsg.), Biological Motion, Berlin

Aronoff, S. (1989), Geographic Information Systems: A Management Perspective, Ottawa

Bashshur, R., Shannon, G., Metzner (1971), Some Ecological Differentials in the Use of Medical Services, Health Services Research 6, 61-75

Basys, I+G (2000), Zukunftsorientierte Praxisstudie für die Krankenhausplanung in Nordrhein-Westfalen, Gutachten für die Krankenhausgesellschaft Nordrhein-Westfalen und die Ärztekammern Nordrhein und Westfalen-Lippe, Augsburg

Baur, R., Stock, J. (2002), Neue Formen der Krankenversicherung in der Schweiz - zur Evaluation der ersten HMOs in Europa, in: Preuß, K.-J., Räbiger, J., Sommer, J. H. (Hrsg.): Managed Care - Evaluation und Performance-Measurement integrierter Versorgungsmodelle - Stand der Entwicklung in der EU, der Schweiz und den USA, Stuttgart

Berger, K. (2004), Behandlungspfade als Managementinstrument im Krankenhaus, in: Greiling, M.: Pfade durch das klinische Prozessmanagement, Stuttgart

Berghmans, L., Schoovaerts, P., Teghem JR, J. (1984), Implementation of Health Facilities in a New City, Journal of the Operational Research Society 35, 1047-1054

Birch, S. (1997), As a matter of fact: Evidence-based decision making unplugged. Health Economics 6, 547-559

Birkin, M., Clarke, G., Clarke, M.P., Wilson, A. (1996), Intelligent GIS: Location Decisions and Strategic Planning, GeoInformation International, Cambridge

Blake, J.T., Carter, M.W. (2002), A goal programming approach to strategic resource allocation in acute care hospitals, European Journal of Operational Research 140, 541-561

Blake, J.T., Carter, M.W. (2003), Physician and hospital funding options in a public system with decreasing resources, Socio-Economic Planning Sciences 37, 45–68

Bloom, B.S., Fendrick, M.A. (1996), The tension between cost containment and the underutilization of effective health services, International Journal of Technology Assessment in Health Care 12, 1-8

BMGS (Bundesministerium für Gesundheit und Soziale Sicherung) (2005c), Pressemitteilung Nr. 80 (2005)

Bonabeau, E., Dorigo, M., Theraulaz, G. (1999), Swarm Intelligence: From Nature to Artificial Systems, New York

Boyan, J. A., Littman, M. L. (1994), Packet routing in dynamically changing networks: A reinforcement learning approach, in: Cowan, J. D., Teauso, G., Alspector, J. (Hrsg.): Advances in Neural Information Processing Systems, Band 6, San Francisco

Branas, C. C., MacKenzie, E. J., ReVelle, C. S. (2000), A Trauma Resource Allocation Model for Ambulances and Hospitals, Health Services Research 35, 489-505

Bress, L. (1987), Medizin und Gesellschaft, Berlin

Bronstein J. M., Morrisey M. A. (1991), Bypassing rural hospitals for obstetrics care, Journal of Health Politics 16, 87-120

Bruckenberger, E. (1997), Sektorenübergreifende Kooperation statt sektoraler Optimierung, Krankenhausumschau 12, 965-970

Bruckenberger, E. (1999), GKV-Gesundheitsreform 2000, Neuregelung der stationären Krankenversorgung und integrierter Versorgungsstukturen, Stellungnahme als Einzelsachverständiger zur Anhörung des Gesetzentwurfes zur Reform der gesetzlichen Krankenversicherung ab dem Jahr 2000 (GKV-Gesundheitsreform 2000), Berlin

Bruckschen, K.-H. (1995), Der Einfluss leitender Ärzte auf den technologischen Fortschritt im Krankenhaus: Ein Modell der Beschaffung medizinisch-technischer Geräte, München

Bullen, N., Moon, G., Jones, K. (1996), Defining localities for health planning: a GIS approach, Social Science & Medicine 42, 801-816

Bullnheimer, B., Hartl, R. F., Strauß, C. (1997), A new rank based version of the Ant System – a computational study, working paper No. 1, Universität Wien

Bullnheimer, B., Hartl, R. F., Strauss, C. (1999), Applying the Ant System to the vehicle routing problem, Paper presented at Second International Conference on Metaheuristics, Sophia-Antipolis, France 1997, in: Voss, S., Martello, S., Osman, I. H., Roucairol, C. (Hrsg.): Metaheuristics: Advances and Trends in Local Search Paradigms for Optimization, Boston

Christaller, W. (1933) Die zentralen Orte in Süddeutschland: eine ökonomisch-geographische Untersuchung über die Gesetzmäßigkeit der Verbreitung und Entwicklung der Siedlungen mit städtischen Funktionen, Jena

Chu, S. C., Chu, L. (2000), A Modeling Framework for Hospital Location and Service Allocation, International Transactions in Operational Research 7, 539-568

Cohen, M. A., Lee, H. L. (1985), The determinants of spatial distribution of hospital utilisation in a region, Medical Care 23, 27–38

Colorni, A., Dorigo, M., Maniezzo, V. (1991), Distributed optimization by ant colonies, in: Varela, F., Bourgine, P., Proceedings First European Conference on Artificial Life, Amsterdam

Coverndale, I.A., Negrine, S.M. (1978), The balance of care project: modelling the allocation of health and personal social services, Journal of the Operational Research Society 29, 1043-1054

Datta, S., Bandyopadhyay, R. (1993), An application of OR in micro-level planning in India, Computers & Operations Research 20, 121-132

Davies, R. M. (1985), An Interactive Simulation in the Health Service, Journal of the Operational Research Society 36, 597-606

Davis, K. (1991), Inequality and access to health care, The Milbank Quarterly 69, 253-273

de Winter, E.R. (1992), Are we ignoring population density in health planning? The issues of availability and accessibility, Health Policy and Planning 7, 191-196

Deneubourg, J.-L., Aron, S., Goss, S., Pasteels, J. M. (1990), The self-organizing exploratory pattern of the Argentine ant, Journal of Insect Behavior 3, 159-168

Deutsche Krankenhausgesellschaft (2005), Bestandsaufnahme zur Krankenhausplanung und Investitionsfinanzierung in den Bundesländern, Berlin

Di Caro, G., Dorigo, M. (1997), A study of distributed stigmergetic control for racket-switched communications networks, Technical Report IRIDIA/97-12, Université Libre de Bruxelles, Belgium

Di Caro, G., Dorigo, M. (1998), An adaptive multi-agent routing algorithm inspired by ants behaviour, in: Hawick, K. A., James, H. A. (Hrsg.): Proceedings of PART98 – Fifth Annual Australiasian Conference on Parallel and Real-Time Systems, Singapore, 261-272

Di Caro, G., Dorigo, M. (1998), Ant colonies for adaptive routing in packet-switched communications networks, in: Eiben, A. E., Back, T., Schoenauer, M., Schwefel, H.-P. (Hrsg.): Proceedings of PPSN-V, Fifth International Conference on Parallel Problem Solving from Nature, Berlin, 673-682

Di Caro, G., Dorigo, M. (1997), AntNet: A mobil agents approach to adaptive routing, Technical Report IRIDA/97-12, Université Libre de Bruxelles, Belgium

Di Caro, G., Dorigo, M. (1998), AntNet: Distributed stigmergetic control for communications networks, Journal of Artificial Intelligence Research 9, 317-365

Di Caro, G., Dorigo, M. (1998), Mobile agents for adaptive routing, in: El-Rewini H. (Hrsg.): Proceedings of the 31st Hawaii International Conference on System Sciences, Los Alamitos, 74-83

Diekmann, F. (1987), Krankenhausbedarfsplanung - Weiterentwicklung der Methoden und Verfahren, Krankenhaus Umschau 1, 15-22

DKI (Deutsches Krankenhausinstitut) (1986), Krankenhausbedarfsplanung, Krankenhaus Umschau 7, 542-543

DKG (2002), Das Krankenhaus als Anbieter von Leistungen in der integrierten Versorgung nach § 140 a bis h SGB V, Materialiensammlung, 2002

Doerner, K., Hartl, R. F. (2001), Reimann, M., Cooperative ant colonies for optimizing resource allocation in transportation, in: Boers, E. J. W., Gottlieb, J., Lanzi, P.L., Smith, R.E., et al. (Hrsg.): Applications of Evolutionary Computing, Berlin, 70-79

Doherty, J., Rispel, L., Webb, N. (1996), Developing a Plan for Primary Health Care Facilities in Soweto, South Africa, Part II: Applying Locational Criteria, Health Policy and Planning 11 (1996) 4, 394-405

Dökmeci, V.F. (1977), A quantitative model to plan regional health facility systems, Management Science 24 (1977), 411-419

Dorigo, M., Di Caro, G. (1999), The Ant Colony Optimization Meta-Heuristic, in: Corne, D., Dorigo, M., Glover, F. (Hrsg.): New Ideas in Optimization, McGraw-Hill, London, 1999

Dorigo, M., Gambardella, L. M. (1997b), Ant colonies for the traveling salesman problem, BioSystems 43, 73-81

Dorigo, M., Gambardella, L. M. (1997a), Ant Colony System: A cooperative learning approach to the traveling salesman problem, IEEE Transactions on Evolutionary Computation 1, 53-66

Dorigo, M., Maniezzo, V., Colorni, A. (1996), Ant System: Optimization by a colony of cooperation agents, IEEE Transactions on Systems, Man, and Cybernetics, Part B 26, 29-41

Eben-Chaime, M., Pliskin, J.S. (1992), Incorporating patient travel times in decisions about size and location of dialysis facilities, Medical Decision Making 12, 44- 51

Eichhorn, S. (1975), Krankenhausbetriebslehre - Theorie und Praxis des Krankenhausbetriebes, Band 1, Köln

Europäisches Parlament (1998), Das Gesundheitswesen in der EU - Eine vergleichende Untersuchung, Reihe Volksgesundheit und Verbraucherschutz, 11

Ewell, C. M. (1976), What hospital planning is not!, Hosp Forum 18, 9-10

Eyles, J.D. (1993), From disease ecology and spatial analysis to...? The challenge of medical geography in Canada, Health and Canadian Society 1, 113-146

Fischer, D. (1978), Zur Dimensionierung eines mehrstufigen Krankenhaus-Systems, Dissertation, Universität Erlangen-Nürnberg

Fisher, H.B., Rushton, G. (1979), Spatial efficiency of service locations and the regional development process papers, Regional Science Association 42, 83-97

Fleischer, P. (2004) Nur die Leistung zählt; Magazin Sachsen-Anhalt, 7

Flenker, I. (2002), Innovative und intelligente Konzepte sichern die Zukunft, Marburger Bund

Flintrop, J. (2003), Integrierte Versorgung; Neuer Schub durch Fallpauschalen, Deutsches Ärzteblatt 100, A1038-1040

Focke, A., Stummer, C.(2003), Strategic technology planning in hospital management in: OR Spectrum 25, 161-182

Fürstenberg T., Heumann M., Roeder N. (2005), Auswirkungen von Mindestmengen auf die stationären Versorgungsstrukturen der Kardiologie, Zeitschrift für Kardiologie 94, 95-109

Galvao, R.D., Espejo, L.G.A., Boffey, B. (2002), A hierarchical model for the location of perinatal facilities in the municipality of Rio de Janeiro, European Journal of Operational Research 138, 495-517

Gambardella, L. M., Dorigo, M. (2000), An Ant Colony System hybridized with a new local search for the sequential ordering problem, INFORMS Journal on Computing 12, 237-255

Gambardella, L. M., Taillard, E., Agazzi, G. (1999), MACS-VRPTW: A multiple Ant Colony System for vehicle routing problems with time windows, in: Corne, D., Dorigo, M., Glover, F. (Hrsg.): New Ideas in Optimization, London

Gambardella, L. M.,Taillard, E. D., Dorigo, M. (1999), Ant colonies for the QAP (Technical Report IDSIA 4-97), Journal of the Operational Research Society 50, 167-176

Gatrell, A., Senior, M. (1999), Health and health care applications, in: Longley, P.A., Maguire, D.J., Goodchild, M.F. et al. (Hrsg.): Geographical Information Systems: Principles and Applications, London

Gesler, W.M., Meade, M. (1988), Locational and population factors in health care-seeking behavior in Savannah, Georgia, Health Services Research 23, 443-462

Gibbs, R. J. (1978), The Use of a Strategic Planning Model for Health and Personal Social Services, Journal of the Operational Research Society 29, 875-883

Glaeske, G. (2002), Integrierte Versorgung in Deutschland – Rahmenbedingungen für mehr Effektivität und Effizienz?, in: Preuß, K.-J., Räbiger, J., Sommer, J. H. (Hrsg.), Managed Care - Evaluation und Performance-Measurement integrierter Versorgungsmodelle - Stand der Entwicklung in der EU, der Schweiz und den USA, Stuttgart

Goeschel, A. (1979), Krankenhausbedarfsplanung und Regionalpolitik, Institut der deutschen Wirtschaft, Köln

Gold, M.R., Siegel, J.E., Russel, L.B., Weinstein, M. (1996), Cost-effectiveness in health and medicine, New York

Goldstein, S.M., Ward, P.T., Leong, G.K., Butler, T.W. (2002), The effect of location, strategy, and operations technology on hospital performance, Journal of Operations Management 20, 63-75

Goss, S., Aron, S., Deneubourg, J.-L., Pasteels, J. M. (1989), Selforganized shortcuts in the Argentine ant, Naturwissenschaften 76, 579-581

Gould, M.I. (1992), The use of GIS and CAC by health authorities: results from a postal questionnaire, Area 24, 391-401

Green, A., Ali, B., Naeem, A., Ross, D. (2000), Resource allocation and budgetary mechanisms for decentralized health systems: experiences from Balochistan, Pakistan, Bulletin of the World Health Organization 78, 1024-1035

Greiner, W. (1999), Ökonomische Evaluation von Gesundheitsleistungen, Hannover

GSbG (2000), Gutachtenergebnisse, Planungsgrundlagen zum Krankenhausplan Saarland, Kiel, 2000

Guntsch, M. (2001), Middendorf, M., Pheromone modification strategies for ant algorithms applied to dynamic TSP, in: Boers, E. J. W. et al. (Hrsg.): Applications of Evolutionary Computing, Berlin

Gutjahr, W. (2002), ACO algorithms with guaranteed convergence to the optimal solution, Information Processing Letters 82, 145-153

Hahn, P.M., Krarup, J. (2001), A hospital facility layout problem finally solved, Journal of Intelligent Manufacturing 12, 487-496

Hamacher, H.W., Nickel, S., Tenfelde-Podehl, D. (2001), Facilities layout for social institutions, in: Chamoni, P., Leisten, R., Martin, A., et al. (Hrsg.): Operations Research Proceedings 2001, Berlin

Harfner, A. (1999), Spezialisierung und Konzentrationsprozesse im deutschen Krankenhauswesen bei einem fallbezogenen Finanzierungssystem; Eine quantitative Analyse mit Hilfe computergestützter Szenarienrechnungen, Dissertation, Universität Nürnberg

Harris, R. A. (1985), Hospital Bed Requirements Planning, European Journal of Operational Research 25, 121-126

Haubrock, M., Hagmann, H., Nerlinger, T. (2000), Managed Care. Integrierte Versorgungsformen, Bern

Heinritz, G. (1977), Zentralität und zentrale Orte; Stuttgart

Hennke, M., Larbig, M., Meiring, H., Berger, L. C. (2004), Kostenträgerrechnung im DRG-Zeitalter - kein Buch mit 7 Siegeln, Erfahrungsbericht zur Kalkulation im Marien-Hospital Wesel, das Krankenhaus 96, 900-903

Hensen, P., Roeder, N, Rau, F. (2005), Start in die Konvergenzphase 2005, das Krankenhaus 97, 96-105

Hentze, J., Kehres, E. (1996), Kosten- und Leistungsrechnung in Krankenhäusern, Systematische Einführung, Stuttgart

Hessel, M. (2004), Vergleich der Kalkulationsverfahren in: Greiling, M. (Hrsg.), Pfade durch das klinische Prozessemanagement, Stuttgart, 147-163

Higgs, G., Gould, M.I. (2001), Is there a role for GIS in the new NHS?, Health & Place 7, 247-259

Hindle, T., Ngwube, C. (1990), The relative accessibility for health districts to regionally supplied specialist services, Health Services Research 3, 16-21

Hirsch, G., Miller, S. (1974), Evaluating HMO policies with a computer simulation model, Medical Care 12, 668-681

Hoberg, R. (1986), Standortentscheidung für medizinisch-technische Großgeräte, Zeitschrift für öffentliche und gemeinwirtschaftliche Unternehmen 9, 1-13

Hodgart, R.L. (1978), Optimizating access to public services: a review of problems, models, and methods of locating central facilities, Progress in Human Geography 2, 17-48

Hofer, C. (1999), Managed Care im US Gesundheitssystem, Tätigkeitsbericht 1999 – 2001, Wirtschaftsuniversität Wien

Hofmarcher, M. M., Riedel, M. (1999), Gesund und reich ist besser als krank und teuer – Entwicklung der Altersstruktur in der EU, Schwerpunktthema: Managed Care, Teil 2, Health System watch 3/99, Beilage zur Fachzeitschrift Soziale Sicherheit Herbst 1999

Hölldobler, B., Willson, E. O. (1990), The Ants, Cambridge

Holmes, B. (1992), Current strategies for the development of medical devices, in: Gelijns, A. (Hrsg.), Technology and health care in an area of limits, S. 219-229 Washington

Initiativkreis Ruhrgebiet (2005), Der Klinik-Führer Rhein-Ruhr 2005/2006, Essen, 2005

Iredi, S., Merkle, D., Middendorf, M. (2001), Bi-Criterion optimization with multi colony ant algorithms, in: Zitzler, E., Deb, K., Thiele, L., et al. (Hrsg.): Proceedings on the First International Conference on Evolutionary Multi-Criterion Optimization, Zürich

Jacobs, K., Schulze, S. (2004), Wettbewerbsperspektiven integrierter Versorgung in der gesetzlichen Krankenversicherung, in: Cassel, D. (Hrsg.): Wettbewerb und Regulierung im Gesundheitswesen, Gesundheitsökonomische Beiträge 44, Baden-Baden

Japsen, B. (1996), Another record year for dealmaking, Modern Healthcare 27, 36

Jones, K., Moon, G. (1991), Medical geography, Progress in Medical Geography 15, 437-443

Keeney, R., Raiffa, H. (1993), Decisions with Multiple Objectives, Cambridge

Kohli, S., Sahlén, K., Sivertun, Å., Löfman, O., Trell, E., Wigertz, O. (1995), Distance from the primary Health centre: A GIS Method to Study Geographical Access to Health Care, Journal of Medical Systems 19, 425-436

Körner, E.-P. (1981), Planung und Steuerung des Leistungsangebotes im Krankenhauswesen aus sozialpolitischer Sicht, Dissertation Universität Darmstadt

Ministerium für Frauen, Jugend, Familie und Gesundheit des Landes Nordrhein-Westfalen (2002), Krankenhausplan 2001 des Landes Nordrhein-Westfalen, Düsseldorf, 2002

KZBV (2004), Mit Biss in die Zukunft? Gesundheitsreform und Zahnmedizinische Versorgung, Verlagsbeilage im journalist 12/2004

Lackinger, O. (1979), Zur zentralörtlichen Funktion von Spitalstandorten – Methodische Probleme ihrer Messung und Bewertung, Institut für Kommunalwissenschaften und Umweltschutz, Wien, 1979

Leff, S. H., Dada, M., Graves, S. C. (1986), An LP Planning Model for a Mental Health Community Support System, Management Science 32, 139-155

Leu, R. (1988), Technologischer Wandel im Gesundheitswesen: Determinanten und Auswirkungen in: Gäfgen, G., Oberender, P. (Hrsg.) Technologischer Wandel im Gesundheitswesen, 9-34, Baden-Baden

Levit, K., Smith, C., Cowan, C., Lazenby, H., Martin, A. (2002), Inflation spurs health spending in 2000, Health Affairs 21, 172-181

Lin, S. (1965), Computer solutions of the traveling salesman problem, Bell Systems Journal 44, 2245-2269

Lin, S., Kernighan B. W. (1973), An effective heuristic algorithm for the traveling salesman problem, Operations Research 21, 498-516

Lo, C. D., Srisa-an, W., Chang, J. M., Chern, J. C. (2001), The effect of 2-opt and initial population generation on solving the traveling salesman problem unsing genetic algorithms, Proceedings of 5th World Multiconference on Systemics, Cybernetics and Informatics, Orlando

Love, D., Lindquist, P. (1995), The Geographical Accessibility of Hospitals to the Aged: A Geographic Information Systems Analysis within Illinois, Health Services Research 29, 629-649

Lüngen, M., Lauterbach, K. (2002), Ergebnisorientierte Vergütung bei DRG. Qualitätssicherung bei pauschalierender Vergütung stationärer Krankenhausleistungen, Heidelberg

Lynk, W. (1995), The creation of economic efficiencies in hospital mergers, Journal of Health Economics 14, 507-530

Maniezzo, V. (1999), Exact and approximate nondeterministic tree-search procedures for the quadratic assignment problem, Journal on Computing 11, 358-369

Maniezzo, V., Muzio, L., Colorni, A., Dorigo, M. (1994), Il sistema formiche applicato al problema dell'assegnamento quadratico, Technical Report 94-058, Politecnico di Milano

Marianov, V., Taborga, P. (2001), Optimal location of public health centres which provide free and paid services, Journal of the Operational Research Society 52, 391-400

Marks, A. P., Dasinger, D. L. (1979), Applying Decision Analysis in Implementing the National Health Planning Guidelines, Joint National Meeting of TIMS/ORSA, New Orleans, La.

Martin, D., Williams, H.C. (1992), Market area analysis and Accessibility to primary health care centres, Environment and Planning 24, 1009-1019

Massam, B.H., Malezenski, J. (1991), The location of health centres in a rural region using a decision support system: a Zambian case study, Geography Research Forum 11, 1-24

Mayer, J.D. (1982), Relations between two traditions of medical geography: health systems planning and geographical epidemiology, Progress in Human Geography 6, 216-230

Mayhew, L. (1986), Urban Hospital Location, London

Mayhew, L.D., Bowen, T. (1984), The potential for day hospitals in Piemonte: a feasibility study, Working Paper no. 37, Operational Research Service, Dept. of Health and Social Security, London Jahr

McGuirk M. A., Porell F. W. (1984), Spatial patterns of hospital utilization: The impact of distance and time, Inquiry 21, 84-95

McPake, B., Mills, A. (2000), What can we learn from international comparisons of health systems and health system reform?, Bulletin of the World Health Organization

Mehrez, A., Sinuany-Stern, Z., Arad-Geva, T., Binyamin, S. (1996), On the implementation of quantitative facility location models: the case of a hospital in a rural region, Journal of the Operational Research Society 47, 612-625

Merten, M. (2003), Krankenhäuser: Anhaltender Bettenabbau, Deutsches Ärzteblatt 100, A299-301

Middendorf, M., Reischle, F., Schmeck, H. (2000), Information exchange in multi colony ant algorithms, in: Rolim, J. (Hrsg.): Parallel and Distributed Computing, Proceedings of the Fifteenth IPDPS 2000 Workshops, Third Workshop on Biologically Inspired Solutions to Parallel Processing Problems, Cancun

Mobley L. R., Frech H. E. (2000), Managed care, distance traveled, and hospital market definition, Inquiry 37, 91-107

Monmarché, N., Venturini, G., Slimane M. (2000), On how Pachycondyla apicalis ants suggest a new search algorithm, Future Generation Computer Systems 16, 937-946

Moore, G. C., ReVelle, C. (1982), The Hierarchical Service Location Problem, Management Science, 28, 775-780

Morrill R. L., Earickson R. (1968), Hospital variation and patient travel distance, Inquiry 5, 26-34

Morris A. C., Lee H. L. (1985), The determinants of spatial distribution of hospital utilization in a region, Medical Care 23, 27-38

Moy, J. (1995), Link-state routing in: Steenstrup, M. E. (Hrsg.): Routing in Communications Networks, Prentice-Hall, 135-157

Mühlbacher, A. (2002), Integrierte Versorgung, Management und Organisation, Bern

Müller I., Smith T., Mellor S., Rare L., Genton B. (1998), The effect of distance from home on attendance at a small rural health centre in Papa New Guinea, International Journal of Epidemiology 27, 878-884

Nooraly, R., Luby, S., Rahbar, M.H. (1999), Does use of a government service depend on distance from the health facility?, Health Policy and Planning 14, 191-197

Oddi, A., Cesta, A. (2000), Toward interactive scheduling systems for managing medical resources, Artificial Intelligence in Medicine 20, 113-138

Orth, C. (1999), Unternehmensplanspiele in der betriebswirtschaftlichen Aus- und Weiterbildung, Reihe: Personal-Management, Band 18, Lohmar

Paas, T. (2002a), Gravity Approach for Exploring Baltic Sea Regional Integration in the Field of International Trade, HWWA Discussion Paper 180, Hamburgisches Weltwirtschafts Archiv, Hamburg

Panitz, E. (1988), The Services Mix Decision in Not-for-profit Organizations: A Math Programming Approach to Community Mental Health Service Mix Selection, Dissertation, Universität Kentucky

Parkin, D., Henderson, J. (1987), How important is equality of access to hospital? A case study of patients' and visitors' travel costs, Hospital and Health Services Review 83, 23-27

Parr, J. B. (1979), Health Care Facility Planning: Some Developmental Considerations, Socio-Economic Planning Sciences 14, 121-127

Patel, N. R. (1979), Locating Rural Social Service Centres in India, Management Science 25, 22-30

Perkoff, G.T., Anderson, M. (1970), Relationship between demographic characteristics, patients' chief complaint, and medical care destination in an emergency room, Medical Care 8, 309-323

Preuß, K.-J., Räbiger, J., Sommer, J. H. (Hrsg.) (2002), Managed Care - Evaluation und Performance-Measurement integrierter Versorgungsmodelle - Stand der Entwicklung in der EU, der Schweiz und den USA, Stuttgart

Püllen, J., Brockmann, W., Paulussen, A., Heinrich, K., Schlüter, R.G., (2005), Die Kostendaten des InEK für das eigene Benchmark nutzen in: führen und wirtschaften im Krankenhaus 22, 54-56Jahrgang

Rahman, S., Smith, D.K. (1996), The efficiency of inefficiency: the deployment of health facilities in rural Bangladesh, in: Alauddin, M., Hasan, S. (Hrsg.): Economy, People, and the Environment, The University of Queensland,

Rahman S., Smith D. K. (2000), Use of Location-Allocation Models in Health Service Development, Planning in Developing Nations, European Journal of Operational Research 123, 437-452

Randall, M., Tonkes E. (2001), Solving network synthesis problems using ant colony optimization, in: Monostori, L., Vancza, J., Ali, M. (Hrsg.): Proceedings of the 14th International Conference on Industrial and Engineering Applicatins of Artificial Intelligence and Expert Systems, Budapest, 1-10

Rispel, L., Doherty, J., Makiwane, F., Webb, N. (1996), Developing a plan for primary health care facilities in Soweto, South Africa: guiding principles and methods, Health Policy and Planning 11, 385-393

Roeder N., Bunzemeier H., Glocker S. (2004), G-DRGs 2004: Erreichtes und nicht Erreichtes, das Krankenhaus 96, 251-260

Roeder N., Fürstenberg T., Heumann M. (2004a), Mindestmengenvereinbarung - eine Analyse: Wie sich die Festlegung von Mindestmengen auf die Versorgungsstrukturen auswirken, Arzt und Krankenhaus 8, 233-241

Roeder, N., Fürstenberg, T., Heumann, M. (2004b), Analyse der Auswirkungen der Festlegung von Mindestemengen auf die Versorgungsstrukturen, Das Krankenhaus 96, 427-436

Rosenkrantz, D. J., Stearns, R. E., Lewis, P. M. (1977), An analysis of several heuristics for the travelling salesman problem, SIAM Journal on Computing 6, 563-581

Rüschmann, H.-H., Förster, J., Krauss, C., Roth, A. (2000), Im Mittelpunkt: Leistungs-Module, Krankenhaus Umschau 69, 276-282

Ruth, R.J. (1981), A mixed integer programming model for regional planning of a hospital inpatient service, Management Science 22, 521-533

Sachverständigenrat für die Konzertierte Aktion im Gesundheitswesen (2001), Bedarfsgerechtigkeit und Wirtschaftlichkeit, Gutachten 2000/2001

Schäfer, T., Wachtel, H.-W. (1985), Krankenhausbedarfspläne. Die Ortskrankenkasse 12, 493-496

Schlemm, S., Scriba, P. C. (2004), Stationäre und ambulante Versorgung: Leistungsberichte als „Patientenwegweiser“, Deutsches Ärzteblatt 8, 484-485.

Schlottmann, N., Fahlenbach, C., Köhler, N., Simon, C. (2005), G-DRG-System 2006: Ein erster Überblick aus medizinischer Sicht, das Krankenhaus 97, 846-858

Schölkopf, M., Stapf-Finè, H., (2003) Ergebnis eines internationalen Vergleichs der stationären Versorgung, das Krankenhaus 95, 111-120

Schumacher, H., Brenn, J., (2001) Klinik-Streichliste der Kassen stößt auf scharfe Kritik, Rheinisches Ärzteblatt 55, 14-16

Schultz, G. P. (1970), The Logic of Health Care Facility Planning, Socio-Economic Planning Sciences 4, 383-393

Schweikhart, S.B., Smith-Daniels, V.L. (1993), Location and service mix decisions for a managed health care network, Socio-Economic Planning Sciences 27, 289-302

Segall, R.S. (1992), Deterministic mathematical modelling for the spatial allocation of multi-categorical resources: with an application to real health data, Journal of the Operational Research Society 43, 579-589

Segall, R.S. (2000), Some quantitative methods for determining capacities and locations of military emergency medical facilities, Applied Mathematical Modelling 24, 265-398

Shannon G. W., Bashshur, R. L., Metzner, C. A. (1969), The concept of distance as a factor in accessibility and utilization of health care, Medical Care Review 26, 143-161

Shannon G. W., Skinner J. L., Bashshur, R.L. (1973), Time and distance: The journey for medical care, International Journal of Health Services 3, 237-244

Shuman, L.J., Hardwick, C.P., Huber, G.A. (1973), Location of ambulatory care centers in a metropolitan area, Health Services Research 8, 121-138

Smith, R., Jarvis, C. (1998), Just the medicine, Mapping Awareness 12, 30-33

Sommer, J. H. (1999), Gesundheitssysteme zwischen Plan und Markt, Stuttgart

Star, J. (1990), Geographic Information Systems, Prentice Hall

Statistik Austria (Hrsg.) (2001): Jahrbuch der Gesundheitsstatistik 1999, Wien

Statistisches Bundesamt, Bevölkerungsentwicklung Deutschlands bis zum Jahr 2050 (2000), Ergebnisse der 9. koordinierten Bevölkerungsvorausberechnung, Wiesbaden

Stevens, G.C., Whitt, C.N. (1983), District planning in the restructured NHS: facing up to uncertainty, using computer models, Public Health 97, 59-65

Strang, A., Schulze, S. (2004), Mit neuen Partnern über alte Grenzen? Gesundheit und Gesellschaft 7, 32-37

Studnicki, J. (1975), The Geographic Fallacy: Hospital Planning and Spatial Behavior, Hospital Administration 20, 10-21

Stützle, T., Hoos, H. (1996), Improving the Ant-System: A detailed report on the MAX-MIN Ant System, Technical Report AIDA-96-12, FG Intellektik, TH Darmstadt

Stützle, T., Hoos, H. (1997a), Improvements on the Ant-System: Introducing the MAX-MIN Ant System, in: Smith, G. D., Steele, N. C., Albrecht, R. F. (Hrsg.): Proceedings of the International Conference of Artificial Neural Networks and Genetic Algorithms, Wien

Stützle, T., Hoos, H. (1997b), MAX-MIN Ant System and local search for the travelling salesman problem, in: Baeck, T., Michalewicz, Z., Yao, X. (Hrsg.): Proceedings of International Conference on Evolutionary Computation

Stützle, T., Hoos, H. (1999), MAX-MIN Ant System and local search for combinatorial optimization problems, in: Voss, S., Martello, S., Osman, I. H., Roucairol, C. (Hrsg.): Meta-Heuristics: Advances and Trends in Local Search Paradigms for Optimization, Boston

Stummer, C. (1998), Projektauswahl im betrieblichen F&E-Management – Ein interaktives Entscheidungsunterstützungssystem, Wiesbaden 1998

Stummer, C., Doerner, K., Focke, A., Heidenberger, K. (2004), Determining Location and Size of Medical Departments in a Hospital Network: A Multiobjective Decision Support Approach, Health Care Management Science 7, 63 – 71

Taillard, E., Gambardella, L. M. (1997), Adaptive memories for the quadratic assignment problem, Technical Report IDSIA-87-97, IDSIA, Lugano

Theurl, E. (1999), Some Aspects of the Reform of the Health Care System in Austria, Germany and Switzerland, Health Care Analysis, Special Issue - Health Care Systems, Access and Ethics 7, 331-354

Tingley, K.M., Liebman, J.S. (1984), A goal programming example in public health resource allocation, Management Science 30, 279-289

Toregas, C., Swain, R., ReVelle, C. (1971), Bergman, L., The location of emergency service facilities, Operations Reserach 19, 1363-1373

Tuschen, K.H., Philippi, M. (2000), Leistungs- und Kalkulationsaufstellung im Entgeltsystem der Krankenhäuser, Stuttgart

Vincke, P. (1992), Multicriteria Decision-Aid, Chichester

Waller, A. G., Burdett, F., Brough, R. (1984), An interactive stochastic simulation model of a health service district, Journal of the Operational Research Society 35, 297-302

Walsh, S. J., Page, P. H., Gesler, W. M. (1997), Normative Models and Healthcare Planning: Network-Based Simulations within a Geographic Information System Environment, Health Services Research 32, 243-257

Wasem, J. (1997), Die Ursachen der Ausgabenanstiege in der medizinischen Versorgung in: Arnold, M., Lauterbach, K.W., Preuß, K.-J. (Hrsg.): Managed Care, Ursachen, Prinzipien, Formen und Effekte, Stuttgart

Weingart, S.N. (1995), Deciding to buy expensive technology: the case of biliary lithotripsy, International Journal of Technology Assessment in Health Care 11, 301-315

Williams, R. C. (1966), Areawide Hospital and Health Facility Planning, Journal of the Medical Association of Georgia 55, 424-428

World Health Organization (2000), The World Health Report 2000, Health Systems: Improving Performance, Geneva

Verzeichnis der Internetquellen

AOK (2005), http://www.aok-bv.de/politik/agenda/reform/index_00734.html, Zugriff am 07.04.2005

Arbeitsgemeinschaft der Wissenschaftlichen Medizinischen Fachgesellschaften (2005), http://leitlinien.net/, Zugriff am 08.08.2005

Baby-Magazin (2005), http://www.baby-magazin.de/thema_klinikfuehrer_geburt.html; Zugriff am 20.04.2005

Barmer Ersatzkasse (2005) ,http://www.barmer.de/barmer/web/Site/Contentsatellit /Leistungen_20_26_20Beitr_C3_A4ge/Hausarzt-Programm/Artikel_20Hausarzt-Programm, tabNavId=46712,navpoint=60394.html, Zugriff am 10.04.2005

BMGS (Bundesministerium für Gesundheit und Soziale Sicherung) (2005a), http://www.die-gesundheitsreform.de/glossar/effizienz_im_gesundheitswesen.html, Zugriff am 01.05.2005

BMGS (Bundesministerium für Gesundheit und Soziale Sicherung) (2002), http://www.bmgs.bund.de/deu/gra/themen/gesundheit/gesetzl/index_3453.cfm, Zugriff am 27.04.2002

BMGS (Bundesministerium für Gesundheit und Soziale Sicherung) (2005b), http://www.die-gesundheitsreform.de/solidarisch_versichern/heute_und_morgen/pdf/infografik_ alterspyramide.pdf, Zugriff am 23.10.2005

BQS (2003), http://www.bqs-online.de, Zugriff am 11.05.2003

Bruckenberger, E. (2000a), Die stationäre Krankenversorgung nach der Gesundheitsreform 2000, http://www.bruckenberger.de/pdf/gkv2000.pdf, Zugriff am 03.11.2000

Bruckenberger, E. (2000b), „Fehlbelegungsorientierte Leistungsplanung – Die Geister, die man rief...“, http://www.bruckenberger.de/pdf/lplanung.pdf, Zugriff am 30.09.2000

Bruckenberger, E. (2002a), Die Folgen des Fallpauschalengesetzes für die Krankenhausplanung, Fassung vom 23.01.2002, http://www.bruckenberger.de/doc/planung/ fpg_aufsatz/fpg_plan.pdf, Zugriff am 14.06.2002

Bruckenberger, E. (2002b), Fachtagung „Öffentliche Unternehmen oder Private Versorger ? Die Zukunft des Krankenhausmarktes“, DRG-Mindestmengen versus flächendeckende Versorgung, Zukunft der Krankenhausplanung http://www.bruckenberger.de/pdf/ bayreuth02.pdf, Zugriff am 20.12.2002

Bruckenberger, E., Analyse der Vorgabe von Mindestmengen planbarer Leistungen nach dem Fallpauschalengesetz, http://www.bruckenberger.de/pdf/mengen03_03.pdf, Zugriff am 19.08.2003

Bundesknappschaft(2005), http://www.bundesknappschaft.de/coremedia/generator/bknportal/de/mitglieder-service/medizinisches__netz/InhNav,N=2322-1850.html, Zugriff am 10.05.2005

Deutsche Krankenhausgesellschaft (2005), Bestandsaufnahme zur Krankenhausplanung und Investitionsfinanzierung in den Bundesländern, http://www.dkgev.de/dkgev.php/ cat/59/aid/1115/title/Bestandsaufname+zur+Krankenhausplanung+und+

Investitionsfinanzierung+in+den+Bundesl%E4ndern+(Stand:+November+2004), Zugriff am 2.11.2005

DRG-Institut (2005), www.g-drg.de, Zugriff am 04.02.2005

Eltern (2005), http://www.eltern.de/schwangerschaft_geburt/geburt/klinikfuehrer.html, Zugriff am 13.5.2005

Esri (2005), http://store.esri.com/esri/showprod.cfm?SID=2&Category_ID=124, Zugriff am 21.4.2005

Freistaat Thüringen, Ministerium für Soziales, Familie und Gesundheit (2005), http://www.thueringen.de/de/tmsfg/loader.asp?datei=http://www.thueringen.de/de/tmsfg/gesundheit/krankenhauswesen/thema1/u1/u_start.html, Zugriff am 22.10.2005

Headquarters.com (2005), http://www.infinityheart.com/overview, Zugriff am 21.04.2005

Initiativkreis Ruhrgebiet (2004), Der Klinik-Führer Ruhrgebiet, http://www.i-r.de, Zugriff am 10.02.2004

Inek (2004), Institut für das Entgeltsystem im Krankenhaus, Abschlussbericht: Weiterentwicklung des G-DRG-Systems für das Jahr 2005, Teil I: Projektbericht, Siegburg, 20.12.2004, http://www.g-drg.de, Zugriff am 28.08.2005

Intergraph (2005), http://imgs.intergraph.de/programme/, Zugriff am 21.4.2005

Kern, A. (2002), Internationale Vergleiche von Systemen gesundheitlicher Versorgung, http://www.presse.uni-augsburg.de/unipress/up20023/artikel_12.shtml, Zugriff am 02.12.2002

KZBV (2005), http://www.kzbv.de/down/jbgraf99.pdf, Zugriff am 02.01.2005

Medizininfo (2005), http://www.medizinfo.de/quality/pflege/transparenz.htm, Zugriff am 10.03.2005

Ministerium für Arbeit, Soziales, Gesundheit und Familie Brandenburg (2005), http//www.masfg.brandenburg.de, Zugriff am 1.8. 2005

National Library of Medicine (2004), http://www.nlm.nih.gov/exhibition/phs_history/141.html, Zugriff am 16.10.2004

OECD (Organisation for Economic Co-operation and Development) (2004), http://www.oecd.org, Zugriff am 21.09.2004

Paas, T. (2002b), European Integration and EU Eastwart Enlargement Process in International Trade : Using a Gravity Approach for Exploring Bilateral Trade Flows, The 42th Congress of the European Regional Science Association, Dortmund, http://www.raumplanung.uni-dortmund.de/rwp/ersa2002/cd-rom/papers/129.pdf Zugriff am 02.12.2002

Riesberg, A. (2005), Europa und die Gesundheitspolitik, http://www.wm.tu-berlin.de/~mig/files/2003.lectures/2003.11.04_Koeln_AR.pdf, Zugriff am 25.05.2005

Schrappe, M. (2005), http://www.schrappe.com/ms/in_down.html, Zugriff am 01.02.2005.

Statistisches Landesamt Baden-Württemberg (2005), Statistisches Monatsheft Baden-Württemberg 3/2005, http://www.statistik.baden-wuerttemberg.de/, Zugriff am 02.05.2005

Stößel, U. (2005), Patient und Gesundheitssystem, http://www.uni-leipzig.de/~medpsy/pdf/gesundheitssystem.pdf, Zugriff am 14.05.2005

Thompson, T. (2001), http://www.hhs.gov/news/speech/2001/010301.html, Zugriff am 27.12.2005

Tophoven, C. (2005), Integrierte Versorgung - Chance für eine zukunftsfähige Gestaltung des deutschen Gesundheitssystems, http://www.dgvt.de/index.html?bereich.php?bID=275~Main, Zugriff am 12.04.2005

Technische Universität Berlin (2003), http://www.bionik.tu-berlin.de/kompetenznetz/bionik/bionik.html , Zugriff am 10.01.2003

Wigeogis (2005), http://www.wigeogis.com/hp02/deutsch/content.asp?ID=138&LANG=DEUTSCH, Zugriff am 21.4.2005

WHO (2000), http://www.who.int/whr/2000/en/whr00_en.pdf , Zugriff am 23.08.2000

Verzeichnis der Rechtsquellen

Bundespflegesatzverordnung (BPflV) vom 26. September 1994

Deutsches Krankenhausfinanzierungsgesetz, Gesetz zur wirtschaftlichen Sicherung der Krankenhäuser und zur Regelung der Krankenhauspflegesätze vom 01.01.1972

Krankenhausaufnahme-Verordnung (KrhsAufnVO) vom 23. Juni 1981

Landeskrankenhausgesetz Sachsen vom 19. August 1993

SGB V, Sozialgesetzbuch (SGB) Fünftes Buch (V) Gesetzliche Krankenversicherung vom 20. Dezember 1988

Verzeichnis der Vorträge

Broll, C. (1998), Vortrag anlässlich des Jahrestreffens der GOR-Arbeitsgruppe „OR im Gesundheitswesen“ am 6. März 1998 in Kiel

FSC
www.fsc.org
MIX
Papier | Fördert
gute Waldnutzung
FSC® C083411

Kolibri 360 GmbH
Ferdinand-Jühlke-Straße 7
99095 Erfurt, Deutschland
produktsicherheit@kolibri360.de